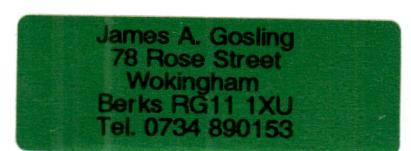

LA PRÁCTICA DEL PLANEAMIENTO URBANÍSTICO

Colección: ESPACIOS Y SOCIEDADES
Serie General, n.º 1

Dirección Editorial:

D. RAFAEL PUYOL ANTOLÍN
Catedrático de Geografía Humana de la
Universidad Complutense de Madrid

D. JULIO VINUESA ANGULO
Profesor Titular de Geografía Humana de la
Universidad Autónoma de Madrid

LA PRÁCTICA DEL PLANEAMIENTO URBANÍSTICO

Luis Moya (Editor)
Celestino Candela
José M.ª Ezquiaga
Ramón López de Lucio
Luis Suárez Carreño
Juan Jesús Trapero

Diseño de cubierta: JV Diseño gráfico

© Luis Moya (Editor), Celestino Candela
   José M.ª Ezquiaga, Ramón López de Lucio,
   Luis Suárez Carreño, Juan Jesús Trapero

© EDITORIAL SÍNTESIS, S. A.
   Vallehermoso, 32 - 28015 Madrid
   Teléf.: (91) 593 20 98

ISBN: 84-7738-284-4
Depósito legal: M-29.263-1994

Impresión: Lavel, S. A.
Impreso en España - Printed in Spain

ÍNDICE

CAPÍTULO 2: SOPORTE NORMATIVO DEL PLANEAMIENTO
URBANÍSTICO EN ESPAÑA
Celestino Candela

CAPÍTULO 5: PLANES DE REFORMA INTERIOR Y ESTUDIOS DE DETALLE
Luis Moya

CAPÍTULO 6: HERRAMIENTAS INFORMÁTICAS PARA
EL PLANEAMIENTO URBANÍSTICO
Luis Suarez Carreño

ÍNDICE DE SIGLAS

ÍNDICE DE AUTORES

Candela Pí, Celestino

Arquitecto urbanista. Profesor Departamento Urbanismo ETSA, Valladolid, 1977-83. Director General de Urbanismo y Medio Ambiente de Castilla y León, 1983-86. Presidente empresa pública Gestur Palencia, S. A., 1985-87. Secretario General de Obras Públicas y Ordenación del Territorio y Presidente de la Comisión Regional de Urbanismo de Castilla y León, 1986-87. Secretario Técnico del COA, Valladolid, 1987-93. Profesor de cursos de postgrado y máster en la Universidad Carlos III, UP de Madrid, Salamanca y Cantabria. Autor de trabajos, artículos y publicaciones sobre urbanismo, ordenación territorial y medio ambiente.

Ezquiaga Domínguez, José M.ª

Doctor Arquitecto y Licenciado en Ciencias Políticas y Sociología. Ha sido profesor de urbanismo de las Universidades de Turín, Roma, Valladolid y, en la actualidad, en la Escuela Técnica Superior de Arquitectura de la Universidad Politécnica de Madrid. En el ámbito profesional ha sido Jefe del Departamento de Planeamiento del Ayuntamiento de Madrid (1985-88) y Director General de Urbanismo de la Comunidad de Madrid (1988-91). En la actualidad es Director General de Planificación Urbanística y Concertación de la Comunidad de Madrid.

López de Lucio, Ramón

Doctor Arquitecto. Master en Urban Affairs por la Universidad de Wisconsin (USA). Profesor titular de Planeamiento Urbanístico en la Escuela Técnica Superior de Arquitectura de Madrid. Ha desarrollado su práctica profesional en los campos de la planificación regional y el planeamiento urbano en Madrid, Galicia y el País Vasco. Fue el director de la revisión del Plan General de Vitoria-Gasteiz (1985). Autor de numerosos trabajos aparecidos en revistas profesionales y libros colectivos, recientemente ha publicado los libros *Ciudad y urbanismo a finales del siglo XX* (Universidad de Valencia, 1994) y *Vitoria-Gasteiz. El proyecto de una capital para el País Vasco. Historia, planes, proyectos y obras* (Georplan/Ayuntamiento de Vitoria).

Moya González, Luis

Catedrático de Planeamiento Urbanístico de la Escuela de Arquitectura de Madrid. Profesor de pregrado y postgrado en las Universidades de Valladolid, Turín, Cracovia y en la Carlos III y Escuela de Caminos de Madrid. Técnico Urbanista y profesor de los cursos del INAP. Autor de dos libros sobre Vivienda Pública y artículos sobre intervención en Cascos Antiguos. Diplomado en Altos Estudios Europeos del Colegio de Europa con especialidad en Restauración arquitectónica y Rehabilitación de Cascos Antiguos. Práctica profesional en arquitectura, urbanismo y jardinería.

Suárez-Carreño Lueje, Luis

Arquitecto por la ETSA de Madrid, 1978. Master en Urban and Regional Planning, Universidad de Florida (USA), 1991. Director de Urbanismo en los Ayuntamientos de El Ferrol (1980-1981) y Móstoles (1981-1983). Asesor del gobierno nicaragüense en materia de urbanismo (1984-1986), y Coordinador de la asistencia técnica española a los gobiernos de Nicaragua (1986-1987) y Costa Rica (1988-1989). Desarrollo de aplicaciones urbanísticas de Sistemas de Información Geográfica, desde 1991. Profesor asociado de Urbanismo de la Escuela T.S. de Arquitectura de Madrid, desde 1994.

Trapero Ballestero, Juan Jesús

Arquitecto, es Catedrático de Planeamiento Urbanístico y Director del Departamento de Urbanística y Ordenación del Territorio en la Escuela Técnica Superior de Arquitectura de Madrid. Su experiencia abarca una importante obra arquitectónica, el diseño de paseos marítimos y, en el campo urbanístico destaca su trabajo en las administraciones urbanísticas local y estatal, además de trabajos de investigación.

INTRODUCCIÓN

Quienes nos dedicamos al estudio de la ciudad conocemos bien su realidad compleja y cambiante, configurada paulatina y cotidianamente por el quehacer y participación de todos los ciudadanos, y por tanto sabemos que el planeamiento no constituye la panacea que resuelve todos los problemas. Sin embargo creemos que el planeamiento es una actividad fundamental e imprescindible para el buen orden de la ciudad y para conseguir que esta sea más cómoda, bella y justa.

El libro trata de una de las partes del proceso de planeamiento: la redacción del documento incluyendo los procedimientos para su gestión. La Gestión, propiamente, es la clave del éxito o fracaso de un buen documento de planeamiento. Evidentemente el documento de planeamiento tendrá que estar pensado para su gestión como se explica conceptualmente en el primer capítulo de este libro y se desarrolla en los siguientes, incluso en el último capítulo cuando se explican las claves para informatizar el procedimiento.

Este manual, por tanto, pretende contribuir a mejorar la formación de los técnicos para la práctica del planeamiento. Está dirigido fundamentalmente a los estudiantes universitarios y de postgrado, de diferentes áreas de conocimiento, que pueden llegar a participar en su futura actividad profesional en procesos de planeamiento urbanístico. También será útil como apoyo a la tarea de los técnicos de las distintas administraciones con responsabilidades en estos temas.

El primer capítulo del libro "la Práctica del Planeamiento Urbanístico en España" es una aproximación conceptual al planeamiento en la que además se sintetiza lo que ha sido la práctica del planeamiento en España y se aventuran cuáles serán sus características en el futuro próximo. En él se tratan cuestiones de ideología, método y técnicas. Entre ellas, cuestiones básicas sobre el tipo de Información Urbanística necesaria y su vinculación con el Análisis y Diagnóstico para ser eficaz y evitar esfuerzos innecesarios, en la tesis de que es mejor pensar que acumular datos. En este capítulo se aclaran los diferentes enfoques posibles con los que nos enfrentamos a la tarea de planear.

El segundo capítulo "Soporte normativo del planeamiento urbanístico en España" trata de dar a conocer el soporte jurídico sobre el que ha de edificarse toda la actividad planificadora. Los recientes cambios introducidos con la aprobación del

Texto Refundido de la Ley sobre el Régimen de Suelo y Ordenación urbana y los reglamentos que lo desarrollan, así como los textos legales de aplicación en los ámbitos de las diferentes Comunidades Autónomas hacen aún más necesario e interesante la descripción de la normativa legal que se hace en este capítulo. Para explicar el contenido se ha seguido un proceso histórico en el que se puede apreciar fácilmente el por qué de las mejoras, y al mismo tiempo la complejidad inevitable que va adquiriendo la normativa. El texto es de lectura inmediata porque no trata de hacer una discusión jurídica sobre el tema sino exponer los aspectos principales de la ley del Suelo para la redacción del planeamiento.

A partir de ese punto y atendiendo a la organización jerárquica del planeamiento se ha dedicado el capítulo 3º al Planeamiento Municipal, el 4º se ocupa de los Programas de Actuación Urbanística y de los Planes Parciales, y el 5º aborda la realización de los Planes Especiales de Reforma Interior y los Estudios de Detalle. En todos ellos, con un enfoque de carácter marcadamente práctico, se hacen descripciones y propuestas detalladas sobre el proceso de elaboración de cada figura de planeamiento. Como se puede apreciar no se trata de agotar exhaustivamente la explicación de todas las figuras de planeamiento sino de aquellas de uso más frecuente, las cuales, por extensión, ayudarán a la redacción del resto. Cada autor le dá un enfoque ligeramente diferente que creemos que se adecúa perfectamente al objeto de su capítulo. Así el capítulo 3º "El Planeamiento Municipal" es más conceptual y hace hincapié en aspectos estructurales como corresponde al Planeamiento General. Mientras que el capítulo 5º "Planes de Reforma Interior y Estudios de Detalle" entra en más detalle en aspectos de diseño. Por tanto el capítulo 4º "Programas de Actuación Urbanística, Planes Parciales y Proyectos de Urbanización" que abarca figuras con determinaciones de PG como son los PAU, y de gran detalle, incluso constructivo, como son los Proyectos de Urbanización, está a caballo entre los dos anteriores. Sin embargo los tres capítulos van marcando los pasos necesarios para resolver las figuras de planeamiento correspondientes, sin olvidar por eso aspectos fundamentales.

Por último, el libro se complementa con el capítulo 6º "Herramientas informáticas para el planeamiento urbanístico" que no podría faltar cuando, como en este caso, se tiene un claro propósito de utilidad en la práctica. El desarrollo de la informática, y de forma muy especial todo lo relativo al tratamiento de datos georreferenciados, hace que algunas de estas herramientas se estén haciendo imprescindibles por cuanto que no contar con ellas es limitar enormemente las posibilidades de análisis y renunciar a abaratar el proceso de elaboración material del plan. En este capítulo no se pretende describir, a diferencia de los anteriores, procesos de desarrollo de planeamiento auxiliados de la informática, sino descubrir las posibilidades que existen para ello en el momento actual, en los campos de la Información y el Análisis Urbanístico, y la Gestión del Plan. También se pone un ejemplo concreto de utilización del SIG en un Plan General.

Para facilitar el manejo de este Manual se incluye un índice muy desglosado con el que acudir al apartado que se necesite.

Este libro existe gracias a Julio Vinuesa, geógrafo y profesor titular de la Universidad Autónoma. A él se le ocurrió la necesidad de este manual y su publicación y a él se debe que los autores nos hayamos ajustado a los objetivos y formas de la colección, participando activamente en la coordinación.

La elección de los autores del libro ha sido, sin duda, la tarea más importante dentro de la labor de coordinación. Se han escogido autores, todos ellos arquitectos con una larga experiencia docente y una dilatada trayectoria profesional en el campo del urbanismo, tanto desempeñando diversas responsabilidades en la Administración como dirigiendo o participando directamente en la redacción de planes.

La tarea de coordinación al fijar los enfoques y los contenidos de los distintos capítulos ha perseguido en todo momento que el libro sea algo más que un compendio de trabajos en torno al tema de planeamiento urbanístico para alcanzar el objetivo docente ya enunciado al comienzo.

Luis Moya

CAPÍTULO 1

LA PRÁCTICA DEL PLANEAMIENTO URBANÍSTICO EN ESPAÑA

Juan Jesús Trapero

1.1. Una aproximación al planeamiento urbano

1.1.1. Sobre la conveniencia de disponer de planeamiento

Al interesarse por la solución de los problemas que presentan nuestras ciudades parece oportuno detenerse a considerar por qué se produce el planeamiento urbano y en qué condiciones se estima adecuado acudir a él para lograr solucionar los conflictos urbanos. Ante todo conviene observar que no existe unanimidad acerca de la necesidad de planificar el medio urbano pues mientras unos se resisten a que haya una regulación explícita que pueda limitar las posibilidades de actuar en la ciudad, desde otra línea de pensamiento se defiende la planificación llegándose incluso a promover que cualquier actuación esté no sólo prevista sino programada.

En cualquier caso, es de destacar que en todas las culturas desde el origen de cada establecimiento urbano se han establecido unas normas que todos los ciudadanos se han avenido a seguir y respetar con objeto de que las actuaciones individuales no ocasionasen perjuicios a los convecinos. Parece lógico que existan unas reglas comúnmente aceptadas y, en consecuencia, que se disponga de una planificación adecuada que armonice las actuaciones individuales o aisladas y prevea las implicaciones que cada una de ellas pueda tener en el conjunto urbano, así como que vaya haciendo posibles las intervenciones colectivas que sean necesarias. Sin embargo, no puede defenderse una planificación que carezca de motivo y justificación y, consecuentemente, tenemos que considerar cuándo es conveniente disponer de planeamiento urbano.

Conviene puntualizar, al respecto, que sólo es aconsejable y resulta adecuado el disponer de una planificación que plasme una nueva ordenación de la ciudad, cuando existan problemas surgidos por un cambio acaecido o previsto y esta situación se puede dar tanto como consecuencia de crecimiento poblacional, económico o espacial como por motivo de transformaciones que las situaciones socioeconómicas van demandando. Dicho de otro modo, si no existe cambio previsible no se necesita planificar.

1.1.2. La complejidad de lo urbano y de su planeamiento

De otra parte, es preciso destacar que la característica que hace singular al planeamiento urbano deriva de la especial complejidad del hecho urbano. Esta complejidad es inherente a la actividad humana de la sociedad que vive y se desarrolla en un lugar y en unas circunstancias internas y externas determinadas y, por su propia naturaleza, se encuentra siempre en situación de cambio. Ofrece así, el hecho urbano unas dimensiones no sólo espaciales sino también temporales, lo cual resulta diferencial respecto de otras iniciativas que tienen por objeto proyectar una nueva realidad construida. Además, no sólo el conjunto urbano sino también los elementos que lo integran presentan esa complejidad espacial y temporal, siendo difíciles de detectar y analizar los factores que inciden en su génesis y evolución. Por añadidura, el análisis sufre de la incertidumbre del sistema de valores y de la incertidumbre acerca de las intenciones que rodean el hecho urbano.

En razón de esta singularidad cuando queremos explicarnos en qué consistirá el planeamiento urbano como sistema de formalizar la intervención en el hecho urbano, hay que constatar que el planeamiento de la ciudad se nos presenta como un cometido de la máxima complejidad y, por tanto, es difícil el proceder a establecer sus características. Ante todo, habrá que reconocer que no caben simplificaciones y que será más útil el acercarnos al conocimiento del planeamiento urbano mediante el análisis de las diferentes tendencias que se manifiestan respecto de él.

1.1.3. Tendencias características ante el planeamiento

El planeamiento urbano, por su misma esencia, se debate entre posturas contrapuestas. En efecto, ante el planeamiento de las ciudades se adoptan posiciones tan distantes como su negación y abominación o la de una creencia y confianza incondicional en él, siendo curioso observar que la postura contraria a la intervención en la ciudad y por lo tanto opuesta al planeamiento, es compartida por ideas que están en los extremos del espectro como son el liberalismo puro y el anarquismo. Entre ambas posturas extremas antiplanificadoras, existe y se puede distinguir toda una gama de actitudes y de teorías sobre el planeamiento que admiten en menor o mayor grado la conveniencia de la planificación, pero que adoptan diversas posiciones en la dialéctica entre el libre juego de intereses y la planificación. Asímismo se aprecian diferentes grados en el carácter y acento planificador que pueden ir desde intervenciones puntuales y coyunturales planificadas por objetivos hasta una planificación integral. Existen también diversos enfoques prioritarios en el planeamiento como pueden ser el económico, el social, el político, el morfológico, etc.

Tras estas reflexiones generales, podemos aproximarnos más al entendimiento del planeamiento urbano pasando a considerar las actitudes que suelen adoptarse respecto de él. Así, la construcción de la ciudad viene debatiéndose entre la atención a los intereses individuales, los impulsos que proceden de grupos o personas privilegiadas y los esfuerzos organizados de planificación.

En efecto, de un lado, los ciudadanos van tratando de realizar actuaciones en la ciudad según su *interés particular*. Algunas ciudades surgen y van creciendo sin ordenación prefijada según decisiones aisladas de personas o de grupos y, además, las

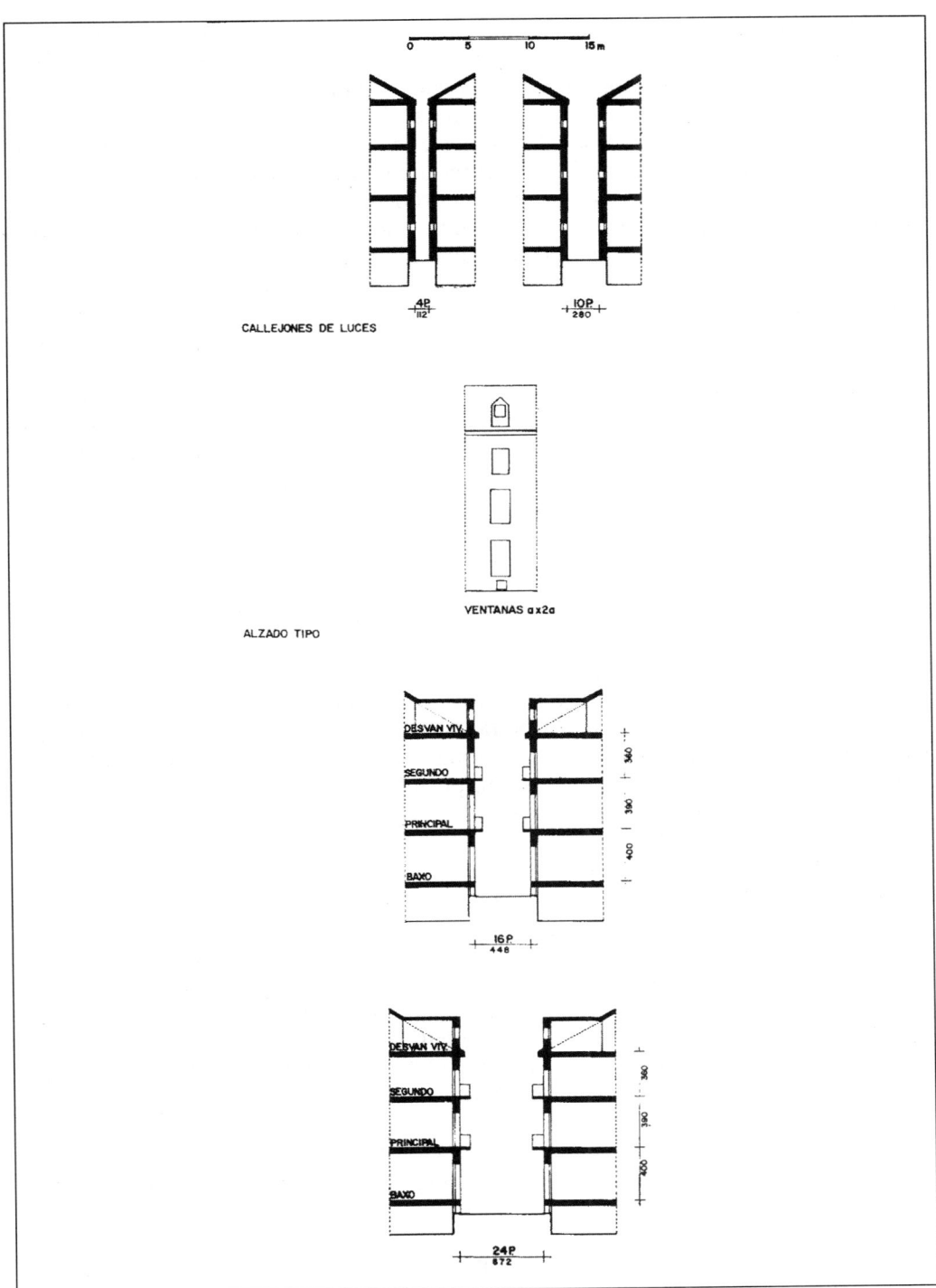

Figura 1.1. Ordenanzas de T. Ardemans 1719.

ciudades van configurándose, en gran parte, por estas iniciativas individuales que, con el tiempo, tienen que ser reguladas en algún modo con objeto de que no se produzcan conflictos o perjuicios entre los diversos vecinos.

De otro lado, siempre han existido en las sociedades ciertos *individuos o grupos con suficiente poder* que, con sus decisiones e influencias, han ido marcando la forma en que las ciudades se han ido generando o se van transformando. En unos casos se trata de intervenciones ajenas a las preocupaciones del pueblo (caso de los establecimientos urbanos regios, por ejemplo) pero, en otros casos esas iniciativas coinciden con los intereses de una clase dominante (caso de los ensanches o de las grandes obras de vías urbanas) o interpretan un empeño generalizado de poblar y colonizar un territorio (caso de las bastidas medievales, las ciudades americanas o, recientemente, de Brasilia). Así, ha existido de siempre una *voluntad de ir construyendo la ciudad por impulsos racionalizadores*. En efecto, la creación de gran parte de las ciudades ha respondido a una decisión presidida por un orden y unas normas previamente establecidas, es decir, siguiendo un plano que respondía a unos principios teóricos de orden religioso, moral y estético y a otros prácticos de orden territorial y ambiental. Esta apuesta por la planificación se consagra en los dos últimos siglos bajo el convencimiento científico de la necesidad de orientar la historia a través de la razón.

1.1.4. Actitudes de nuestra sociedad ante los problemas urbanos

Estas manifestaciones de formas de construir la ciudad que se acaban de caracterizar se dan simultáneamente en nuestra sociedad actual y, desde luego, no tienen por qué ser excluyentes sino que debe de encontrarse, para cada caso y circunstancia, el modo de intervención que resulte más aconsejable. En una sociedad democrática, en efecto, todas estas formas son posibles y han de convivir, pero, en todo caso, se trata precisamente de lograr que las decisiones que se tomen sean públicas y debatidas con objeto de que no resulten abusivas y lesivas para el interés general y, en especial, que se respeten los derechos de los grupos sociales menos influyentes así como los medios urbanos y naturales más frágiles y sensibles.

Las actitudes sociales se reflejan claramente en el planeamiento urbano y, así, cuando prevalece la preocupación por una mejora del conjunto de la sociedad, el planeamiento trata de responder a actitudes de solidaridad y cooperación y pretende lograr una ordenación urbana equilibrada y consciente de la transcendencia general de cada obra en la construcción de la ciudad. En el otro extremo, si en la sociedad se va imponiendo la competitividad, el planeamiento se basa en actuaciones que no tratan de coordinarse sino que buscan su propia oportunidad y una eficiencia inmediata. Es el caso actual y estas situaciones características que estamos viviendo ahora se dan no sólo en la construcción de nuestras ciudades sino que se perciben en los distintos niveles de la decisión pública. En efecto, se manifiestan estas posturas contrapuestas:

— A nivel territorial: territorios equilibrados frente a territorios dispuestos a afrontar la competencia con otras áreas.
— En la ordenación de la ciudad: ciudades equilibradas en sí y en su territorio

frente a ciudades en competencia entre sí a cuyo objeto deben prepararse
áreas y actividades que presenten una mayor oportunidad.

— En la ordenación de las áreas urbanas: atención a todas las áreas y, en especial, a las más deficitarias frente a una atención a determinadas áreas que se estiman punteras en la competitividad
— En la ordenación de las diferentes actividades y funciones urbanas: atención a un equilibrio de actividades y funciones armónico con el desarrollo social frente a una atención casi exclusiva a las actividades mejor situadas para competir y a las intervenciones que las apoyen con mayor efectividad.

Es interesante distinguir, de otra parte, que en épocas de desarrollo económico el planeamiento urbano se concentra prioritariamente en la preparación de las extensiones urbanas y no tiene escrúpulos en favorecer drásticas transformaciones de la ciudad existente mientras que, en épocas de crisis, la prioridad en el planeamiento viene a ser inversa y trata de atender a las áreas urbanas ya consolidadas tratando de completar su urbanización y equipamiento con objeto de lograr mejorar, ante todo, la calidad de vida en la ciudad.

1.1.5. Planteamientos metodológicos

Asimismo, en las actitudes metodológicas se perciben diferentes características en el planeamiento urbano según trate de formularse una planificación jerarquizada o, en el otro extremo, se pretenda lograr una programación de intervenciones puntuales y estratégicas. En el primer caso subyace una convicción acerca de la conveniencia de una planificación general de la vida social y se pretende no sólo lograr una planificación totalmente congruente en todas las escalas y ámbitos sino que se asume la idea de que esta planificación ha de ser la única o mejor forma de ordenar la sociedad en orden a su perfeccionamiento. Por el contrario, la otra actitud metodológica no trata de dar solución a todos los problemas sino que, en todo caso, sólo pretende coordinar diversas intervenciones que se consideran estratégicas. Es notorio que entre una actitud ideal como pretende afrontarse en la planificación integral y jerarquizada y la promoción de intervenciones puntuales, se encuentra toda una rica gama de formas de planificar en las que, según las circunstancias ideológicas, sociales, económicas y coyunturales, se trata de dar una solución a la ordenación de las ciudades que intenta responder a su modo a las cuestiones que la sociedad y la administración de las ciudades se plantean.

1.1.6. Diversas maneras de formalizar el planeamiento urbano

Finalmente, parece adecuado destacar que en la formalización del planeamiento urbanístico se observan diversas maneras de proponer la regulación de las actividades que han de conducir a la construcción de la ciudad. La propia ideación, organización y presentación del planeamiento de las ciudades está marcada voluntaria o inconscientemente por una mentalidad que puede ir desde una decisión de lograr que la ejecución y gestión responda fielmente a la imagen y modelo de ordenación propuestos hasta una mera voluntad de preparar un marco de actuación en que las intervenciones vayan desarrollándose armónicamente. Ello se materializa en la formalización del planeamiento, especialmente en documentos que incluyen una reglamentación estricta y precisa que define la ordenación concreta definida en el plan, o bien, en el otro extremo, en una regulación flexible de las condiciones urbanísticas que trata de mantener una concordancia de las actuaciones, pero que permite ir precisando en cada caso y momento la intervención.

1.1.7. Reflexiones básicas ante el planeamiento urbano

Estas reflexiones sobre diferentes actitudes teóricas, distintas condiciones y coyunturas económicas, sociales, culturales, administrativas y políticas así como sobre diversos métodos y formas de planificar resultan interesantes para conocer cuáles son las características del planeamiento urbano, al entender cuáles son las tendencias en que éste se debate. De ello, no puede caerse en posturas simplistas de pretender descalificar "a priori" algunas de las alternativas presentadas, sino que por el contrario puede afirmarse que cada una de ellas tiene, en su momento y circunstancias, su razón de ser y lo que convendrá analizar en cada caso serán las oportunidades que se ofrecen para optar por un tipo o una forma de planeamiento. En todo caso, parece que estas reflexiones son útiles al objeto de adquirir plena conciencia de la transcendencia de la caracterización adecuada del planeamiento. Asímismo sirven para adentrarnos en el conocimiento del objeto y sentido del planeamiento y de la intervención en la ciudad apoyados en un conocimiento histórico de cómo en cada época se ha ido disponiendo de planeamientos que respondían a su referencia histórica, social y cultural.

1.2. El planeamiento urbano en la construcción de las ciudades españolas

1.2.1. Primeras regulaciones

La necesidad de regular la edificación en las ciudades aparece ya en el alto medievo español reflejada en los fueros tradicionales y en las ordenanzas municipales. Se trata meramente de una regulación mínima para evitar abusos o molestias entre vecinos y para garantizar el uso de las vías y espacios comunes, pero es de destacar que esta preocupación por el espacio público es la que contribuirá a la conformación de nuestras ciudades y es lo que marcará la diferencia con las ciudades islámicas.

En el proceso de centralización política y administrativa del Estado absolutista, va apareciendo una ordenación estatal de la vida municipal y, así, las Ordenanzas de Intendentes y Corregidores de 1749 regulan temas de policía urbana. Paralelamente, va surgiendo la preocupación por lograr una regularidad en los espacios y construcciones urbanas y aparecen los planos "geométricos" con la técnica de las alineaciones. Estos planos fueron después normalizados a través de sucesivas instrucciones de 1846, 1853 y 1859. En todo caso, se trata siempre de regulaciones que suponen una mínima limitación del derecho de propiedad que conlleva un derecho

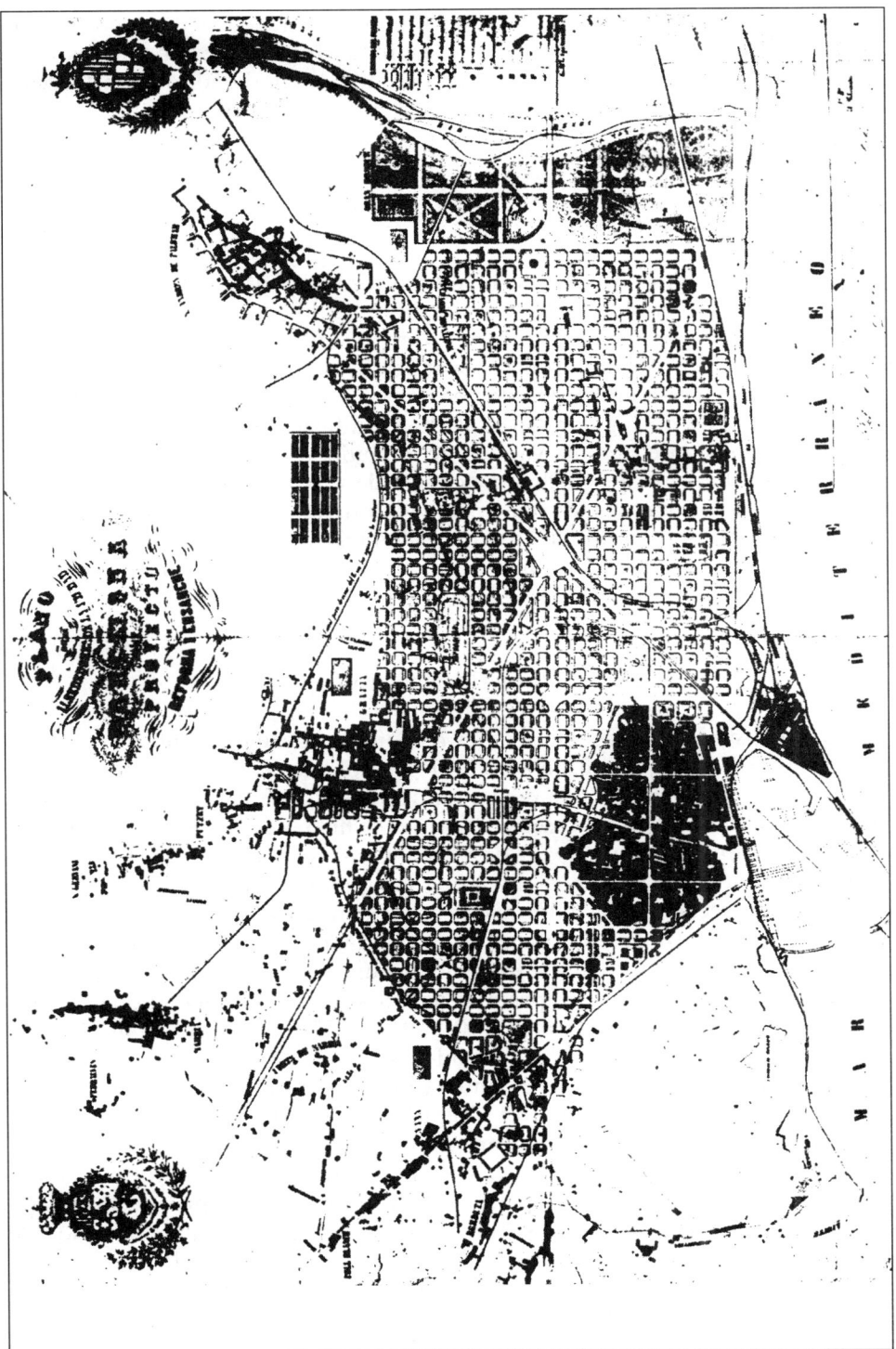

Figura 1.2. Ensanche de Barcelona de Ildefonso Cerdá, 1860.

casi absoluto y solamente está sujeto a esas mínimas limitaciones de policía. En la Constitución de 1812, aún dentro de este espíritu, aparecen atribuciones a los Ayuntamientos en materia de policía de salubridad y comodidad, de construcción de las obras públicas necesarias, útiles o de ornato, y también se les reconoce la competencia de formar Ordenanzas municipales (Bassol, M. 1973).

1.2.2. La ordenación del crecimiento urbano

A mediados del siglo pasado van resultando insuficientes estas regulaciones para poder acometer las obras que el crecimiento y los cambios de la sociedad burguesa de nuestras ciudades demandan, y van presentándose iniciativas que tratan de racionalizar e institucionalizar la concepción y el desarrollo del crecimiento urbano, y ello se concreta en la idea de "ensanche". No se trata ya de definir tan sólo las alineaciones o de regular aspectos de la edificación o la salubridad urbana, sino que estamos ante una nueva idea de la ciudad ordenada, y ello mediante esa nueva pieza urbana, el Ensanche, concebida de una vez, bien definida, homogénea y acotada que venía a añadirse a la ciudad antigua. Aunque hubo propuestas confluyentes, quien logró formular los conceptos básicos del Ensanche de manera más clara y coherente fue Ildefonso Cerdá en su Teoría General de la Planificación.

1.2.3. La preocupación por los problemas higiénicos y de vivienda

La idea del ensanche y sus realizaciones responden adecuadamente a los intereses de la burguesía, pero quedan sin atender los problemas higiénicos y funcionales de los cascos antiguos y también la demanda de vivienda de las clases sin recursos mínimos. Así, para atender a los cascos existentes se hizo preciso regular sus necesidades más perentorias mediante la ley de Saneamiento y Mejora de Poblaciones de 1895 y, de otro lado, ante la imposibilidad de las grandes masas sin recursos suficientes para poder acceder a las edificaciones de los ensanches, van surgiendo urbanizaciones marginales, en ciertos bordes de las ciudades, que carecen de los servicios urbanos mínimos. Ante ello va apareciendo una preocupación por atender a los problemas de vivienda de las capas más necesitadas de la sociedad que se plasma en sucesivas leyes de Casas Baratas (1908, 1911 y 1921) en las que se llegó incluso a abordar las "ciudades satélites" de posible creación.

En 1924, bajo la Dictadura, se promulga el "Estatuto Municipal" en el que Joaquín Calvo Sotelo refunde, sintetiza y reordena con gran coherencia preceptos anteriores pero, sin embargo, no se incorporan los avances conceptuales ya logrados. Al amparo de este Estatuto se inician una serie de planes de reforma, de ensanche o de extensión de ciudades españolas. Son de destacar las propuestas imaginativas que se formularon en los años 30 para Barcelona así como para Madrid que es protagonista entonces del concurso internacional de 1929 de su Plan de Extensión que sirve para reunir una serie de propuestas de ordenación de un ámbito que rebasa al municipio y servirá de apoyo al Plan de Madrid de 1935 y a las propuestas de reconstrucción, tanto las del Plan Regional redactado por la República entre

1937 y 1939 como el Plan Bidagor de 1944. Con ellos aparecen las primeras ordenaciones municipales (Teran, F. de, 1978).

1.2.4. La reconstrucción y las primeras tentativas de ordenación coherente

Tras la Guerra Civil, las preocupaciones se centran en la reconstrucción de las
ciudades y pueblos destruidos por la contienda y, a pesar de la carencia de medios, la
labor es intensa para lograr un mínimo de vida urbana. Una vez lograda la reconstrucción, el problema más acuciante en los siguientes lustros es el de dar una vivienda (aunque sea mínima en todos sus sentidos, incluido el urbanístico) a todas las familias. Así se acomete durante la década de los cincuenta y los sesenta una masiva
construcción de viviendas en polígonos residenciales que sólo atienden a la mera
construcción de los bloques de viviendas sin urbanizar apenas las vías y espacios comunes ni dotar de los equipamientos necesarios. Pero la primera urgencia que es la
obtención de una vivienda donde albergarse sí que es atendida. En esta época los
profesionales responsables ven, con Bidagor al frente, la necesidad de dar una ordenación coherente a las ciudades y pueblos para lo cual se prepara una normativa que
trata de atender a todos los problemas urbanos y, de modo especial, a la ordenación
de los crecimientos de nuestras ciudades. Así, en la Ley del Suelo de 1956 se aborda
la necesidad de una planificación en todas las escalas y, como consecuencia de ella,
empiezan a redactarse los planes generales de los principales municipios españoles.

1.2.5. El urbanismo tecnocrático

Hacia finales de los sesenta, las circunstancias socioeconómicas son diferentes y
las influencias de los países vecinos son mayores con lo que se hacen patentes en
España las tendencias imperantes de lo que puede calificarse como el urbanismo
tecnocrático. En éste es manifiesto un afán de perfección cifrado en el planeamiento integral, contínuo y basado en modelos, e incluso, alejado teóricamente de intereses concretos pretendiendo ser supuestamente "idóneo" bajo cualquier consideración. Tal invento centra el empeño de muchos de los mejores profesionales y es el
objeto principal del Gabinete de Estudios de la Dirección General de Urbanismo.
Este planeamiento se plasma especialmente en el Avance de Esquema Director de
la Región Centro de 1972 y en los concursos de Urbanismo Concertado que se lan-
zan por entonces. Éstos atienden no sólo a las corrientes transpirenaicas sino a la
presión de los grandes grupos económicos dominantes que ven en la construcción
de nueva ciudad una oportunidad para mejorar sus perspectivas.

Se puede sintetizar que durante los años comprendidos entre 1950 y 1980, las
ciudades españolas han sufrido una serie de impactos muy fuertes como consecuencia de estos hechos:

— Una fuerte inmigración generada por el abandono del campo y las áreas ru-
    rales.
— Las alteraciones que el rápido crecimiento ha producido en la distribución
    de usos y actividades en la ciudad.

— Las mutaciones funcionales consecuentes de las alteraciones en los diversos ritmos de crecimiento regional.
— La permisividad en la ocupación y en la edificación de la ciudad.
— La falta de iniciativa municipal.

Así, al final de los años 70, la situación urbana se caracteriza por:

— Un estado de abandono del centro urbano y del casco histórico.
— Una alteración de los ensanches.
— La desurbanización de las periferias.
— Una situación de aislamiento y de carencia en las áreas marginales.
— La desarticulación de las áreas industriales.
— Graves problemas estructurales.
— Un estancamiento en su crecimiento.

1.2.6. *Las exigencias ciudadanas de una mínima calidad urbana*

Cuando aún se sigue insistiendo en planteamientos alejados de la realidad social y pretendidamente apolíticos, que la crisis económica de los setenta desacredita, la madurez de la sociedad y la menor rigidez del régimen gobernante, permiten que surja con fuerza la presión ciudadana en los barrios marginados de las grandes ciudades. Así se logra que las administraciones locales y la central vayan atendiendo a la urbanización y al equipamiento de las áreas ya construidas y, en especial, a todas aquellas extensiones realizadas en los treinta años anteriores que carecen de las dotaciones y servicios urbanos mínimos. Esa presión ciudadana provoca la atención de los profesionales hacia los problemas urbanos diarios e inmediatos y los aparta de anteriores preocupaciones metodológicas presuntamente ortodoxas. Es la época –final de los setenta– en que se realizan los estudios más serios sobre los problemas de nuestras ciudades, entre los que destacan los PAI de Madrid (Programas de Actuación Inmediata) y, a la vez se acomete, también en Madrid, una operación de remodelación de barrios que ha sido excepcional por su significado, su cometido y su enorme magnitud.

1.2.7. *El urbanismo de transición*

Así, lo que hoy podemos llamar el urbanismo de la transición se caracteriza por una toma de conciencia de los problemas inmediatos y menores que, acumulados como consecuencia de la rápida extensión de las ciudades realizada en los anteriores decenios, hace que constituyan un cúmulo de temas a solucionar sin más demora en la mayoría de los barrios de las grandes ciudades españolas. Ello contrasta con los planteamientos anteriores en los cuales dominaba el interés por preparar extensiones urbanas cada vez de mayor tamaño y, en consecuencia, se apoyaban en metodologías alejadas de la atención a las cuestiones del interés inmediato de los ciudadanos. Fue una época muy estimulante tanto por la formulación de los temas

desde la base a través de las activas Asociaciones de Vecinos como por la reconsideración del fondo de la cuestión urbana tomando distancia respecto de los intereses de los grupos de presión.

1.2.8. El urbanismo de la democracia

El urbanismo de la democracia, tomando sus raíces en las inquietudes antes descritas, pretende establecer un temario urbano de interés directo para la mayoría de
los ciudadanos. Así se toma conciencia de los males que se detectan en las grandes
ciudades como fruto del anterior desarrollismo sin control municipal democrático y
se destaca el amenazador aumento de la densidad en las áreas centrales y periféricas,
la falta de infraestructuras y de equipamientos, la degradación de la convivencia, la
falta de calidad de vida urbana y el abandono del medio natural. Como reacción a estas graves cuestiones, se promueve desde 1979, por los nuevos ayuntamientos democráticos de todas las ciudades españolas grandes y medias, una revisión de su planeamiento municipal bajo el propósito de ayudar a resolver los problemas heredados con
la mayor rapidez y con la preocupación básica de la prevalencia del interés colectivo.
Así surge una gran generación de planes generales adaptados a la Ley del Suelo de
1975 que tratan a grandes rasgos de "terminar" la ciudad existente antes de pensar en
preparar nuevas extensiones urbanas (que la crisis económica no justificaría). Para
"terminar" la ciudad, se procede a revisar a la baja las densidades edificatorias, a prever y programar la ejecución del equipamiento urbano que requiere la sociedad actual y a dotar de infraestructuras, procediendo mediante todo ello a plantear la reestructuración del conjunto urbano. La preocupación medioambiental, que ha sido otro
tema reivindicativo en progresivo auge, se recoge claramente en este nuevo planeamiento y, así, se presta una atención creciente a la calidad de vida urbana tanto en sus
magnitudes físicas medioambientales como en la preocupación por la preparación de
los espacios públicos y en la relación con el medio natural.

Se puede resumir que en los años finales de la década de los setenta se ha pasado
de una situación de permisividad en la ocupación y edificación de la ciudad y de falta
de interés por las áreas periféricas y, en general, por la terminación de la ciudad existente, a la paulatina formación de una nueva conciencia urbana caracterizada por:

— El fin de la confianza en un crecimiento ilimitado.
— La asunción por los Ayuntamientos de sus responsabilidades en el cambio
   urbano.
— La generalización de un clima de consenso en la solución de los problemas
   urbanos.
— El respeto a la tradición histórica y a las condiciones geomorfológicas.
— El aprovechamiento de los recursos urbanos y naturales.
— La prioridad del interés colectivo.
— La especial atención a la terminación de la ciudad con reequipamiento ho-
   mogéneo.

Casi todas las ciudades importantes revisan su planeamiento entre 1978 y 1985
(Trapero, J. J., 1985) y dentro de esta generación de planeamiento municipal, el

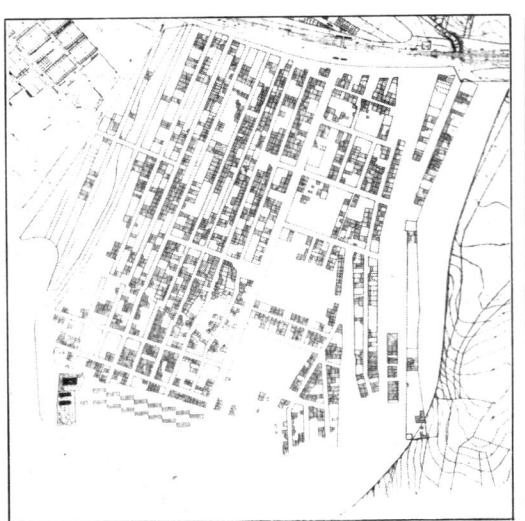 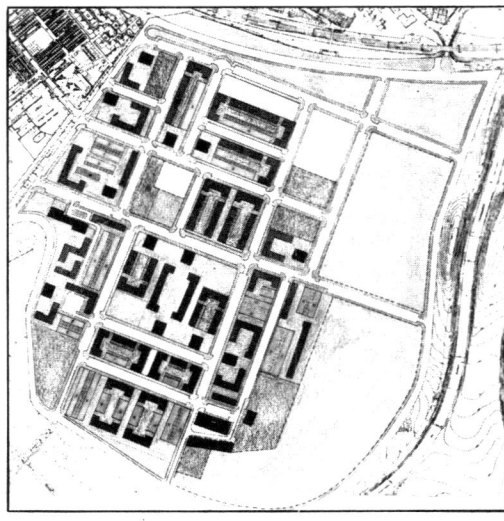

Figura 1.3. Operación de Remodelación y Realojamiento de Madrid 1978-1987. (Izquierda) El barrio de El Pozo del Tío Raimundo antes de la Remodelación, típico barrio de chabolas y después (derecha) con morfología de bloques abiertos. Planos procedentes del trabajo de investigación del equipo dirigido por Luis Moya y Julio Vinuesa para el IVIMA.

Plan General de Madrid se presenta como ejemplo tanto en sus primeros planteamientos, como en la evolución que va experimentado en el curso de su formulación. Parte de una enunciación neta de su vocación de hacer primar los derechos y los intereses de la colectividad y de plantear los temas antes enumerados de "terminación" de lo existente. En el proceso de su formación el plan va sufriendo alguna relajación del rigor con que se habían expresado los primeros objetivos y, además, se revela que la instrumentación de su puesta en práctica es demasiado rígida, sin duda por excesos en la definición de la normativa, lo cual hace que la gestión del plan se vea comprometida tanto por la excesiva rigidez como por la resistencia de los servicios encargados de interpretar y aplicar el plan. De todas formas, hay que tener en cuenta que el plan se empieza a formular con los PAI de 1978, queda definido hacia 1982, pero se aprueba en 1985, justo cuando las circunstancias socioeconómicas comienzan a experimentar un cambio sustancial, pues se supera la crisis de la segunda mitad de los setenta que avaló el interés por usar bien lo ya existente y, en consecuencia, preparar adecuadamente la ciudad ya edificada y no preocuparse por unas extensiones urbanas que la crisis no amparaba. En cambio, a mitad de los ochenta, cuando hay que aplicar el nuevo Plan de Madrid, tiene lugar un fuerte despegue económico que aumenta las exigencias individuales respecto de la vivienda y los servicios y va generando una demanda residencial y de terciario de alta calidad rompiendo esquemas anteriores. A pesar de los errores y desfases, conviene destacar que esta generación de planeamiento, como el de Madrid, pensado para la crisis, cumple su objeto en gran medida puesto que es la base para la gran actividad desarrollada en el decenio de los ochenta de creación municipal de espacios y equipamientos públicos y de reestructuración de los barrios y el conjunto urbano; si bien hay que reconocer que no logra algunos de sus objetivos fundamentales como forzar la construcción de viviendas protegidas y se manifiesta poco apto para adaptarse a las nuevas exigencias de una sociedad que ya tiene otros intereses y manifiesta gran actividad en demostrarlo.

1.2.9. El urbanismo en la última década del siglo XX

En los primeros años de la década de los noventa, las preocupaciones dominantes de la sociedad española son muy diferentes a las planteadas diez años antes tanto desde el punto de vista político, con un sistema democrático afianzado aunque demuestre defectos y carencias; como desde el punto de vista económico, con un nivel de vida superior aunque gravemente amenazado por la crisis; o desde el punto de vista social con unas preocupaciones alejadas de la solidaridad y la cooperación y con un individualismo cada vez más agresivo y despreocupado. Este panorama se ve aún más agudizado si observamos la situación internacional en que se han producido cambios fundamentales desapareciendo las condiciones imperantes en los cuarenta años anteriores y los equilibrios y amenazas han dejado de ser globales para asentarse una incertidumbre a escala regional en áreas hasta entonces estabilizadas. El individualismo, la inmediatez de las soluciones y una competitividad exacerbada se ha extendido a todos los niveles tras la desaparición de la competencia entre ideas e intereses colectivos.

En el planeamiento urbano se afianza el progresivo abandono de los intentos de ordenación integral, hecho que ya se había iniciado en la anterior generación de planes, entonces por querer atender a los problemas acuciantes de las ciudades y ahora porque se ha generalizado la idea de que no importan los planteamientos a largo plazo ya que la situación socioeconómica tan cambiante no admite elucubraciones y exige estar preparado del modo más eficaz, aunque sea despiadado, para lograr situarse a todos los niveles, desde el individual hasta el del municipio, con posibilidades de vencer. Esta cruel competitividad hace que el planeamiento no se plantee temas de solidaridad, cooperación y equilibrio como anteriormente sino que todas las ciudades, cada una con sus medios, plantean lograr las mejores ventajas y actuaciones aunque sea dispersando esfuerzos y creando nuevos conflictos.

Ante esta carencia de preocupación por algún ideal o transcendencia, las grandes ciudades se plantean una competitividad entre ellas a escala incluso mundial o cuando menos europea y cada una quiere llevarse el gato al agua mediante el desarrollo de actuaciones estratégicas, la mayoría de las veces fuera de las estructuras urbanas consolidadas, en las que sólo preocupa la oportunidad, la competitividad y la eficiencia más inmediatas. Se trata de actuaciones centradas en el desarrollo del terciario apoyado en las tecnologías más avanzadas y, desde luego, alejadas de los esquemas clásicos de producción, los cuales se abandonan a su suerte y están totalmente en crisis. La preocupación por los crecimientos residenciales no resulta básica aunque constituya la segunda fuente de actuación en el territorio. La preocupación por el medio ambiente ha experimentado una institucionalización no sólo en los niveles administrativos sino por los medios de comunicación, por la sociedad en general y por los activos grupos inversores; así, los estudios, justificaciones y actuaciones medioambientales son casi obligados e incluso la protección del patrimonio urbano ha sido asimilada como posible negocio.

En este marco de consideraciones, John Friedmann ha sintetizado recientemente que la planificación de las grandes ciudades resulta difícilmente asumible a causa de los siguientes factores:

— La fragmentación espacial, con falta de una autoridad única que pueda decidir y llevar a cabo la planificación.
— La fragmentación funcional, por la división de competencias y responsabilidades de los diversos organismos que actúan, además, sobre diferentes ámbitos.
— La resistencia civil creciente de movimientos sociales reivindicativos, a menudo dispares y contradictorios.
— La ausencia de conciencia cívica y de voluntad consensuada y la prevalencia de los intereses de clase y particulares.
— La toma de decisiones transcendentales por encima del interés común y de las autoridades locales por sometimiento a las decisiones de las empresas internacionales y de las instituciones financieras.

Todo ello lleva a una situación caracterizada por una politización creciente de la planificación y, en general, a una confianza ciega en los mercados. Con ello, se abandona el objetivo de la planificación de crear una sociedad mejor en todos los aspectos de la integración territorial.

Dentro de este panorama tan diferente y tan cambiante y frágil se ha producido en España un hecho de la máxima importancia para el planeamiento, que ha sido la promulgación de la nueva reforma de la Ley del Suelo que afecta fundamentalmente a la gestión y valoración del suelo, pero repercute claramente en el planeamiento municipal. Como las anteriores normas urbanísticas de 1956 y 1975, la de 1990 plasma en un texto legal preocupaciones de los años anteriores que cuando entran en su aplicación ya se han visto superadas en gran medida por la sociedad (Fernández, T. R., 1980). Esta Ley del Suelo aborda un tema de gran relevancia para todos los entes encargados de crear infraestructuras y equipamientos urbanos y a la vez intenta limitar los procesos especulativos que se generan en el suelo de las ciudades españolas. A tal fin, se regula estrictamente todo el proceso de transformación de un terreno en suelo urbano susceptible de edificarse. Con ello se pone a disposición de los Ayuntamientos la posibilidad de conocer, prever y controlar la progresiva creación de suelo urbanizado dispuesto para ser edificado y de disponer de reservas de suelo necesarias para urbanizar y para ejecutar los equipamientos necesarios a cada área. Se trata de una oportunidad mucho mayor para hacer frente a las responsabilidades municipales de ir creando y adecuando la ciudad, pero el texto legal resulta de una complejidad rallana en el perfeccionismo por lo que será difícilmente abordable por muchas administraciones municipales y ello puede servir de pretexto a su falta de aplicación de no mediar verdadera voluntad política de aprovechar los procedimientos que ahora se pueden aplicar.

Ante todas estas circunstancias, nos encontramos en esta última década del siglo con un panorama harto incierto, cultural, social y económicamente, que tiene unas manifestaciones más relevantes e inseguras cuanto mayor es el nivel de la ciudad. A cuantos se preocupan por la ciudad les incumbe lograr superar esta cortedad de miras y de anhelos y de recuperar los grandes valores que deben presidir la convivencia urbana. A tal fin, los esquemas de épocas anteriores son de difícil apli-

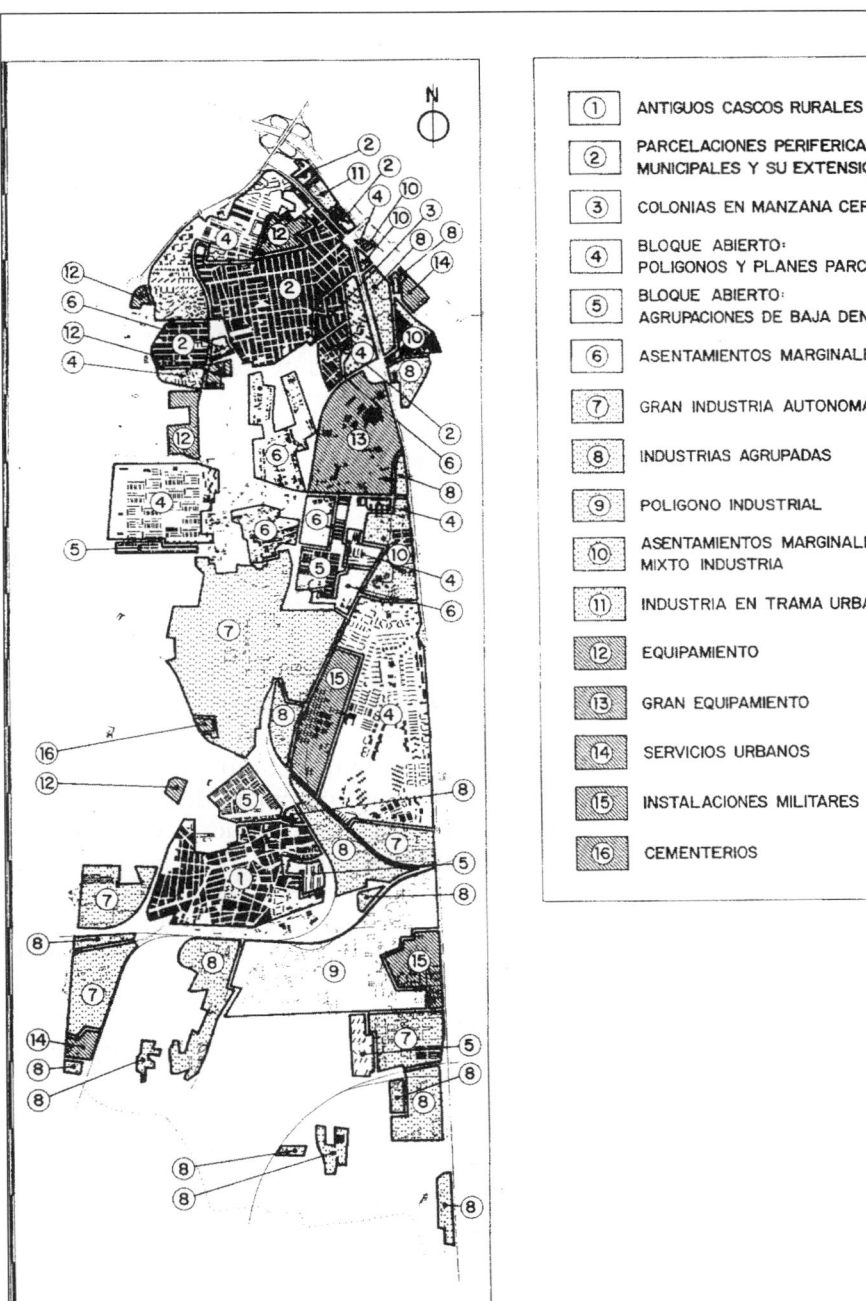

N

ANTIGUOS CASCOS RURALES Y SU EXTENSIÓN

PARCELACIONES PERIFERICAS Y ORDENANZAS MUNICIPALES Y SU EXTENSION

COLONIAS EN MANZANA CERRADA

BLOQUE ABIERTO: POLIGONOS Y PLANES PARCIALES

BLOQUE ABIERTO: AGRUPACIONES DE BAJA DENSIDAD

ASENTAMIENTOS MARGINALES: RESIDENCIAL

GRAN INDUSTRIA AUTONOMA

INDUSTRIAS AGRUPADAS

POLIGONO INDUSTRIAL

ASENTAMIENTOS MARGINALES: MIXTO INDUSTRIA

INDUSTRIA EN TRAMA URBANA

EQUIPAMIENTO

GRAN EQUIPAMIENTO

SERVICIOS URBANOS

INSTALACIONES MILITARES

CEMENTERIOS

AREAS MORFOLOGICAS

0   500 m

Figura 1.4. Programa de Actuación Inmediata (PAI) de Villaverde (Madrid. 1979. COPLACO).

cación, pero habrá que incorporar a las circunstancias socioeconómicas actuales una renovada preocupación que partiendo de las experiencias e intereses individuales permita ir reconstruyendo los conceptos de solidaridad, cooperación y equilibrio que resultan indisolubles de la idea de lo urbano, especialmente en Europa.

1.3. Características del planeamiento urbano ante el futuro próximo

1.3.1. Características básicas

En la actualidad, como recuerda Fernando de Terán, en cualquier disciplina está asumida tanto la necesidad de aceptar el marco de incertidumbre en que se desarrolla como la coexistencia de explicaciones no necesariamente compatibles. En efecto, hay que ser conscientes de la mutabilidad de circunstancias que domina la realidad y que es particularmente relevante en el hecho urbano en torno al cual tanto las situaciones como las actitudes respecto a ellos presentan un carácter totalmente variable aunque a menudo se dé cierta recurrencia. Ello nos induce a poner de relieve que no se puede caer en la ingenua creencia de que existan soluciones únicas y verdaderas que, como apuntó Tafuri, no pasan de ser "fábulas consoladoras".

Con esta conciencia de la complejidad y la incertidumbre que caracterizan los problemas urbanos vamos a adentrarnos en la consideración de la conveniencia de acudir a la planificación como modo de solucionar situaciones urbanas conflictivas o como prevención de crisis urbanas. Observamos que los modos de intervenir en estas situaciones urbanas son muy variados y tienen lugar contínuamente bien de forma más o menos espontánea bien respondiendo a una actitud metódica. En general se suele admitir que para intervenir en la ciudad con objeto de dar solución a los problemas existentes y a los previsibles se recurre al planeamiento urbano como forma de plasmar y hacer pública la ordenación adecuada de todas las soluciones urbanas. Y es que el planeamiento urbano no solamente debe realizarse por imperativos de la legislación urbanística sino que resulta de interés a la colectividad ya que, gracias a él, se podrá disponer de una formulación ordenada y justificada en la cual se presente cómo se entiende la atención a los temas y problemas que la ciudad tiene planteados y cómo ello se traduce en una ordenación urbana que podrá ser llevada a la realidad mediante la regulación que en el mismo plan se propone.

Vamos a detenernos en analizar este enunciado pues en él se han sintetizado cuestiones fundamentales del planeamiento urbano. En efecto, para que éste sea apropiado a su intención, ante todo habrá que conocer cuáles son los problemas que demandan solución. En segundo lugar tiene que existir una intención de preparar y llevar a la realidad una ordenación que atienda a dichos problemas y, a tal fin, habrá que preguntarse qué intención preside este solucionamiento de los problemas urbanos, cuáles son los medios de que se dispondrá y en qué lapso de tiempo se irá dando solución a los diferentes problemas planteados. En tercer lugar, la puesta en ejecución de ese planeamiento ha de ser posible y, en consecuencia, habrá de plantearse una regulación que permita ir llevándolo a la realidad en el momento y con los medios adecuados. En esencia, destaca una necesidad de conocer adecuadamente la realidad urbana, de ser conscientes de todos los condicionamientos existentes y de tener siempre presente que la esencia misma del planeamiento urbano exige el pensar en una gestión que haga posible su puesta en práctica.

1.3.2. La base teórica y el conocimiento de la realidad urbana

Así, nos encontramos con que debe enfocarse el planeamiento urbano bajo confluentes consideraciones para que no resulte corto de miras o bien pretencioso por una excesiva simplificación que repercutiría en un fácil doctrinarismo. El planeamiento debe ser abordado dentro de un marco de reflexión adecuado en el que se consideren y valoren las diferentes posturas teóricas y prácticas conocidas que son apropiadas al caso. En este sentido, es preciso prepararse con un estudio de todas las teorías y experiencias que la historia remota o próxima nos aporta, en el que se consideren sus propósitos, circunstancias y resultados así como su posible utilidad y enseñanza para el caso que tenemos que abordar. Esta reflexión junto con el conocimiento de la realidad urbana es fundamental y nos ha de ayudar a ir estableciendo los objetivos con los que nos hemos de plantear las posibles soluciones a abordar. Estos objetivos se irán depurando sucesivamente al ir contrastando las posibles consecuencias de su aplicación según se vaya avanzando en el trabajo planificador.

1.3.3. El análisis de la realidad

Paralelamente se debe trabajar en el marco de análisis que es asímismo fundamental para plantear en sus debidos términos las circunstancias que inciden en nuestro caso. Hay que lograr tener un conocimiento de la realidad de la que partimos, estudiar cuáles son las deficiencias y conflictos que actualmente existen y deducir cuáles resultan ser verdaderos problemas, dada la situación actual y cuáles pueden llegar a ser problemáticos en circunstancias nuevas, previsibles o no. Este análisis exige ante todo una información suficiente que no debe ser exhaustiva sino la necesaria para poder basar en su debida forma el objeto principal del planeamiento urbano que, como norma general, ha de buscar la obtención de un equilibrio territorial y social. En este sentido la información no debe ser omnicomprensiva e indiscriminada sino que ha de estar encaminada a poner en claro cuáles son los temas conflictivos dentro de las intenciones y circunstancias con que se plantea el logro del establecimiento de ese nuevo equilibrio. Asímismo, el análisis debe tener por objeto el poner en claro esos posibles problemas y habrá de estar presidido por la atención a los objetivos que guían nuestro proceso de elaboración del planeamiento. Es de señalar que estos objetivos no son inmutables y habrán de ir siendo matizados o revisados por efecto de la evolución de nuestra reflexión a la luz del conocimiento y análisis que vayamos adquiriendo.

1.3.4. El marco de la ordenación urbana

El establecimiento de los temas que resultan conflictivos o que pueden llegar a serlo, se va madurando en ese proceso reflexivo y, gracias a él, se logrará ir aclarando las circunstancias que caracterizan cada problema y la situación general que se nos presenta. Con ello podremos plantearnos cuál puede ser el marco en el que hay que enfocar la ordenación urbana y estaremos en condiciones de ir intuyendo y analizando las consecuencias previsibles de los planteamientos que vayamos realizando. La búsqueda de la ordenación que trate de hacer posible ese equilibrio territorial y social que se persigue no puede ser considerada como un esfuerzo omnivalente que logre una ordenación apropiada para cualquier contingencia que se pueda presentar sino que hay que ser conscientes de que es imposible lograr tal solución y que, antes bien, lo que se debe hacer es tratar de lograr una ordenación susceptible de ser hecha realidad y, por tanto, que pueda ser gestionada adecuadamente por los responsables correspondientes. Es un empeño fundamental pero, desde luego, harto complicado ya que, de una parte, es necesario suponer con el mayor acierto cuáles serán esas previsibles circunstancias bajo las que ha de llevarse a efecto esa ordenación y, de otro, conocer y tener en cuenta cuál es la capacidad y voluntad de gestión de quienes tienen la responsabilidad de llevar a cabo la ordenación.

1.3.5. Un planeamiento enfocado a su gestión y puesta en práctica

Para hacer posible esta intención de adecuar el planeamiento a su gestión se nos presenta una primera exigencia de asunción del planeamiento por sus destinatarios y, ante todo, por los responsables del mismo ya que sólo así se podrá evitar su falta de aplicación por desconocimiento o discrepancia como tantas veces ocurre. A tal fin, está regulada una participación mínima de los ciudadanos en el planeamiento urbano que es imprescindible, pero no resulta suficiente por lo que todo esfuerzo en el sentido de explicar las decisiones que implicará la ordenación propuesta serán pocos. En el mismo sentido el redactor del planeamiento ha de asumir que es la colectividad la que debe de ir haciendo suya la ordenación y conocer sus implicaciones futuras y ello debe ser hecho mediante los cauces previstos en la normativa urbanística en la que los ayuntamientos son los protagonistas de las decisiones en materia de la ordenación urbana de sus municipios y, en consecuencia, los responsables políticos y técnicos del Ayuntamiento deben conocer y asumir la ordenación que se elabora y, ello, a lo largo de todo el proceso de redacción. Es de señalar que los profesionales que preparan los documentos urbanísticos no deben caer en la ingenuidad de creer que su trabajo es suficiente por sí mismo para lograr los efectos deseados de regeneración social y física ya que supone la solución ideal e idónea a todos los problemas y en cualquier circunstancia. Dado que esta última posibilidad de lograr la panacea no es creíble hay que ser modestos y lograr que los demás participen, colaboren y asuman las decisiones que se adopten, pero ésto desde luego es bastante más complicado que plasmar una idea personal y pretender imponerla.

Dentro de ese esfuerzo imprescindible de tratar de que se conozca y asuma la ordenación, y que ésta sea posible de gestionar, es preciso plantearse cuál ha de ser el marco de intervención en el que la ejecución de la ordenación puede ser posible. Es necesario, a tal fin, preparar no sólo las características de la ordenación en general sino también definir aquellas actuaciones que se consideran claves para que la ordenación se vaya haciendo realidad.

1.3.6. La consideración de los protagonistas en la construcción de la ciudad

De cara a la elaboración del planeamiento que necesite un municipio determinado es preciso considerar quiénes son los organismos y personas que tienen protagonismo en la construcción de la ciudad y ello, tanto por las responsabilidades que ostentan en razón de las competencias y obligaciones que dimanan de su función, como por el poder real que ejercen a través del ejercicio de sus actuaciones. Ante todo debe entenderse y conocerse el funcionamiento que se deriva, en materia de urbanismo, de la situación administrativa, normativa y competencial en la España autonómica en contraposición, por ejemplo, con las de un país centralizado como Francia. En nuestro país, el urbanismo es competencia plena de las Autonomías y la legislación urbanística sólo se regula a nivel central en los aspectos que se refieren a la propiedad con objeto de garantizar una igualdad entre todos los españoles. Pero la responsabilidad y competencia última respecto del planeamiento es autonómica. Y son los ayuntamientos los que tienen la responsabilidad de ordenar urbanísticamente su municipio.

El *papel del Ayuntamiento* es capital respecto del planeamiento municipal en todos sus estadios ya que, en efecto, es él quien debe asumir la elaboración del planeamiento de su término municipal y quien lo ha de aprobar inicial y provisionalmente, sometiéndolo a la aprobación definitiva de la Comunidad Autónoma. Ésta ejerce, a su vez, un papel coordinador respecto del planeamiento urbano y vigila y garantiza el cumplimiento de la normativa urbanística vigente. Asímismo, el Ayuntamiento es el responsable de la aprobación de los instrumentos que desarrollen el planeamiento de nivel municipal, si bien la elaboración de los mismos puede ser hecha, según los casos, directamente por el Ayuntamiento, en colaboración con entidades públicas o privadas, o bien redactada directamente por éstas. En todo caso el papel del Ayuntamiento es fundamental y tiene la responsabilidad completa de su ordenación y desarrollo urbanístico. Para la práctica de esta competencia los ayuntamientos necesitan disponer de unos medios económicos, administrativos y técnicos en consonancia con las actividades urbanísticas a ejercer. La legislación urbanística ha ido previendo que los ayuntamientos dispongan de esos medios y en tal sentido la última reforma de la legislación central (Ley 8/90) tiene como uno de sus fines el que los ayuntamientos puedan afrontar sus obligaciones urbanísticas con los medios y en los momentos oportunos (MOPT, 1993).

Conviene poner de relieve el *papel del ciudadano* en el proceso de construcción de la ciudad (desde la ordenación del conjunto municipal en el planeamiento general hasta la urbanización y edificación) ya que, si bien la responsabilidad corresponde ante todo al Ayuntamiento, es de suma importancia que el ciudadano se integre en todas las fases del proceso. Sólo así podrá garantizarse una aceptable interpretación de la realidad en la elaboración de los planes y proyectos, un entendimiento suficiente de las consecuencias que para cada ciudadano tendrá la ordenación adoptada y, en consecuencia, una aceptación de los beneficios y las obligaciones que esa ordenación comporte.

En este mismo orden de cosas conviene reflexionar sobre el *papel del profesional en Urbanismo,* puesto que su actitud y capacidad pueden influir grandemente en el planeamiento urbano. El profesional que elabora, informa, interpreta y controla la ordenación urbanística debe asumir esencialmente su papel de asesor de las personas u organismos que han de tomar las decisiones oportunas. En el caso del planeamiento, éste debe ser realizado por y para la colectividad municipal y el papel del profesional es el de ir asesorando sobre las consecuencias que las posibles soluciones pueden suponer para el conjunto del territorio y de sus ciudadanos, para el Ayuntamiento y para distintos sectores de la población.

1.3.7. Principios a tener en cuenta en el planeamiento urbano actual

Como síntesis de las ideas expuestas de modo general conviene reiterar que el planeamiento urbano debe tratar de ser:

1) Un planeamiento que sea consciente del marco de incertidumbre y atento al carácter variable y, a menudo, recurrente, de los problemas urbanos así como de las tendencias, prioridades y modos de atender a esos problemas.
2) Un planeamiento que interprete la realidad y las experiencias históricas, considerando que la experiencia es garantía del progreso.
3) Un planeamiento preocupado por dotarse de un impulso teórico creador y ordenador.
4) Un planeamiento que refleje el principio de solidaridad como fin para lograr un equilibrio social, económico y territorial, por encima de intereses individuales o coyunturales.
5) Un planeamiento expresado de forma clara y fácil de interpretar.
6) Un planeamiento que pueda ser llevado a la práctica y, en consecuencia, preparado para la gestión en las diversas circunstancias previsibles.
7) Un planeamiento preparado para ser desarrollado y ejecutado con agilidad y pensado para poner en práctica actuaciones estratégicas que sean claves en orden a lograr los objetivos planteados.

CAPÍTULO 2

SOPORTE NORMATIVO DEL PLANEAMIENTO URBANÍSTICO EN ESPAÑA

Celestino Candela

2.1. Antecedentes

Con carácter previo al estudio detallado de la actual normativa urbanística vigente en España, objeto principal de este capítulo, parece necesario apuntar brevemente los antecedentes y el proceso desarrollado, al menos hasta desembocar en la Ley del Suelo de 1956, primera normativa con visión integradora sobre el urbanismo, y con una amplia estructura técnica, que puede sorprender, sin duda, por los nuevos conceptos que aporta y de forma concreta por la renovada dimensión del derecho de propiedad, entendida como función social frente al anterior principio de disponibilidad de la propiedad privada establecida en el Código Civil.

La Ley del Suelo de 1956 es hasta tal punto referencia obligada, que en gran parte se mantiene en vigor, al menos en sus principios sustanciales, a pesar de la reforma de 1975, el correspondiente Texto Refundido de 1976, la nueva reforma de 1990, y el vigente Texto Refundido (TR) del año 1992.

Establecido este punto de inflexión (normativa integradora y ubicación cronológica a partir de 1956) veamos aquellas circunstancias y situaciones históricas que originaron las normas e instrumentos que progresivamente fueron irrumpiendo en el campo del hoy denominado urbanismo.

Siguiendo a Leonardo Benévolo, 1979, "podemos decir que los métodos de la urbanística moderna arrancan de estos dos hechos: las servidumbres impuestas por las nuevas realizaciones técnicas, el ferrocarril principalmente, y los servicios invocados por los higienistas para remediar las deficiencias sanitarias de las instalaciones paleoindustriales".

Estos acontecimientos corresponden a los años 1829 y a la primera legislación sanitaria de 1934, ambos en Inglaterra, que se desarrolla posteriormente en nuevas leyes sanitarias, con inclusión del concepto expropiatorio o a través de indemnizaciones inferiores al valor del mercado (1866). Francia elabora su primera legislación urbanística en 1850, que posteriormente recogerá el barón Haussman, prefecto de 1853 a 1869, época en que realizaría las grandes obras de reforma y renovación de París.

En España Ildefonso Cerdá presenta en 1859 por encargo del Gobierno el proyecto de Reforma y Ensanche de Barcelona, con calles de 29 metros y una cuadrícula formada por manzanas con núcleos vecinales, y publica en 1867 la obra *Teoría General de la Urbanización,* por lo que es reconocido como el primer urbanista del mundo.

En Europa se inician a caballo entre los dos siglos los planes reguladores, basados en las leyes de la época que ya tienen un carácter unificador de las reformas anteriores. Así la ley holandesa de 1901 establece planes para ciudades mayores de 10.000 hab., y los niveles de planes generales y planes parciales, y la ley inglesa de 1909 que contiene la primera visión urbanística.

La primera década de este siglo aporta también las bases de la cultura urbanística, a través de las primeras exposiciones, revistas, escuelas de diseño, y las propuestas de autores como Otto Wagner para Viena, o Camile Sitte sobre la ciudad moderna, y la tradición utópica que se plasma en las teorías y realizaciones de Arturo Soria en su Ciudad Lineal (1882), y Ebenezer Howard en la Ciudad Jardín (1902) de enorme influencia en Europa. Posteriormente el Movimiento Moderno plantea sus alternativas a la ciudad según el método racionalista (Gropius,Le Corbusier) y la Carta de Atenas aparecida en 1941 como consecuencia del Congreso de los CIAM en Atenas, formula el Código de los principios generales de la Urbanística.

Mientras tanto en España, se mantiene como una constante durante el siglo XIX el derecho sagrado de la propiedad privada, y el proyecto de Ley de Posada Herrera (1861) es rechazado por las limitaciones que impone a la misma. Podemos significar, sin embargo durante esta época, las ordenanzas municipales sobre seguridad o salubridad, o de policía urbana (Ley municipal de 1877) y los planes de alineaciones, como delimitación entre la propiedad pública y privada.

Podemos considerar la legislación de Ensanche, Ley de 1864, como la primera de carácter urbanístico en nuestro país, que pretende incorporar a las poblaciones los terrenos que constituyen sus afueras. Esta ley, se perfecciona y se aplicará en 1892 para Madrid y Barcelona.

Con el antecedente entre otros de la Ley de Expropiación forzosa de 1879 se acomete a través de la Ley Especial de 1895 la Reforma Interior, Saneamiento y Mejora de Poblaciones, que afecta fundamentalmente a cuestiones viarias, de, salubridad, y también de ornato.

Al comienzo del siglo XX y en consonancia con la preocupación por los aspectos sobre la salubridad, se desarrollan una serie de normas sanitarias, entre las que significamos la Instrucción General de Sanidad de 1904, la Orden de 1910 sobre reglamentos municipales de actividades molestas y la creación en 1920 de las Comisiones Central y Provincial de Sanidad.

Posteriormente toda esta dispersa legislación se recopila con carácter municipal, en el Reglamento de obras y Servicios y Bienes de 1924, que a su vez se recogerá tanto en la Legislación de Régimen local de 1950 y 1955 como en la Ley del Suelo de 1956, punto de referencia que habíamos fijado al comienzo de la exposición.

2.2. Legislación urbanística de carácter estatal: procesos de formación

2.2.1. La Ley del Suelo de 1956

La Ley sobre Régimen del Suelo y Ordenación Urbana de 12 de Mayo de 1956 (Ley del Suelo en adelante) puede considerarse, en efecto, "la verdadera acta de nacimiento del Derecho Urbanístico Español, por fin maduro, orgánico y omnicomprensivo... que intenta responder a la vasta problemática de los conflictos de intereses privados y colectivos que suscita la realidad del urbanismo contemporáneo" como han dicho García de Enterría y Parejo, 1979.

Esta Ley si bien recogía ciertos aspectos del Derecho Comparado (ley inglesa de 1947 e italiana de 1942) aportó igualmente una estructura novedosa basada en unos instrumentos bien diseñados, que se desarrollaban a través de unos sistemas de ejecución o gestión posterior.

Pero las novedades más esenciales, cabe considerarlas en cuanto a entender la ordenación urbanística en todas sus facetas como una función pública, correspondiendo por tanto a la Administración el ejercicio de la misma, y en consecuencia de este planeamiento se deriva la necesidad de modificar sustancialmente el derecho de propiedad establecido en los artículos 348 y 350 del Código Civil por el que el propietario de un terreno podría hacer en él lo que más le convenga, y que a partir de la Ley el contenido de este derecho de propiedad queda limitado por la función social que los terrenos deben cumplir en base de los objetivos urbanísticos demandados por el bien de la colectividad, los intereses públicos.

Y para lograr tal propósito el contenido del derecho de propiedad queda definido por remisión a instrumentos concretos, los planes urbanísticos, a los que se les atribuye por tanto la capacidad de establecer los distintos aprovechamientos que corresponde a los terrenos de esos municipios en función de los objetivos de ordenación que el propio plan se marca, así como del cumplimiento de los deberes urbanísticos básicos, contribuir a la urbanización y edificación en los plazos previstos.

Se produce así una regulación de los aprovechamientos urbanísticos, que permite enunciar un principio básico a partir de esta Ley: la recuperación de las plusvalías generadas por el desarrollo urbanístico por la colectividad, al entender que es precisamente la acción pública, a través de la ordenación establecida en los planes, quien las genera.

De forma más concreta, la Ley del Suelo se estructura a través de unas figuras de planeamiento o planes que clasifican y establecen determinaciones para los distintos tipos de suelo, y que se desarrollan a través de los sistemas de actuación, y por último determinar los órganos competentes en materia de urbanismo.

Los planes contemplados son:

a) El Plan Nacional y los Planes Provinciales, que establecen directrices de ordenación del territorio.
b) Los Planes Generales de Ordenación Urbana, que establecen la ordenación de un municipio o comarca.
c) Los Planes Parciales, que regulan de forma detallada la edificación y el uso del suelo para cada zona o sector.

d) Los Proyectos de Urbanización, que detallan las obras de infraestructuras y servicios.
e) Los Planes Especiales para casos singulares, como conjuntos monumentales, centros turísticos, etc.

La clasificación del suelo se establece por los Planes Generales en los siguientes tipos de suelo:

a) Urbano, que debe ser urbanizado para ser edificado, de acuerdo con el plan.
b) De Reserva Urbana, con expectativas de conversión en urbano reconocidas en el Plan General.
c) Rústico, que sólo es edificable para fines agrícolas, forestales, etc, con una edificabilidad máxima de carácter general establecida en 0.2 m^3/m^2, que es lo que se ha denominado el derecho mínimo de edificación de todos los propietarios.

La ejecución o gestión del planeamiento urbanístico se establece por los denominados sistemas de actuación, que permite materializar física y jurídicamente las determinaciones de los planes a través de los proyectos de urbanización (realización de obras e infraestructuras) y los proyectos de reparcelación/compensación (parcelas resultantes y titularidad de las mismas).
Los referidos sistemas de actuación son :

a) Sistema de cooperación, sistema mixto entre los particulares y la Administración que ejecuta la urbanización a costa de aquellos.
b) Sistema de expropiación, a realizar directamente por la Administración, obteniendo los terrenos por este sistema.
c) Sistema de compensación, donde los particulares ejecutan la urbanización a su cargo.
d) Cesión de viales, donde los particulares incluidos en polígonos completos proceden a las cesiones previstas.

Por último, en cuanto a la Administración Urbanística, se produce la llamada estatalización del urbanismo, ya que corresponde a los órganos del Estado el máximo nivel competencial, mientras que a la Administración Local le corresponden las iniciativas de formular los planes, y el cumplimiento de los mismos.

a) Estado: Ministerio de la Vivienda (a partir de su creación en 1957), y Comisiones Provinciales de Urbanismo como órgano periférico del Estado, que aprueban los planes y tutelan la actividad urbanística.
b) Administración Local: Ayuntamientos que redactan los planes de sus municipios y sobre todo conceden las licencias de edificación, acto sustancial del proceso urbanístico, a pesar de estar sujeto al estricto cumplimiento de los planes, sin carácter discreccional, y Diputaciones Provinciales, que redactan los Planes Provinciales y cooperan en materia urbanística con los Ayuntamientos.

A pesar de la apreciación favorable que esta Ley de 1956 produce sobre todo desde una cierta perspectiva en tiempo y acontecimientos, su desarrollo no puede considerarse adecuado, ya que los planes como instrumentos básicos de la Ley apenas fueron aprobados (un 7,6% en 1976) lo que motivó según Tomás Ramón Fernández (1981), un doble efecto negativo: por una parte la pérdida de credibilidad, y por otra la tendencia especulativa, ante la escasez de suelo apto para edificar. Además, lejos de corregir defectos, se desarrollaron "nuevos mecanismos ad hoc, ajenos a la lógica de la Ley, y muchas veces contrarios a ella". En efecto, además de los dos únicos reglamentos de la Ley que se desarrollaron (Edificación Forzosa y Registro Municipal de Solares en 1964 y Reparcelaciones 1966) se aprobaron una serie de normas entre las que destacamos las siguientes.

a) Ley de valoración de terrenos para ejecución de los Planes de Vivienda de 1962 que permitiría realizar actuaciones urbanísticas por expropiación para facilitar la ejecución de viviendas, aunque no existiera plan de ordenación, o en caso de existir, no estuviese clasificado el suelo convenientemente.

b) Ley de centros y zonas de interés turístico de 1963 que permitiría el desarrollo de este tipo de áreas de forma sectorial, bajo la tutela del Ministerio de Información y Turismo.

c) Ley de modificación de Planes de Ordenación que afecten a zonas verdes de 1963.

d) Decreto Ley de 1970 sobre Actuaciones Urbanísticas Urgentes, que insistía en la línea de poder desarrollar determinadas actuaciones de forma coyuntural y que desembocó en 1972 en la figura del Urbanismo Concertado, lo que suponía la aceptación de la iniciativa privada en las grandes decisiones de ordenación y desarrollo urbano.

2.2.2. La Reforma de la Ley del Suelo de 1975

En 1972 se inicia la reforma de la Ley que se aprueba por fin como Reforma de la Ley sobre Régimen del Suelo y Ordenación Urbana, del 2 de Mayo de 1975, habiéndose producido precisamente en ese intervalo el inicio de una fuerte crisis económica (localizada a partir de 1974), por lo que gran parte de los objetivos y técnicas de la Reforma, basadas en ordenar y gestionar los nuevos crecimientos previstos como consecuencia del período de expansión económica anterior, quedarán desvirtuados, mientras que en sentido contrario comenzarán a encontrarse vacíos sustanciales en el tratamiento y gestión del suelo urbano consolidado, y en especial los centros históricos y tradicionales de las ciudades.

Tras esta observación de situación en el contexto socioeconómico, veamos a continuación las principales novedades de carácter técnico, que son las que sustancialmente se pretendían en la Reforma, agrupándolos según su temática.

• Derecho de propiedad

Se consolida el estatuto jurídico de la propiedad establecida en la ley de 1956, remitiéndose los aprovechamientos urbanísticos de los predios a las determinaciones de los planes, y se establecen o mejoran mecanismos de distribución de cargas y beneficios entre los propietarios afectados por la ordenación, a través de la reparcelación en suelo urbano, si bien limitada a las Unidades de Actuación o Polígonos, y la técnica de Aprovechamiento Medio en suelo urbanizable.

Una importante novedad en este apartado supone la desaparición del contenido mínimo del derecho de propiedad establecido en la Ley de 1956 en 0.2 m³/m² para el suelo rústico, y que en la Reforma queda establecido en los aprovechamientos propios del Medio Rural, sin cuantificar ningún aprovechamiento mínimo.

• *Figuras de planeamiento*

En un doble intento de flexibilizar la aplicación de algunas figuras (recogiendo la tendencia de urbanismo concertado) y de jerarquizarlas estableciendo unas relaciones y dependencias entre ellas, se introducen algunas nuevas figuras, y se las estructura de forma gradual, en lo que se ha venido en llamar la cascada de las figuras de planeamiento.

Las nuevas figuras o planes son el Plan Director Territorial de Coordinación (PDTC) que sustituye a los Planes Provinciales, los Programas de Actuación Urbanística (PAU) que formalizan las actuaciones urbanísticas urgentes y el urbanismo concertado de los Planes de Desarrollo, y por fin los Estudios de Detalle a formularse en suelo urbano. Por otra parte se jerarquizan entre sí todas las figuras y en particular los Planes Parciales, bloqueando así actuaciones anteriores en que se aprobaban Planes Parciales en municipios sin planeamiento alguno, es decir, sin clasificación previa del suelo.

Otras cuestiones que afectan a los planes o figuras de planeamiento, son el dotarles de vigencia indefinida hasta tanto se modifiquen o revisen; establecer su naturaleza jurídica equivalente a una norma reglamentaria, lo que supone un importante apoyo en la línea argumental de cobertura jurídica para determinar los contenidos del derecho de propiedad por remisión del plan.

Por otra parte se ponen límites a la discrecionalidad de los planes al establecerse unos factores o estándares urbanísticos, siendo los más característicos, el sistema general de espacios libres en suelo urbano (5m² por habitante), la densidad máxima de viviendas para Planes Parciales (75 viv./Ha.) y las dotaciones y equipamientos para estos mismos planes.

Por último se establecen Normas de Aplicación Directa, en ausencia de planes como la limitación de altura máxima (3 plantas) y la adaptación al entorno, aplicable en todo caso, pero con la dificultad del "concepto jurídico indeterminado", y la adecuación a las normas de carreteras.

• *Tipos de suelo*

En cuanto a los *tipos de suelo* de la Ley de 1956 la Reforma los mantiene sustancialmente con algunos matices: el suelo de Reserva Urbana se denomina Urbanizable y se desglosa en dos clases, Programado, de acuerdo con las previsiones temporales del Plan General, y No programado, que puede ponerse en el mercado a propuesta de los particulares o de la propia Administración según coyunturas y circunstancias del momento, y que se desarrollaría a través del antes citado PAU, con antecedentes en el urbanismo concertado.

El Suelo Rústico pasa a denominarse Suelo No Urbanizable con la clara intención de expresar en su denominación la actitud general para este suelo: que no es objeto de urbanización y edificación en consecuencia, pero que será muy criticado posteriormente, por su tono de carácter residual y negativo, cuando la anterior denominación (Rústico) incluía todos los contenidos apropiados del medio rural.

Se establece también en cuanto a tipos de suelo, la diferencia entre clasificación, como destino básico del suelo (urbano, urbanizable y no urbanizable) y calificación, como uso pormenorizado y cantidad de aprovechamiento que el Plan le adjudica, residencial 1m^2/m^2 por ejemplo.

• *Gestión de planeamiento*

Como antes se dijo, se diseñan y perfeccionan mecanismos de reparto de cargas y beneficios, y en particular se introduce una figura de gran importancia, por su novedad y consecuencias, el Aprovechamiento Medio del Suelo Urbanizable de Planes Generales, que supondrá de forma generalizada para todos los propietarios del suelo con esta clasificación el obtener un derecho de aprovechamiento urbanístico equivalente entre todos ellos, (el tipo medio que se obtenga) que permite por tanto prever la obtención de equipamientos, dotaciones e infraestructuras, denominadas Sistemas Generales, con cargo a los excedentes de aprovechamiento de algunos planes parciales. Además los propietarios deberán ceder el 10% de este Aprovechamiento Medio a la Administración Municipal, aspecto también aplicable a Normas Subsidiarias Municipales.

Esta hipótesis no podrá deducirse igualmente para el suelo urbano, ya que el reparto de cargas y beneficios solo operará a través de la reparcelación/compensación en el ámbito de las Unidades de Actuación que se delimiten, lo que explica en parte lo que al principio se indicaba sobre la atención prioritaria de la Reforma a los nuevos desarrollos urbanísticos, (suelo urbanizable) antes que a los cascos urbanos consolidados (suelo urbano).

Se establecen sin embargo un régimen de cesiones obligatorias y gratuitas, tanto en el suelo urbano, en las Unidades de Actuación, como en el urbanizable definidas como dotaciones públicas en los Planes Parciales.

Los Sistemas de Actuación se mantienen, si bien se anula el cuarto de los establecidos en la Ley de 1956, Cesión de Viales, por lo que permanecerán vigentes, los de Cooperación, Compensación y Expropiación.

Por último en este apartado se introducen una serie de mecanismos e instrumentos preventivos de cara al Control de la legalidad y la Disciplina Urbanística.

• *Órganos competentes*

Se mantienen básicamente los existentes con el fuerte carácter estatal que impregnó la Ley de 1956 y sólo se modifica la Comisión Central de Urbanismo como órgano consultivo, de carácter colegiado entre los distintos Departamentos Ministeriales con competencia en ordenación territorial, para asesorar al Ministro de la Vivienda-MOPU, posteriormente– a quien corresponden las competencias de aprobación de Planes, junto a los órganos periféricos creados en su día, las Comisiones Provinciales de Urbanismo.

Igualmente mantienen sus competencias los Ayuntamientos (a pesar de los escasos medios de que una gran mayoría dispone para ejercer responsablemente tales competencias, y en particular la concesión de licencias urbanísticas) quedando las Diputaciones para funciones de coordinación y cooperación, así como los asuntos supramunicipales, al haber desaparecido los Planes Provinciales de la Ley de 1956.

2.2.3. El texto refundido de 1976, los Reglamentos y algunas Reformas puntuales

En cumplimiento de la disposición final 2ª de la Ley de Reforma se aprueba el Texto Refundido de 9 de Abril de 1976 (Ley del Suelo TR 76) que contiene todos los preceptos que se mantienen vigentes de la Ley de 1956 así como otras normas posteriores antes aludidas, más todos aquellos introducidos por la Ley de Reforma con carácter armonizador que dan al Texto Refundido la coherencia de un texto único.

Posteriormente se aprueban sucesivamente los tres reglamentos básicos en desarrollo de la Ley del Suelo TR, y que son Reglamentos de Planeamiento y Disciplina Urbanística, ambos del 23-6-1978 y de Gestión Urbanística del 25-8-1978. Estos reglamentos elaborados con gran detalle y precisión aclararán las disposiciones de la Ley, y tendrán por tanto una gran transcendencia en el desarrollo y gestión urbanística posterior.

Tras un período de rodaje de la Ley se considera la necesidad de modificar algunos aspectos relativos a cuestiones técnicas sobre los planes aprobados antes de la Reforma, así como plazos de tramitación de algunos instrumentos que no estaban fijados. Así se aprueban sendos Reales Decretos-Leyes sobre Agilización de la Gestión Urbanística (Marzo de 1980) que trata medidas de promoción del suelo y fijación de plazos administrativos, y sobre Adaptación de Planes Generales (Octubre de 1981) que trata la equivalencia entre los suelos urbanos, urbanizables y de reserva urbana de la Ley de 1956 y el Texto Refundido, fijando además un cuadro de los plazos de aprobación de las figuras de planeamiento.

2.2.4. La Constitución de 1978 y la nueva distribución de competencias urbanísticas

La promulgación de la Constitución de 31-10-1978, incide de forma sustancial en algunos aspectos de la materia urbanística, por una parte al enunciar principios de carácter general sobre la función social y el contenido de la propiedad privada (art. 33), la utilización del suelo de acuerdo con el interés general, impidiendo la especulación y participando la comunidad en las plusvalías que genera la acción urbanística (art. 47) y la conservación del patrimonio monumental (art. 46) que viene a consolidar rotundamente las determinaciones de carácter básico de las Leyes de 1956 y Reforma de 1975.

Por otra parte, la nueva organización territorial del Estado, al constituirse la Comunidades Autónomas y asumir entre otras, competencias en materia de ordenación del territorio, urbanismo y vivienda (art. 148) establece una nueva estructura competencial que se formaliza entre 1979 y 1983 a través de los Decretos de Transferencias del Estado a las Comunidades Autónomas y los respectivos Estatutos de Autonomía que además contemplan tales competencias con carácter exclusivo.

Todo ello introduce una nueva y compleja situación que de forma resumida puede plantearse como la asunción por las Comunidades Autónomas de las competencias urbanísticas (incluso con capacidad para legislar) que antes tenía el Estado, que mantiene sin embargo una competencia básica, ya que le corresponde la regulación del derecho de propiedad, la planificación económica, el medio ambiente, etc., por lo que resulta una competencia compartida expresada en una ley marco sobre estos aspectos del Estado, y leyes (en caso de que se desarrollen) de las Comunidades Autónomas sobre las diferentes técnicas urbanísticas, así como los órganos competentes.

2.2.5. *La Ley de Reforma de Régimen de Suelo y Valoraciones de 1990*

La reforma de la Ley parecía inevitable, ya que como antes se dijo, el suelo urbano había quedado en condiciones muy desiguales frente al urbanizable, y sólo en ciertos casos (polígonos o unidades de actuación) era posible el reparto de cargas y beneficios. La crisis económica bloqueó las expectativas de nuevos crecimientos urbanísticos, a los que iba destinada la Reforma de 1975, por lo que los planes en desarrollo de esa Ley, y en especial los de principios de la década de los 80 formulados bajo el nuevo impulso de los Ayuntamientos democráticos surgidos de las elecciones de 1979, debieron plantearse una postura de retorno a los cascos urbanos con al menos dos objetivos: por una parte ya no eran necesarios nuevos barrios de expansión, lo que obligaba a construir promociones de menor entidad y coste en los cascos urbanos, y por otra era necesario abordar una política de protección de los cascos históricos o tradicionales, objeto de anteriores actuaciones sin respeto alguno hacia sus características y volumetrías, recogiendo así además el reciente mandato constitucional.

En efecto, algunos de aquellos planes generales redactados por especialistas expertos y comprometidos, intentaron apurar las posibilidades legales de la normativa en vigor para establecer mecanismos de reparto en el suelo urbano a través de las reparcelaciones discontínuas y económicas, planteadas de forma sistemática, que se conocieron como Transferencias de Aprovechamiento Urbanístico (TAU), que se vieron como una solución técnica al tema; sin embargo, una sentencia del Tribunal Supremo anulaba el Plan General de Madrid, donde se había utilizado tal sistema, al sancionar que tales mecanismos era posible utilizarlos, pero con carácter voluntario. Como consecuencia de tal anulación tomaba cuerpo la necesidad de dotar de apoyo legal a tales actuaciones, reformando por tanto la Ley.

De otro lado al final de la década (1987-1991) se produce una etapa de crecimiento económico que posibilitó una nueva etapa de alto desarrollo urbanístico, alcanzando el producto inmobiliario final (la vivienda) unos precios tan elevados que hace inalcanzable para las clases medias y populares al acceso a una vivienda de cualquier tipo y situación. Las Administraciones Públicas no encuentran herramientas para frenar tal proceso especulativo (el precio del suelo es el factor básico a la hora de fijar el precio final) ni siquiera para regular en parte el mercado del suelo.

Como consecuencia de ambas circunstancias, falta de mecanismos de reparto en suelo urbano y de capacidad de intervenir en el proceso de producción de suelo, el Gobierno Central se plantea la modificación de la reforma de 1976, con la dificultad añadida del nuevo marco de competencias establecido en la Constitución. Esto obligará a una sutil y compleja reforma, para actuar dentro de las atribuciones (derecho de propiedad, planificación económica, igualdad de los ciudadanos ante la Ley) que permanecen en el Estado.

Así se aprueba la Ley 8/90 de 25 de Julio sobre Reforma del Régimen Urbanístico y Valoraciones de Suelo, que en la línea de lo expuesto, contiene una serie de innovaciones respecto al Texto Refundido de 1976 que permanece en vigor básicamente en todo lo referente a planeamiento, así como en todas aquellas otras cuestiones de gestión y disciplina no modificadas. Los aspectos innovados, agrupados de igual forma que en apartados anteriores, son los siguientes.

• *Derecho de propiedad*

Se radicaliza el tratamiento anterior, apoyándose en su probada constitucionalidad, estableciendo un proceso de adquisición gradual de facultades urbanísticas, en la medida que se va dando cumplimiento a los deberes urbanísticos, para poder llegar a obtener de forma material y registral el 85% del Aprovechamiento Tipo (AT). Se ha establecido por tanto un aprovechamiento homogéneo para todos los propietarios de suelo de un área determinada de suelo urbano o urbanizable, en tanto que el resto (15% AT) pertenece y debe cederse por tanto a la Administración Municipal.

Además se establecieron una serie de mecanismos por los que el incumplimiento de los deberes supone una pérdida gradual del valor de los terrenos, llegando en los casos extremos, a la expropiación-sanción de tales terrenos, o la venta forzosa como alternativa.

• *Figuras de planeamiento y tipos de suelo*

Como antes se dijo, no es objeto (ni podría serlo al no ser ya materia de competencia estatal) de modificación alguna, si exceptuamos la delimitación de Áreas de Reparto (AR) en los planes, ya que su objetivo es el reparto de cargas y beneficios. Tan sólo se fijan los plazos en que los planes vigentes o los que se redacten deberán adaptarse a la Reforma.

• *Gestión urbanística*

En este apartado se producen las novedades más importantes, con el repetido objetivo de conseguir un adecuado reparto de cargas y beneficios, para lo que se delimitan unas zonas tanto de suelo urbano como de urbanizable denominadas Áreas de Reparto (AR) en las que se obtendrá el Aprovechamiento Tipo (AT), cuyo 85% referido a su parcela será el que corresponderá a los propietarios de la misma. Se realizarán por tanto en estas AR las transferencias y ajustes de aprovechamiento que resulten oportunas. A tales efectos la Administración Municipal llevará un Registro de Transferencias con todas las operaciones realizadas, imponiendo aquellas que resulten precisas y adquiriendo los sobrantes que hubiese.

La ejecución del planeamiento se realizará de forma sistemática por Unidades de Ejecución (ante Polígonos o Unidades de Actuación) en las que se realizarán los deberes de cesión, equidistribución y urbanización, y en las que se podrá actuar con elección de uno de los tres sistemas de actuación conocidos y que no se modifican. En suelo urbano y cuando no se actúe a través de estas unidades, estaríamos en el caso de Actuaciones Asistemáticas y el ajuste de aprovechamiento, entre el que el plan le concede y el 85% AT que le corresponde se realizará de forma individual para esta actuación.

La obtención de terrenos dotacionales se facilita al poder obtenerse en cada Área de Reparto, mediante transferencias de aprovechamiento en suelo urbano, así como por expropiación, y ocupación directa, efectuando el reconocimiento del aprovechamiento que le correspondiese al titular, que se gestionará en una unidad de ejecución con excedente.

• *Valoraciones y otros instrumentos*

Otra serie de medidas de gran importancia en esta Reforma, serán las que se refieran a Valoraciones, que incluso pasan a formar parte de la propia denominación de la Ley, y que manteniendo los conceptos del Texto Refundido, valor inicial y urbanístico, se remiten a las valoraciones catastrales, y además el valor urbanístico se fijará en función de los derechos urbanísticos que se hubiesen adquirido, a su vez en función de los deberes que se hubiesen cumplido. Con ello se producirán por tanto unas deducciones de los valores urbanísticos por aplicación de los valores básicos y de repercusión de los polígonos, fijados por la Administración Tributaria.

Por último se contemplan otra serie de instrumentos como la delimitación de Áreas para ejercer el derecho de Tanteo y Retracto, por la Administración Municipal o la Actualización del Patrimonio Municipal del Suelo.

Esta Ley, cuyos preceptos se diferencian en su forma y campo de aplicación que será plena, básica o supletoria en función de la competencia estatal que en cada caso resulte, así como de aplicación íntegra a municipios mayores de 25.000 habs., y parcial a municipios menores, en función a la intensidad y complejidad de los problemas urbanísticos, fue recurrida ante el Tribunal Constitucional por cinco Comunidades Autónomas al entender que invadía competencias en algunas áreas que les estaban reservadas en base a las competencias exclusivas que en la actualidad ostentan, estando pendiente de resolución en la fecha actual.

2.3. La legislación urbanística de carácter estatal: normativa vigente. El Texto Refundido de 1992 y los Reglamentos adaptados

La Ley de Reforma de 1990 estableció como es lógico un campo de aplicación de una extraordinaria complejidad al solaparse con el Texto Refundido de 1976, por lo que ha sido necesario proceder a un nuevo Texto Refundido entre ambas normas así como a la posterior adaptación de los Reglamentos existentes a este último.

También la citada refundición con los objetivos de regularizar, armonizar y aclarar ha dado ocasión para recoger las importantes modificaciones producidas en esta materia por el Texto Constitucional de 1978, al que antes se dedicó un apartado, en lo referente a la regulación de suelo impidiendo la especulación, así como la existencia de nuevas administraciones urbanísticas, las Comunidades Autónomas, que asumen las competencias hasta entonces estatales.

En consecuencia, y también por imperativo legal, se aprueba el Real Decreto Legislativo 1/92 de 26 de Junio que contiene el Texto Refundido de la Ley sobre Régimen del Suelo y ordenación urbana. Como se ha podido observar a lo largo de esta exposición este texto es heredero todavía de la ley originaria de 1.956 reformada en 1975, refundida en 1976, de nuevo reformada en 1990 y refundida por último en 1992.

Con posterioridad e igualmente por necesidad funcional e imperativo legal se procede a la adaptación de los Reglamentos en vigor al Texto Refundido, que es aprobada a través del Real Decreto 304/93 de 26 de Febrero y que establece la tabla de vigencia de los tres Reglamentos en desarrollo de la Ley de 1976, Planeamiento, Gestión y Disciplina, así como de otros dos en vigor, Reglamento de Edificación Forzosa y Registro Municipal de Solares de 5 de Mayo de 1964 y del Reglamento de Reparcelaciones de Suelo afectado por planes de Ordenación de 7 de Abril de 1966 del que sólo cuatro artículos permanecen en vigor.

Por tanto en la actualidad, disponemos de una normativa urbanística completa y actualizada, consistente en el Texto Refundido de 1992 y los cinco Reglamentos Aludidos, adaptados en 1993. Es necesario hacer constar que a este soporte normativo del planeamiento urbanístico, de carácter estatal, debe aplicarse en todo caso de forma combinada (concurrente) con la normativa urbanística producida por las Comunidades Autónomas en función de su carácter pleno, básico o supletorio, de acuerdo a sus competencias exclusivas en este campo, así como a las normativas de los diversos ordenamientos sectoriales (Patrimonio, Espacios Naturales, Carreteras, etc.) tanto de carácter estatal como las producidas por las Comunidades Autónomas, en cada uno de éstos campos.

Aunque a lo largo de esta exposición se han ido abordando prácticamente todos los conceptos, técnicas e instrumentos en el estudio de la evolución normativa desde 1956, a continuación se exponen de nuevo de manera sistemática, y según el formato de la normativa vigente. respondiendo a una estructura general de la misma, que establecemos de la siguiente manera.

a)   Aspectos generales y órganos competentes.
b)   Régimen urbanístico de la propiedad del suelo.
c)   Valoraciones urbanísticas.
d)   Planeamiento urbanístico.
e)   Ejecución de planeamiento.
f)   Intervención en la edificación y uso del suelo.
g)   Intervención en el mercado del suelo.

Y que analizamos de forma detallada a continuación.

2.3.1. Aspectos generales y órganos competentes

Los aspectos básicos que recoge el propio texto legal (art. 2) se refieren a planeamiento urbanístico, ejecución del planeamiento, intervención en la edificación y uso del suelo e intervención en la regulación del mercado de suelo, estableciendo como finalidades de la acción urbanística (art. 3) la utilización del suelo en base a la función social de la propiedad, la justa distribución de cargas y beneficios y la participación de la comunidad en las plusvalías generadas por la acción pública.

En cuanto a la Dirección de la Actividad Urbanística, y recogiendo las importantes modificaciones establecidas en la Constitución, el texto se refiere exclusivamente a la "Administración urbanística competente" de forma genérica, ya que normalmente corresponderá a los órganos de las correspondientes Comunidades Autónomas a los que éstas les asignen tal cometido, y que en términos generales se ejercerán de forma equivalente al Estado, es decir, Consejo de Gobierno –Consejo de Ministros. Consejero-Ministro, Comisión Regional de Urbanismo-Comisión Central, Director General Autonómico– idem Estado, y Comisión Provincial de Urbanismo como órgano periférico de la Comunidad (antes del Estado), sin prejuicio de las modificaciones y variantes que se establezcan en cada una de las Comunidades.

2.3.2. Régimen urbanístico de la Propiedad del Suelo

Consecuencia de lo anteriormente expuesto, el principio básico de este apartado sería la utilización del suelo conforme a la ordenación territorial y urbanística (art. 8) y por remisión a los planes que establezcan la clasificación y calificación urbanística de los predios.

Otro principio fundamental y consecuencia del anterior será que el planeamiento clasificará el territorio en todas o algunas de las siguientes clases: suelo urbano, urbanizable y no urbanizable.

Suelo urbano (SUr) será aquel que disponga de servicios urbanísticos, abastecimientos y evacuación de aguas, energía eléctrica y acceso rodado, o que se encuentren consolidados por la edificación, al menos en sus 2/3 partes. No obstante para ser considerado solar, la parcela de suelo urbano debe disponer de servicios, dar frente a un vial pavimentado y con encintado de acera. Suelo Urbanizable será aquel que el Plan considere adecuado para ser urbanizado, y podrá tener las siguientes categorías: programado (SUP), cuando entre en las previsiones temporales previstas en el Plan, y No Programado (SUNP) cuando no esté incluido y deba desarrollarse a través de un Programa de Actuación Urbanística (PAU). El suelo urbanizable clasificado por Normas Subsidiarias se denominará Suelo Apto para Urbanizar (SAU).

Suelo no Urbanizable (SNU) será aquel que el planeamiento no lo incluya en las categorías anteriores, y podrá especialmente referirse a terrenos de valor agrícola, forestal, ganadero, natural, etc., para otorgarles el carácter de especialmente protegido (SNUEP). Este tipo de suelo común no podrá destinarse a otros fines distintos de los del propio medio rural, agrícola. ganadero, forestal, y en el que no podrán realizarse fraccionamientos en contra de la legislación agraria (unidades mínimas de cultivo) ni parcelaciones urbanísticas.

Los usos y edificaciones que pueden autorizarse en SNU, al que se asimila el SUNP en tanto no se aprueben los PAU correspondientes, serán los siguientes (art. 16):

— Construcciones destinadas a explotaciones agrícolas.
— Construcciones e instalaciones al servicio de la obras públicas.
— Construcciones o instalacciones de utilidad pública o interés social.
— Edificios aislados para vivienda familiar que no forman núcleo de población.

Los dos primeros casos podrán ser autorizados por los Ayuntamientos mientras que los dos últimos deberán ser autorizados por el órgano autonómico, con el procedimiento específico que incluye información pública.

Los propietarios de suelo urbano y urbanizable tendrán derechos y deberes, que deben entenderse en todo caso en un proceso dependiente, que se ha denominado de adquisición gradual de facultades urbanísticas, en función del grado de cumplimiento de los deberes legales que son los siguientes:

— Ceder terrenos para dotaciones públicas.
— Ceder o adquirir el aprovechamiento excedente o deficitario, en relación con el aprovechamientos susceptible de apropiación privada que corresponde a los terrenos.
— Costear y ejecutar la urbanización.
— Solicitar la licencia de edificación.
— Edificar en el plazo previsto.

Las facultades urbanísticas o derechos que definen el contenido del derecho de propiedad son los siguientes, de forma sucesiva (art. 23).

— Derecho a urbanizar, que requiere la aprobación definitiva del planeamiento preciso para cada tipo de suelo.
— Derecho al aprovechamiento urbanístico, que se adquiere una vez efectuada las cesiones, equidistribución y urbanización en sus plazos correspondientes.
  El aprovechamiento urbanístico susceptible de apropiación de un propietario (art. 27) será el 85% del Aprovechamiento Tipo del Área de Reparto donde esté situado, referido a su terreno, definiciones que más adelante se detallarán, al igual que la forma de resolver los desajustes de aprovechamiento, a través de procedimientos de gestión urbanística.
  En los municipios menores de 25.000 habitantes el aprovechamiento susceptible de apropiación será como mínimo el 85% del Aprovechamiento Real definido por el planeamiento, ya que no existe la técnica del Aprovechamiento Tipo.
— Derecho a edificar, que se adquirirá con el otorgamiento de la licencia municipal, donde se fijarán los plazos de ejecución de la obra.
— Derecho a la edificación, que se adquiere por la terminación de la obra conforme a proyecto y licencia, cuestión que deberá ser acreditada para formalizar las escrituras de declaración de obra nueva.

2.3.3 Valoraciones

Se definen dos tipos de valores: valor inicial para suelo de naturaleza rústica en el que se aplicarán los valores catastrales rústicos, y valor urbanístico, que resultará en función de derechos que se hubiesen adquirido.

Para el SNU y SUNP los terrenos se tasarán por el valor inicial, y también para el SUP sin Plan Parcial, si bien se añadirá el 25% del coste de urbanización mientras que para el suelo urbano y urbanizable se aplicarán los valores urbanísticos.

En consecuencia, en función de la adquisición de derechos se irá graduando el valor de partida. Así el valor del suelo urbano, una vez adquirido el Derecho a Urbanizar será el 50% del correspondiente al aprovechamiento apropiable (50% × 85% AT).

Obteniendo el Derecho al Aprovechamiento urbanístico, el valor urbanístico de un terreno será el valor básico de repercusión de ese polígono a efectos catastrales, según la Ponencia de Valores correspondientes, y al obtener posteriormente el Derecho a Edificar se añadirá al valor urbanístico los gastos justificados de edificación y proyecto (25%).

Por último adquiriendo el Derecho a la Edificación se diferenciará la valoración del suelo, que será el valor urbanístico del suelo completo y por otra parte el de la edificación, obtenida mediante el coste de reposición de la misma.

En defecto de planeamiento o de aprovechamiento lucrativo al no estar incluido algún terreno en Unidad de Ejecución se fijará para su valoración un aprovechamiento de 1 m^2/m^2 del uso predominante.

2.3.4. Planeamiento urbanístico

Consideramos en este apartado una serie de cuestiones que se refieren a lo que anteriormente denominábamos la "cascada de figuras de planeamiento" (ver figura 2.1), es decir, el esquema y relaciones jerárquicas entre ellas, así como los conceptos básicos y el proceso de aprobación de cada una de las mismas. Dado que en siguientes capítulos se trata en detalle precisamente cada una de las figuras más importantes de planeamiento, no se considera por tanto necesario insistir en ello en este apartado.

En primer lugar e incluso yendo más lejos que el propio alcance de la Ley, desglosaremos los distintos planes en una serie de grupos en función de sus objetivos y características.

• Planes Directores

En este grupo se incluyen el Plan Nacional y los Planes Directores Territoriales de Coordinación (PDTC), que no se consideran planes urbanísticos, sino instrumentos de planificación de carácter territorial, incluyendo los componentes económicos, estratégicos, ambientales y sociales.

El Plan Nacional que no ha llegado a formularse desde su creación en 1956, será a escala nacional, y supondrá la coordinación de las actividades de incidencia territorial de las Administraciones Públicas.

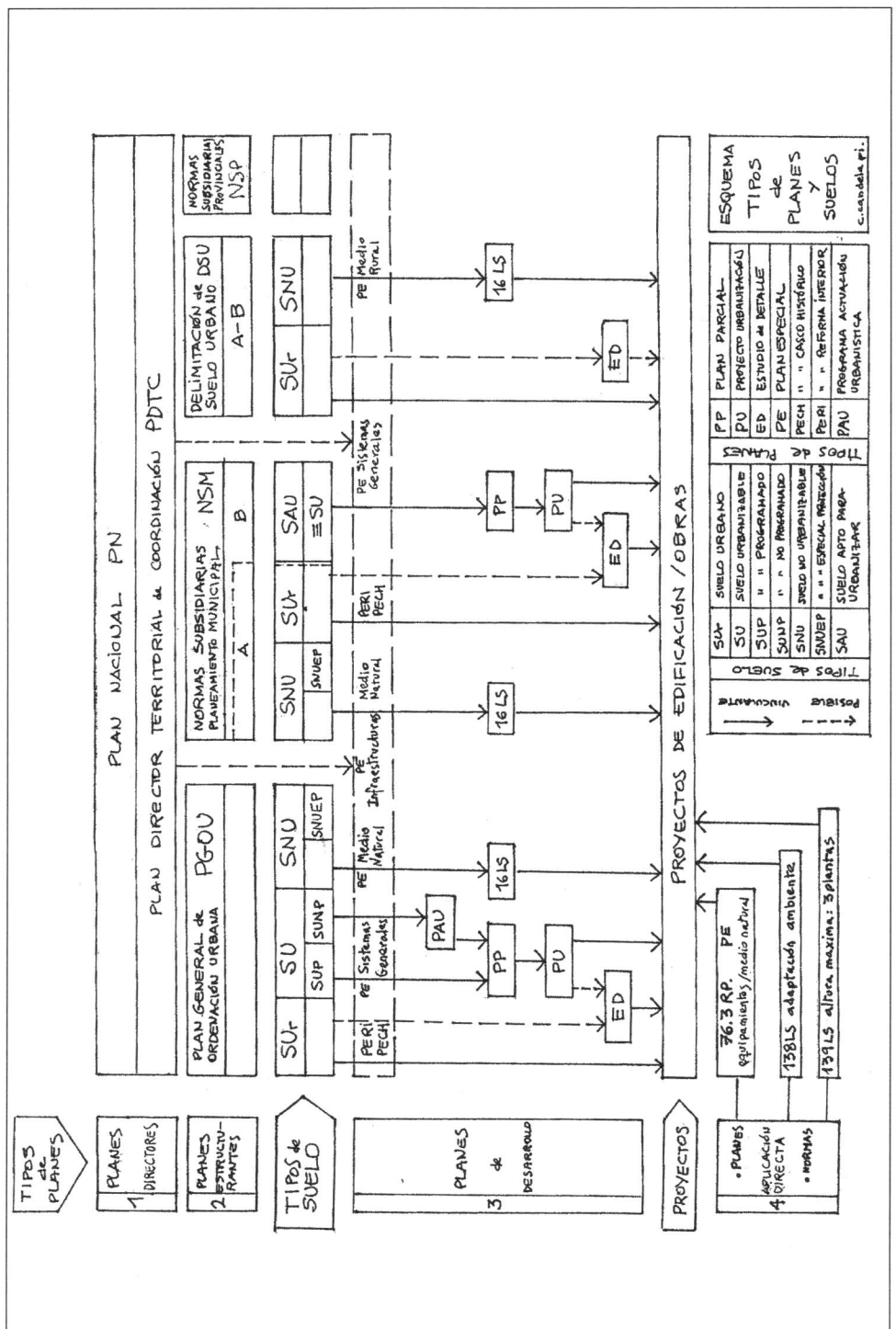

Figura 2.1. Tipos de Planes y Suelos.

Los PDTC establecerán las directrices de ordenación del territorio a escala regional, así como el modelo para el planeamiento urbanístico del ámbito territorial afectado. Entre sus determinaciones se contemplará la distribución geográfica por usos y actividades; las áreas donde se establezcan limitaciones por razones de interés público; las medidas de protección para el medio natural o patrimonio monumental, así como la localización de infraestructuras básicas.

Si bien en 1976 se inició la formulación de alguno de estos instrumentos, para las regiones de Andalucía, Aragón y Galicia, su complejidad y las importantes modificaciones introducidas por la Constitución, que suponía poder dotar a las Comunidades Autónomas de sus propios instrumentos de ordenación territorial, como luego veremos, supuso una situación de abandono para los PDTC, de forma que posteriormente sólo hubo algunos intentos para el área de Gredos, y después Doñana desarrollado por la Junta de Andalucía y que se convirtió en el único plan de este tipo que obtuvo su aprobación definitiva.

Estos planes vincularían al planeamiento que existiese o que pudiese desarrollarse en su ámbito, que deberá por tanto adaptar sus determinaciones a las establecidas en aquellos.

• *Planes estructurantes*

En este apartado situamos fundamentalmente al plan urbanístico por excelencia, el Plan General de Ordenación Urbana (PGOU) y en defecto de este, a las Normas Subsidiarias Municipales y Delimitaciones de Suelo Urbano.

El objetivo básico de este tipo de planes de carácter integral es establecer la estructura general del territorio y su ordenación urbanística, y clasificar el suelo para un término municipal completo (aunque pueden ser varios) en todos los tipos de suelo anteriormente expuestos a los que corresponderá el régimen jurídico correspondiente, así como formular un Programa de Actuaciones con los plazos previstos para su ejecución.

Las Normas Subsidiarias de Planeamiento Municipal (NSPM) se redactarán para municipios que carezcan de PGOU (o que no se considere adecuado el mismo) por tratarse de municipios de entidad media, teniendo iguales objetivos que el propio PGOU al que sustituyen con algunas simples modificaciones, a saber: la clasificación del suelo será como máximo en los tipos urbano, apto para urbanizar y no urbanizable, que en su caso podrá ser especialmente protegido. No existe como es obvio, urbanizable programado y no programado, puesto que estas NSPM no disponen de Programa de actuación.

En los municipios que no existiese instrumento de planeamiento general (PGOU o NSPM) se formulará un Proyecto de Delimitación de Suelo Urbano (PDSU) que contendrá el perímetro del suelo urbano delimitado con los criterios de existencia de servicios o grado de consolidación de la edificación, que deberá ser en este caso como mínimo el 50% de los terrenos afectados.

Sobre esta figura existe una cierta polémica en cuanto a su consideración (Tomás Ramón Fernández (1982), la incluye como "instrumento auxiliar de carácter no normativo") inclinándonos en este caso por su inclusión en este apartado, a pesar de su extrema sencillez. En efecto, la delimitación de suelo se hace con similares criterios de servicios o consolidación que deben ser apreciados técnicamente y además pueden disponer de ordenanzas de suelo urbano y alineaciones y rasantes, por lo que se configuran en un documento que cumple para pequeños municipios (muy numerosos por otra parte) los sencillos objetivos propuestos, operando en todo caso con carácter normativo, clasificando el suelo del municipio y delimitando por tanto el contenido del derecho de propiedad.

Debe en todo caso significarse que las tres figuras consideradas, PGOU, NSPM, PDSU, deben entenderse como distintos escalones o niveles de un mismo tipo de plan, el plan urbanístico por excelencia, de ámbito municipal y cuyo objetivo principal (que ningún otro plan puede alcanzar) es la clasificación del suelo; la selección de una de las tres figuras dependerá en cada caso, de cada municipio, de su entidad, su problemática urbanística y su propia capacidad de formular y posteriormente gestionar adecuadamente el plan.

Sin perjuicio de las tres figuras básicas citadas en este grupo, cabe considerar otras contempladas en la legislación con la denominación de Complementarias y Subsidiarias. Son las Normas Complementarias cuyo objeto es regular aspectos no previstos o insuficientemente desarrollados por los PGOU y las Normas Subsidiarias, de dos tipos: las de Planeamiento Municipal ya vistas anteriormente (NSPM) y consideradas como una auténtica figura de planeamiento, clasificando suelo, en sustitución del PGOU, y las Normas Subsidiarias de ámbito Provincial (NSP), figura de una gran importancia sin duda, pues aunque no tiene capacidad de establecer la ordenación urbanística, ni clasificar suelo, puede establecer para toda una provincia normas de uso y edificación tanto para el suelo urbano como para el SNU que se aplicarán a los municipios sin PGOU o NSPM, es decir, a los que dispongan de PDSU solamente.

Insistiendo en la importancia y capacidad de esta figura, debe significarse que dado que puede establecer normas para toda una provincia (aunque sólo se apliquen en teoría en municipios con PDSU) éstas pueden contemplar con un enfoque homogéneo las características de todo el SNU estableciendo las limitaciones correspondientes para todas aquellas áreas de valores específicos detectados a través de Estudios de Medio Físico y/o Catálogos de Espacios Naturales. Algo similar cabe considerar para las normas de suelo urbano detalladas en base a Estudios de los Asentamientos y la Arquitectura Tradicional de esa Provincia.

• *Planes de desarrollo*

Estos planes o instrumentos urbanísticos tienen la particularidad de necesitar en todo caso la existencia de un suelo clasificado previamente por un PGOU o NSPM para que pueda desarrollarse siguiendo las determinaciones de éstos, como en cada caso veremos a continuación.

   a) Programas de Actuación Urbanística (PAU), instrumentos necesarios para efectuar la ordenación de los terrenos clasificados como SUNP de los PGOU con la condición de constituir Unidades Urbanísticas Integradas, y que se desarrollarán posteriormente a través de Planes Parciales y Proyectos de Urbanización.

b) Planes Parciales (PP), instrumentos necesarios para efectuar la ordenación detallada del SUP del PGOU y del SAU de las NSPM, así como del SUNP una vez que se hubiese aprobado el PAU correspondiente como se acaba de ver en el párrafo anterior. La densidad máxima del PP será de 75 viv./ha., salvo excepcionalmente de 100 viv./ha., aprobado por el órgano de la Comunidad Autónoma correspondiente

c) Estudios de Detalle (ED). Esta figura podrá desarrollarse exclusivamente en suelo urbano clasificado por cualquiera de los instrumentos básicos y en los Planes Parciales. Sus objetivos son completar o reajustar alineaciones y rasantes y reordenar los volúmenes, en ambos casos dentro de las limitaciones establecidas en el plan que desarrollan. No podrán sin embargo contemplar el trazado viario público de nueva creación, objetivo que indebidamente se utiliza con frecuencia.

d) Planes Especiales. Se trata de la figura con mayor versatilidad en sus distintas opciones. Puede desarrollarse incluso en ausencia de planeamiento municipal en ciertos supuestos.

En ausencia de PDTC y PGOU pueden formularse Planes Especiales de infraestructuras básicas, así como de protección y conservación del medio natural, medio rural, paisaje y medio urbano.

En desarrollo de las previsiones contempladas en los PGOU y en las NSPM pueden formularse Planes Especiales con las siguientes finalidades: Reforma Interior en suelo urbano (PERI); Protección de Conjuntos Histórico Artísticos (PECH), que deberá redactarse necesariamente en los conjuntos declarados de conformidad con la Ley de Patrimonio Histórico Español de 1985; Mejora del Medio Urbano, Medio Rural o Natural; Saneamiento de Poblaciones, y otras finalidades similares.

De todos ellos, los más habituales son los PERI, que se estudian detenidamente en otro capítulo, así como los referidos a cascos históricos, PECH a partir de la obligación legal de formularlos.

• *Otros instrumentos: Los Proyectos de urbanización*

Si bien se trata de proyecto de obras, cabe considerarlos en el último escalón de las figuras de planeamiento (a las que no pertenecen) en la medida que su redacción es preceptiva para llevar a la práctica los Planes Parciales y en su caso, el suelo urbano de PGOU o los Estudios de Detalle. En estos casos estos proyectos de obras se someten a procedimientos de aprobación e información pública similares a las figuras que desarrollan, diferenciándose por tanto del resto de proyectos de obras civiles que simplemente obtendrán las licencias municipales correspondientes.

• *Áreas de Reparto y Aprovechamiento Tipo*

Los instrumentos de planeamiento general delimitarán una o varias Áreas de Reparto (AR) de cargas y beneficios tanto para el suelo urbano como para el SUP.

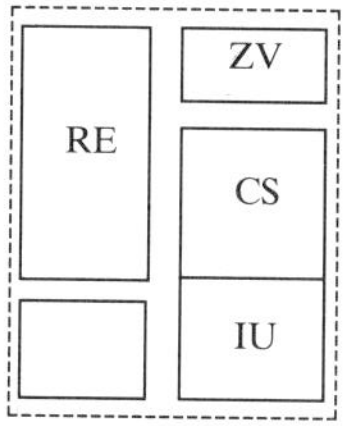

	DATOS DEL PLAN			HOMO-GENEIZACIÓN			APROVECH. TIPO			APROV. SUSCEPTIBLE DE APROPIACIÓN			DESAJUSTES	
Área de reparto	S (Superficie)	E(M²/m²)	S × CAR	Coef.	Ar × α	AH/s	ΣAH/ΣS	S × AT	AT/α s	AT × 0,85	85% AT/α	ASA/S	ASA-AR	CASA-E
ZONA	M^2suelo	CAR	AR M_c^2	α	AHM_c^2	CH	AT	ATM_c^2	CAT	85% AT	ASA	CASA	M_c^2	m^2/M^2
RE	3.000	4	12.000	1	12.000	4		9.600	3,2	8.160	8.160	2.72	-3.840	-1,28
CS	2.000	2	4.000	1,5	6.000	3		6.400	2,1	5.440	3.625	1,81	-375	-0,19
IU	1.000	3	3.000	0,9	2.700	2,7		3.200	3,5	2.720	3.020	3.02	+22	+0,092
VPO	1.000	2,5	2.500	0,8	2.000	2		3.200	4,0	2.720	3.400	3,4	+900	+0,9
	7.000	①			22.700		3,2		②			③		±

Figura 2.2. Aprovechamiento tipo en un área de reparto.

La Técnica del Aprovechamiento Tipo –AT– (en términos generales, promedio de edificabilidades o aprovechamientos urbanísticos) es aplicable desde la Ley 8/90 en que se extiende al suelo urbano (anteriormente sólo estaba regulada para el suelo urbanizable con la denominación de Aprovechamiento Medio –AM–) que se dividirá en una o varias áreas homogéneas delimitadas o Áreas de Reparto en las que se calculará este AT.

La finalidad de esta técnica es lograr como objetivo básico el justo reparto de beneficios y cargas, al atribuir a cada propietario de suelo –excepto al suelo no urbanizable como es lógico– un Aprovechamiento Susceptible de Apropiación –ASA– o privativo, equivalente entre todos ellos, y que se fija por definición en el 85% del AT del Área de Reparto donde se sitúa la parcela.

Dado que el ASA de cada propietario será normalmente distinto de la edificabilidad o Aprovechamiento Real –AR– que el planeamiento –PGOU de cada Municipio– concede a cada parcela, los desajustes deben resolverse cediendo al Ayuntamiento los sobrantes y siendo compensado en caso de déficit.

Área de reparto - - - - - -
en suelo urbano

ZV
CS
IU
RE

RE: Residencial exclusivo
CS: Comercio y Servicios
IU: Industria Urbana
VPO: Viviendas de PO
ZV: Zona verde (existente)
Viales Públicos existentes.

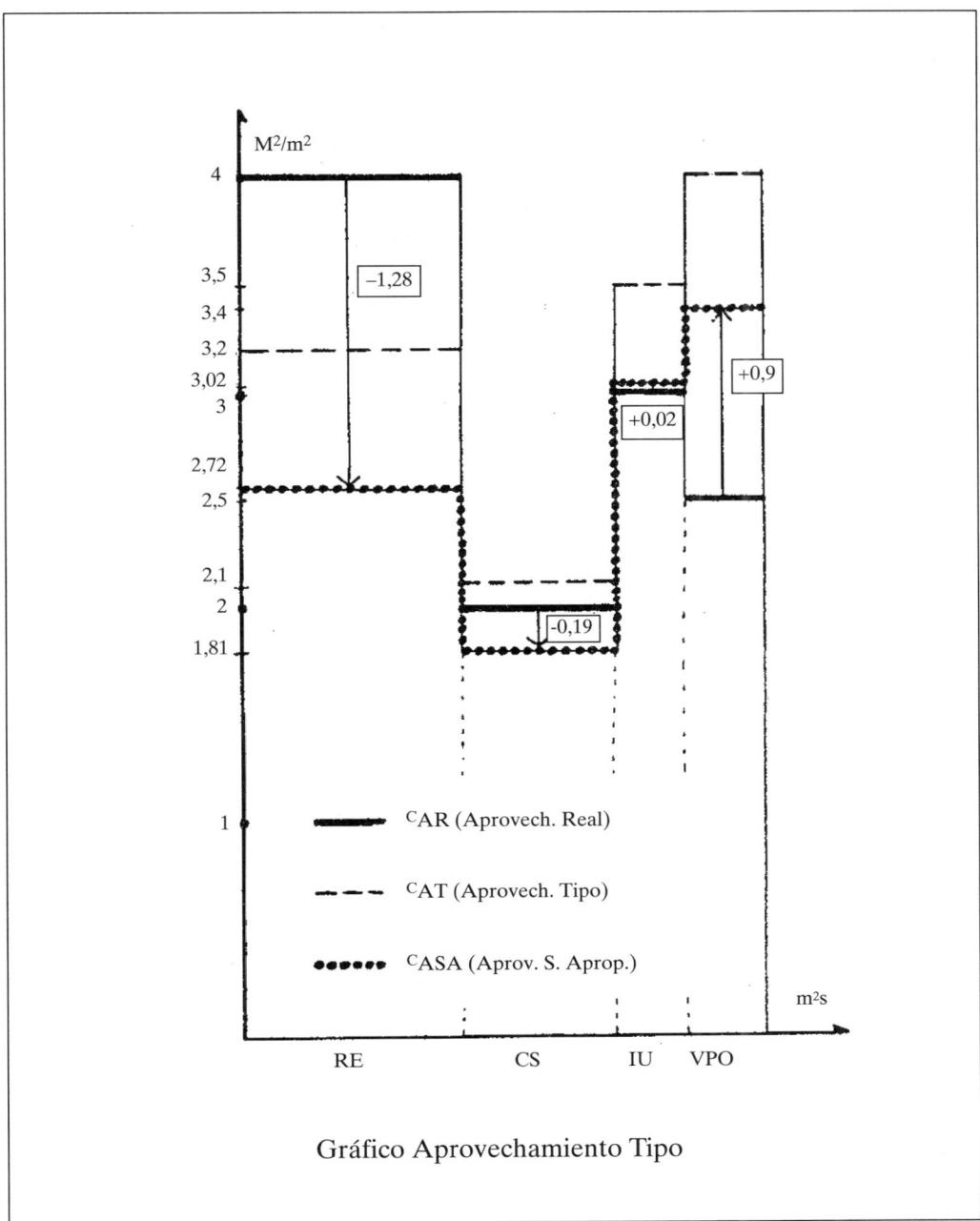

Gráfico Aprovechamiento Tipo

Figura 2.3. En el gráfico adjunto se reproduce un proceso esquemático de cálculo del AT en un Área de Reparto en suelo urbano, cuyo punto de partida es el AR definido en el PGOU y el de llegada el ASA de cada propietario y zonificación, pasando por el AT del Área de Reparto, que se obtendrá a partir de un coeficiente de homogeneización α, pieza clave del proceso, que nos pondera los usos entre ellos, a efectos de hallar el promedio de todos los aprovechamientos referidos a un mismo uso (α = 1) para poder operar normalmente y obtener al final del proceso los desajustes de aprovechamientos producidos, siendo los excesos a ceder y los defectos a compensar.

y el SAU de las NSPM, y el SUNP, de forma que en cada una de ellas pueda obtenerse el Aprovechamiento Tipo (AT), aprovechamiento lucrativo dividido por superficie del AR, en términos generales, lo que permite fijar el aprovechamiento susceptible de apropiación de los propietarios de terrenos en el 85% AT, como antes se dijo, así como establecer los mecanismos de gestión correspondientes para regular los desajustes que se produzcan entre los aprovechamientos reales, concedidos por el plan, y el 85% AT susceptible de apropiación (ver figura 2.2).

Estas normas sobre delimitación de AR y cálculo del AT, así como el Aprovechamiento Urbanístico Susceptible de Apropiación (AUSA) definido en el artículo 27, sólo serán de aplicación a municipios mayores de 25.000 habitantes, según contempla la Disposición Adicional Primera de la Ley, si bien las Comunidades Autónomas podrán excluir a algunos de ellos entre 25 y 50.000 habitantes.

• *Elaboración y aprobación de los planes*

Los planes en su conjunto y dado su carácter reglamentario deben ser aprobados por los órganos competentes tras un proceso de conocimiento y participación pública, de forma que su aprobación definitiva no lesione derechos, sin perjuicio de los recursos que puedan presentarse contra la misma.

Con carácter general se dirá que los trámites de exposición al público van acompañados de un régimen de suspensión de licencias en las áreas afectadas, así como se podrán presentar avances de planeamiento que sirvan de orientación.

Las reglas generales serán la formulación de los planes (excluyendo PN y PDTC) que corresponde a los Ayuntamientos para PGOU, NSPM y DSU y que también puede corresponder a los particulares en el resto de los planes. Existirá un Avance de planeamiento en el caso de PGOU y NSPM así como Planes Especiales que afectan a población consolidada (novedad del Reglamento de Planeamiento, art. 125) para después procederse a la aprobación inicial, en todos los casos con plazo de un mes, 15 días para Estudios de Detalle y Proyectos de Urbanización, pudiéndose presentarse alegaciones, que serán asumidas o no. Producida la aprobación provisional (definitiva ya para los dos casos citados), se enviará por los Ayuntamientos al órgano competente de la Comunidad Autónoma (normalmente la Comisión Provincial de Urbanismo, CPU) que procederá a su aprobación definitiva y publicación en el correspondiente boletín oficial para su entrada en vigor de conformidad con la legislación de Régimen Local.

Existen una serie de matices que operan en ciertos tipos de planes como los Ayuntamientos de capitales de Provincia o mayores de 50.000 hab., que aprueban sus planes parciales y especiales, etc., que deben analizarse en cada caso.

Una vez aprobados y publicados los planes son ejecutivos y obligan por tanto a las Administraciones y a los particulares, teniendo el carácter de documento público, que podrá por tanto ser consultado en el Ayuntamiento correspondiente.

• *Normas de aplicación directa*

Estas normas son básicamente dos, la referente a que las construcciones habrán de adaptarse en lo básico al ambiente donde estuviesen situados, tanto en conjuntos edificados, como en parajes abiertos o naturales, entendiendose esta norma (art. 138) como de aplicación en todo caso.

En segundo lugar, tenemos la norma sobre alturas máximas equivalente a tres plantas, en ausencia de plan o norma (que debe entenderse PGOU Y NSPM) y salvo áreas consolidadas con mayores alturas.

• *Municipios sin planeamiento urbanístico de ningún tipo*

Como caso particular encontramos la situación de municipios que no disponen de ningún instrumento de planeamiento (caso no regulado de la Ley que parte de la base de al menos PDSU), por lo que si bien en principio parece desprenderse que no existe suelo urbano ni de ningún otro tipo, se han producido varias sentencias de los Tribunales que reconocen que la inacción de la Administración no aprobando el instrumento urbanístico adecuado, no puede producir el perjuicio a terceros de no poder edificar, siquiera en condiciones de "suelo urbano consolidado" con claridad, operando en consecuencia con este tipo de criterios a la hora de dilucidar el tipo de suelo, urbano o no urbanizable, de que se trate. A tales efectos pueden ser de gran utilidad los planos parcelarios de Hacienda (suelo sujeto a contribución) que nos facilitan una clara información al respecto. Una vez adoptado la decisión sobre el tipo de suelo serían de aplicación las Normas de Aplicación Directa, que se acaban de exponer y las Ordenanzas de suelo urbano o no urbanizable de las NSP si existieran en esa Provincia.

2.3.5. Ejecución del Planeamiento

La ejecución o gestión del planeamiento consiste en llevar a la práctica las determinaciones de ordenación urbanística, transformando la realidad, tanto desde el punto de vista jurídico (sistemas de actuación) como desde el punto de vista físico (proyectos de urbanización).

La ejecución del planeamiento garantizará la justa distribución de cargas y beneficios, los deberes de cesión de terrenos dotacionales, y la de aquellos donde se localice el aprovechamiento que corresponde a la Administración (15% AT y exceso AT) y la ejecucción de la urbanización. Se requerirá la aprobación definitiva del instrumento de planeamiento en cada caso (PGOU en suelo urbano, PP en SUP, PAU y PP en SUNP, etc.), y se realizará de forma sistemática mediante Unidades de Ejecución, en cada AR tanto de Suelo Urbano como SUP; mediante actuaciones asistemáticas, en su caso, en suelo urbano, y directamente los Sistemas Generales.

• *Actuaciones sistemáticas por Unidades de Ejecución*

Se desarrollarán a través de los Sistemas de Actuación que serán definidos por la Administración en cada caso. Las Unidades de Ejecución (UE) podrán tener exceso de aprovechamiento real o permitido por el plan respecto al apropiable (85% AT); dicho exceso corresponderá a la Administración, que los destinará a propietarios de dotaciones o sistemas generales o a aquellos que tengan aprovechamiento real inferior al susceptible de apropiación (85% AT), sin perjuicio de aplicar los valores urbanísticos a efectos de posibles transmisiones en metálico.

Cuando el aprovechamiento real sea inferior al apropiable, se disminuirán las cargas de urbanización, y si no se alcanzase, la diferencia se hará efectiva en otra UE en situación inversa, con exceso de aprovechamiento.

Los Sistemas de Actuación previstos son tres:

— Sistema de Compensación, en que los propietarios aportan los terrenos de cesión y realizan a su coste la urbanización. Para ello se constituyen, al menos el 60%, en Junta de Compensación (entidad urbanística que agrupa a todos los propietarios) y aprueban los Estatutos y Bases de Actuación de la misma, formulan el correspondiente Proyecto de Compensación, (similar a la reparcelación) que una vez aprobado supone la trasmisión automática de las cesiones, y el Proyecto de Urbanización para realizar las obras previstas en la UE.

— Sistema de cooperación, en el que los propietarios aportan el suelo de cesión y la Administración urbaniza, pero a costa de aquellos. El instrumento que lleva a cabo este sistema es la Reparcelación, que distribuye beneficios, y cargas, regulariza la configuración de las fincas, sitúa el aprovechamiento en zonas aptas para edificar tanto para los particulares como el destinado a la Administración.

   Los proyectos de reparcelación se formularán por los 2/3 de propietarios, que representen más del 80% de la superficie afectada por la UE, o por el propio Ayuntamiento, y su aprobación supone la trasmisión de las cesiones al Ayuntamiento, la subrogación de las antiguas por las nuevas parcelas, y la afección de éstas a las cargas y pagos del sistema de actuación.

— Sistemas de expropiación. Se aplicará por UE completas incluyendo todos los bienes y derechos en la misma, y el valor o justiprecio de los terrenos incluidos en la UE se determinará en función del valor urbanístico de los mismos.

• *Actuaciones asistemáticas en suelo urbano*

Cuando no se actúe a través de UE, el ajuste de aprovechamientos se producirá en las solicitudes de licencia de edificación (a presentar en plazo máximo de 2 años) en los supuestos de aprovechamiento permitido o real (Ar) de la parcela superior al apropiable o patrimonializable (Ar >85% AT), inferior (Ar <85% AT) o nulo en caso de dotaciones públicas, en que se adquirirán entre particulares, por la Administración, o se compensarán con otros terrenos, o en caso extremo se expropiarán por la Administración, de forma que el resultado final sea en todo caso equilibrar el aprovechamiento susceptible de apropiación (85% AT) y el resto por exceso o defecto sean objeto de transmisiones correspondientes.

La Administración podrá imponer de forma coactiva las transferencias en los casos oportunos, así como de ejercer la mediación entre transferencias y aprovechamientos y llevará un Registro al efecto de todas las actuaciones, coordinado con el Registro de la Propiedad.

2.3.6 Intervención de la edificación y uso del suelo. La Disciplina Urbanística

La licencia municipal de edificación es el acto administrativo que supone el control de la legalidad urbanística respecto al proyecto técnico con el que se solicita la misma, por lo que se trata por tanto de una actividad reglada, que comprueba el ajuste a la normativa urbanística de aplicación.

Las licencias se solicitarán (art. 242) para todos los actos de edificación, parcelación y uso del suelo de acuerdo con el procedimiento establecido en la legislación de Régimen Local (Reglamento de Servicios de las Corporaciones Locales, art. 9 y siguientes), y se concederán por los Ayuntamientos sin perjuicio de otras autorizaciones que sea necesario obtener como carreteras, patrimonio artístico, etc.

Asímismo los propietarios deberán conservar los edificios en condiciones de seguridad salubridad y ornato, en lo que se denomina como el Deber de Conservación y la Administración podrá ordenar las obras necesarias para mantener tales condiciones, así como tramitar y declarar el estado ruinoso de las construciones y en su caso la correspondiente demolición.

La Protección de la Legalidad Urbanística, o Disciplina Urbanística contempla las actuaciones y procedimientos por los que debe restituirse la legalidad en aquellas obras realizadas sin licencia o no ajustándose a la misma, estableciendo a tales efectos la tipificación de las infracciones urbanísticas graves o leves (art. 262), las personas responsables, así como las reglas para determinar la cuantía de las sanciones.

2.3.7. Intervención en el mercado de suelo

En la Ley se contemplan los siguientes instrumentos:

— Patrimonio Municipal de Suelo, a constituir en Municipios con planeamiento general, a efectos de regular el mercado de terrenos, en el que se incluirán los bienes patrimoniales, y los obtenidos por cesiones de cualquier clase. Los PGOU podrán establecer reservas de terrenos de posible adquisición para integrarse en el mismo y la gestión de estos terrenos será en cada caso la que resulte más adecuada.
— Derecho de superficie, en terrenos propiedad de los Ayuntamientos u otras entidades públicas, para edificar viviendas protegidas u otros usos de interés social por un plazo máximo de 75 años.
— Derechos de tanteo y retracto, a cuyo efecto se podrán delimitar áreas en las que las transmisiones onerosas de terrenos quedan sujetas a dichos derechos por el Ayuntamiento respectivo, y de forma concreta las transmisiones de viviendas acogidas a régimen de protección pública.

2.4. Legislación de las Comunidades Autónomas

Como se ha referido en el apartado 2.2.4., la Constitución de 1978 establece la nueva organización territorial del Estado que se formaliza con los correspondientes Estatutos de Autonomía entre 1979 a 1983, y los Decretos de Trasferencias de

Medios y Funciones del Estado a las Comunidades Autónomas, debiendo considerarse a partir de entonces un nuevo marco urbanístico y territorial, dado que si bien el Estado mantiene ciertas competencias básicas las nuevas capacidades de las Comunidades les permiten legislar y en todo caso ejercer las competencias urbanísticas junto a las Administraciones Locales.

Como consecuencia de tal situación, se producen desde 1981 en que aparece la Ley 9/81 de Protección de la Legalidad Urbanística de Cataluña (dado que esta Comunidad dispone del primer Estatuto de Autonomía de 1979) una serie de normas promulgadas por las Comunidades Autónomas que analizamos a continuación, si bien y por evidentes razones de espacio y operatividad (siguiendo el enfoque de normas y técnicas de carácter general) sólo nos referiremos a la legislación básica producida por las Comunidades, sobre ordenación territorial y urbanismo, desglosada esta última en los apartados de planeamiento, disciplina y gestión urbanística, y medio rural o suelo no urbanizable.

2.4.1. Ordenación territorial

En este campo se produce el paquete de normas más amplio y variado, ya que hasta el momento once Comunidades han aprobado su propia normativa, lo que parece lógico por otra parte, dado que en este campo la legislación estatal no contempla más que los PDTC que no han sido prácticamente desarrollados, y se desea asumir esta competencia de forma efectiva. Por orden cronológico y con las indicaciones más significativas, en su caso, las leyes aprobadas son las siguientes:

— Cataluña: Ley 23/83 de 21.11 de Política Territorial. Contempla tres tipos de planes territoriales: el Plan Territorial. General, Planes Territ. Parciales y Planes Territ. Sectoriales, habiéndose producido en 1984 y 1987 normas reglamentarias sobre elaboración del Plan T. General.

— Madrid: Ley 10/84 de 30.5 de Ordenación Territorial. Contempla tres tipos de instrumentos: Directrices de O.T., Programas Coordinados de Actuación y Planes de Ordenación de Medio Físico. Las Directrices fueron elaboradas a nivel de avance en 1985 en un amplio documento técnico que no continuó sin embargo su tramitación, mientras han sido elaborados los Programas Coordinados de Residuos Sólidos Urbanos, PCARSU, e Industriales, PCARI.

— Navarra: Ley Foral 12/86 de 11.11 de Ordenación Territorial. Contempla los siguientes instrumentos: Normas Urbanísticas Regionales, Planes de Ordenación de Medio Físico, Normas Urbanísticas Comarcales, Planes y Proyectos Supramunicipales y Directrices de Ordenación del Territorio. Según la propia Ley todos estos instrumentos son complementarios y no excluyentes de los planes urbanísticos estatales. En Mayo de 1988 se acordó la formación de las Normas de la Comarca de Pamplona y en Julio de ese año se inician las Directrices de O.T. de Navarra.

— Canarias: Ley 1/87 de 13.3 Reguladora de los Planes Insulares de Ordenación. Contempla un sólo instrumento, los Planes Insulares de Ordenación para establecer el modelo territorial. En Abril de 1991 se aprueba el Plan Insular de O.T. de Lanzarote.

— Asturias: Ley 1/87 de 30.3 de Coordinación y Ordenación Territorial. Contempla tres tipos de instrumentos: Directrices de O. del T. de carácter regional, subregional o sectorial; Programas de Actuación Sectorial y Evaluaciones de Impacto de carácter espacial y económico-social. En Enero de 1991 se aprobaron las Directrices regionales de O.T.

— Baleares: Ley 8/87 de 1.4 de Ordenación Territorial. Contempla los siguientes instrumentos: Directrices de O. del T., Planes Territoriales Parciales, Planes Directores Sectoriales y Planes de Ordenación de Medio Natural. En Mayo de 1987 se acordó la formación de los Planes de Ordenación del Litoral.

— Valencia: Ley 6/89 de 7.7 de Ordenación del Territorio. Contempla: Directrices de O. del T., Planes Territoriales Parciales y Planes Territoriales Sectoriales. En Mayo de 1991 se inicia el Plan de Acción Territorial para el desarrollo urbanístico de la Comunidad.

— Cantabria: Ley 7/90 de 30.3 de Ordenación Territorial. Contempla: Directrices de O.T. de carácter regional o comarcal, Planes Directores Sectoriales y Planes Territoriales Sectoriales.

— País Vasco: Ley 4/90 de 31.5 de Ordenación de Territorio. Contempla: Directrices de O. del T., Planes Territoriales Parciales y Planes Territoriales Sectoriales. Las Directrices de O. del T. fueron aprobadas a nivel de avance en Diciembre de 1992.

— Murcia: Ley 4/92 de 30.7 de Ordenación y Protección del Territorio. Contempla: Directrices de O.T. de carácter regional, comarcal, sectorial, de regulación y protección espacio rural, Programas de Actuación Territorial y Actuaciones de Interés Regional.

— Aragón: Ley 11/92 de 24.11 de O. del T. Contempla: Directrices Generales de O.T., Programas de Gestión de Ámbito Territorial y Procedimientos de Gestión Coordinada.

2.4.2. Normativa Urbanística

Con carácter general, en este campo se han desarrollado numerosas leyes, la mayoría de ellas enfocadas a la Disciplina Urbanística, y en menor grado a Tratamiento del Medio Rural o Suelo no Urbanizable, adecuación de la legislación estatal, o actuaciones de suelo y vivienda.

• *Adecuación de la Legislación Estatal*

Las leyes contempladas en este apartado, respetan el marco general de la ordenación urbanística y tratan de adaptar a sus características regionales y geográficas cuestiones como tratamiento de SNU, espacios naturales o núcleos de población.

— Cataluña: Ley 3/84 de 9.1 Medidas de Adecuación del Ordenamiento Urbanístico.

— Galicia: Ley 11/85 de 22.8 de Adecuación de la Ley del Suelo a Galicia.

— Navarra: Ley Foral 6/87 de 10.4 de Normas Urbanísticas Regionales para Protección y Uso del Territorio.

— Baleares: Ley 10/89 de 2.11 de Sustitución del Planeamiento Urbanístico Municipal.

• *Disciplina Urbanística*

— Cataluña: Ley 8/81 de 18.11 sobre Protección de la Legalidad Urbanística.
— Madrid: Ley 4/84 de 10.2 sobre Medidas de Disciplina Urbanística. Ley 9/85 de 4.12 de Tratamiento de Actuaciones Ilegales a la Comunidad de Madrid, que recoge un Catálogo de las numerosas Urbanizaciones ilegales existentes.
— Murcia: Ley 12/86 de 20.12 de Medidas para la Protección de la Legalidad Urbanística.
— Asturias: Ley 3/87 de 8.4 Reguladora de la Disciplina Urbanística.
— Canarias: Ley 7/90 de 14.5 de Disciplina Urbanística y Territorial.
— Baleares: Ley 10/90 de 23.10 de Disciplina Urbanística.

• *Medio Rural y Suelo No Urbanizable*

— Canarias: Ley 3/85 de 20.7 de Medidas Urgentes en Materia de Urbanismo y Protección de la Naturaleza. Ley 5/87 de 7.4 sobre Ordenación urbanística del Suelo Rústico de Canarias.
— Asturias: Ley 6/90 de 20.12 sobre Edificación y Usos en el Medio Rural.
— Baleares: Ley 1/91 de 30.1 de Espacios Naturales y Reforma Urbanística de las Áreas Especiales de Protección.
— Valencia: Ley 4/92 de 5.6 sobre Suelo no Urbanizable.

• *Suelo y Vivienda: Normas que corresponden con la Ley 8/90 estatal con objetivos similares*

— Navarra: Ley Foral de 7/89 de 8.6 de Medidas de Intervención en Materia de Suelo y Vivienda.
— País Vasco: Ley 8/89 de 17.11 de Valoraciones de Suelo del País Vasco.
— Asturias: Ley 2/91 de 11.3 de Reserva de Suelo y Actuaciones Urbanísticas Prioritarias.
— Cantabria. Ley 4/92 de 24.3 de Reservas Regionales de Suelo y otras Actuaciones Urbanísticas Prioritarias.

2.5. Normativas sectoriales

Se han expuesto hasta el momento, con carácter general las normas y principios de la legislación urbanística, objetivo principal de este capítulo. No obstante, y dada la concurrencia en la aplicación de esta legislación con otras normas de carácter sectorial, aunque sea en situaciones puntuales, que deberán por tanto considerarse desde la óptica urbanística. A tal efecto se significan en este apartado las principales normas que pueden ser concurrentes en este campo:

— Ley Defensa de Patrimonio Histórico Español de 1985, que afecta a conjuntos histórico-artísticos, que deberán formular Planes Especiales de Protección (PECH), y en tanto se redacten se respetarán los trazados urbanos y características de la edificación existente.

— Ley de Carreteras de 1988, que afecta a la Red de Interés General del Estado (RIGE), habiéndose incorporado la necesidad de informe vinculante del MOPTMA en los planes urbanísticos.

— Ley de Conservación de los Espacios Naturales, la Flora y la Fauna de 1989, en cuanto a las figuras de ámbito nacional (Parques, Reservas, etc.) y otros aspectos establecidos en la misma.

— Ley de Montes de 1957, en cuanto a la catalogación de Montes de Utilidad Pública y sus limitaciones de uso.

— Ley de Bases de Régimen Local de 1985, que establece cuestiones de procedimiento en la tramitación y aprobación de los planes y licencias.

Esta legislación (y otras similares con alguna incidencia) de carácter estatal, podrá a su vez verse complementada con la correspondiente de las Comunidades Autónomas caso que en esa materia dispusieran de competencia exclusiva, es decir, con capacidad de legislar, leyes autonómicas de Carreteras, Espacios Naturales, etc.

2.6. Esquema final

La visión urbanística, es por tanto, de una cierta complejidad, que supone actualmente la necesidad de contemplar de forma escalonada diversas normativas urbanísticas específicamente, de carácter estatal, regional y local, así como la incidencia de otras normas sectoriales que tendrán a su vez la misma procedencia.

De forma detallada, habrá que partir del Texto Refundido de la Ley del Suelo estatal de 1992 y sus Reglamentos adaptados, para continuar en función de la situación geográfica, con las normas producidas, en su caso, por las respectivas Comunidades Autónomas en cuanto a los procedimientos y órganos competentes a los que se hayan asignado las funciones, como en las que se refieren a la legislación urbanística o territorial y que serán de aplicación combinada con la estatal según el carácter pleno, básico o supletorio de ésta.

Veremos a continuación las normas sectoriales que pudieran incidir en el área de estudio, tanto de carácter estatal como de la Comunidad Autónoma, por ejemplo si se trata de un conjunto histórico artístico afectado por la Ley de Defensa de Patrimonio estatal, y las normas en cuanto a órganos, procedimientos, etc. de la Comunidad.

Como última fase analizaremos los planes urbanísticos aprobados para el municipio, PGOU, NSPM, DSU, y aquellos de desarrollo que fuesen de aplicación, PE, PAU, PP, ED, etc., así como las solicitudes de licencia de obras o edificación, toda ella en el ámbito de la esfera municipal.

CAPÍTULO 3

EL PLANEAMIENTO MUNICIPAL

José M.ª Ezquiaga

3.1. Introducción. El Planeamiento Municipal como instrumento de construcción de la ciudad

3.1.1. Los instrumentos de ordenación urbanística municipal en el sistema de planeamiento

Examinaremos en el presente capítulo los instrumentos de ordenación urbanística municipal y, en especial, el Plan General de Ordenación Urbana. Si bien la legislación del suelo ha diseñado una secuencia jerárquica de figuras de planeamiento, estructuradas de mayor a menor escala, la importancia relativa de cada instrumento de ordenación urbanística no es homogéneo.

La existencia del planeamiento de coordinación o territorial –también denominado "directivo" integrado por el Plan Nacional de Ordenación, los Planes Directores Territoriales de Coordinación y por las diversas figuras de ordenación regional o supramunicipal previstas en las legislaciones autonómicas, no constituye condición necesaria para la formulación del planeamiento municipal. Es decir, aunque los Planes Municipales deben redactarse teniendo en cuenta las determinaciones y directrices de los Planes Territoriales (art. 70.2 TR, 1992 y art. RP, 1978) cuando éstos existan, pueden también formularse en ausencia de determinaciones de planeamiento supramunicipal.

Por el contrario, la existencia del eslabón del Plan Municipal es requisito imprescindible para la elaboración de los instrumentos de planeamiento ejecutivo: Programas de Actuación Urbanística, Planes Parciales, Planes Especiales de Reforma Interior, Estudios de Detalle; que constituyen en sentido estricto el "planeamiento de desarrollo".

El carácter del Plan Municipal como pieza clave del sistema de planeamiento responde –como veremos más adelante– al proceso de formación histórica de la legislación urbanística de nuestro país, en el que las experiencias de formulación de planes a escala urbana jugaron un papel fundamental, al incorporar una vocación de entender y ordenar la ciudad como totalidad, y no sólo mediante la intervención fragmentaria, característica de los proyectos de "reforma interior" o "ensanches" parciales. En este sentido, los planes municipales han cumplido un relevante papel histórico como ámbitos privilegiados de verificación de las innovaciones urbanísticas, tanto en las concepciones culturales como en la instrumentación de las técnicas urbanísticas.

La "debilidad" del subsistema de planeamiento territorial ha contribuido a reforzar el peso relativo del eslabón municipal. Los intentos de formular tanto el Plan Nacional, como Planes Directores Territoriales de ámbito supramunicipal, desde la Administración del Estado han fracasado –con escasas excepciones– debido a las dificultades de coordinar desde el ámbito urbanístico las políticas sectoriales (vivienda, transporte, infraestructuras...) de la propia Administración, así como de someter las inversiones a la disciplina de programas a medio y largo plazo.

La vertebración regional del Estado, y la asunción por las Comunidades Autónomas de plenas competencias en materia de Ordenación del Territorio, posibilita una mayor proximidad entre la escala de los problemas territoriales y la instancia de gobierno regional y, por tanto, sugiere una mayor viabilidad del planeamiento supramunicipal. Sin embargo, sólo recientemente comienzan a generalizarse experiencias de desarrollo de las nuevas figuras –Directrices, Planes de Ordenación del Territorio, Planes Estratégicos– previstas en las legislaciones autonómicas sobre la materia.

Por todo ello, el Plan Municipal constituye hoy en día el eslabón clave del sistema de ordenación urbanística, en la medida en que es un plan "originario", es decir no requiere la formulación previa de ninguna otra figura de planeamiento, y "necesario", en cuanto constituye la "llave" de los instrumentos de planeamiento de desarrollo. (García de Enterría, Parejo, 1981, pp. 256-257).

Aunque el Plan General de Ordenación Urbana (PGOU) constituye la figura básica del planeamiento municipal, y sobre ella centraremos las explicaciones de este capítulo, no pueden dejar de mencionarse los restantes instrumentos de ordenación urbanística municipal previstos en la legislación, aunque no debamos entrar en la polémica acerca de su naturaleza jurídica. El Reglamento de Planeamiento menciona como tales, además del Plan General, las Normas Subsidiarias de Planeamiento de ámbito municipal y los Proyectos de Delimitación de Suelo Urbano (art. 3 RP, 1978). Sin embargo, la diferencia del cometido de Planes y Normas de una parte y de los Proyectos de la otra es esencial. Mientras que los primeros tienen como misión producir una verdadera ordenación del territorio municipal, que partiendo de la realidad de hecho sea capaz de formular una estrategia de crecimiento y transformación, los segundos se limitan a constatar una realidad urbana dada sin previsión alguna acerca de su evolución posterior.

La legislación define los Planes Generales de Ordenación Urbana como instrumentos de ordenación integral del territorio de uno o varios términos municipales (art. 70 TR, 1992) y las Normas Subsidiarias de ámbito municipal como instrumentos de ordenación urbanística concreta del territorio de aquellos municipios que carezcan de Plan General (art. 75b) TR, 1992). Esta definición tiene una doble vertiente. En primer lugar Planes y Normas son instrumentos de ordenación urbanística, es decir, deben establecer el "modelo de utilización del suelo" (art. 14, RP, 1978) para todo el ámbito administrativo del término municipal. Al mismo tiempo, constituyen instrumentos de definición del contenido de la propiedad del suelo, a través del establecimiento de división básica del territorio a los efectos del establecimiento de su régimen jurídico (clasificación del suelo). La diferencia esencial entre uno u otro instrumento radica en la mayor simplicidad del contenido de las Normas, esencialmente la innecesariedad de contener una programación del proceso de urbanización.

Los Proyectos de Delimitación de suelo Urbano se circunscriben a la fijación del parámetro urbano, en estricta aplicación de los criterios legales (art. 13 TR, 1992), sin previsión alguna de crecimiento ni reforma urbana. No pueden por ello considerarse verdaderos planes y su aplicación debe entenderse transitoria hasta el momento de poder disponer un verdadero instrumento de planeamiento general. Incluso en el caso de pequeños municipios, en los que la dinámica inmobiliaria pudiera resultar irrelevante, es aconsejable la redacción de una figura de planeamiento municipal, ya que la ordenación integral del territorio no sólo comprende la regulación del crecimiento urbano, sino las medidas de protección y puesta en valor del medio natural y los conjuntos edificados.

Por todo ello, la elección de uno u otro instrumento se deberá basar (art. 3.2 RP, 1978), además de las eventuales previsiones del planeamiento supramunicipal, en la valoración de la complejidad de los problemas que plantee el desarrollo urbanístico municipal y la capacidad de gestión y programación de su Ayuntamiento. Ahora bien, el Texto Refundido de 1992 ha introducido un criterio adicional al establecer en su Disposición Transitoria Séptima la obligatoriedad de disponer de Plan General adaptado a la nueva Ley en aquellos municipios en que ésta es de aplicación íntegra, en principio aquellos de población superior a 25.000 habitantes, aunque la legislación autonómica puede establecer excepciones en aquellos municipios comprendidos entre 25.000 y 50.000 habitantes que no sean capitales de provincia o establecer la inclusión de municipios de población inferior a 25.000 habitantes.

3.1.2. El Plan Municipal como instrumento de ordenación urbanística integral del territorio municipal

El Plan General y las Normas Subsidiarias constituyen en su vertiente urbanística la expresión de un "proyecto de ciudad". Esto significa que el Planeamiento municipal no es un mero instrumento técnico de carácter aséptico, sino la manifestación de la voluntad del municipio en cuanto a sus grandes opciones de futuro, plasmada en la elección de una determinada alternativa de ordenación territorial. Es por ello decisivo el conocimiento y participación ciudadana durante el proceso de elaboración –e incluso gestión– del planeamiento, si bien la decisión política descansa sobre la Corporación Municipal y, en última instancia, sobre la Comunidad Autónoma.

La formulación de las opciones de planeamiento no es puramente declarativa o literaria, sino que se sustenta sobre la adopción de una propuesta de ordenación del territorio que debe contemplar dos elementos clave:

— El diseño de los elementos clave de la estructura urbana.
— Las previsiones de transformación de los tejidos existentes y de crecimiento que vincule un programa ejecutivo a unas capacidades de inversión.

Figura 3.1. Plan Comarcal de Valladolid de 1969. Un exponente del planeamieno de estructura y zonificación orientado a regular de manera esquemática el crecimiento urbano.

El Plan no se limita a establecer los valores del suelo en función del destino urbanístico atribuido a las distintas piezas del territorio, ni siquiera constituye una fotografía del futuro urbanístico deseable o previsible del municipio, tampoco es el
resultado de la yuxtaposición de las distintas políticas sectoriales (vivienda, transporte, actividad económica, equipamiento, ...) en un espacio determinado. Asumiendo estas dimensiones parciales, al Plan le cabe la responsabilidad de anticipar
la forma y ubicación de los elementos clave de la ciudad y de diseñar los procesos
más adecuados para su ejecución.

En otras palabras, un Plan es ante todo un conjunto de actuaciones sobre el territorio, a desarrollar en el tiempo conforme a un orden de prioridades establecido
en función de la voluntad política del municipio (vid: Coll, Guarner, Hosta; 1993:
pp. 23 y 55).

El Plan tiene pues un objeto importante, pero limitado. El Plan municipal se in-
cardina en la política general del municipio pero no puede sustituirla. Como se ha
señalado en el capítulo precedente, las circunstancias excepcionales del urbanismo
de la transición alentaron la concepción del Plan urbanístico como la expresión máxima del gobierno municipal y como corolario solución de todos los problemas de
la ciudad. Ello generó más tarde fenómenos de frustración o desencanto, a la vista
de la escasa capacidad transformadora del Plan sobre los procesos urbanos de naturaleza socioeconómica más profunda. Conviene recordar por ello el carácter "instrumental" del Plan como herramientas para racionalizar y optimizar socialmente
la actividad pública y privada en función de un proyecto de futuro socialmente res-
paldado, pero por sí mismo incapaz de sustituir las iniciativas inversoras que, en definitiva, construyen la ciudad.

Para que este papel opere de manera efectiva es necesario que el Plan funcione
a modo de "constitución" urbanística del municipio, es decir como una referencia
común, asumida democráticamente, a la que agentes públicos y privados discipli-
nan sus actuaciones. Con demasiada frecuencia el Plan es considerado una mera
norma negativa que somete a los particulares –que por ello se esfuerzan en cambiar
a su favor– pero que en poco vincula a los poderes públicos. Es importante, por ello,
insistir en la necesidad de que manejar en todo momento una idea global de la coherencia y eficacia del Plan, en cuanto anticipación de la forma de ciudad a través de
una sintaxis de intervenciones transformativas y/o aditivas, cuyas condiciones de posibilidad se sustentan sobre la concertación y compromiso de las inversiones públicas y la viabilidad jurídica y económica de las estrategias de gestión de las acciones
privadas.

3.1.3. El Plan Municipal como instrumento de definición del contenido de la propiedad del suelo

En efecto, el Plan no es sólo un instrumento técnico para el diseño y programación de un modelo territorial, sino que constituye el instrumento jurídico para la fijación de dicho modelo, a través de la regulación del estatuto jurídico del derecho
de propiedad del suelo adaptado a la ordenación espacial y a la programación pro-
pugnadas (García de Enterría, Parejo: 1981, p. 173). Así el art. 8 TR, 1992 señala
que "la utilización del suelo y en especial su urbanización y edificación, deberá pro-

ducirse en la forma y con las limitaciones que establezcan la legislación de ordenación territorial y urbanística y, por remisión de ella, el planeamiento, de conformidad con la clasificación y calificación urbanística de los predios".

La definición del estatuto legal de la propiedad del suelo se sustenta sobre la operación de la "clasificación" del suelo, es decir, la división de la totalidad del término municipal en las categorías básicas de Suelo Urbano, Urbanizable (o Apto para Urbanizar en las Normas Subsidiarias) y No Urbanizable.

Se produce la paradoja de que esta facultad constituye una de las funciones primordiales del Plan General –o en su defecto de las NNSS– (art. 72.2a) TR, 1992), que a su vez constituyen, en cuanto integrantes del sistema de planeamiento, ámbito de la competencia legislativa de las Comunidades Autónomas. La Ley estatal (TR, 1992) ha previsto dos mecanismos al objeto de asegurar la efectividad de sus determinaciones en cuanto al régimen urbanístico de la propiedad del suelo. En primer lugar, el art. 9.1 establece que el planeamiento clasificará el territorio en todas o algunas de las clases de suelo antes mencionadas, "o clases equivalentes a los efectos de esta Ley, reguladas por la legislación autonómica". Ello quiere decir que si en un futuro la legislación urbanística regional deseara innovar en cuanto a las figuras de planeamiento o a la división básica del territorio esta posibilidad tiene el límite objetivo de la obligatoriedad de establecer las equivalencias con las clases reguladas en la legislación estatal, que con variaciones terminológicas, proceden de la Ley del Suelo de 1956.

La armonización de las competencias estatales relativas a la fijación de las condiciones básicas de los derechos y deberes de los propietarios del suelo, en virtud del art. 149.1 de la Constitución Española y las competencias autonómicas en materia de legislación sobre ordenación de territorio y urbanismo, constituye un aspecto capital del sistema de ordenación urbanística todavía no resuelto satisfactoriamente, dada la mutua implicación conceptual entre las determinaciones de los Planes en cuanto instrumentos de ordenación física y en cuanto instrumentos para la fijación de los contenidos urbanísticos, económicos y temporales del derecho de propiedad del suelo.

Por otro lado, aunque la ley reserva al Plan municipal la responsabilidad de operar la clasificación del suelo, establece también criterios para realizar directamente esta división del territorio en los municipios sin planeamiento (aunque con el concurso de la explícita aprobación de un Proyecto de Delimitación de Suelo Urbano), distinguiendo tan solo dos categorías: Suelo Urbano y Suelo No Urbanizable. Con ello se asegura la clasificación del suelo en todo el territorio nacional y la consecuente concreción del estatuto de propiedad. Ahora bien, las condiciones para considerar un suelo como urbano no se dejan al arbitrio de la Corporación sino que se definen de manera objetiva desde la propia ley (art. 13 TR, 1992). El criterio material es análogo al establecido con carácter general para el Suelo Urbano de los Planes: contar con acceso rodado, abastecimiento de agua, evacuación de aguas y suministro de energía eléctrica. Sin embargo se establece la posibilidad de incluir adicionalmente en esta categoría aquellos suelos que se encuentren "comprendidos en áreas consolidadas por la edificación al menos en la mitad de la superficie no ocupada por los viales o espacios libres existentes". Como señala Tomás Ramón Fernández (1993, P. 128) la diferencia entre las clasificaciones del suelo operadas desde el Plan o directamente en virtud de la ley es clara: "sólo el planeamiento general tiene la virtud, ciertamente traumatúrgica, de transformar jurídicamente la realidad, o dicho de otro modo, sólo a través del Plan General, esto es, en el marco de una visión global del territorio municipal en su conjunto, de sus posibilidades y de sus limitaciones, de las necesidades concretas de la comunidad en él asentada y de su evolución previsible, es legalmente posible "crear ciudad", al margen del planeamiento, sólo es posible mantener el status quo definido de antemano por la propia existencia de un núcleo urbano, que queda así básicamente acantonado dentro de sus propios límites reales".

3.2. El proceso de formación histórica del planeamiento municipal

3.2.1. De los planes al planeamiento: las primeras formulaciones de las técnicas urbanísticas

La sistematización legislativa de las figuras de planeamiento se inicia en la Ley sobre Régimen de Suelo y Ordenación Urbana de 1956. Con anterioridad a la primera cristalización legal existió una notable experiencia en la redacción de planes con vocación de ordenar la totalidad del territorio municipal. De hecho no es aventurado afirmar que el emergente Derecho Urbanístico español se ha nutrido esencialmente de la práctica de la gestión municipal: en este sentido los "planes" precedieron a las "leyes". Los Planes municipales han ejercido, además, papel fundamental en la formación de la cultura urbanística, al introducir la voluntad de entender la ciudad como totalidad y no sólo desde los fragmentos, bien fueran éstos los Proyectos de "Reforma Interior", o los "Ensanches" parciales. Sólo en una etapa reciente esta experiencia se organiza y depura, articulándose con la regulación del régimen jurídico del suelo.

Las primeras técnicas de planeamiento surgen de la necesidad de dar respuesta a dos problemas clave: la definición del marco de derechos de la propiedad y la ordenación global de la ciudad. En el Antiguo Régimen el Príncipe no conocía más límites a su intervención que los dimanados de su voluntad, tal era el caso de las servidumbres impuestas a los particulares o de las ordenanzas figurativas. Las regulaciones de policía y ornato, aunque descansaban sobre una administración organizativamente muy débil, no estaban sometidas a la autolimitación del principio de legalidad.

La concepción liberal de la propiedad que emerge a lo largo del siglo XIX se constituye sobre la base de la demarcación de los territorios de lo "público" y lo "privado". Durante mucho tiempo la edificación se consideraba perteneciente en exclusiva a esta última esfera, en la que el propietario gozaba de plena libertad y, por tanto, se encontraba al amparo de la intervención administrativa. Esta situación sufrirá una mutación radical cuando el desarrollo de los conceptos de higiene pusieran en evidencia los resultados abusivos de la carencia de límites objetivos a la facultad de edificar. Antes de alcanzar esta situación la actividad pública se limitaba a tres contenidos básicos:

— Proceder a la demarcación física de los ámbitos de lo público y de lo privado, para lo cual se usaba una sencilla técnica que hace coincidir las realidades física y jurídica: la alineación obligatoria.

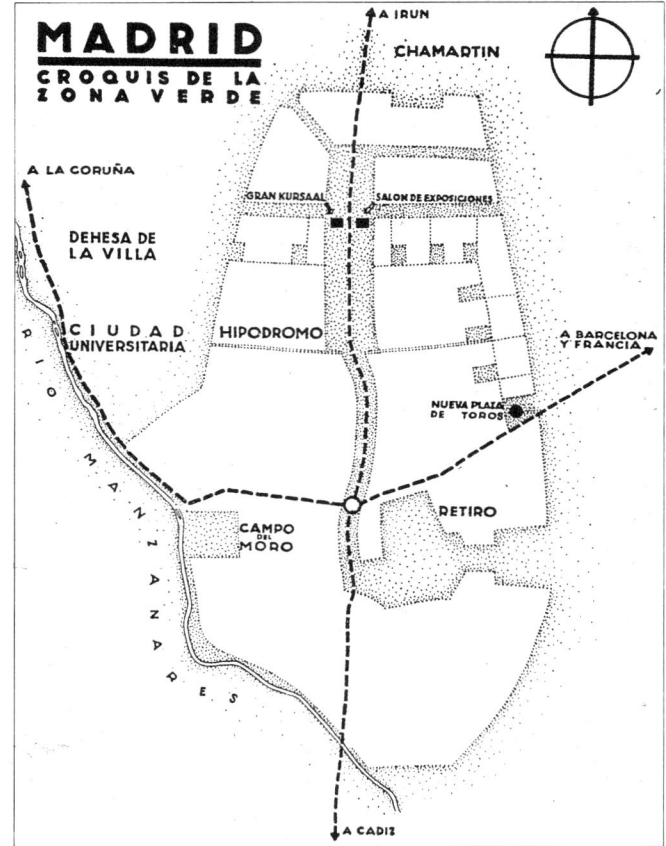

Figura 3.2. Plan de Madrid (Zuazo-Jansen, 1929).

— Asegurar el sometimiento de los particulares a las reglas de policía, refor-
zando el control previo de la edificación a través de la licencia.
— Asegurar el funcionamiento de los servicios de la ciudad, a través de la obra
pública.

Los Planos Geométricos de Alineaciones se establecieron en virtud de la Real
Orden de 25 de Julio de 1846 que mandaba a los pueblos de crecido vecindario que
elaborasen planos escala 1:1.250 de su población, arrabales y paseos, trazándolos
según su estado actual. Una vez delimitadas las vías y espacios libres de dominio
público, los particulares quedaban obligados a adelantar o retroceder sus construcciones en función del trazado oficial de la alineación, generalizándose las técnicas
de expropiación y apropiación de viales. La licencia de edificación pierde la función
de ser el momento de verificación del ajuste al ornato viario, para configurarse como instrumento de control del cumplimiento de las alineaciones y reglamentacio-
nes de policía que condicionan el aprovechamiento privado.

El diseño y vigilancia de las calles como tarea pública se ve complementado por la construcción de las obras de infraestructura con cargo al presupuesto municipal. De esta forma el sistema de producción de la ciudad se configura como una tarea pública y un negocio privado dividido en dos secuencias: una primera de trazado de alineaciones y creación de infraestructura a cargo de los poderes públicos, tanto en su financiación como en su ejecución y una segunda de ejercicio de la edificación privada.

Los Planos de Alineaciones ejercen la función de delimitar los espacios público y privado, pero nada contienen acerca de la regulación de la construcción, ni la programación temporal o económica de las obras. No constituyen, en consecuencia, "Planes" sino más bien instrucciones para la ejecución de los proyectos de obras de urbanización.

La legislación de Ensanche de las Poblaciones de 1864, 1876 y 1892 planteará sucesivos pasos hacia adelante en el tratamiento jurídico del problema de la financiación de las obras públicas. Pero no es éste el único aspecto remarcable de la experiencia de elaboración de los Ensanches de las ciudades españolas a lo largo del siglo XIX. Tras la elaboración de los mismos subyace la idea de una "nueva ciudad", concebida en términos de forma urbana global y alternativa al casco histórico, sustentada sobre una nueva forma de articulación de las relaciones entre plano y norma urbanística.

El entendimiento del trazado como ordenación del suelo sugerirá procesos de innovación tipológica y someterá la intervención urbanística fragmentaria a la disciplina de un plano unitario. Al mismo tiempo el trazado jugará un papel mediador en relación con las regulaciones edificatorias. Sin embargo, la carencia de un sustento jurídico de la vinculación de las calificaciones de suelo con destino a espacios libres y dotaciones contenidas en los Planos de Ensanche producirá una reducción de hecho de estos al modelo bien conocido de los Planos de Alineaciones. Sólo la fuerza formal del trazado de la retícula viaria, garantizada por la acción urbanizadora pública, aseguraron la pervivencia última del Proyecto de ciudad que contenían.

Los primeros intentos de formular la ordenación de la totalidad de la ciudad y su entorno se plantean en el primer tercio de nuestro siglo. Para entonces empezaba a ser evidente un hecho urbanísticamente muy grave: el crecimiento de las grandes ciudades desbordaba los límites espaciales de los Ensanches. En efecto, durante el último tercio del siglo XIX y primeras décadas del XX los Cascos Históricos experimentaron un proceso de transformación por saturación del parcelario y desplazamiento de la centralidad. La ocupación de los Ensanches se desarrollaba muy lentamente, debido a la precariedad de los instrumentos municipales de gestión y financiación de las obras y al encarecimiento y consecuente retención especulativa del suelo. En paralelo, comenzaba a formarse con extraordinaria vitalidad una nueva ciudad situada fuera de los límites físicos de la ciudad planeada, gravitando sobre las principales carreteras y caminos radiales de comunicación interurbana: el denominado "Extrarradio".

La experiencia del crecimiento del extrarradio, como ciudad "espontánea", que alcanza a principios de siglo en Madrid una magnitud semejante a la de la ciudad "planeada", hace considerar a los contemporáneos la necesidad de plantear una reflexión urbanística de la totalidad del territorio afectado por los procesos de expansión de la ciudad –que en aquellos años superaba ya el término municipal administrativo– así como la necesidad de contar con instrumentos de gestión con respaldo legal suficiente para afrontar los nuevos procesos de urbanización incontrolada.

Los primeros intentos de abordar desde el planeamiento el fenómeno del crecimiento periférico consistieron simplemente en una ampliación a mayor escala de las técnicas de trazados y obra pública contempladas en la legislación de Ensanche.

Ahora bien, en la segunda década del siglo aparece ya evidente para los contemporáneos más lúcidos la insuficiencia de los meros proyectos de alineaciones para afrontar la compleja realidad de las necesidades urbanas. Se comienza a plantear como alternativa la necesidad de concebir el urbanismo como "organización" de la ciudad, expresada a través del nuevo instrumento de la zonificación, o división de la ciudad en áreas de función dominante, en base al criterio de la racionalidad de la segregación de actividades.

La práctica del urbanismo de posguerra vino a consolidar la idea de que el Plan municipal no puede constituir un mero proyecto de obras, sino que debe aspirar a una ordenación territorial completa, que no admite la disociación en regímenes separados de Ensanche, Reforma Interior o Extensión. La carencia de un soporte legislativo para estas nuevas concepciones determinó la necesidad de que cada Plan hubiera de ser aprobado mediante Ley Especial. Así, por ejemplo, la Ley de 1º de Marzo de 1946 por la que se regula la Ordenación Urbana de Madrid y sus alrededores surge como respaldo legal del Plan General de la ciudad redactado dos años antes. En dicho texto se establece ya como primer objetivo del Plan municipal la división de la ciudad en zonas en las que se señale el destino del suelo según las necesidades del programa urbano. Aparece también planteada la concepción jerárquica y secuencial del planeamiento –que más tarde se incorporaría a la Ley del Suelo– al distinguirse entre el Plan General y sus desarrollos en detalle a través de Planes Parciales. En efecto, el Plan General de Madrid de 1944 ensayó por primera vez el método de articulación entre las diversas escalas y niveles de planificación. El hecho de que Plan no pudiera –como antaño los Ensanches– agotar el detalle de la ordenación física del territorio, determinó que debiera centrarse en aquellos aspectos estructurales de mayor relevancia para la totalidad urbana, remitiendo la concreción formal de algunas áreas a desarrollos pormenorizados posteriores (Planes Parciales).

3.2.2. El Planeamiento municipal en la legislación del suelo: 1956, 1975

Aunque la Ley del Suelo de 12 de Mayo de 1956 no crea como tales las figuras de los Planes Generales, introduce por primera vez principios llamados a transformar la concepción precedente del urbanismo.

Como el propio texto de la Exposición de Motivos de la Ley señala, hasta su entrada en vigor el urbanismo español se regía por la suma de normas parciales. La normativa del ámbito estatal contemplaba la acción urbanística desde una perspectiva puramente local y limitada a la solución de los problemas del "Ensanche", pero "abandona el régimen del suelo a la más amplia autonomía de voluntad y libertad de tráfico, prevé la ejecución de las urbanizaciones sin imponer la observancia de un orden de prioridades y su financiación a cargo de los fondos generales municipales, aunque permita un posterior reintegro parcial a costa de los beneficios por las obras".

Frente a esta situación la Ley del Suelo introduce el principio de la "primacía del

Figura 3.3. (Arriba) Plan General de Tarragona de 1983. (Abajo) Maqueta a escala 1:20000.

Plan", entendiendo que el planeamiento constituye la "base necesaria y fundamental de toda ordenación urbana". La Ley aporta una cobertura general para el desarrollo de los planes urbanísticos concretos que una vez aprobados son públicos, ejecutivos y obligatorios no sólo para los administrados, sino para la propia Administración.

Un segundo principio de gran trascendencia es la desvinculación entre el "derecho a edificar" y el derecho de propiedad del suelo, pasando aquel a constituir una atribución expresa del plan urbanístico, es decir, objeto de una determinación pública (vid: Fernández, T-R, 1993: p. 22 y García de Enterría, Parejo, 1981: p. 96). De esta forma se altera sustancialmente el estatuto jurídico tradicional de la propiedad

Figura 3.4. (Derecha-izquierda) Plan de Madrid de 1946.

del suelo (regido por los art. 348, 350 y 368 del Código Civil) que concebía el derecho a edificar como un atributo del dominio privado, en el que la libertad absoluta del propietario sólo se veía limitada por lo dispuesto en los reglamentos de policía y ordenanzas municipales.

La Ley del Suelo de 1956 plantea como alternativa una técnica normativa en dos etapas consistente en definir desde la propia Ley y sus Reglamentos un esqueleto básico de carácter general, que se complementa con la aplicación pormenorizada en cada parte del territorio, a través de la remisión legal a los diversos planes de ordenación.

Entre las determinaciones propias del Plan General el art. 9 de la Ley establecía las siguientes:

— División del territorio en zonas y destino de cada una de ellas según las necesidades del programa urbano.
— Sistema de espacios libres.

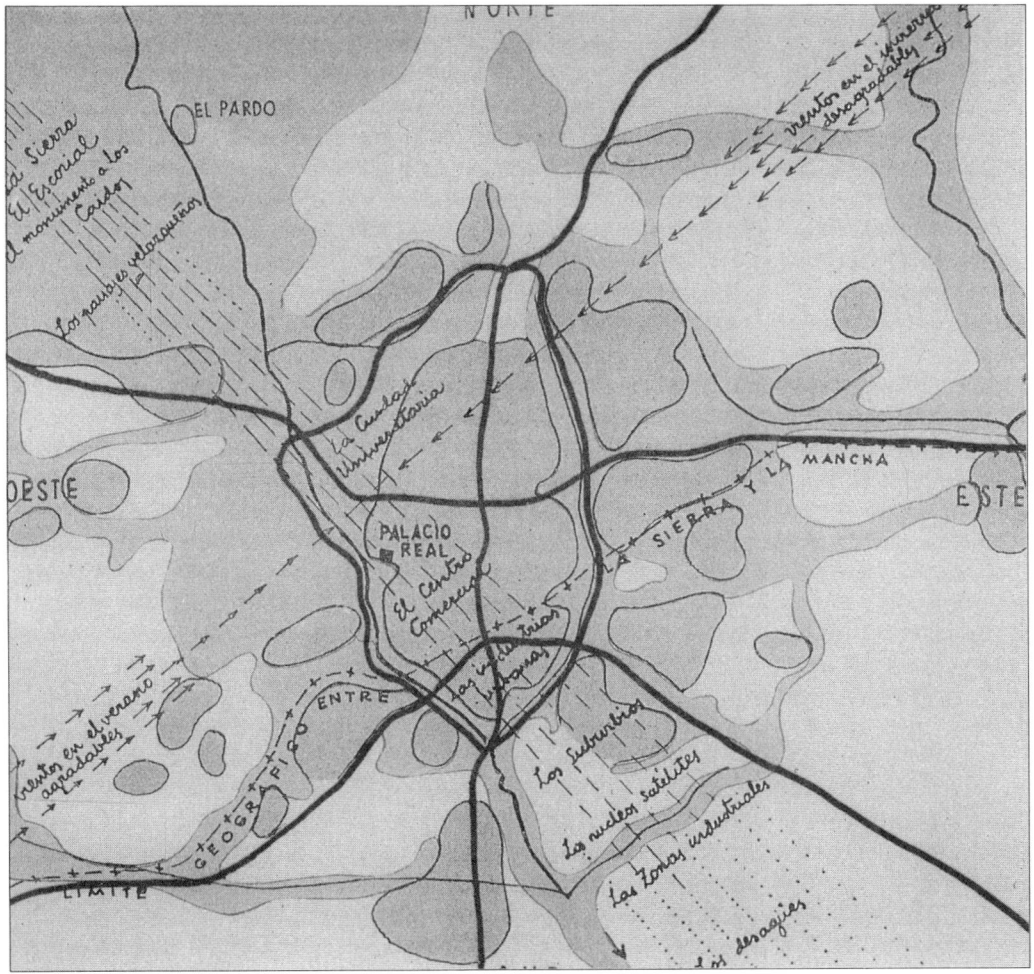

— Situación de los centros urbanos representativos y edificios e instalaciones de interés público.
— Trazado y características de la red general de comunicaciones.
— Delimitación del perímetro urbano para la aplicación fuera del mismo de las normas sobre edificación del suelo rústico.

Merecen destacarse dos aspectos. En primer lugar el enorme margen de libertad que la Ley concedía al planificador para establecer la ordenación urbana concreta. La Reforma de la Ley en 1975 matizará esta discrecionalidad precisando el contenido de los Planes e introduciendo estándares urbanísticos desde la propia Ley y sus reglamentos: proporción de zonas verdes, densidad máxima y dotaciones de los sectores de suelo urbanizable a desarrollar mediante Planes Parciales.

En segundo lugar destaca el hecho de que la Ley adopta el "zoning" (división del territorio en áreas según los usos dominantes) como criterio básico para la organización de la ciudad. En este sentido el conjunto de la legislación adolece de un enfoque "funcionalista", que si bien permite responder a determinados problemas urbanos, como la previsión de nuevos crecimientos, deja en sombra otros proble-

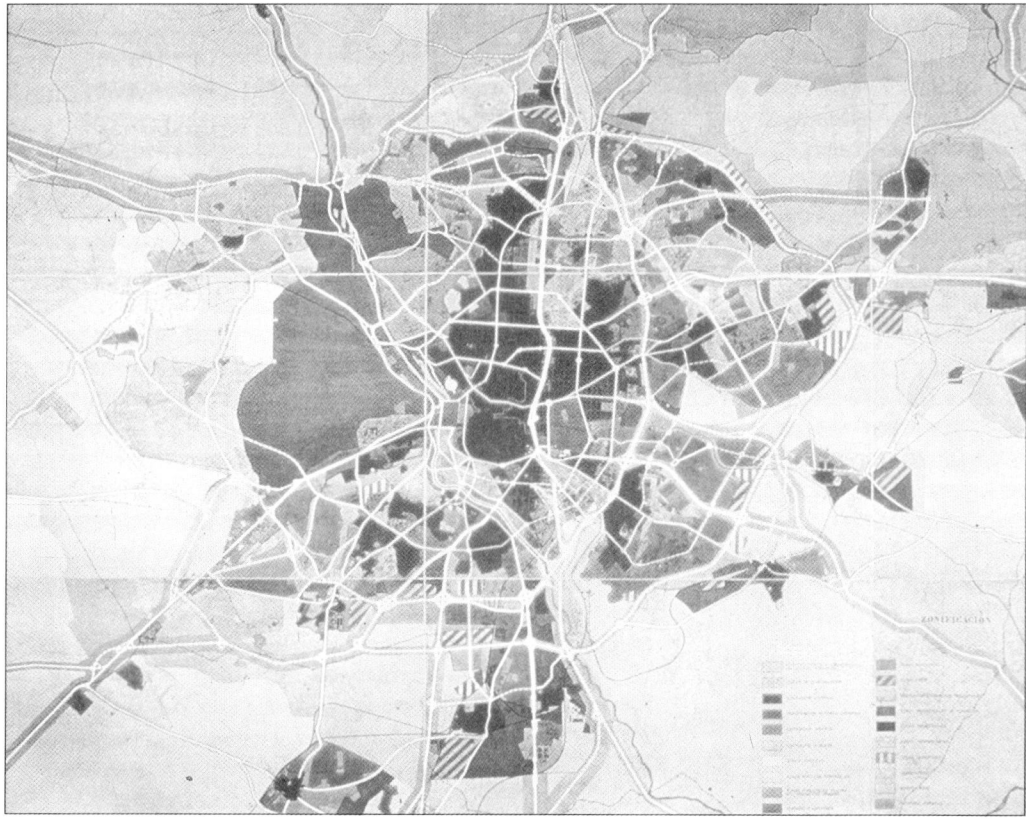

Figura 3.5. Plan General de Madrid, 1963.

mas que resultarán cada vez más importantes, como los relativos a la ordenación y gestión de las áreas consolidadas.

El Texto legislativo de 1956 introduce la división en clases de suelo en función de su régimen urbanístico. El territorio de los municipios con Plan de ordenación se clasifica en tres categorías: urbano, reserva urbana y rústico. Entendiendo por "Urbanos" aquellos suelos comprendidos en el casco de la población (a medida que la construcción ocupe los 2/3 de la superficie edificable de cada polígono), que estén urbanizados pero no edificados, o que, aún sin urbanizar, se hallasen enclavados en sectores con Plan Parcial aprobado. Los suelos de "Reserva Urbana" serían los previstos en el Plan General para ser urbanizados no encuadrables en el suelo urbano y finalmente los "Rústicos" se definen residualmente como los no comprendidos en ninguna de las categorías anteriores.

La lentitud del proceso de redacción de Planes Generales municipales durante los años de vigencia de Ley amenazó con quebrar un esquema legal basado en la primacía del planeamiento, ya que la ausencia de la figura del Plan municipal impedía que entraran en juego las determinaciones legislativas en orden al establecimiento del régimen urbanístico del suelo. En el contexto de fuerte crecimiento urbano de los años sesenta diversas legislaciones paralelas vinieron a desvirtuar la vocación de ordenación global del territorio del planeamiento urbanístico. La Ley de 21 de Julio de 1962 abrió la posibilidad de realizar operaciones urbanísticas en ausencia o contradicción con el planeamiento, en ejecución del Plan Nacional de la Vivienda. La Ley de Centros y Zonas de Interés Turístico de 1963 funcionó como verdadera ley de ordenación territorial desde la perspectiva sectorial de los aprovechamientos turísticos. Finalmente, el Decreto-Ley de Actuaciones Urbanísticas Urgentes de 1970 planteaba la sustitución del urbanismo como desarrollo del Plan, por un urbanismo basado en operaciones concertadas con el sector privado, en unos términos muy próximos a los planteados en el debate actual (Fernández, T-R., 1993: p. 24 y Parejo, L., 1979 pp. 192 y ss. y 251 y ss.).

Como mecanismo excepcional la Ley de 1956 introdujo la figura de las Normas de Ordenación Complementarias y Subsidiarias del Planeamiento de ámbito municipal o provincial, cuya formulación se atribuía a los órganos urbanísticos centrales y provinciales. La misión de dichas Normas podía ser tanto la regulación de aquellas poblaciones en ausencia del Plan de Ordenación, como regular, complementariamente al Plan, aspectos no previstos en éste. La búsqueda de alternativas viables al retraso en la redacción de planeamiento general motivó que la Ley de Reforma de 1975 potenciara las Normas Subsidiarias y Complementarias de planeamiento como verdadero instrumento de planeamiento, a modo de Plan simplificado y por ello urbanísticamente idóneo para afrontar situaciones de urgencia, o el tratamiento de municipios de escasa entidad o complejidad.

La Ley 19/1975, de 2 de Mayo, de Reforma de la Ley del Suelo aunque no altera sustancialmente el sistema de figuras de planeamiento introduce una concepción más flexible del mismo al contemplar también la variable temporal. Como señala la Exposición de Motivos, la Ley del Suelo de 1956 concebía el Plan "como un documento cerrado, estático y acabado, imagen anticipada de la ciudad en el año horizonte y limitado a los aspectos físicos del proceso de urbanización que ha sido superada ya desde una perspectiva teórica y que se revela en la práctica incapaz de dirigir el proceso urbano con la dinámica que exigen las actuales circunstancias".

La introducción de la idea de "programación" supone una sustancial ruptura con la tradición planificadora decimonónica, al desplazar el centro de interés del Plan de la proyección de la ordenación física o imagen futura de la totalidad de la ciudad, hacia el diseño de la vinculación entre este plano estático y la organización temporal de la ejecución del planeamiento.

En efecto, los Planes Generales se conciben de manera más abierta, contemplando la posibilidad de un tratamiento heterogéneo del territorio municipal en dos niveles:

— Diferenciando las determinaciones de ordenación en relación con su grado de fijeza y concreción, planteándose estrategias de ordenación a largo plazo y estructuras intemporales en forma de esquemas generales, junto con acciones concretas programadas a corto o medio plazo. Con ello se pretendía "eliminar determinaciones excesivas, no garantizables técnica ni económicamente, y aumentar el grado de definición de fiabilidad de aquellos elementos necesarios y exigibles para el desarrollo inmediato de la ciudad". De esta forma, la concepción del Plan propiciada por la Reforma, intenta corregir la tendencia a confundir "estructura" urbana con generalidad e imprecisión

Figura 3.6. Plan General de Madrid.

y ordenación detallada, con rigidez intemporal; errores que, junto a la imprevisión económica de las determinaciones del planeamiento, malograron muchos de los planes elaborados en las décadas anteriores.

— Matizando el tipo de tratamiento en cada clase de suelo. Así en el Suelo Urbano del Plan general agota las determinaciones de ordenación mediante la regulación pormenorizada del uso de los terrenos y la edificación hasta el nivel característico del planeamiento parcial. En el Suelo Urbanizable el Plan general se limita a fijar los elementos fundamentales de la estructura general de la ordenación urbanística del territorio, la regulación genérica de los diferentes usos globales y niveles de intensidad, así como los programas para su ejecución.

Mención especial merece la creación de la categoría del "Suelo Urbanizable No Programado" al que se atribuye la doble función de posibilitar fórmulas de incorporación de la iniciativa privada, así como asimilar el margen de imprevisibilidad para exigencias nuevas o cambiantes. La nueva figura del Programa de Actuación Urbanística surge como instrumento capaz de aportar al SUNP el mismo grado de determinaciones ha establecido directamente desde el Plan General para los SUP y posibilitar su ejecución ordinaria mediante uno o varios Planes Parciales.

3.2.3. *La incidencia de la Ley de Reforma de 1990 en el planeamiento municipal*

La Reforma de 1975 se produjo en un contexto condicionado por la experiencia del fortísimo crecimiento urbano y metropolitano de la década precedente y por ello intenta responder a la cuestión fundamental de cómo crear suelo urbano sin "romper" la lógica del Plan. Sin embargo, su vigencia se hubo de desenvolver en un contexto de crisis económica y urbana en el que el centro de gravedad de las preocupaciones urbanísticas se desplazó hacia la problemática de la conservación y transformación urbanas. El cuadro institucional sufrió también una radical transformación, al asumir las Comunidades Autónomas las facultades en materia de Urbanismo y Ordenación del Territorio que anteriormente correspondían a la Administración General del Estado.

El crecimiento económico de la segunda mitad de los ochenta evidenció la insuficiencia del aparato legislativo para afrontar una nueva dimensión de los problemas urbanos. Como señala el Preámbulo de la Ley de Reforma del Régimen Urbanístico y Valoraciones del Suelo de 25 de Julio de 1990: "El fuerte crecimiento del precio del suelo, que excede cualquier límite razonable en muchos lugares, y su repercusión en los precios finales de las viviendas y, en general, en los costes de implantación de actividades económicas, es hoy motivo de seria preocupación para los poderes públicos, que deben promover las condiciones necesarias para conseguir una utilización del suelo de acuerdo con el interés general e impedir la especulación".

La finalidad de la nueva reforma legislativa, como su propio enunciado explicita, se orienta a dar cobertura legal a una serie de nuevos instrumentos de intervención pública en el mercado de suelo, con la voluntad de atajar los efectos distorsionadores producidos por el incremento de precios y la retención especulativa de suelos, en un contexto económico todavía expansivo, pero cuyo agotamiento era ya evidente en el momento de aprobarse la nueva Ley. Con un cierto paralelismo con la experiencia precedente, la Ley 8/90 ha de afrontar durante sus primeros años de vigencia una situación urbanística muy distinta de aquella que originó su elaboración.

Como consecuencia de su objeto limitado, la nueva Ley no pretende introducir alteraciones en el cuadro de figuras de planeamiento establecido en la Reforma de 1975 y en los textos legislativos autonómicos posteriores. Al modificarse determinados aspectos de las condiciones básicas del derecho de propiedad, e incluso de los mecanismos de gestión del planeamiento, se afecta –como más adelante veremos– al contenido de los planes vigentes y a la importancia relativa de sus determinaciones.

La Ley 8/90 enfatiza de manera radical la concepción incrementalista de la adquisición de las facultades urbanísticas formulada en la legislación precedente. Recordemos que ésta se apoyaba sobre la idea de que la aptitud para edificar la da el Plan de manera condicionada al cumplimiento por parte del propietario de las obligaciones y cargas en los plazos previstos en el propio Plan. La Reforma de 1990, con vistas a asegurar la efectiva incorporación al proceso de urbanización y edificación de los terrenos establecidos en el Plan, formaliza un proceso de adquisición, en fases temporalmente diferenciadas y vinculadas al cumplimiento efectivo de una serie de deberes, de las facultades urbanísticas de la propiedad del suelo (art. 23 y 55 TR, 1992).

No es el momento de proceder a analizar el contenido urbanístico de estos derechos ("a urbanizar", "al aprovechamiento urbanístico", "a edificar" y "a la edificación"), sino tan solo reseñar dos importantes implicaciones de la nueva Ley para el contenido del planeamiento municipal:

a) La nueva dimensión de la programación temporal en el planeamiento, no sólo como racionalización de las prioridades de actuación sino como sustento de la verificación del sistema de adquisición gradual de facultades urbanísticas.

b) La generalización de los mecanismos redistributivos (en cuanto al justo reparto de los beneficios y cargas del planeamiento) a la totalidad del suelo clasificado como Urbano o Urbanizable.

En efecto, la distinción de sucesivas fases de adquisición de los derechos de la propiedad inmobiliaria se hace corresponder con el cumplimiento de una serie, igualmente tasada, de deberes que garantizan (art. 20 TR, 1992):

— La efectividad del principio de equidistribución.
— La cesión de los terrenos destinados a dotaciones públicas.
— La cesión al Ayuntamiento del porcentaje de aprovechamiento que excede al susceptible de aproximación privada (según las técnicas que enunciaremos más adelante).
— La ejecución de la urbanización en los plazos previstos.
— La efectiva edificación de los solares en el plazo establecido en la licencia.

Sin entrar en la polémica sobre el excesivo "formalismo" del diseño legislativo y su eventual alejamiento del proceso real de transformación del suelo, parece evi-

Figura 3.7. Plan General de Alcalá de Henares de 1991. Un ejercicio de síntesis entre los requerimientos de ordenación y gestión urbanística.

dente la importancia que para el funcionamiento de todo el sistema adquiere la ve-rificación de los tiempos de ejecución de las determinaciones del planeamiento. Como señala el Preámbulo: "Ha de ser el propio planeamiento urbanístico el que establezca los plazos que han de regir su ejecución de suerte tal que la adquisición de las diversas facultades de contenido urbanístico solo puede producirse si los de-beres y cargas inherentes a dicha atribución se cumplen dentro de tales plazos. Más aún, una vez adquiridas, la falta de ejercicio durante los plazos fijados para ello, so-bre la base de impedir la adquisición de otras posteriores según el proceso de con-solidación de derechos antes descrito, implica su pérdida o reducción con el alcance y efectos que en cada caso se señalan".

Una cuestión suscitada con frecuencia se refiere a la disfuncionalidad de la Ley en un contexto económico recesivo en el que la movilización del suelo se ve afectada por el debilitamiento de la demanda. En este caso la respuesta no se encuentra tanto en la normativa como en la capacidad del planeamiento para programar con cautela, acom-pasando la clasificación y calificación del suelo a la dinámica urbana objetiva, medida en períodos temporales amplios y complementando dicha acción con un seguimiento continuo de la gestión que permita un rápido ajuste a los cambios de coyuntura.

En otro orden, la Reforma de 1990 plantea una sustancial ampliación de los mecanismos de corrección de las desigualdades entre propietarios generadas por la ordenación urbanística establecida desde el Plan. Sobre este aspecto el Preámbulo de la Ley reconoce que "no existen en nuestro derecho urbanístico vigente (ni en el histórico) un auténtico y pleno derecho a la equidistribución, pues los mecanismos redistributivos ni juegan entre las diversas clases de suelo ni en el seno de cada una de ellas en su totalidad, a excepción del suelo urbanizable programado mediante el instituto del aprovechamiento medio. No reconoce tampoco el sistema que propo-ne un derecho pleno a la equidistribución, pero extiende su efectividad a los suelos clasificados como urbanos y lo generaliza en las zonas de nueva urbanización (ex-cluidos las de eventual urbanización o no programadas)".

Corresponde al escalón del Planeamiento General proceder a la delimitación –tanto en Suelo Urbano, como Urbanizable– de las "Áreas de Reparto" de cargas y beneficios necesarias para la efectiva aplicación de los criterios redistributivos. Para ello se procede a la asignación a cada una de ellas de un "Aprovechamiento Tipo" que sirve de base para calcular los aprovechamientos urbanísticos susceptibles de apropiación por los propietarios de los suelos incluidos en la misma, una vez reali-zadas las cesiones de los terrenos destinados a dotaciones públicas y de los terrenos destinados a materializar la cesión de aprovechamiento que corresponda al Ayun-tamiento. En el apartado siguiente comentaremos brevemente los criterios legales que, para la delimitación de las áreas de reparto y el cálculo del aprovechamiento tipo correspondiente, deberá tener en cuenta el planeamiento municipal.

3.3. Contenido urbanístico del Plan General de Ordenación Urbana

3.3.1. Consideraciones previas

Hemos examinado en el apartado precedente el proceso de configuración histó-rica de los instrumentos de planeamiento general. Hemos podido comprobar cómo una experiencia práctica dinámica e innovadora ha tensionado en diversos momentos a la legislación positiva para abrir nuevos horizontes, tanto en la conceptualización, como en la instrumentación técnica del planeamiento y la gestión urbanística. Ahora bien, desde la aprobación de la primera Ley en 1956 cada paso realizado se ha desenvuelto sin solución de continuidad con el primer esquema de organización del sistema de planeamiento que aquella formulaba.

Ello motiva que la precisión formal en el diseño legislativo de la figura del Plan General no siempre se compadece con la debilidad de las estructuras administrativas llamadas a gestionarla, o con la actual complejidad de la realidad urbana y metropolitana. Podemos sintetizar las deficiencias más evidentes de la Ley en tres aspectos sobre cuyo diagnóstico existe un cierto consenso (vid: Busquets, J.; 1985 y Trapero, J. J.; 1985):

— El pautado del procedimiento de elaboración del Plan está enfocado hacia la regulación y encauzamiento del crecimiento. La precisión en el tratamiento de las determinaciones urbanísticas y de gestión del Suelo Urbanizable no se corresponde con la debilidad del tratamiento de los procesos de transformación de las áreas consolidadas. Sólo en la última reforma se amplían al Suelo Urbano las técnicas más innovadoras de equidistribución hasta entonces reservadas para el Suelo Urbanizable.

— El carácter de Ley de "ensanche" se corresponde con un modelo de ciudad segmentada y compacta que se apoya sobre la división excluyente entre las clases de suelo. Desde los primeros años de vigencia de la Ley de 1956 ya fue detectado que tal modelo no era el más adecuado para tratar los procesos de urbanización dispersa característicos de muchas regiones. Los modernos fenómenos de metropolitanización plantean nuevos procesos más complejos de urbanización periurbana difusa que amenazan romper las categorías tradicionales del suelo. En particular el Suelo No Urbanizable no puede considerarse como un suelo expectante, sin contenido específico hasta su transformación urbana, sino como un espacio complejo y tensionado en el que es necesario armonizar su capacidad de albergar actividades de nuevo tipo y sus valores intrínsecos ambientales.

— El detalle en las determinaciones sustantivas y documentales no se corresponde con la debilidad de los instrumentos operativos de intervención urbanística. Si como hemos adelantado un Plan General debe considerarse ante todo como un conjunto de actuaciones convergentes hacia la consecución de modelo de ciudad, llama la atención la omisión de temas tan importantes como la estrategia de vivienda, en especial aquella destinada a los sectores de población de menores ingresos; política de adquisición de suelo público; protección del patrimonio o financiación de infraestructuras. Sólo a partir de la Reforma de 1990 (art. 98.3 TR, 1992) se ha incorporado a las determinaciones del Plan la posibilidad de calificar terrenos con destino a la construcción de viviendas de protección oficial, u otros regímenes de protección pública, o de incorporar previsiones en cuanto a reserva de terrenos con destino a su posible incorporación al Patrimonio Municipal de Suelo (art. 278-281 TR, 1992). Temas que, como hemos visto en el capítulo precedente, venían demandados en las experiencias de planeamiento de la década de los ochenta.

3.3.2. Objetivos generales y específicos del Plan General

Realizadas estas necesarias cautelas, que ayudarán a entender mejor las líneas de reforma de las figuras de planeamiento municipal iniciadas ya desde algunas Comunidades Autónomas, pasamos a referir brevemente los objetivos y determinaciones sustantivos que configuran el diseño legislativo del Plan General.

Hemos adelantado ya los objetivos generales que constituyen la función primordial del Plan (art. 70.1 TR, 1992):

— La clasificación del suelo para la vinculación del mismo a un destino urbanístico básico y al régimen jurídico correspondiente.
— La definición de los elementos fundamentales de la estructura general adoptada para la ordenación urbanística del territorio.
— El establecimiento de un Programa para su desarrollo y ejecución, así como el plazo mínimo de vigencia de sus determinaciones.

Hemos visto cómo la operación básica de clasificación del suelo da origen a las tres categorías básicas: Suelo Urbano, Urbanizable (o Apto para Urbanizar de las NNSS) y No Urbanizable cuya definición abre el capítulo sobre Régimen Urbanístico de la Propiedad del Suelo del Texto Refundido de 1992 (art. 9-12). Mientras que la Ley exige a los suelos urbanos el cumplimiento de unas ciertas cualidades objetivas, la previsión de los Suelos Urbanizables corresponde enteramente a la voluntad del planificador, que puede incluso optar por la no consideración de esta clase de suelo.

Al objeto de acotar con mayor precisión los objetivos urbanísticos del Plan, la Ley complementa el enunciado de las funciones básicas del Plan General con una serie de objetivos específicos de planeamiento (arts. 71 TR, 1992 y 16, 17 y 18 RP, 1978) que matizan el comportamiento diferencial del Plan en cada una de las clases de suelo.

En el tejido urbano consolidado el Plan tiene la facultad de agotar la ordenación en cuanto a regulación de los procesos de transformación, usos pormenorizados y aprovechamientos, comportándose de modo análogo a los Planes Parciales en el Suelo Urbanizable. En el Suelo Urbanizable el Plan tiene una mayor flexibilidad y sus decisiones más importantes se habrán de referir a la previsión de los elementos clave que definirán la estructura urbana de la nueva extensión de ciudad y al acotamiento del margen de incertidumbre en la programación de la ejecución del planeamiento, optando por una previsión mayor o menor de Suelo Urbanizable Programado o No Programado.

Los objetivos específicos para el Suelo Urbano enunciados en la Ley son los siguientes:

— Completar la ordenación general mediante la regulación detallada del uso de los terrenos y la edificación.
— Señalar las áreas en las que son necesarias operaciones de renovación o reforma interior.
— Definir los elementos de estructura urbana (Sistemas Generales) en esta clase de suelo.
— Establecer los programas y medidas concretas para la ejecución de las previsiones.

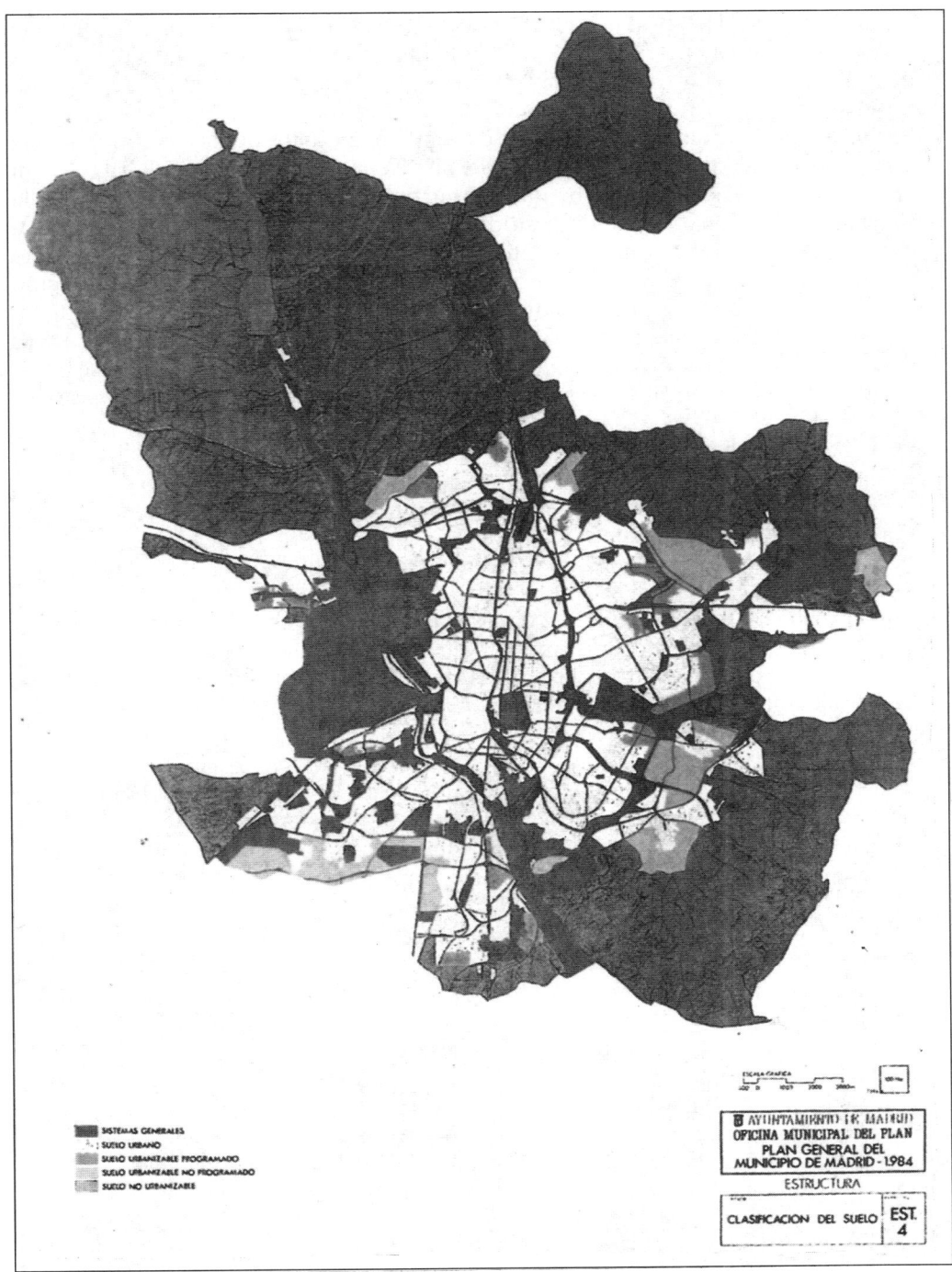

Figura 3.8. Plan General de Madrid de 1985, plano de estructura urbana. El Plan como instrumento de definición de la forma y posición de los elementos clave de la ciudad y del territorio.

El art. 16.2 RP, 1978 añade como misión del Plan General la consideración de la situación urbanística anteriormente existente, bien para conservarla, bien para rectificarla directamente a través de sus propias determinaciones o remitiendo a la redacción posterior de un PERI.

La Ley deja clara la innecesariedad de un planeamiento de desarrollo que ultime las determinaciones contenidas en el Plan General para el Suelo Urbano. Sin embargo el Plan puede optar por incorporar determinaciones urbanísticas con la precisión suficiente para posibilitar su directa aplicación, asumiendo el comportamiento característico del planeamiento ejecutivo; o bien, cuando tal precisión no sea posible o conveniente, (pensemos por ejemplo en un área de rehabilitación preferente en la que resulte especialmente prolijo el conocimiento de las condiciones reales de habitación) limitarse a fijar unos objetivos y determinaciones básicas al planeamiento de desarrollo (Planes Especiales de diversos tipos, según se detalla en el capítulo 5) que sería responsable de la ordenación ejecutiva del área delimitada.

En el Suelo Urbanizable la Ley enuncia como objetivos específicos:

— Definir los elementos fundamentales de la estructura general de la ordenación urbanística (Sistemas Generales).
— Regular de manera genérica los diferentes usos globales y los niveles de intensidad.
— Fijar los Programas de desarrollo de las actuaciones públicas y privadas.
— Regular la forma y condiciones en que podrán incorporarse al desarrollo urbano actuaciones no programadas mediante la elaboración de los correspondientes Programas de Actuación Urbanística (art. 17.2 RP, 1978).

En esta categoría de suelo juega la dialéctica entre Plan General y Plan Parcial introducida en la experiencia del planeamiento de posguerra (vid: Teran, F., 1978: pp. 188) como aproximación gradual a la definición de la forma urbana, ahora bien se complejiza y flexibiliza. En primer lugar es importante insistir en el hecho de que aunque el diseño legal de la figura del PGOU tiene una manifiesta vocación de "ensanche", no existe determinación legal que obligue a un determinado dimensionamiento, o incluso a la mera existencia en el Plan de la categoría de Suelo Urbanizable. La misma consideración ha de hacerse en relación con la distinción entre las subcategorías de Suelo Urbanizable Programado y Suelo Urbanizable No Programado. En el apartado siguiente se profundizará en la discusión acerca de la naturaleza y adecuado dimensionamiento del Suelo Urbanizable. Por ello, baste recordar ahora que en la categoría de Suelo Urbanizable No Programado la Ley permite que el Plan General reununcie a formular un modelo positivo de ordenación, limitándose al señalamiento de las condiciones genéricas de las futuras actuaciones urbanizadoras. La figura del Programa de Actuación Urbanística (PAU) no realiza en este caso una función de desarrollo o despliegue de determinaciones urbanísticas básicas ya establecidas desde el Plan, como los Planes Parciales operan con respecto al SUP, sino la misión previa de integrar esta clase de suelo al nivel de determinaciones propio del Plan General. Por este motivo, una vez realizada esta función básica de ordenación, con la redacción y aprobación del correspondiente PAU, procede

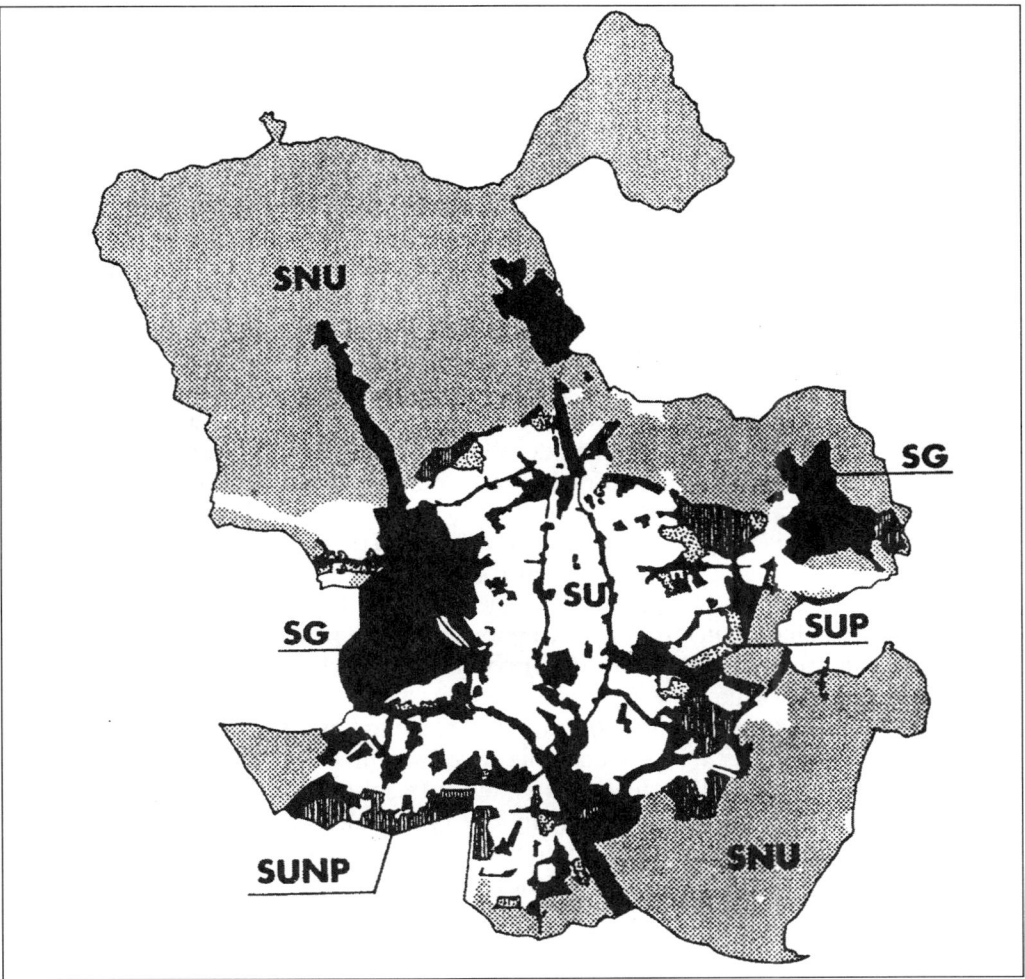

Figura 3.9. Plan General de Madrid de 1985, Plano de Clasificación del suelo. El Plan como instrumento de definición del contenido de la propiedad del suelo.

un desarrollo análogo al del SUP a través del instrumento ejecutivo de los Planes Parciales.

Finalmente, en el Suelo No Urbanizable el Plan General tiene por objeto preservar dicho suelo del desarrollo urbano y establecer en su caso medidas de protección del territorio y el paisaje. El art. 12 TR, 1992 aclara con mayor precisión los valores objeto de protección en esta clase de suelo, contribuyendo a superar una cierta visión residual del mismo que ha dominado durante mucho tiempo la práctica del planeamiento. Así, junto a la definición negativa del SNU como aquel no incluído en las restantes clases de suelo, se señala que se incluirán en esta clase de suelo aquellos espacios sobre los que el planeamiento desee establecer una especial protección "en razón de su excepcional valor agrícola, forestal o ganadero, de las posibilidades de explotación de sus recursos naturales, de sus valores paisajísticos, históricos o culturales, o para la defensa de la fauna, la flora o el equilibrio ecológico".

3.3.3. Determinaciones urbanísticas generales

La Ley no se limita a formular un sistema de objetivos, sino que establece adicionalmente una enumeración pormenorizada de las determinaciones que ha de contener el Plan General, distinguiendo aquellas que corresponden a los objetivos de carácter general, de aquellas otras de carácter complementario y específico para cada clase de suelo. El Reglamento de Planeamiento desarrolla aún más las previsiones de la Ley completando el diseño formal de la figura del PGOU.

Hay que señalar que el Texto Refundido de 1992 ha realizado la labor de insertar entre las determinaciones propias del Plan General aquellas derivadas de la regulación de las Áreas de Reparto de cargas y beneficios introducida por la Reforma de 1990. En el art. 30 de la mencionada Ley se establecía la obligación de que los Planes Generales ampliaran la delimitación de "Áreas de Reparto" de cargas y beneficios a la totalidad del Suelo Urbano, de manera análoga a como ya se operaba en relación con el Suelo Urbanizable. En cada una de las áreas de reparto se define un "Aprovechamiento tipo" que funcionará de referencia a la hora del cálculo del aprovechamiento susceptible de apropiación por los propietarios del suelo (arts. 37-39 Ley Reforma, 1990).

Más adelante examinaremos con mayor detalle los procedimientos de delimitación y cálculo de Áreas y Aprovechamientos. Nos interesa resaltar ahora que, al igual que el régimen jurídico del suelo se sustenta sobre la operación de "clasificación del suelo" efectuada por el Planeamiento general. Todo el sistema de valoraciones, equitativa distribución de beneficios y cargas derivados del planeamiento y participación comunitaria en las plusvalías que genere la acción urbanística de los entes públicos, diseñado por la Ley de Reforma de 1990, depende igualmente de las determinaciones establecidas al respecto en el Plan General.

Dado que, como hemos reiterado, la competencia legislativa sobre planeamiento corresponde a las Comunidades Autónomas podría darse el supuesto en que la alteración radical o eliminación de la figura del Plan General en la legislación autonómica quebrase todo el sistema de la legislación estatal del suelo. Para evitar esta eventualidad el art. 72.1 TR, 1992, establece que los PGOUs –o instrumentos de planeamiento análogos que pudieran introducir las Comunidades Autónomas– deberán contener las determinaciones pertinentes para asegurar la aplicación de las normas de la Ley en relación con las valoraciones y el régimen urbanístico de la propiedad del suelo. En la misma, línea el art. 72.2 TR, 1992 añade a las determinaciones generales del Plan anteriormente vigentes una serie de normas directamente orientadas a viabilizar los instrumentos de gestión y de precisión del contenido del derecho de propiedad antes mencionados.

Podemos agrupar las previsiones legales en los siguientes conceptos:

a) Determinaciones sobre la estructura general y orgánica del territorio (art. 25 RP, 1978).

b) Determinaciones sobre la clasificación del suelo (arts. 20-24 RP, 1978).

c) Determinaciones sobre delimitación de Áreas de Reparto de beneficios y cargas (cap. 2 TR,1992).

d) Determinaciones sobre programación temporal de las previsiones de planeamiento (art. 26 RP, 1978).

e) Determinaciones sobre protección del medio ambiente natural y urbano.

A estos grandes apartados, que analizaremos con mayor detalle, deben añadirse otros conceptos como la previsión de las circunstancias conforme a las cuales proceda la Revisión del Plan, es decir, el establecimiento del carácter público o privado de las dotaciones, por su incidencia sobre el cálculo del Aprovechamiento tipo y los plazos para la aprobación del planeamiento parcial, que permite el juego de las sanciones previstas en la Ley en caso de incumplimiento de deberes por parte de la propiedad.

• *Estructura general y orgánica del territorio*

Este concepto, que aparece reiteradamente mencionado en la Ley y el Reglamento de Planeamiento, evoca el contexto epistemológico funcional-organicista en el que se gestó la práctica del planeamiento y los conceptos fundamentales de la Ley de 1956 (Vid al respecto Teran, F., 1978). Desde una concepción más actual deberíamos entender la idea de estructura como una aproximación sintética al hecho urbano que integra la consideración de los patrones de utilización histórica del espacio, que se han materializado en unas piezas urbanas diferenciadas, y desde los sistemas de relaciones establecidos entre las partes de ciudad.

Para definir la estructura general y orgánica del territorio la Ley (art. 72.2 d) y 25.1 RP, 1978) enuncia una serie de elementos considerados determinantes del desarrollo urbano, que constituyen los denominados "Sistemas Generales":

— Sistema de comunicaciones.

— Espacios libres y zonas verdes.

— Grandes equipamientos públicos.

— Infraestructuras básicas.

Aunque pudieran reconocerse como integrantes de los Sistemas Generales instalaciones o dotaciones de titularidad y gestión privada ya existentes, por ejemplo un hospital o una universidad privada. Los suelos de los Sistemas de nueva creación propuestos por el Plan tendrán como criterio general titularidad pública y deberá establecer los mecanismos para su adquisición, bien gratuitamente con cargo a los suelos urbanizables, bien mediante expropiación o adquisición onerosa (Esteban, J., 1981: p. 71).

Existe el riesgo de efectuar una lectura "nominalista" de la Ley y considerar los "sistemas" realidades con entidad autónoma. De la misma manera que la importancia de la operación de "clasificación" del suelo puede hacernos olvidar su carácter estrictamente instrumental para la consecución de unos objetivos de ordenación ur-

Figura 3.10. Plan General de Valladolid de 1984. La Estructura viaria como armazón morfológico de la propuesta urbana.

bana previos, existe una tendencia a realizar un enfoque sectorial de los sistemas que prima su coherencia interna antes que su contribución a sustentar una estructura urbana más compleja, circunstancia especialmente evidente en el caso de los trazados viarios. Por ello es conveniente enfatizar el carácter articulado de los Sistemas Generales en cuanto elementos constitutivos, en su conjunto, de la estructura primaria de la ciudad y del territorio, indisolublemente ligada a la estructura de los espacios construídos que soportan. Dado el carácter enunciativo de la relación de elementos propuesta en la Ley, ésta debe entenderse como una lista abierta en la que el aspecto fundamental viene dado por la voluntad de seleccionar lo que debe constituir el contenido más específico del Plan General.

El Sistema General de Comunicaciones incluye las reservas de suelo necesarias para el establecimiento de las redes viarias y ferroviarias, y las áreas de acceso a las mismas, puertos, aeropuertos y, en general, las instalaciones vinculadas al sistema. En consecuencia no se puede asimilar reductivamente con la red viaria, o incluso con la red arterial más básica. Aunque es innegable el papel decisivo de la estructura viaria en la configuración morfológica del espacio urbano, de ninguna manera puede reducirse el concepto de transporte o movilidad al diseño de las vías rodadas. Los medios de transporte colectivo en plataforma reservada (ferrocarril, tranvía, o incluso autobuses con carril específico) constituyen un elemento clave de la movilidad actual y, consecuentemente, sus trazados y estaciones de intercambio constituyen elementos fundamentales de estructuración urbana. Por ello deben ser, junto con puertos y aeropuertos, objeto de atención privilegiada en la redacción del Plan General.

La Ley concede con plena justificación una relevancia primordial al Sistema de Espacios Libres como elemento estructurante del espacio urbano. En primer lugar, precisa que dichos espacios libres deberán destinarse a parques y zonas verdes públicas, es decir, no deben tener un carácter residual como meros espacios no edificados, sino una calificación positiva en el planeamiento, que además ha de integrar un "sistema", es decir, una organización articulada y coherente en el conjunto de la estructura urbana. En segundo lugar, y al objeto de asegurar que estos espacios libres alcancen la magnitud necesaria, la Ley establece un estancar de proporción mínima de suelo destinado al Sistema General municipal de Espacios Libres, fijada en 5 m^2 por habitante. El RP distingue en el Sistema General de Espacios Libres los parques urbanos públicos y las áreas públicas destinadas al ocio cultural, o recreativo (parques deportivos, ferias, etc.) atribuyendo el estancar mínimo de los 5 m^2/habitante al primero de estos conceptos. La población de referencia para establecer la reserva de suelo necesario para cumplir el requisito legal será la resultante de calcular el número máximo total de habitantes que resulta de la saturación de las opciones de ordenación establecidas en el Plan. Es decir, la población de hecho existente sobre el Suelo Urbano, más la capacidad potencial del mismo y la capacidad de población prevista en el Suelo Urbanizable.

El ámbito espacial de referencia del sistema es la totalidad del municipio, por ello no se circunscribe a ninguna categoría específica de suelo si bien su reparto debe realizarse de la manera más equilibrada posible, considerando la accesibilidad desde las áreas residenciales, con especial consideración de los suelos ya consolidados. Dado que se trata de una reserva de carácter general debe considerarse adicional e independiente de la que la Ley establece para los Planes Parciales (art. 83.2 c) TR, 1992 y 45.1c) RP, 1978) o para el Suelo Urbano (art. 72 3.1.c) TR, 1992 y 29.1d)

RP, 1978). Así, por ejemplo, la inclusión de terrenos destinados al Sistema General de Espacios Libres en el ámbito de un sector del Suelo Urbanizable Programado no exime a éste de reservar, con independencia de este hecho, el correspondiente estancar de proporción mínima de suelo destinado a parques y jardines públicos y zonas deportivas y de expansión.

Finalmente, autores como García de Enterría y Parejo, 1981: p. 203 entienden que el contenido mínimo del Sistema de Espacios Libres es aplicable a las Normas Subsidiarias de ámbito municipal por cumplir éstas idéntica función urbanística que el Plan General (art. 781.b) TR, 1992).

El Sistema General de Equipamiento Comunitario está integrado por las dotaciones al servicio del conjunto del municipio destinadas a usos administrativos, comerciales, culturales, docentes, sanitarios, asistenciales, religiosos, cementerios, etc.

Figura 3.11. Parques urbanos y zonas verdes. Plan General de Madrid.

Al igual que el Sistema de Espacios Libres su previsión ha de realizarse con independencia de la establecida por el Planeamiento Parcial, debiendo asegurar el Plan General la obtención de los mismos "cualquiera que sean las características de las unidades de planeamiento que se propongan" (art. 25.3 RP, 1978).

El Reglamento de Planeamiento menciona también entre los elementos estructurantes las instalaciones y obras "cuya implantación pueda influir de manera sustancial en el desarrollo del territorio". En el caso de las redes infraestructurales, tales como las instalaciones de producción y distribución de energía, agua, saneamiento, etc. La importancia práctica de este apartado es capital ya que el diseño anticipado de las redes, que lógicamente deberá concertarse con los organismos públicos y privados responsables de su explotación, permitirá el establecimiento de reservas de suelo que en el futuro agilizarán y abaratarán de manera notable la obtención de suelo y los trazados, permitiendo además minimizar los impactos ambientales y sobre la población residente que la imprevisión de estas infraestructuras supone frecuentemente.

El proceso de ejecución de los Sistemas Generales se adecuará a la estrategia establecida para el desarrollo del Plan (art. 26.2 RP, 1978) y su definición se formulará –insistimos– sin perjuicio de la clasificación del suelo. En Suelo Urbano la ejecución material de los Sistemas puede realizarse mediante un mero Proyecto de Urbanización si el Plan General contiene para los mismos determinaciones detalla-

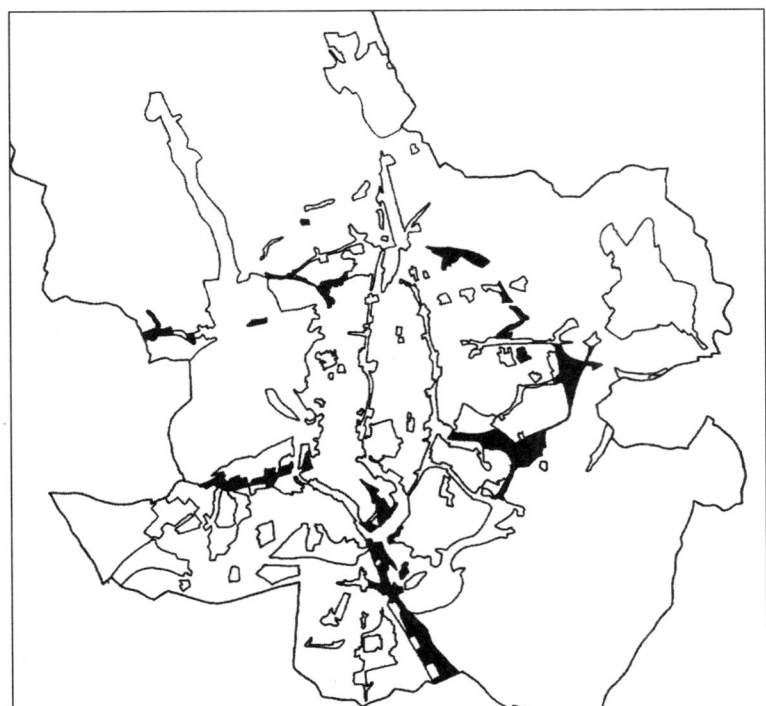

Figura 3.12. Plan General de Madrid de 1985, sistemas generales existentes (blanco) y propuestas (negro). La dialéctica entre "piezas" urbanas y "sisemas" define la estructura del territorio.

das a nivel de Plan Parcial, en caso contrario se precisará la remisión a un previo Plan Especial que ultimará la ordenación del Sistema. En el Suelo Urbanizable será siempre preciso el desarrollo a través de los Planes Parciales en los que se encuentren incluídos o mediante Planes Especiales específicos (art. 25.2 RP, 1978).

Como elemento adicional –no previsto inicialmente en la Ley– el RP contempla la "asignación a las diferentes zonas de los correspondientes usos globales cuya implantación se prevea y la intensidad de los mismos". La concepción urbanística que subyace a este enunciado parece remitir de manera inmediata a la técnica de la zonificación y a una cierta voluntad de especialización funcional del territorio municipal conforme a un modelo abstracto de desarrollo urbano adoptado desde el Plan. Sin embargo nada obliga, desde un riguroso cumplimiento de las determinaciones legales, a someter las propuestas de planeamiento municipal a criterios esquemáticos. Destacar como la responsabilidad primordial del Plan General la anticipación de la forma y posición de los elementos clave de la estructura urbana, así como el diseño de los procesos necesarios para su ejecución, no significa, en modo alguno, reducir tales elementos a un mero sumatorio de políticas sectoriales, o a un puzzle de intervenciones parciales.

Los elementos fundamentales de la estructura pueden venir constituídos por piezas completas de ciudad sobre las que sea necesario integrar acciones urbanísticas desde "sectores" diversos. En este sentido una de las más relevantes innovaciones metodológicas de los últimos Planes Generales ha consistido en compatibilizar el establecimiento de unas reglas generales para la construcción de la ciudad, con la selección de las estrategias de intervención sobre los elementos capaces de incidir en la transformación del conjunto. En el caso del Plan General de Madrid de 1985 estas estrategias fueron denominadas "operaciones estructurales", término que ha sido frecuentemente utilizado desde entonces. Conforme a este modo de proceder el Plan General plantea opciones "fuertes" y enuncia las piezas claves que pueden decidir el futuro de la ciudad, así como aquellas "operaciones intermedias" capaces de reestructurar "partes de ciudad",diferenciando su tratamiento de aquellas zonas en la que resulta suficiente la regulación mediante la aplicación de determinaciones normativas. El "zoning", como formulación abstracta y uniforme de un determinado modelo de ciudad, se ve así sustituido por un "troceamiento" del territorio que matiza la intervención en función de la situación previa del tejido urbano y los objetivos perseguidos desde el planeamiento (consolidación, transformación, reestructuración, etc.).

• *Clasificación del suelo*

Hemos adelantado al examinar los objetivos generales del Plan la naturaleza y trascendencia de la operación de clasificar el suelo, en particular su papel como técnica de "atado" de las determinaciones de ordenación física del territorio establecidas desde el Plan y el régimen genérico de las propiedad inmobiliaria regulado desde la Ley para cada una de las clases de suelo.

La determinación precisa de las clases de suelo "con expresión de las superficies asignadas a cada uno de los tipos y categoría en que se divida" (art 19.1.a, b) RP, 1978) es, en consecuencia, un elemento esencial y necesario para la eficacia misma del planeamiento general. Por este motivo tanto la Ley como el RP aportan una serie extensa de criterios conforme a los cuales debe procederse en la elaboración del Plan.

En primer lugar, la clasificación ha de agotar la totalidad del término municipal, sin embargo, la Ley no obliga a utilizar todas las clases y categorías de suelo, sino sólo aquellas que a juicio del planificador sean necesarias, en función de las particulares circunstancias del municipio. Podría, por tanto, prescindirse del Suelo Urbanizable si se estimara que no es posible, o deseable, ninguna dinámica de crecimiento, pensemos por ejemplo en un municipio cuyo tejido consolidado ocupara la totalidad del término municipal al quedar englobado en un crecimiento metropolitano más amplio. El supuesto mas frecuente será, no obstante, el prescindir de alguna de las categorías del Suelo Urbanizable –SUP y SUNP– en función de una particular estrategia de gestión del planeamiento. En cualquier caso siempre habrá de contemplarse la clase del Suelo Urbano, a la que la Ley confiere unas ciertas condiciones objetivas de existencia.

La asignación de superficies a cada una de las clases y categorías constituye una manifestación de la voluntad planificadora, si bien no arbitraria, debiendo considerarse las circunstancias de hecho existentes y las previsiones razonables sobre asentamiento de población, actividades y servicios de carácter colectivo (art. 20.4 RP, 1978). Dado que el Plan no es una imagen estática de futuro sino, ante todo, una anticipación racional de los ritmos y modos de construcción de la ciudad es necesario que a la hora de proceder al dimensionamiento de las clases de suelo, además de las necesarias previsiones de crecimiento, en función de los análisis demográficos y de dinámica inmobiliaria, consideraciones acerca de la capacidad financiera y de gestión del municipio, situación de la propiedad del suelo y capacidad empresarial, en cuanto elementos que pueden impulsar o retrasar la efectiva transformación del suelo. Así como la propia estrategia de gestión elegida, es decir, el papel atribuído a la iniciativa pública y privada en la impulsión del planeamiento de desarrollo.

La delimitación del ámbito del Suelo Urbano tiene un carácter legalmente reglado, es decir, el Plan sólo puede incluir en esta clase de suelo aquellos terrenos que cumplan las condiciones de disposición de servicios e infraestructuras ya descritos, o en su defecto que presenten una ordenación consolidada, por ocupar la edificación las dos terceras partes de los espacios aptos para la misma según la ordenación establecida por el planeamiento (art. 21 RP, 1978). Ahora bien, no puede alegarse que la consideración de un suelo como Urbano opera automáticamente, ya que la Ley es clara al enunciar que sólo constituirán esta clase "los terrenos a los que el planeamiento general incluya" por cumplir los requisitos mencionados. Se precisa siempre la interposición de la figura de planeamiento o en su defecto, como ya adelantamos, la aprobación de un Proyecto de Delimitación del Suelo Urbano con las condiciones del art. 13 TR, 1992.

A pesar del carácter aparentemente sencillo de los requisitos que debe reunir el Suelo Urbano, su manejo real no está exento de dificultades e interpretaciones, algunas muy aventuradas. Durante el inicio de la revisión de los Planes Generales en la pasada década constituyó una práctica frecuente la restricción de la clasificación de Suelo Urbano, entendiendo que esta clase de suelo tenía la desventaja de contemplar inferiores estándares de dotaciones públicas y recuperación de plusvalías que los Suelos Urbanizables, a pesar de su mayor facilidad de gestión. La equiparación de las condiciones de equidistribución entre los Suelos Urbanos y Urbanizables, a la que dedicamos el apartado siguiente, permite superar estas dificultades, al menos en los municipios de más de 25.000 habitantes (en los que la Ley se aplica en su integridad) que cuenten con una cierta capacidad de gestión.

En el Suelo Urbanizable la opción más importante encomendada al Plan General es delimitar entre aquellos suelos cuya urbanización deba ser desarrollada en los siguientes ocho años (divididos en dos etapas cuatrianuales), conforme al Programa de Actuación del propio Plan, que constituirán el Suelo Urbanizable Programado y aquellos otros que sólo puedan ser objeto de urbanización mediante la redacción previa de Programas de Actuación Urbanística, que constituirán el Suelo Urbanizable No Programado. El Suelo Apto para Urbanizar de las Normas Subsidiarias de planeamiento de ámbito municipal se equipara al SUP, "excepto a los efectos de la necesidad de programación y del régimen de utilización del suelo" (art. 11.3 TR, 1992).

El RP precisa los criterios que deben seguirse en el dimensionamiento del Suelo Urbanizable Programado: incluir las superficies necesarias para los nuevos asentamientos de población y actividades productivas "cuya implantación se prevea en el programa" así como de los Sistemas Generales correspondientes. Para ello deberá valorarse, además de las circunstancias de hecho existentes y las previsiones de crecimiento ya mencionadas, la necesidad de producir un desarrollo urbano coherente a largo plazo, la consecución de una adecuada proporción entre los nuevos asentamientos y el equipamiento urbano y las estimaciones sobre la viabilidad de inversión pública y privada necesaria (art. 23.1 y 2 RP, 1978).

A diferencia del SUP, donde juega la búsqueda de un equilibrio razonable entre previsiones, programación y modelo territorial, el SUNP tiene en la legislación un carácter más discrecional que permite que juegue como elemento flexibilizador del sistema. Para ello se conceptúa como aquel suelo compatible con el modelo territorial formulado desde el Plan y en principio no necesario para la realización de las previsiones del Programa.

La práctica urbanística, sin embargo, ha superado la mera consideración de esta categoría de suelo a modo de reserva condicionada a la existencia de demandas imprevistas o al agotamiento de los suelos programados. La posibilidad de vincular el acto de programación –a través de la aprobación del PAU– a un efectivo compromiso urbanizador (mediante los mecanismos concurrenciales que se detallan en el capítulo siguiente), ha motivado que predomine su función como suelo susceptible de concertación con la iniciativa privada . La posibilidad de excluir el SUNP, primero del cálculo del Aprovechamiento Medio del cuatrienio, y ahora del Área de Reparto del SUP del mismo cuatrienio, ya que la Ley –según veremos en el apartado siguiente– autoriza a que el ámbito de cada PAU constituya un Área de Reparto autónoma, da a esta categoría de suelo posibilidades de una gestión más ágil y simple. Todo ello ha producido la frecuente paradoja de que los suelos no programados se desarrollen con anterioridad o preferencia a los establecidos en el Programa del Plan, depreciando, por una parte, la importancia de la programación como elemento sustancial de la estrategia de planeamiento y suscitando el riesgo de que la carencia de determinaciones propias de Plan General en SUNP pudiera producir una ejecución fragmentaria del territorio (PAU a PAU) que distorsione la consecución de un modelo territorial coherente.

Para aprovechar las ventajas del protagonismo que en esta categoría de suelo tiene el promotor/urbanizador frente al propietario, y resolver el problema de la posible quiebra que en cuanto a la estructura urbana propugnada puede producir una ejecución no priorizada ni compatibilizada del Suelo Urbanizable, recientes reformas legislativas autonómicas (en particular la Ley Reguladora de la Actividad Urbanística de Valencia) han planteado la modificación del procedimiento conforme a la nueva propuesta legal. La distinción entre suelo programado o no programado no sería espacial sino cronológica. El Plan General extendería a todo el Suelo Urbanizable las determinaciones propias del SUP en la legislación vigente, salvo la relativa a programación. Esta última se asociaría a la efectividad del compromiso inversor, a través de un previo procedimiento de concurrencia de iniciativas urbanizadoras, convocado por el municipio, en función de sus intereses por desarrollar con preferencia determinados ámbitos territoriales.

Finalmente y en relación con el Suelo No Urbanizable la Ley y el RP plantean la doble consideración residual y positiva ya mencionada. El Plan puede otorgar una especial protección a aquellos suelos en los que concurra un valor relevante o una particular fragilidad, optando –como en el Suelo Urbano– por ultimar por sí mismo las determinaciones de protección, delimitando por ello con precisión las tipologías diferenciales de suelos y estableciendo sus normativas urbanísticas correspondientes (que precisarán los vínculos y limitaciones en cuanto a los usos del suelo admisiones en función del valor que se desee proteger), o bien optando por remitir esta misión a la redacción ulterior de Planes Especiales de Protección o puesta en valor de recursos naturales o agrícolas.

• *Delimitación de Áreas de Reparto de beneficios y cargas*

Como hemos adelantado, la Reforma de 1990 establece la determinación del contenido del derecho al aprovechamiento urbanístico a través de la técnica del "Aprovechamiento tipo". Como señala el Preámbulo de la Ley: "Esta técnica, similar a la del aprovechamiento medio, pretende garantizar una mínima uniformidad en el trascendental aspecto de la incidencia de la ordenación urbanística –cualquiera que sea ésta– en el derecho de propiedad inmobiliaria. En efecto, la legislación urbanística establece el marco al que debe ajustarse el planeamiento (densidades máximas, reservas para dotaciones, criterios para la clasificación del suelo, etc.) y éste asignará ya clasificaciones y calificaciones urbanísticas. Es sólo la incidencia de la ordenación urbanística concreta resultante de dicho marco legal y de las determinaciones del planeamiento sobre las propiedades afectadas, lo que resuelve el mecanismo expresado en aras del principio de igualdad, cuya traducción en materia urbanística es el del justo reparto de cargas y beneficios".

Las Áreas de Reparto constituyen los ámbitos físicos sobre los que efectuar la definición del Aprovechamiento Tipo y, en consecuencia, la referencia espacial del aprovechamiento urbanístico susceptible de apropiación por los propietarios.

La Ley asigna al planeamiento general la misión de efectuar la delimitación de las Áreas de Reparto y el cálculo del Aprovechamiento Tipo, a excepción de los

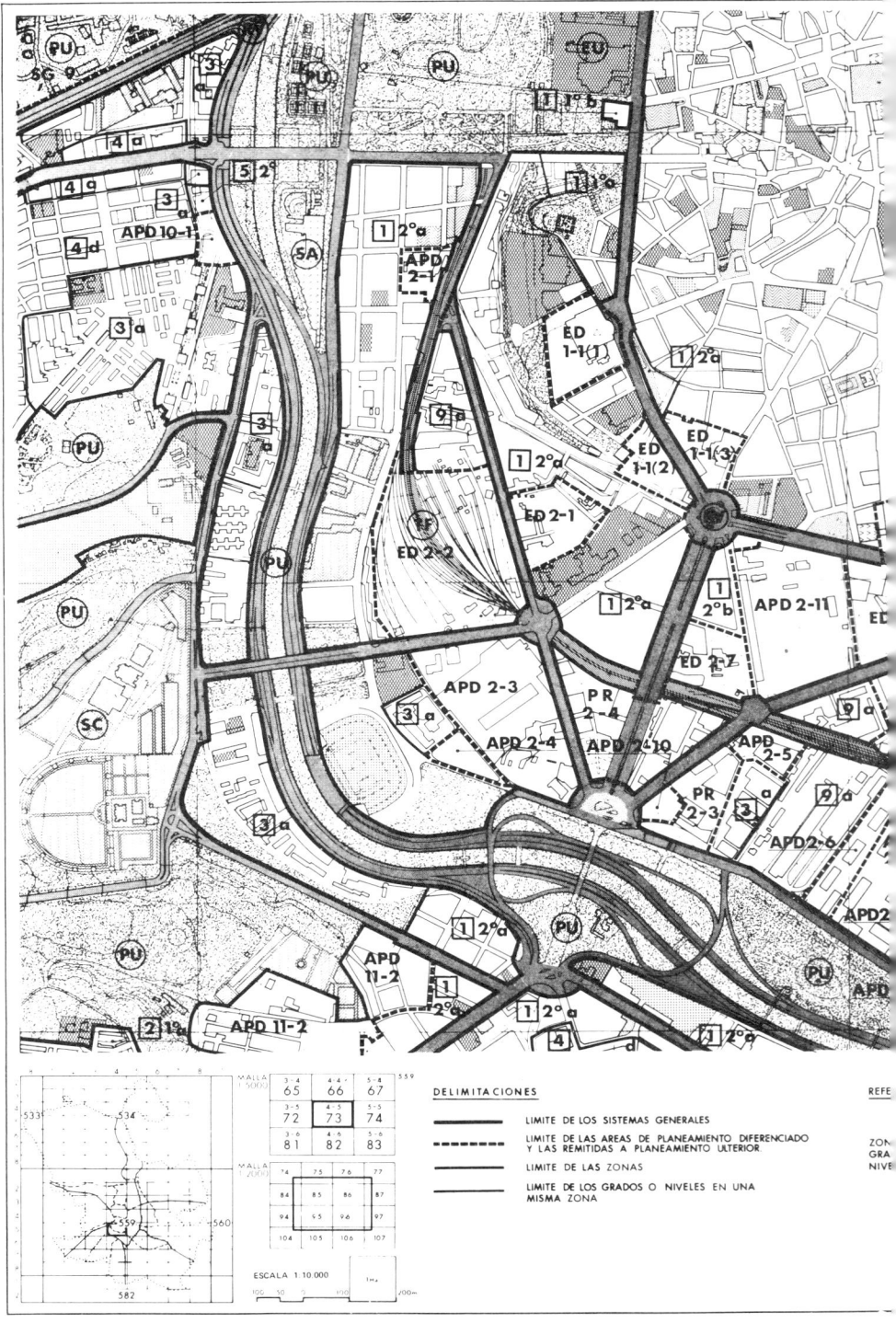

Figura 3.13. Plan General de Madrid de 1985. Plano de Clasificación y Regulación del Suelo 9CS
descansa en gran medida en la claridad conceptu

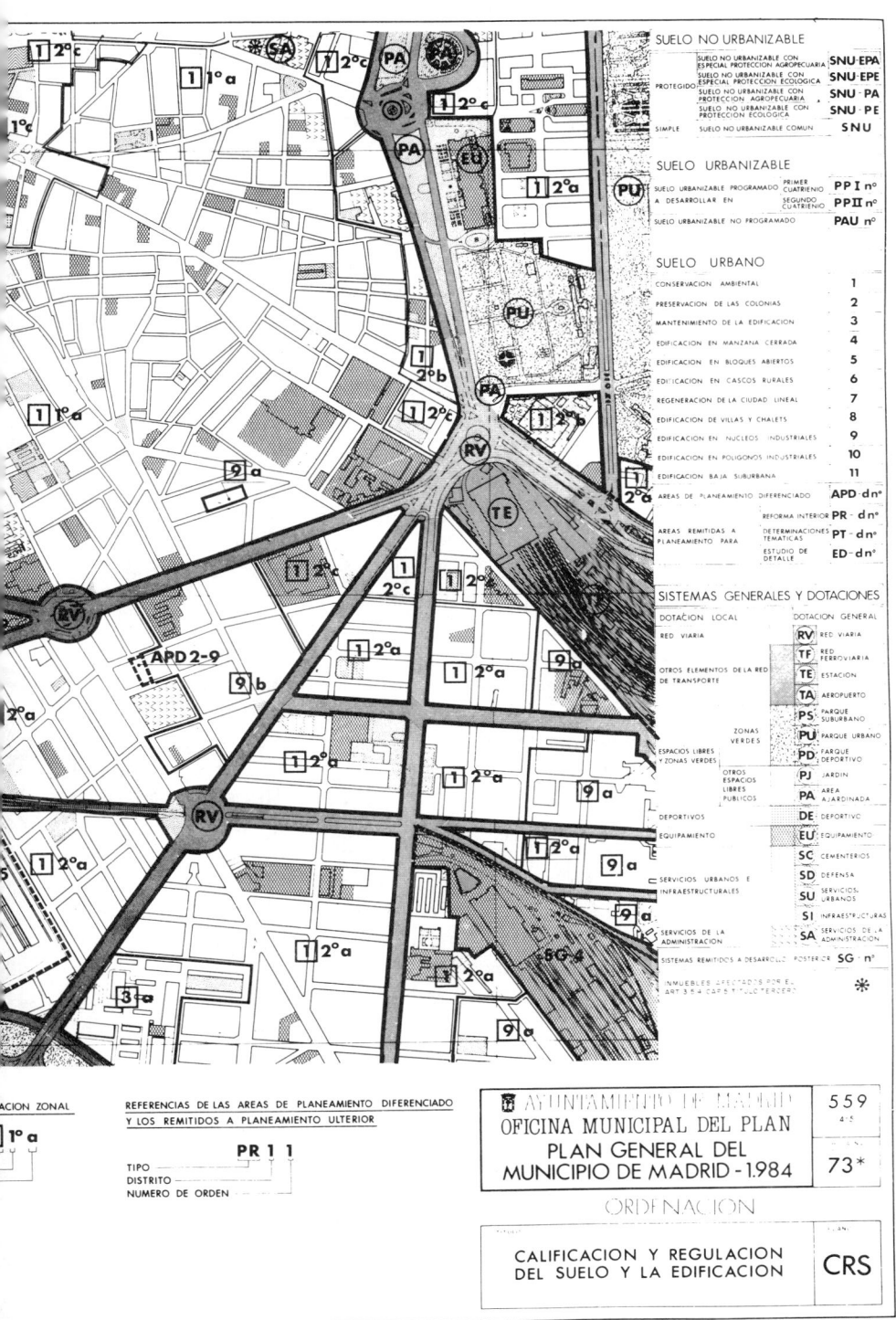

Suelos Urbanizables No Programados en los que este último vendrá definido en los PAUs correspondientes que, como vimos, cumplen la función de integrar en esta categoría del Suelo Urbanizable el nivel de determinaciones propio del PGOU. De manera muy simplificada pueden señalarse los siguientes criterios legales a los efectos de la delimitación de Áreas de Reparto:

Todo el Suelo Urbano deberá estar incluído en algún Área de Reparto, si bien se autoriza a que la totalidad de esta clase de suelo pueda constituir una sola Área de Reparto (art. 94.1 y 94.3 TR, 1992). En ausencia de legislación autonómica que establezca lo contrario, los suelos de los Sistemas Generales adscritos o incluídos en el Suelo Urbano quedarán excluidos de las Áreas de Reparto

Para el supuesto de ámbitos de Suelo Urbano remitidos a la redacción de PERIs el art. 72.2c TR, 1992 establece que el Plan General deberá incluir entre sus determinaciones los "usos, intensidades y tipologías resultantes de las operaciones de reforma interior a desarrollar mediante planeamiento especial salvo que el ámbito de este planteamiento constituya un área de reparto independiente".

Hay que hacer notar que la obligación de establecer la delimitación de las Áreas de Reparto y cálculo del Aprovechamiento Tipo en Suelo Urbano no afecta, en virtud de la Disposición Adicional 1ª, TR, 1992, a aquellos municipios de población inferior a 25.000 habitantes, salvo disposición autonómica que establezca lo contrario. Pero resulta de aplicación obligada a todos los municipios, sin que la norma autonómica pueda eximir de su cumplimiento, la determinación de Áreas y Aprovechamientos Tipo en los Suelos Urbanizables o Aptos para Urbanizar.

Por otro lado, considerando que el conjunto del Suelo Urbano puede constituir una sola Área de Reparto y que éste puede estar compuesto de unidades dispersas (pensemos por ejemplo en un municipio constituído por un núcleo principal y varias pedanías), cabe concluir que las Áreas de Reparto pueden tener carácter discontínuo. Sin embargo, la Ley no autoriza la delimitación de Áreas que afecten al tiempo a distintas clases de suelo. La delimitación de Áreas de Reparto debe agotarse en cada una de las clases de suelo de manera independiente.

Al igual que el Suelo Urbano, todo el Suelo Urbanizable, tanto Programado como el No Programado (así como el Apto para Urbanizar) debe estar incluído en algún Área de Reparto. En ausencia de legislación autonómica que establezca lo contrario los sectores que integren cada cuatrienio del Suelo Urbanizable Programado, así como los Sistemas Generales a ellos adscritos, constituirán una sola Área de Reparto. De la misma manera, los ámbitos de cada PAU y sus Sistemas Generales adscritos constituirán un Área de Reparto independiente en el caso del Suelo Urbanizable No Programado (art. 94.3 TR, 1992). Sin embargo, deberán ser las Normas Subsidiarias de Planeamiento de ámbito municipal las que tomen la decisión de establecer en el Suelo Apto para Urbanizar una sólo o varias Áreas de Reparto (art. 78.2 TR, 1992).

Para cada una de las Áreas de Reparto delimitadas la Ley establece la necesaria definición del Aprovechamiento Tipo. En la práctica no son operaciones disociables, ya que deben responder a una estrategia de gestión establecida desde el Plan y a los principios de igualdad propugnados por la Ley. Desde el punto de vista material el cálculo del Aprovechamiento Tipo es semejante para los Suelos Urbano y Urbanizable. En el primer caso, el Aprovechamiento Tipo se define (art. 96.1 TR, 1992) como el resultado de dividir el aprovechamiento lucrativo total –incluido el correspondiente al dotacional privado– de cada Área de Reparto (expresado en m^2 construibles del uso y tipología característicos), por su superficie total, excluidos lo terrenos afectos a dotaciones generales y locales ya existentes. Es pues necesario conocer previamente el aprovechamiento de cada uno de los usos y tipologías existentes en el Área, así como la superficie de ésta y la de aquellos suelos ya ocupados por dotaciones públicas y Sistemas Generales.

Los terrenos que el planeamiento destine a nuevas infraestructuras, instalaciones o dotaciones públicas no serán tenidos en cuenta a los efectos del cálculo del aprovechamiento lucrativo. La ejecución del planeamiento a través de las Unidades de Ejecución que se delimiten en cada Área de Reparto (o a través de unidades asistemáticas en Suelo Urbano) permitirá la obtención gratuita de los terrenos de cesión obligatoria, que deberán afectarse a los usos previstos en el planeamiento.

Por "uso característico" la Ley entiende el predominante según la ordenación urbanística aplicable en cada Área de Reparto (art. 98.1 TR, 1992). Para que el Aprovechamiento Tipo pueda expresarse por referencia de dicho uso y tipología edificatoria característicos el planeamiento general deberá establecer (art. 96.3 TR, 1992) una serie justificada de "coeficientes de ponderación" de los restantes usos y tipologías con relación al característico (al que se asignará el valor de la unidad). Los valores de estos coeficientes (superiores o inferiores a la unidad) se adecuarán a las circunstancias específicas del municipio y el Área de Reparto. Es importante destacar que la Ley establece la posibilidad de que el planeamiento califique terrenos con destino a la construcción de viviendas de protección oficial u otro régimen de protección pública, en este caso se considerará esta calificación con un "uso específico" debiéndosele atribuir también un coeficiente de ponderación en relación con el uso característico (art. 98.3 TR, 1992).

En el Suelo Urbanizable la técnica de cálculo del Aprovechamiento Tipo no supone una mayor dificultad que la previa del Aprovechamiento Medio. El Plan General –o el PAU para el Suelo Urbanizable No Programado– fijará su magnitud dividiendo el aprovechamiento lucrativo total de las zonas incluídas en cada Área de Reparto –expresadas en m^2 edificables del uso característico– por la superficie total de la misma (art. 97.1 TR, 1992). Hay varias diferencias con el cálculo del Aprovechamiento Tipo en Suelo Urbano que merecen ser destacadas. En primer lugar su magnitud se refiere sólo al uso característico (y no a la tipología) ya que es propio de las determinaciones del Plan General en esta categoría de Suelo (art. 72.3.2 TR, 1992) la asignación de intensidades (o magnitudes cuantitativas de edificación) y usos globales a las diferentes zonas que se establezcan. El cometido de establecer los usos y tipologías pormenorizados (a un detalle semejante al que opera el Plan General en Suelo Urbano) está atribuída al Planeamiento Parcial. Por ello la Ley establece que estos deberán a su vez establecer la ponderación relativa de los usos pormenorizados y tipologías edificatorias resultantes de la subzonificación que contengan, con referencia igualmente al uso y tipología edificatoria característicos. En segundo lugar, la superficie de referencia del Área de Reparto es "bruta", lógicamente no se deducen de la misma, como en el Suelo Urbano, los terrenos dotacionales ya existentes, al tratarse de un suelo de nueva creación, y además –recordemos– se debe incluir la superficie de los Sistemas Generales adscritos a los Sectores (ámbitos previstos para el desarrollo de los Planes Parciales) integrantes de un cuatrienio determinado, lo que permitirá su obtención gratuita como carga de los mencionados Sectores.

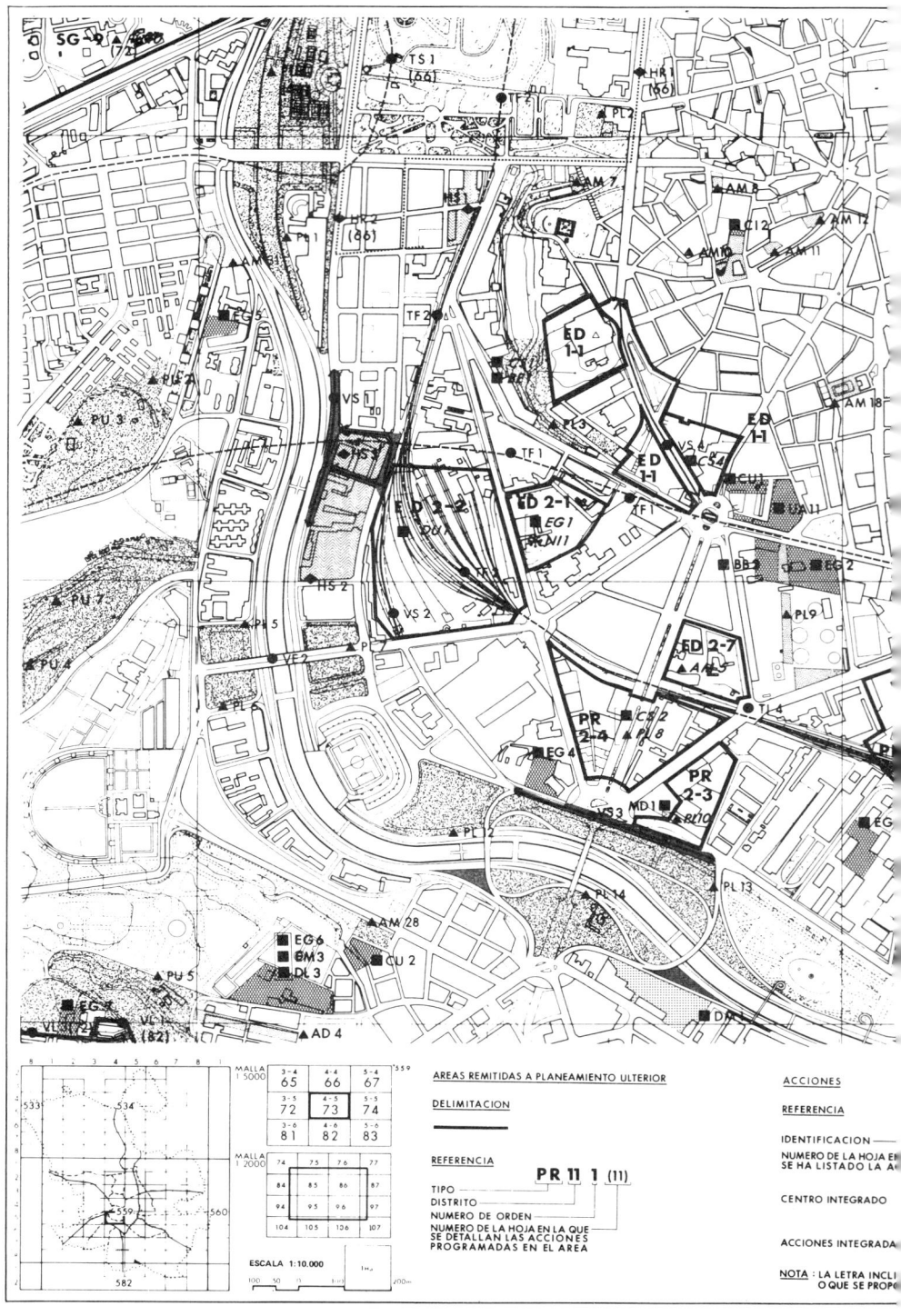

Figura 3.14. Plan General de Madrid de 1985. Inventario de Acciones. El Plan co

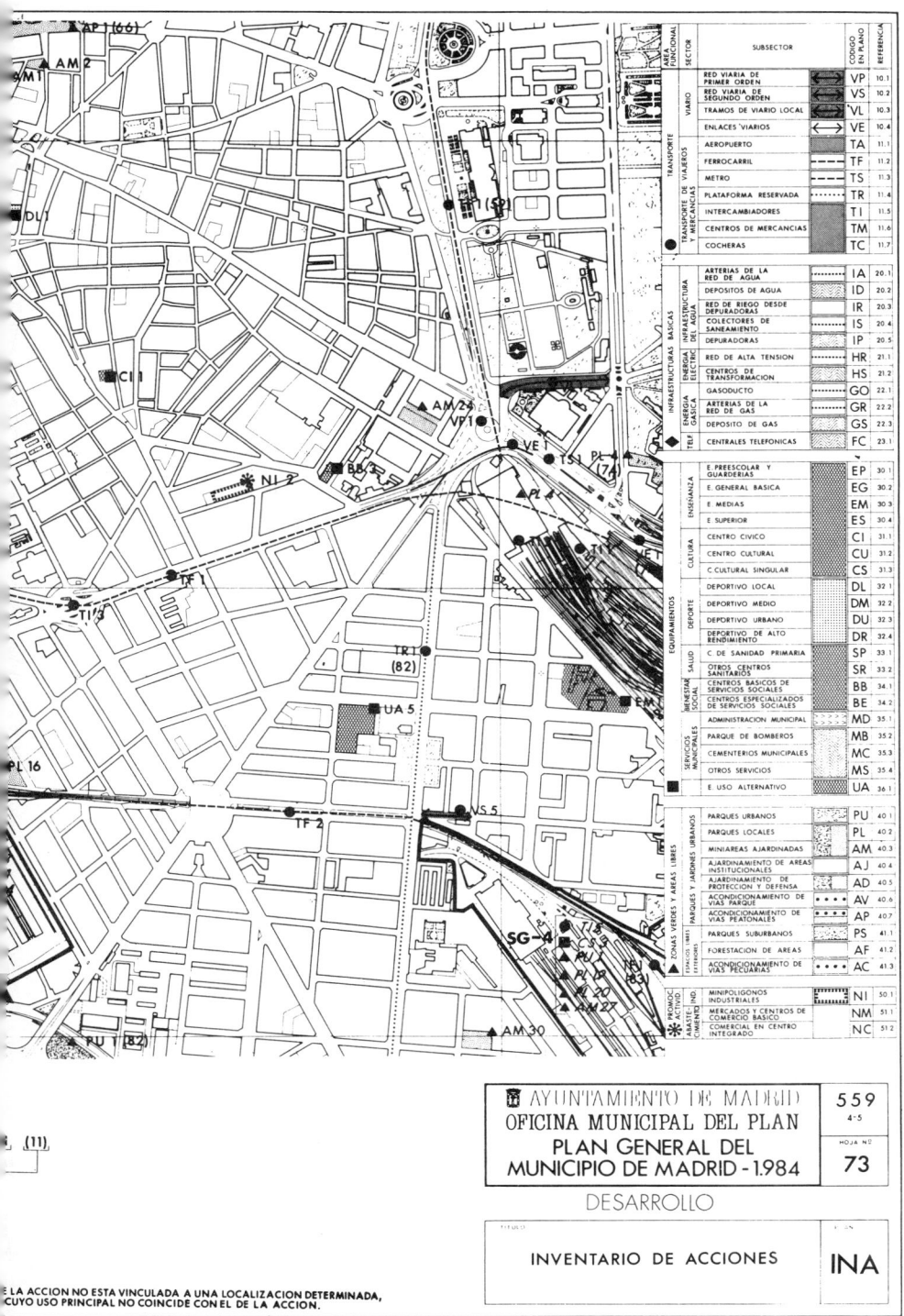

ÁREA FUNCIONAL	SECTOR	SUBSECTOR		CÓDIGO EN PLANO	REFERENCIA
TRANSPORTE	VIARIO	RED VIARIA DE PRIMER ORDEN		VP	10.1
		RED VIARIA DE SEGUNDO ORDEN		VS	10.2
		TRAMOS DE VIARIO LOCAL		VL	10.3
		ENLACES VIARIOS		VE	10.4
	TRANSPORTE DE VIAJEROS Y MERCANCÍAS	AEROPUERTO		TA	11.1
		FERROCARRIL		TF	11.2
		METRO		TS	11.3
		PLATAFORMA RESERVADA		TR	11.4
		INTERCAMBIADORES		TI	11.5
		CENTROS DE MERCANCÍAS		TM	11.6
		COCHERAS		TC	11.7
INFRAESTRUCTURAS BÁSICAS	INFRAESTRUCTURA DEL AGUA	ARTERIAS DE LA RED DE AGUA		IA	20.1
		DEPÓSITOS DE AGUA		ID	20.2
		RED DE RIEGO DESDE DEPURADORAS		IR	20.3
		COLECTORES DE SANEAMIENTO		IS	20.4
		DEPURADORAS		IP	20.5
	ENERGÍA ELÉCTRICA	RED DE ALTA TENSIÓN		HR	21.1
		CENTROS DE TRANSFORMACIÓN		HS	21.2
	ENERGÍA GASÍSTICA	GASODUCTO		GO	22.1
		ARTERIAS DE LA RED DE GAS		GR	22.2
		DEPÓSITO DE GAS		GS	22.3
	TEL	CENTRALES TELEFÓNICAS		FC	23.1
EQUIPAMIENTOS	ENSEÑANZA	E. PREESCOLAR Y GUARDERÍAS		EP	30.1
		E. GENERAL BÁSICA		EG	30.2
		E. MEDIAS		EM	30.3
		E. SUPERIOR		ES	30.4
	CULTURA	CENTRO CÍVICO		CI	31.1
		CENTRO CULTURAL		CU	31.2
		C. CULTURAL SINGULAR		CS	31.3
	DEPORTE	DEPORTIVO LOCAL		DL	32.1
		DEPORTIVO MEDIO		DM	32.2
		DEPORTIVO URBANO		DU	32.3
		DEPORTIVO DE ALTO RENDIMIENTO		DR	32.4
	SALUD	C. DE SANIDAD PRIMARIA		SP	33.1
		OTROS CENTROS SANITARIOS		SR	33.2
	BIENESTAR SOCIAL	CENTROS BÁSICOS DE SERVICIOS SOCIALES		BB	34.1
		CENTROS ESPECIALIZADOS DE SERVICIOS SOCIALES		BE	34.2
	SERVICIOS MUNICIPALES	ADMINISTRACIÓN MUNICIPAL		MD	35.1
		PARQUE DE BOMBEROS		MB	35.2
		CEMENTERIOS MUNICIPALES		MC	35.3
		OTROS SERVICIOS		MS	35.4
		E. USO ALTERNATIVO		UA	36.1
ZONAS VERDES Y ÁREAS LIBRES	PARQUES Y JARDINES URBANOS	PARQUES URBANOS		PU	40.1
		PARQUES LOCALES		PL	40.2
		MINIÁREAS AJARDINADAS		AM	40.3
		AJARDINAMIENTO DE ÁREAS INSTITUCIONALES		AJ	40.4
		AJARDINAMIENTO DE PROTECCIÓN Y DEFENSA		AD	40.5
		ACONDICIONAMIENTO DE VÍAS PARQUE		AV	40.6
		ACONDICIONAMIENTO DE VÍAS PEATONALES		AP	40.7
	ESPACIOS LIBRES EXTERIORES	PARQUES SUBURBANOS		PS	41.1
		FORESTACIÓN DE ÁREAS		AF	41.2
		ACONDICIONAMIENTO DE VÍAS PECUARIAS		AC	41.3
PROMOC. IND. ACTIVID.	PROMOC. IND. ACTIVID.	MINIPOLÍGONOS INDUSTRIALES		NI	50.1
	ABASTE IND. CIMIENTO	MERCADOS Y CENTROS DE COMERCIO BÁSICO		NM	51.1
		COMERCIAL EN CENTRO INTEGRADO		NC	51.2

🏛 AYUNTAMIENTO DE MADRID
OFICINA MUNICIPAL DEL PLAN
PLAN GENERAL DEL
MUNICIPIO DE MADRID - 1.984

DESARROLLO

TÍTULO
INVENTARIO DE ACCIONES

559
4-5

HOJA Nº
73

INA

... LA ACCIÓN NO ESTÁ VINCULADA A UNA LOCALIZACIÓN DETERMINADA,
...CUYO USO PRINCIPAL NO COINCIDE CON EL DE LA ACCIÓN.

...rumento de priorización y programación de la inversión pública.

Finalmente, a los efectos de la obtención por el sistema de expropiación de Sistemas Generales del Suelo Urbano no incluídos en Áreas de Reparto, se establece que el aprovechamiento atribuible a los mismos será el 75 % del Aprovechamiento Tipo definido en el Plan General (art. 59.2 TR, 1992). El cálculo de este nuevo concepto es muy simple en el caso de existir una sola Área de Reparto en Suelo Urbano, ya que coincidirá con su Aprovechamiento Tipo (art. 59.3a) TR, 1992). Pero si, como será el caso más frecuente, se han delimitado varias Áreas de Reparto deberá calcularse el promedio, ponderado en función de la superficie, de los diversos Aprovechamientos Tipo de aquellas Áreas que tengan el uso y tipología residencial predominante en el Suelo Urbano.

• *Programación temporal de las previsiones de planeamiento*

La Ley del Suelo de 1975 establecía entre las determinaciones generales del Plan General la "programación en dos etapas de cuatro años del desarrollo del Plan en orden a coordinar las actuaciones e inversiones públicas y privadas" (art. 12.1c) LS, 1975). El Texto Refundido de 1992 ha alterado esta redacción para asegurar la operatividad del Programa de Actuación como elemento de control temporal de la ejecución del planeamiento (art. 72.5 TR, 1992), desglosando como contenidos del mismo:

— La formulación de los objetivos y estrategias de desarrollo del Plan a largo plazo.
— Las previsiones de ejecución de los Sistemas Generales.
— Las etapas cuatrienales en que han de aprobarse los Planes Parciales en SUP.
— Los plazos para el cumplimiento de los deberes de cesión, equidistribución, urbanización y solicitud de licencia en las actuaciones por unidades de ejecución en Suelo urbano y de transformación de la parcela en solar y solicitud de licencia en las actuaciones asistemáticas.
— Los plazos para la aprobación del planeamiento de reforma interior en las áreas remitidas a desarrollo posterior en Suelo Urbano.

El Programa tiene pues una doble dimensión:

a) La coordinación en el tiempo de las actuaciones sobre el territorio.
b) El control de la ejecución del planeamiento.

La importancia del primer aspecto es evidente: difícilmente puede plantearse la transformación de los suelos potencialmente urbanizables si esta no se armoniza con la disposición de los Sistemas Generales que estructuran el territorio. La experiencia de las consecuencias de edificar sin un soporte estructural previo (transporte, dotaciones, infraestructuras, espacios libres, etc.) ha puesto de manifiesto, en nuestras ciudades y entornos metropolitanos, los enormes costes sociales y económicos necesarios para superar la patología urbana producida. Existe sin embargo, un grave problema relativo a la carencia de competencias del Plan a la hora de programar actuaciones que no se atribuyan a los particulares o a la propia Administración municipal. Ello obliga al Plan a partir de la programación de Administraciones sectoriales competentes en cada materia para, a través de la concertación, armonizar estas previsiones con las acciones propias de la Corporación Local y la iniciativa privada.

El segundo aspecto ha sido ya destacado al referenciar a las implicaciones de la Reforma legislativa de 1990 sobre el planeamiento general, baste añadir que las Disposiciones Transitorias Segunda y Tercera del TR, 1992 establecen una serie de plazos de equivalencia y plazos supletorios para el cumplimiento de deberes, cuando el planeamiento omita estas determinaciones, al objeto de permitir inmediata vigencia del esquema de configuración de las facultades urbanísticas previsto en la Ley.

Finalmente la Ley impone a los municipios la obligación de revisar cada cuatro años el Programa de Actuación del Plan (art. 127 TR, 1992) que, eventualmente, puede traer como consecuencia la necesidad de modificar las determinaciones del Suelo Urbanizable. Debiéndose en ese caso proceder a la modificación puntual (o incluso revisión, según su alcance) del Plan General.

• *Protección del medio ambiente natural y urbano*

El Plan General deberá también establecer medidas para la protección ambiental, conservación de la naturaleza, defensa del paisaje, elementos naturales y conjuntos urbanos e históricos, de conformidad con la legislación específica sobre cada una de estas materias. El RP precisa la naturaleza de estas medidas en tres supuestos:

a) El establecimiento desde el Plan de criterios con arreglo a los cuales puedan delimitarse ulteriormente zonas y conjuntos para someterlos a una legislación protectora especial en razón de la materia.

b) La complementación de la legislación especial antes mencionada con normas propias del Plan, aspecto que alcanzará especial relevancia para el Suelo No Urbanizable.

c) El establecimiento de medidas cautelares de protección consistentes en la prohibición de determinadas actividades en las zonas o conjuntos, o en la imposición de obligaciones tendentes a evitar la degradación de los elementos de relevancia ambiental o de los conjuntos urbanos o histórico-artísticos (art. 27 RP, 1978).

Sobre este último punto vale la pena recordar que la valoración del patrimonio constituye una de las señas de identidad características del enfoque urbanístico de los ochenta. A lo largo de la década se ha producido una maduración progresiva de las estrategias de salvaguarda de la ciudad, desde los primeros "planes-norma" orientados a la protección de los inmuebles amenazados y, por tanto de carácter dominantemente "defensivo", hasta la formulación de las políticas más complejas de rehabilitación integral y recuperación de las áreas centrales decaídas que los Planes Generales deben interiorizar en sus propias estrategias de ordenación.

3.3.4. Determinaciones específicas que debe contener el Plan General en cada clase de suelo

El diseño de la figura del Plan General se completa con una serie de determinaciones que matizan el alcance del contenido del Plan en cada una de las clases de suelo que prevea.

• *Determinaciones en el Suelo Urbano*

La ordenación del Suelo Urbano ha ido ganando en las sucesivas reformas legislativas una importancia fundamental entre las determinaciones del Plan. El legislador de 1956, preocupado ante todo por los problemas de creación de nueva ciudad, configuró esta clase de suelo como un ámbito amortizado, que podía regularse adecuadamente con las técnicas decimonónicas de las alineaciones viarias y las ordenanzas municipales de edificación.

En la práctica, la dinámica inmobiliaria sobre los suelos urbanos ha resultado, con frecuencia tan intensa como la de nueva extensión, desencadenando procesos de renovación urbana que, carentes de un marco adecuado de racionalidad y coherencia urbanística, han roto el equilibrio morfo-tipológico de la ciudad tradicional:

a) La densificación edificatoria propiciada por las Ordenanzas ha saturado las infraestructuras disponibles.

b) La sustitución puntual ha supuesto la pérdida de arquitecturas históricas valiosas y la introducción de tipos edificatorios contradictorios con la fisonomía urbana de los conjuntos.

c) La asignación genérica de usos por grandes zonas ha favorecido la pérdida de equipamientos en áreas consolidadas al hacer posible los cambios de uso, con destino residencial o terciario, de los suelos ocupados por las instituciones y dotaciones –generalmente privadas– en las mejores localizaciones centrales.

La evidencia de esta patología urbana ayuda a comprender la preocupación de la Reforma de 1975 en asegurar en esta clase de suelo dos objetivos fundamentales: el equilibrio entre tejido urbano, dotaciones e infraestructuras (que en Suelo Urbanizable quedaba asegurado a través de los estándares) y una precisión en las determinaciones que permita la ejecutividad inmediata de las mismas; posibilitando, por tanto, el control total de la ordenación urbana desde el propio Plan. La Ley 8/90 añade como nuevo objetivo estratégico la plena incorporación del Suelo Urbano a los mecanismos redistributivos, antes limitados al Suelo Urbanizable, tal como analizamos en apartados precedentes. Veamos ahora la relación de determinaciones que con carácter necesario establece la Ley (art. 72.3.1 TR, 1992).

A) Delimitación de su perímetro

La delimitación no sólo ha de comprender el casco urbano principal, sino todos aquellos núcleos urbanos existentes en el término municipal, por tanto, tendrá frecuentemente carácter discontinuo. Las condiciones materiales que deben reunir los suelos urbanos están pensadas desde la Ley para la situación del núcleo principal y resultan, por ello, de aplicación más difícil en otras formaciones urbanas. Como señala Juli Esteban, 1981: p. 55, el criterio más razonable para considerar como urbanos unos suelos determinados es evaluar el grado de consolidación de la relación entre la red de espacios públicos (en especial las calles) y los espacios parcelados y edificados que caracteriza a los tejidos urbanos. Así, pueden ser considerados urbanos aquellos espacios parcelados, aun los no edificados en su totalidad, organizados en torno a calles consolidadas, aunque éstas pudieran no cumplir la totalidad de los requisitos de urbanización exigidos por la Ley. Mayores dificultades se producen en las configuraciones urbanas periféricas a lo largo de caminos o carreteras, las parcelaciones separadas del núcleo principal (p. ej., parcelaciones ilegales o urbanizaciones de segunda residencia) y las implantaciones dispersas (p. ej., industrias, naves agrícolas, equipamientos, etc.). Sin entrar en una casuística pormenorizada de estas situaciones, cabe destacar la primacia de la estrategia de ordenación del Plan a la hora de proceder a su consideración como suelos urbanos o a su inclusión en otras clases de suelo.

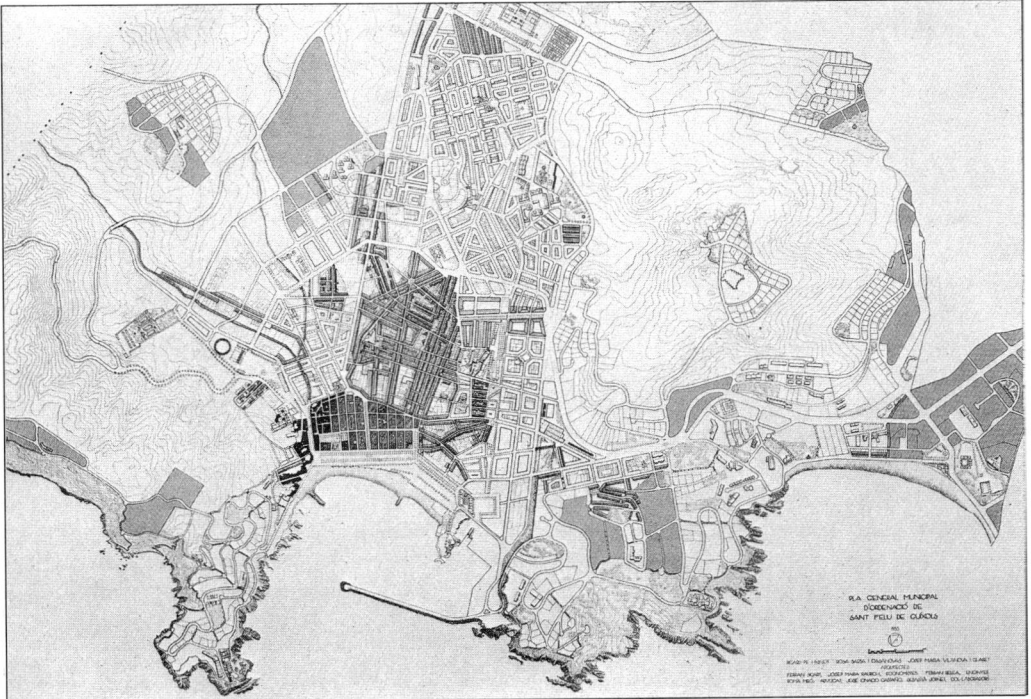

Figura 3.15. Propuesta de ordenación del núcleo de Sant Feliu de Guíxols.

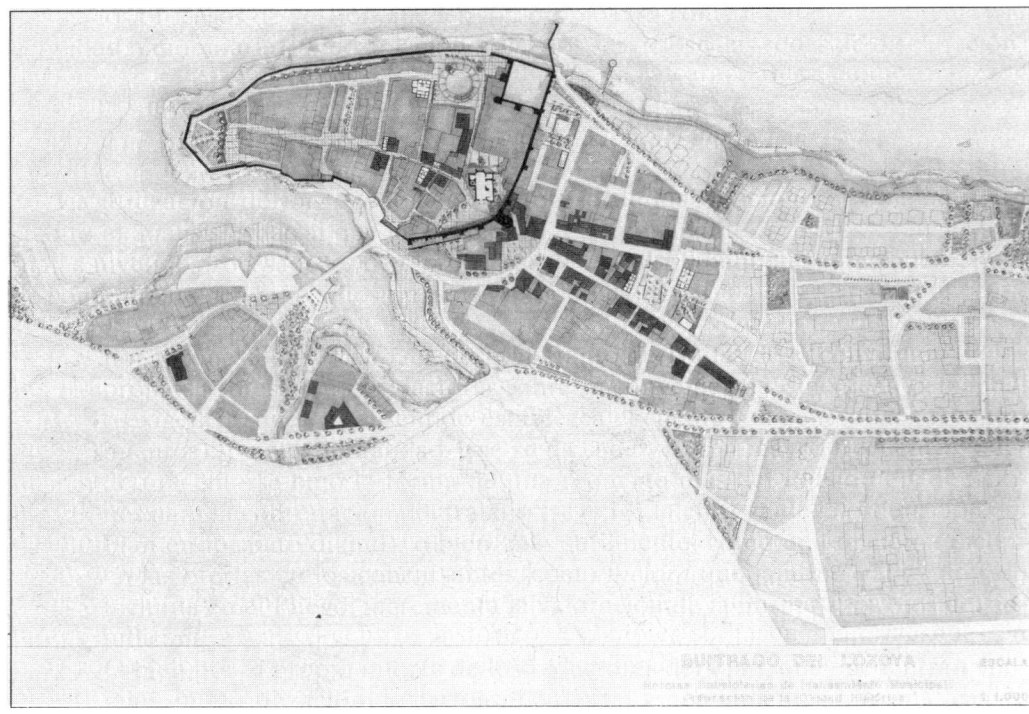

Figura 3.16. (Arriba) Buitrago de Lozoya, centro histórico. (Abajo) Normas Subsidiarias de Buitrago de Lozoya de 1991. El tratamiento de los tejidos consolidados constituye una prioridad fundamental de las determinaciones del Plan.

B) Asignación de usos y tipologías pormenorizadas y niveles de intensidad correspondientes a las diferentes zonas

Este requisito conecta con la necesidad de realizar, igualmente, una reglamentación detallada del uso pormenorizado, volumen, condiciones higiénico-sanitarias y estéticas de los terrenos y construcciones.

La técnica de división en zonas para la asignación de usos es distinta en Suelo Urbano y Urbanizable. Mientras en esta última clase de suelo las zonas y usos tienen un carácter genérico en cuanto normas para la ordenación de los terrenos operada a través del Plan Parcial, en Suelo Urbano el Plan debe definir de forma detallada la específica utilización de los terrenos incluidos en cada una de las zonas establecidas. Aparecen así dos conceptos clave: usos globales y pormenorizados que expresan la diversa cualidad de la ordenación producida por el Plan. García de Enterría y Parejo, 1981: p. 272, han definido el uso pormenorizado como aquella "utilización urbanística específica y concreta no reductible a subespacios o variedades que un Plan asigna a un determinado terreno con la finalidad de acotar definitivamente el tipo de actividad autorizado o lícito en dicho terreno". Cuando no se cumplieran estas condiciones nos encontraríamos en el supuesto de asignación de "usos globales".

El ámbito espacial mínimo para efectuar la regulación de los usos pormenorizados tendrá que corresponder con la unidad edificable en Suelo Urbano: la parcela. Será pues a la escala parcelaria al nivel en el que el Plan deberá establecer la normativa pormenorizada de la condiciones de edificación, con grado de precisión tal que permita la ejecución directa de las construcciones, previa licencia municipal. Debe notarse que el Texto Refundido no sólo hace referencia al establecimiento de los usos pormenorizados, sino también a las tipologías edificatorias, en cuanto elemento cualificador del aprovechamiento lucrativo de obligada consideración en el cálculo del aprovechamiento tipo de las Áreas de Reparto en Suelo Urbano.

La complejidad de las situaciones urbanas que deba considerar el Plan puede aconsejar la delimitación de áreas para el desarrollo posterior de operaciones de reforma o rehabilitación, previa redacción de una figura específica de planeamiento: el Plan Especial de Reforma Interior (PERI). Conforme al art. 29.1c) RP, 1978 en estas áreas el Plan deberá fijar los objetivos de la reforma y, al menos, los usos e intensidades previstos. Nos encontramos así en una situación semejante a la del Suelo Urbanizable Programado, por cuanto que el Plan se limita a establecer las condiciones de formulación de una figura de planeamiento ejecutiva que tiene la responsabilidad de agotar la ordenación de los terrenos.

Con frecuencia los Planes han abusado de la posibilidad de remitir parte del Suelo Urbano a desarrollo posterior, utilizándolo como un mero mecanismo simplificador del contenido del Plan. Para que no se produzca una depreciación de la vocación última del Plan en Suelo Urbano, es necesario que la delimitación de estas áreas sea muy acotada y justificada, circunscribiéndose a aquellos terrenos con una problemática singular, tanto en lo referente a su ordenación física, como en relación a la programación de la intervención urbanística: áreas semiconsolidadas por la edificación en localizaciones pericentrales; áreas obsoletas en transformación (p. ej., antiguos terrenos ferroviarios o industriales); grandes contenedores de suelos públicos (p. ej., cuarteles) etc. (vid: Esteban, J., 1981: pp 98 y ss).

C) Delimitación de espacios libres y dotaciones

El Plan deberá precisar con detalle la delimitación de los espacios libres y zonas verdes, zonas de recreo y expansión públicas y privadas, así como reservar los suelos necesarios para el emplazamiento de templos, centros docentes, asistenciales, sanitarios y demás servicios de interés público y social. Igualmente, deberá expresar el carácter público o privado de la titularidad de cada uno de los espacios libres y dotaciones previstas, ya que, como sabemos, los suelos dotacionales privados se consideran lucrativos a los efectos del cálculo del Aprovechamiento Tipo.

Hay que aclarar que las reservas de espacios libres y equipamientos a las que ahora se hace referencia son independientes de las operadas al definir la estructura general y orgánica del territorio, debiéndose cuantificar en función exclusiva de las necesidades de esta clase de suelo, en consideración a las características socio-económicas de la población. Aunque la Ley no fija ningún estándar dotacional mínimo en aquellos casos en que el Plan remita a operaciones de renovación o reforma interior que impliquen un incremento residencial deben considerarse como referencia los estándares de Sector establecidos para los Planes Parciales.

D) Trazado y características de la red viaria y servicios infraestructurales

La estructura de la red viaria constituye el elemento de referencia de los espacios construidos. Por este motivo no puede concebirse la regulación de usos y tipologías, sin contemplar al tiempo la ordenación de los trazados viarios. A excepción de las zonas remitidas a planeamiento especial, se exige que el Plan ultime el diseño de la red viaria y la consecuencia más inmediata para la ordenación de los espacios parcelados: el señalamiento de las alineaciones y rasantes de las calles, que a su vez definen la línea de edificación y la cota de referencia de las parcelas respecto al espacio público, a una escala detallada (1:2.000 como mínimo).

Por analogía con el art. 52 RP, 1978, que regula las características de los trazados viarios en los Planes Parciales, debemos considerar la necesidad de proceder a un estudio detallado de circulaciones (y asignaciones de tráfico), así como la necesidad de planificar al tiempo la red de transporte colectivo y peatonal. La previsión de aparcamientos –públicos y privados– debe hacerse desde la consideración de su incidencia en el tráfico y la asignación entre los diversos modos de transporte planteada por el Plan. Con buen criterio el RP señala la necesidad de una vinculación entre la previsión de aparcamientos y la planificación del transporte colectivo, ya que aquellos tienen hoy su mejor utilidad como elementos disuasorios de la utilización urbana del automóvil vinculados a los intercambiadores metropolitanos de transporte.

El Plan debe contener determinaciones precisas acerca del trazado y las características de las galerías y redes de abastecimiento de agua, alcantarillado, energía eléctrica y demás servicios, de tal forma que pueda procederse a su realización a través de proyectos de urbanización o de obras. Igualmente se exige una evaluación económica de los costes de la implantación de los servicios y de la ejecución de las obras de urbanización. La relación entre esta evaluación y la formulación de los programas de prioridades en la ejecución de obras y servicios, completarán la dimensión operativa del Plan.

Dado que el suelo es normalmente resultado de ordenaciones urbanísticas precedentes, corresponde al Plan decidir en qué casos asume en su integridad la situación urbanística existente y en qué otros plantea la introducción de rectificaciones a través de sus propias determinaciones. Se trata, en definitiva, de clarificar el régimen transitorio del planeamiento anterior, considerando el grado de ejecución de sus determinaciones y su compatibilidad con los criterios de ordenación formulados desde el nuevo Plan.

• *Determinaciones en el Suelo Urbanizable*

Las determinaciones que debe contener el Plan en el Suelo Urbanizable tienen el carácter de instrucciones vinculantes para la redacción de los Planes Parciales –mediante previo PAU en el Suelo Urbanizable No Programado– que estos deberán traducir en ordenaciones pormenorizadas con un alcance análogo al mencionado en relación con el Suelo Urbano.

En el Suelo Urbanizable Programado el Plan deberá contemplar los siguientes aspectos (art. 72.3.2 TR, 1992 y arts. 30 y 32 RP, 1978; el art. 31 queda derogado):

A) Desarrollo de los sistemas de la estructura general de la ordenación

Se pretende que la ordenación de los Sistemas Generales –cuya naturaleza ya hemos descrito– se realice con el grado de precisión suficiente para permitir la redacción de Planes Parciales, en los que éstos se desarrollarían junto a las restantes determinaciones zonales, o bien de Planes Especiales.

B) Asignación de intensidades y usos globales a las distintas zonas
   que se establezcan

Las zonas constituyen, en esta clase de suelo, determinaciones normativas para dirigir el proceso ulterior de planeamiento. La operación de división del territorio en función de los usos globales asignados al mismo constituye la "zonificación". Como hemos visto la zonificación funcionalista más estricta no es aconsejable, por su extrema rigidez, como criterio de organización de la ciudad actual. Sin embargo, nada impide que los usos globales y sus intensidades sean matizados y enriquecidos en el momento de fijar los usos pormenorizados, con el único límite de no desnaturalizar el carácter predominante de la zona por el que el Plan ha optado al asignar el uso global. Para mayor flexibilidad el RP contempla la posibilidad de fijar desde el Plan usos excluyentes o prohibidos y usos alternativos cuya elección definitiva corresponde al Plan Parcial en función de unas ciertas condiciones de compatibilidad y equilibrio previamente establecidas (art. 30c) RP, 1978).

Para el cálculo de las intensidades de uso de cada una de las zonas delimitadas se tendrá en cuenta tan solo la superficie ocupada por el uso global, excluyendo los terrenos destinados a Sistemas Generales. Estos últimos, no obstante, deberán tenerse en cuenta a la hora de calcular el Aprovechamiento Tipo, dado que –recordemos– los terrenos destinados a los Sistemas asignados al Suelo Urbanizable Programado en cada uno de sus cuatrienios de programación se obtienen gratuitamente con cargo a los Sectores urbanizables del mismo.

C) Trazado de las redes infraestructurales fundamentales

En este caso la previsión de las redes de abastecimiento de agua, alcantarillado, energía eléctrica, alumbrado, telefonía, etc. tendrá un carácter básico, circunscrito a las redes fundamentales que dan servicio al conjunto del SUP, correspondiendo, una vez más, su desarrollo a escala local a los diversos Planes Parciales previstos.

D) División del territorio en sectores para el desarrollo de Planes Parciales

Hemos podido comprobar el papel decisivo que juega el Plan Parcial en la materialización de las previsiones del Plan en esta clase de suelo. Por ello una adecuada división en sectores será clave para un adecuado proceso de desarrollo del planeamiento. A tal efecto el RP ha previsto una serie de criterios formales y materiales de la delimitación. En primer lugar, el perímetro no debe tener una delimitación artificiosa, ajena a la realidad geográfica o a la ordenación de los suelos contemplada en el planeamiento. En este sentido, deberán considerarse como límites: los suelos consolidados por planeamientos precedentes, los Sistemas de comunicación o espacios libres previstos en el Plan y los elementos geográficos del territorio (divisorias, barrancos, cauces, caminos rurales, etc.). El RP menciona también la conveniencia de que el Sector delimitado tenga características urbanísticas homogéneas, circunstancia que habremos de contemplar con la cautela antes referida de no tender a forzar por ello un excesivo esquematismo en la especialización funcional del territorio.

En segundo lugar, la división deberá ser coherente con la Programación establecida (dos etapas de cuatro años) tanto para el desarrollo de los Planes Parciales como para la ejecución de los Sistemas que soportan los nuevos crecimientos.

Finalmente, el tamaño debe ser suficiente para asumir la reserva de las dotaciones locales previstas en la legislación, pero no tan grande que dificulte la gestión posterior, al reunir un número elevado de propietarios del suelo.

En el Suelo Urbanizable No Programado las determinaciones establecidas desde el Plan se reducen aún más, limitándose al señalamiento de los usos incompatibles con los previstos en las distintas clases de suelo y con la estructura general y al establecimiento de las características técnicas que han de reunir las actuaciones urbanizadoras. A estas determinaciones el Reglamento de Planeamiento añade la delimitación del SUNP, asignando el carácter excluyente, alternativo o compatible de los usos aribuidos a cada área; los criterios técnicos que han de reunir las actuaciones; y la necesidad de definir el concepto de "núcleo de población", estableciendo las condiciones objetivas que den lugar a su formación (art. 72.3.3 TR, 1992 y 34-35 RP, 1978).

La noción de "uso incompatible" deja clara la intención del legislador de no prefigurar, aún con carácter genérico, la ordenación urbanística de los terrenos incluidos en esta clase de suelo. La formulación "defensiva" o negativa de los usos permite acotar el marco de la eventual programación de estos suelos en función de su coherencia con el conjunto de determinaciones del Plan, pero no garantiza un determinado modelo territorial. Sin embargo, la referencia adicional a la fijación de "áreas" o zonas, definidas en función de los usos "excluyentes", "alternativos" o "compatibles", nos acerca a una definición positiva de las condiciones de ordenación. En efecto, el Plan podrá llegar a definir, cara a la eventual formulación de los Programas de Actuación Urbanística, usos obligados, permitir la elección entre varios usos o bien autorizar su desarrollo simultáneo. En cualquier caso el RP autoriza (art. 35 RP, 1978) una cierta flexibilidad en la delimitación de los PAUs respecto a las zonas o áreas (pudiendo abarcar zonas completas, partes de las mismas, o varias zonas) con la condición de que las futuras actuaciones constituyan una "Unidad urbanística integrada", es decir, capaz de resolver con autonomía el conjunto de requerimientos infraestructurales (p. ej., sistemas de comunicaciones, abastecimientos, etc.) y urbanísticos (dotaciones, servicios, ...) derivados de la implantación.

• *Determinaciones en el Suelo No Urbanizable*

Finalmente, en Suelo No Urbanizable el Plan deberá establecer las medidas y condiciones precisas para la conservación de las condiciones naturales. A tal efecto, el Reglamento concreta las siguientes determinaciones: la delimitación de las áreas de especial protección; la definición y condiciones de formación de los "núcleos de población"; y las características de los edificios y construcciones que puedan levantarse en esta clase de suelo (art. 72.3.4 TR, 1992 y 36 RP, 1978).

No insistiremos ahora en conceptos ya reiterados, simplemente señalar que la distinción entre los suelos merecedores de protección y aquellos otros simplemente no considerados necesarios para su incorporación al proceso de urbanización se materializa, generalmente, en el establecimiento de dos grandes categorías de Suelo No Urbanizable: "común" u ordinario y "protegido" en función de su valor específico.

El Suelo No Urbanizable de Especial Protección tendrá tantas subcategorías como valores ambientales deban ser objeto de medidas de conservación, mejora o protección. Con un carácter que debe entenderse abierto, el RP formula los siguientes:

a) Suelo, flora, fauna, paisaje, cursos y masas de agua.
b) Medio ambiente natural o aquellos de sus elementos que hayan sufrido algún tipo de degradación.
c) Yacimientos arqueológicos y restos histórico-artísticos.
d) Suelos de interés agrícola, ganadero o forestal. Por este motivo la normativa propia del SNU si se formula adecuadamente tiene una complejidad semejante, o incluso mayor, que la reguladora de los suelos urbanos.

Un apartado importante de la misma vendrá referido a la definición de las condiciones de edificación para impedir la formación espontánea de "núcleos de población", mediante una rigurosa regulación de los usos admisibles (art. 15 TR, 1992), que en los suelos protegidos habrá de ser especialmente restrictiva; de las condiciones de adaptación al ambiente de las construcciones; así como de la parcela mínima admisible (en el margen previamente establecido por la legislación autonómica sobre la materia), y las distancias mínimas y condiciones de retranqueo que habrán de respetar las construcciones autorizadas.

3.4. El proceso de elaboración del Plan General

3.4.1. La necesidad de una "cultura del planeamiento"

Una vez examinados el objeto específico del planeamiento municipal, la formación de las técnicas de ordenación y la caracterización legal de la figura del Plan General, conviene revisar el conjunto de los conceptos expuestos desde la perspectiva del proceso de elaboración del Plan.

La peculiar significación del Plan General, en cuanto expresión de una voluntad de gobierno del territorio municipal, instrumentada técnicamente según un formato legal y, al tiempo, anticipación de la forma física de la ciudad, plantea que el proceso de toma de decisiones de planeamiento no pueda referirse a una metodología genérica. El Plan es la instancia de vinculación operativa de un programa concreto de actuaciones sobre el territorio, a la formulación de un proyecto de forma de la ciudad. Es, por tanto, un instrumento circunscrito a un lugar y a un tiempo determinado, pero también a unos actores específicos.

Parece, por ello, necesario partir de la consideración de la capacidad gestora del municipio ya que constituye un elemento decisivo de la viabilidad de Plan como instrumento operativo –y no sólo retórico– de transformación de la realidad. De poco servirán acertadas formulaciones de diseño o sofisticadas técnicas de gestión si el municipio responsable de la ejecución del Plan carece de la voluntad política, de la cultura urbanística, o del aparato administrativo necesario para materializar sus determinaciones. El proceso de redacción del Plan debe constituir la oportunidad de formular de manera explícita y debatir públicamente una estrategia de gobierno territorial, pero debe ser también la ocasión de valorar qué tipo de instrumentación técnica y qué organización administrativa son más adecuadas a las concretas circunstancias y recursos del municipio. Ello tiene varias consecuencias importantes que pueden condicionar el éxito del propio Plan.

En primer lugar, es necesario que el Plan se elabore en una estrecha colaboración entre los profesionales redactores del planeamiento, la Corporación y los órganos de gestión municipal. Sin la voluntad y capacidad de impulso de estos últimos el Plan constituirá todo lo más un instrumento normativo, pero no un auténtico programa de transformaciones territoriales.

En municipios pequeños y medios es frecuente que, ante la infradotación de servicios técnicos propios, la redacción del Plan haya de ser encomendada a profesionales externos. En este caso el riesgo de fractura entre las fases de concepción y ejecución debe superarse enfatizando la importancia de las fases de discusión y participación pública, de tal forma que los profesionales puedan conocer los problemas reales y las prioridades subjetivas de los actores y los responsables municipales asimilar las potencialidades del Plan como instrumento de política municipal .

Una fórmula crecientemente adoptada en municipios grandes consiste en la formación de "oficinas del Plan" insertas en los órganos urbanísticos municipales, pero diferenciadas de los órganos de gestión cotidiana. Ello permite asegurar que el objetivo de redacción del Plan no se diluya entre las tareas de gestión ordinaria, y al mismo tiempo propiciar la convergencia de criterios entre las estrategias de gestión desarrolladas por el municipio y las formuladas desde el nuevo planeamiento; permitiendo que, incluso durante el proceso de redacción, aquellas puedan constituir una ejemplificación y/o chequeo que permita validar o corregir las propuestas del Plan.

En segundo lugar, de la misma manera que el desarrollo del Plan es fruto de la sinergia de las instancias profesionales, de gestión y de gobierno municipales, el proceso de elaboración del planeamiento es fruto de la colaboración de especialidades profesionales diversas. Si bien el tamaño y complejidad del equipo redactor deberá estar en correspondencia con la magnitud del problema de planeamiento abordado, es importante destacar que el Plan es una plataforma sintética de requerimientos muy diversos. Las propuestas deben interpretar y vincular operativamente procesos territoriales, económicos y sociales muy complejos, pero en ningún modo pueden concebirse como el resultado del ensamblaje en forma "cadena de montaje" de aportaciones disciplinares diversas. En otras palabras, las reflexiones arquitectónicas, geográficas, sociales, económicas o jurídicas sobre el territorio deben converger en la formulación de estrategias sintéticas capaces de materializarse en propuestas concretas de organización espacial y gestión urbanística.

Es también condición necesaria del éxito de todo este proceso que la formulación del Plan vaya acompañada por la asimilación de una cierta "cultura del Planeamiento" por parte de todos los actores capaces de incidir en la ciudad y el territorio. Ello significa superar la consideración negativa del Plan como mero requisito burocrático previo a la urbanización o edificación, o como mera expresión gráfica de un futuro deseable.

En una cultura socialmente enraizada del Plan éste aparece con la doble dimensión de constituir la expresión de una voluntad política y al mismo tiempo de un "pacto" o compromiso recíproco entre administradores y administrados, pero siempre como un instrumento que no se agota en sí mismo, sino que inserta en unos ejes de estrategia urbana y territorial más amplios. Los rasgos distintivos de esta "cultura" podrían ser los siguientes:

— La voluntad de promover la concertación entre las diversas instancias públicas y privadas que intervienen en la construcción de la ciudad y del territorio. Dado que el urbanismo es un espacio concurrente de la acción de todas las administraciones (General del Estado, Autonómica y Local), instituciones y empresas promotoras de infraestructura o detentadoras de suelo e iniciativa privada, no siempre cabe realizar una "división del trabajo" entre cada una de ellas. Así los proyectos complejos (recuperación de un frente marítimo, reconversión económica de terrenos ferroviarios o industriales obsoletos, etc.) precisan el concurso simultáneo de todas las instancias, suscitando la "cooperación" como única alternativa razonable al enclaustramiento en las respectivas competencias. La formulación del Plan puede aprovecharse como un momento óptimo para promover y reflejar esta cultura cooperativa.

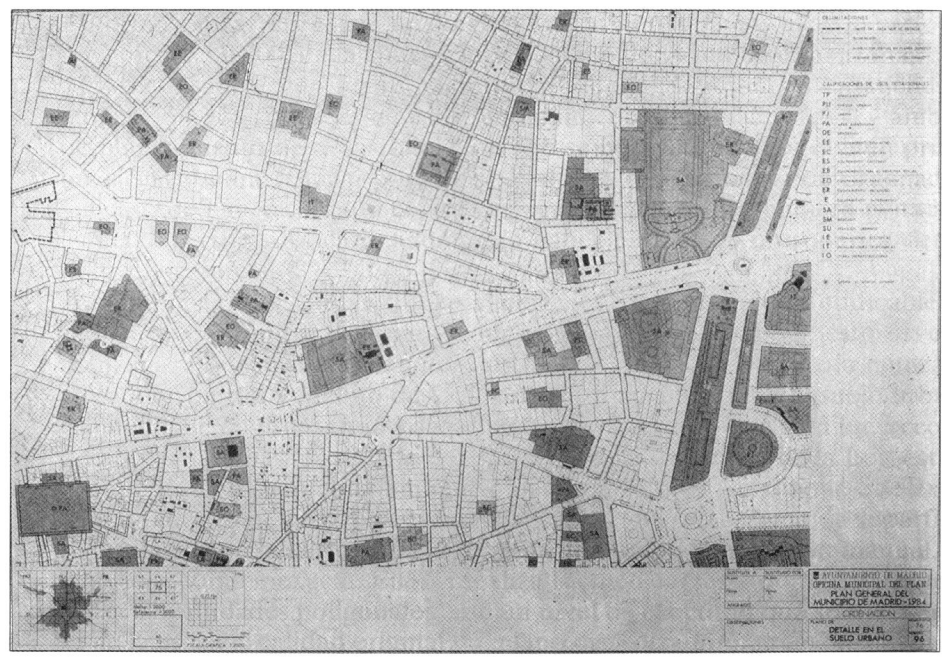

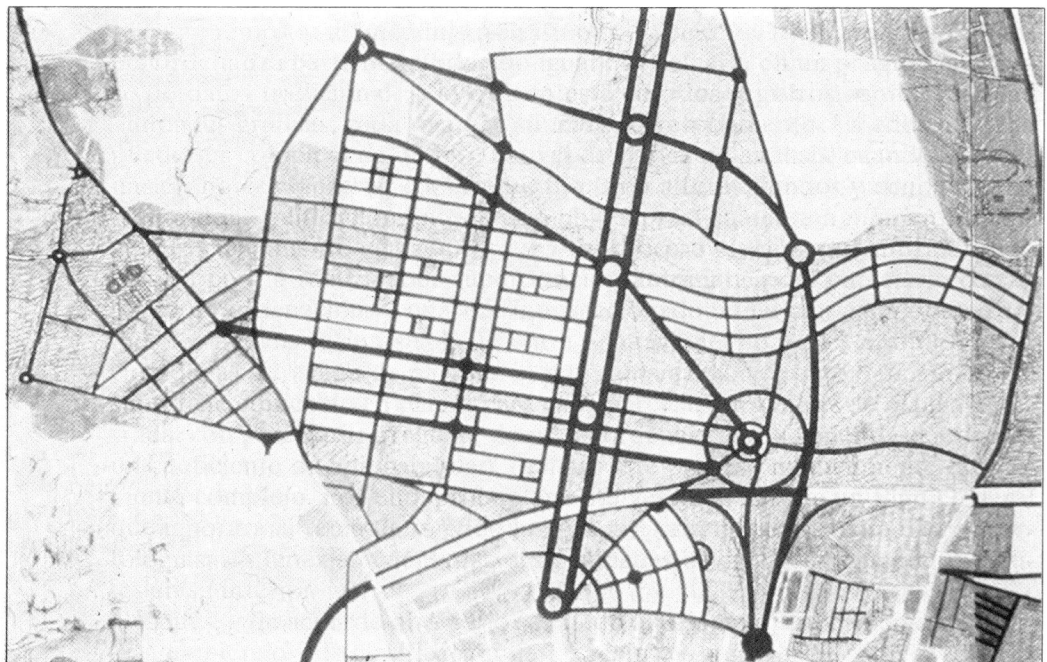

Figura 3.17. (Arriba) Plan General de Madrid de 1985. Plano de Detalle en Suelo Urbano que fija las alineaciones y rasantes a escala 1:2.000, (abajo) los equipamientos y dotaciones, desagregados al nivel de parcela catastral.

— La voluntad de considerar integradamente todos los aspectos que inciden sobre la calidad de vida en la ciudad y el territorio. Esto es, insertar las determinaciones más específicas sobre la regulación de los usos del suelo en estrategias más generales acerca de la calidad ambiental, la vertebración social y espacial, la promoción de la competitividad, etc. El Plan puede cubrir un importante espacio de traducción operativa de los criterios estratégicos y, en sentido contrario, la vinculación de sus determinaciones a un proyecto más amplio permite enriquecer su dimensión normativa, evitando el riesgo de un formalismo meramente burocrático.

— La voluntad de vincular el Plan a un compromiso sostenible de ejecución, a través del respaldo financiero a sus determinaciones y al desarrollo de una política activa de suelo. Más adelante examinaremos la discusión en torno a la "Programación" como parte del contenido propio del Plan. Destaquemos ahora el aspecto más general de la necesidad de priorización estratégica de las acciones del Plan que conllevan inversiones públicas y privadas. Al insistir en que el Plan no es sólo el dibujo que sintetiza sus determinaciones formales o físicas sobre la ciudad o el territorio, queremos ante todo destacar la importancia del tiempo (y la oportunidad temporal) como dimensión adicional del planeamiento. En este sentido, podríamos afirmar sin exageración que en el planeamiento el orden de los factores sí puede alterar el producto. No es lo mismo, por ejemplo, que la recuperación residencial de un centro histórico en declive se realice o no con prioridad a nuevas operaciones de extensión periférica, ya que éstas, al igual que la dilación temporal en intervenir, pueden agravar irreversiblemente su deterioro.

— La consideración de que el Plan no sólo no concluye con su aprobación formal, sino que ésta da verdadero inicio al proceso de planeamiento, al abrir la posibilidad de materialización de las determinaciones del Plan. Por este motivo el proceso de identificación de problemas y formulación de respuestas urbanísticas adecuadas, no debe cerrarse con el período de redacción del Plan, sino prolongarse a lo largo de toda su vigencia como seguimiento o monitorización de su ejecución. La legislación contempla esta necesidad al establecer entre las determinaciones del Plan el señalamiento de las circunstancias con arreglo a las cuales sea necesario proceder a su Revisión: crecimiento de la población, recursos, intensidad de ocupación, etc. (art. 72.2g) aspecto que el RP concreta aún más al precisar que, además de la fijación de un límite temporal para el conjunto de sus previsiones, el Plan deberá establecer "las circunstancias en cuya virtud habrá de llevarse a cabo la Revisión anticipada, fijando los márgenes de tolerancia admisibles por las desviaciones entre la evolución real y las previsiones del planeamiento que justificaron la clasificación del suelo o el modelo de desarrollo urbano inicialmente adoptado" (art. 28 RP, 1978). Aclaremos que el concepto legal de "Revisión" al que se hace referencia consiste en la adopción de nuevos criterios respecto a la estructura general y orgánica del territorio o de la clasificación del suelo, motivados por una voluntad de reconsiderar el modelo territorial adoptado o por agotamiento de su capacidad (art. 126 TR, 1992).

3.4.2. *La identificación de los problemas clave a partir del análisis estructural y morfológico*

El paso previo a la formulación de cualquier estrategia de actuación consiste en identificar los problemas clave y formular un diagnóstico coherente de la situación de partida. Esta primera fase corresponde a lo que en la legislación urbanística se denomina "información urbanística". Hemos señalado la concepción generalista y extensiva que la Ley atribuye a la figura del Plan General, plasmada en la voluntad de regular a su través todos los procesos que inciden sobre el territorio. Pues bien, esta misma ambición se traslada a la información urbanística, que es diseñada con la vocación exhaustiva de "considerar todos los aspectos que puedan condicionar o determinar el uso del territorio". En este sentido el RP precisa incluso una relación mínima de estudios necesarios que todo Plan debe contener (art. 38 2º RP, 1978):

a) Planeamiento vigente con anterioridad.
b) Resultado del trámite de participación pública.
c) Características naturales del territorio (geología, topografía, clima, etc.).
d) Aprovechamientos agrícolas, forestales, ganaderos, cinegéticos, mineros, etc.
e) Edificaciones e infraestructuras.
f) Aptitud de los terrenos para su utilización urbana.
g) Valores paisajísticos, ecológicos, urbanos e histórico-artísticos.
h) Incidencia de las legislaciones sectoriales.
i) Características de la población.
j) Obras programadas e inversiones públicas derivadas del planeamiento superior.

Es fácil concluir que la realización del conjunto de los estudios indicado supone un esfuerzo técnico y unos recursos económicos considerables que no siempre se ven justificados por su traducción en estrategias y decisiones de planeamiento concretas. Por otro lado, con frecuencia constituyen impulsos puntuales, limitados al momento de formulación del Plan, que carecen de continuidad en la actualización de la información producida, obligando a repetir periódicamente el esfuerzo inicial, además de impedir el proceso de monitorización continua de la ejecución del planeamiento, antes descrito.

Como reacción a esta práctica se detecta en la más reciente generación de planes un cambio de actitud: frente a la elaboración de una información exhaustiva y generalista, la opción por establecer una relación más estrecha entre la interpretación de la ciudad y los procesos urbanos y los objetivos de planeamiento. Desde este punto de vista la información urbanística no es una fase autónoma de constitución de un banco de datos descriptivo que, eventualmente, alimentará la formulación posterior de un diagnóstico, sino el momento de formular una interpretación objetiva de la realidad urbana y territorial capaz de identificar los problemas según su relevancia relativa (y no sólo según su tamaño) y de describir las potencialidades del territorio para inducir procesos alternativos. Veamos más en detalle el alcance de esta idea.

El entendimiento de la ciudad y el territorio como realidades en proceso permanente de cambio, como sistemas dinámicos y no como meros objetos, significa que la intervención urbanística debe incidir prioritariamente sobre los procesos de transformación real del espacio urbano (por ejemplo, los procesos de cambio en las formas de producción y su reflejo en la reestructuración de los asentamientos industriales existentes). Esto demanda a su vez establecer una correspondencia conceptual y metodológica entre el plano de análisis y de intervención urbanística. Es decir, demanda realizar una captura selectiva de aquella información más relevante para poder establecer áreas de dinámica homogénea.

La lectura de la ciudad y del territorio desde sus piezas diferenciadas y desde las dinámicas de transformación permite establecer los ámbitos espaciales de la intervención urbanística, diseñando –en su caso– procesos alternativos. La secuencia metodológica de elaboración del Plan propuesta en la legislación se ve, de esta forma, enriquecida con una visión más compleja y dialéctica de los hechos urbanos. En efecto, el RP formula como requisitos de la Memoria del Plan una serie de fases en las que se materializan progresivamente sus determinaciones: Información urbanística, diagnóstico de los condicionantes de la ordenación territorial, formulación de criterios y objetivos, formulación de alternativas de planeamiento, elección de un modelo territorial y elaboración de las determinaciones concretas del planeamiento (art. 38 RP, 1978). Este planteamiento favorece una interpretación esquemática y deductiva del proceso de adopción de decisiones, sugiriendo que éstas pudieran surgir de la mera disposición de la información pertinente, a través de un proceso de depuración de alternativas. Tal enfoque contradice la dimensión, reiteradamente destacada, del Plan como instrumento de gobierno del territorio, pero además se ha visto superado en la más reciente generación de Planes por la voluntad de incidir en la ciudad y el territorio desde los problemas, combinando para ello los análisis deductivo e inductivo, y las diversas escalas de intervención urbanística. "Se huye –como señala J. J. Trapero, 1985: p. 174– de una metodología omnicomprensiva a la que trataba de llegar y obedecer el anterior planeamiento. Ahora se es consciente de que la metodología a aplicar no puede ser la misma para todos los planes y que ha de ser plantada modestamente según las circunstancias y medios que en cada caso se dan, tratando de ser lo más rigurosa posible, pero no falsamente perfecta".

3.4.3. *La formulación de la estrategia de intervención y las opciones de ordenación urbanística*

El establecimiento de unos criterios y objetivos de intervención, dialécticamente relacionados con el diagnóstico de los problemas clave identificados, constituye el paso previo necesario para la formulación de las opciones concretas de ordenación urbanística.

Si bien es difícil establecer criterios y objetivos de validez general para el planeamiento municipal, a lo largo de la pasada década y en paralelo a la renovación del planeamiento de las ciudades más significativas, se desarrolló un importante debate profesional en torno a la ciudad y al papel del Plan urbanístico en cuanto instrumento de interpretación y transformación operativa de la realidad urbana. Fruto del mismo fueron decatándose y cristalizando una serie de rasgos comunes a muchos de los nuevos planes, que vendrían a constituir unos ciertos rasgos comunes de la más reciente generación de planes municipales:

— El entendimiento de la ciudad como un hecho histórico y una realidad morfológica heterogénea y la apuesta por la transformación de la ciudad existente, antes que por aventurar alternativas inciertas de nuevo crecimiento.
— La concepción del plan como herramienta vinculada a la intervención de la ciudad y, en consecuencia, el entendimiento del mismo no sólo en su dimensión jurídica sino como un instrumento operativo y programático del gobierno municipal.
— La confianza en el impulso público y la responsabilidad directa de la Corporación municipal en la ejecución de las determinaciones del Plan.
— La innovación metodológica tanto a nivel de los instrumentos de proyección física, como a nivel de los instrumentos de gestión.

En suma, la decantación del planeamiento hacia el compromiso de incidir de manera efectiva en la transformación de la ciudad.

Una pieza decisiva para que la estrategia urbanística propuesta desde el Plan tenga la potencialidad de transformarse en un proyecto colectivamente asumido de ciudad es el proceso de participación ciudadana. La Ley faculta (art. 103 TR, 1992) que las entidades y organismos interesados puedan formular avances de planeamiento y anteproyectos parciales que sirvan de orientación para la redacción final de los documentos de planeamiento. Si bien la aprobación de este tipo de documentos solamente tiene efectos administrativos internos, preparatorios de la redacción del planeamiento y proyectos definitivos, su importancia en el proceso de concertación de las determinaciones del plan puede ser decisiva.

Hemos visto en detalle en apartados precedentes las determinaciones tanto formales como sustantivas del diseño legislativo de la figura del Plan municipal, por ello completaremos la visión ofrecida incidiendo sobre determinados criterios que, a la hora de cumplimentar las especificaciones descritas, habrá de tener en cuenta el planificador.

En primer lugar, es necesario un cierto cambio de enfoque en la aproximación a los problemas y tratamientos urbanísticos, en el sentido de adoptar una "perspectiva estratégica", es decir, una aproximación selectiva que seleccione qué partes y elementos de la ciudad pueden apoyar mejor las políticas de transformación y recuperación urbana formuladas. La distinción entre opciones "fuertes" y "débiles" del plan permite incorporar la flexibilidad y la adaptabilidad como criterios de diseño. En la experiencia concreta de los planes recientes, ello significa la identificación, selección y formalización de una serie de operaciones estructurales clave (capaces de incidir sobre el conjunto de la ciudad), complementadas con la diferenciación en el conjunto urbano de áreas de normativa, de trazado y de proyecto, en función de las problemáticas específicas de cada una de las áreas homogéneas delimitadas.

En segundo lugar, el Plan debe formularse desde una reflexión integradora, eso significa entender que la ciudad no es homogénea sino que, por el contrario, está constituída por piezas de identidad diferenciada que es preciso interpretar adecuadamente. Además significa la necesidad de que el Plan plantee una aproximación flexible a las escalas de proyecto, es decir, formule una adecuada relación dialéctica entre las propuestas estructurales (en especial las relativas a los Sistemas Generales) y las propuestas zonales (en especial relativas a la organización mórfológica de cada una de las piezas urbanas y rurales que integran el territorio municipal). Implica, igualmente, la superación de la idea de que el planeamiento pueda constuirse como mera superposición de enfoques sectoriales. Frente a la tendencia a reproducir en el planeamiento la compartimentación administrativa es necesario articular desde el Plan propuestas sintéticas desde criterios urbanísticos "fuertes".

En el orden de las decisiones, el Plan debe adoptar criterios adecuados en cuanto al dimensionamiento y localización de los nuevos crecimientos y en cuanto a las operaciones transformativas necesarias para la recuperación y rehabilitación de los tejidos consolidados. Dado que hemos referido este segundo aspecto al tratar las determinaciones del Plan en el Suelo Urbano nos centraremos ahora en unas breves reflexiones en torno al primero de ellos. Como señalan Coll Guarner y Hosta (1993: p. 25): "para que un planeamiento general no fracase es necesario que su dimensionado responda a las "necesidades" y a las "posibilidades" de la colectividad o núcleo de población que abarca. De ahí la gran importancia que tiene la correcta evaluación de estos dos parámetros: necesidades y posibilidades". Recientemente se ha suscitado un encendido debate acerca de la incidencia real de la cantidad de suelo disponible en la formación de los precios inmobiliarios. No podemos responder aquí en profundidad al núcleo de esta cuestión, sino tan solo remarcar la necesaria distinción entre la disponibilidad de suelo calificado y de suelo urbanizado. Sólo este último puede contabilizarse a los efectos de mercado y, en consecuencia, incidir de manera relevante en el nivel de los precios. Como hemos visto, la consecución del suelo urbanizado no depende tan solo de la precondición de la clasificación y calificación operada desde el Plan, sino de un correcto funcionamiento de los instrumentos de producción del mismo, tanto en el orden de la gestión urbanística pública como en el de la promoción inmobiliaria privada. En cualquier caso, parece razonable completar los estudios demográficos y de dinámica inmobiliaria realizados en el diagnóstico con una evaluación coherente de los recursos económicos públicos y privados disponibles en el municipio. Un correcto ajuste entre necesidades y posibilidades evitará las disfunciones que tanto por exceso en la calificación como por defecto en la misma pueden generarse en el mercado, comprometiendo la viabilidad de las determinaciones establecidas desde el Plan.

El dimensionamiento del Suelo Urbanizable no puede considerarse como una variable abstracta ajena a la propuesta de localización física del mismo. Es característico de las últimas generaciones de planes la renuncia al formalismo de un modelo territorial apriorístico. Más bien al contrario, los últimos planes se caracterizan por un análisis detallado de las condiciones urbanas y geográficas preexistentes que permitan encontrar la mejor relación entre los nuevos crecimientos y los tejidos existentes. Constituye un criterio de validez general la consecución más allá de la continuidad física con el núcleo urbano, de una buena articulación entre lo "viejo" y lo "nuevo" en la cual las nuevas extensiones puedan coadyuvar a la reestructuración y mejora dotacional de los suelos urbanos. En esta línea, las operaciones de reforma interior sobre los intersticios vacíos en Suelo Urbano y las operaciones de nuevo crecimiento deben considerarse como oportunidades para conse-

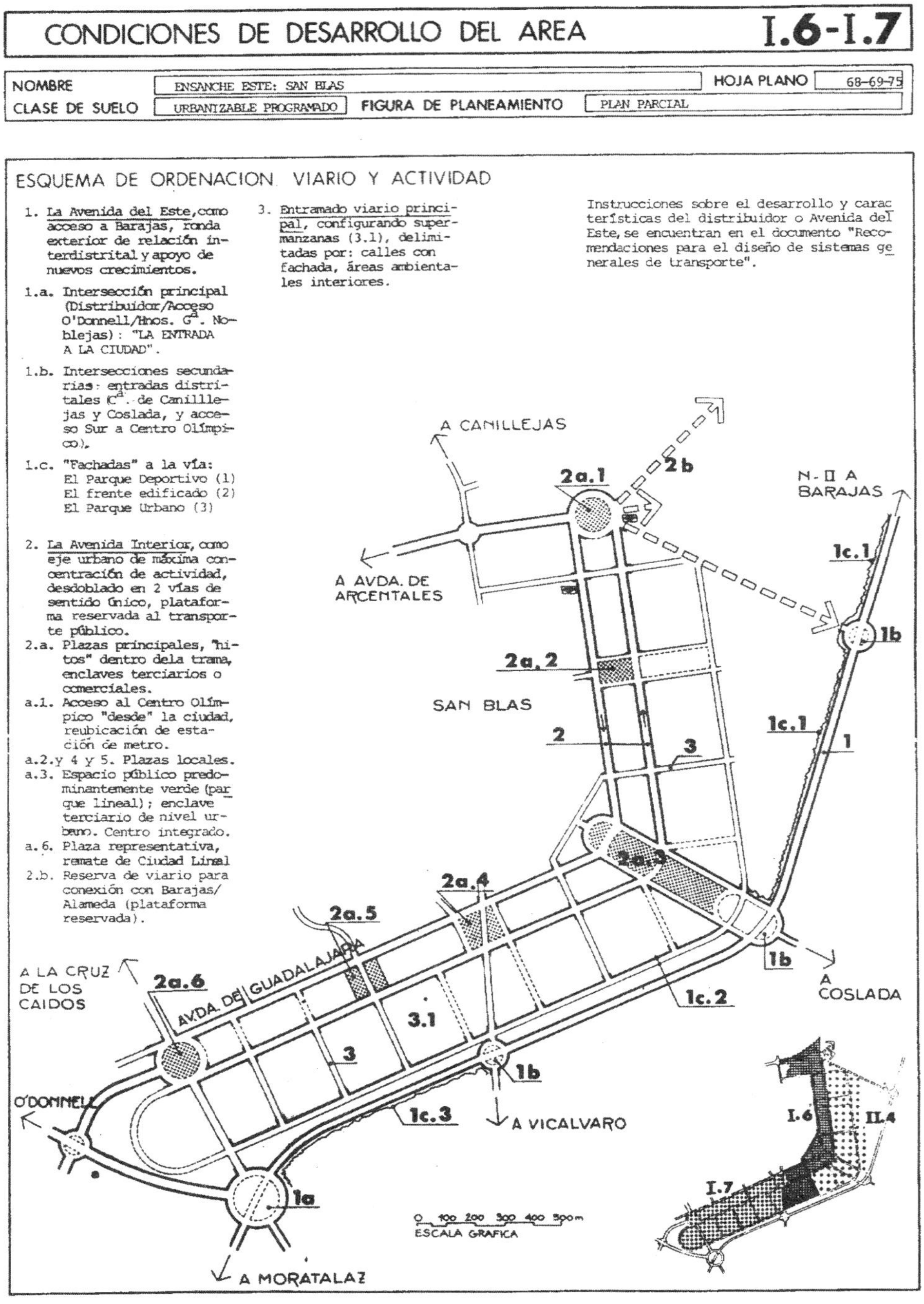
CONDICIONES DE DESARROLLO DEL AREA
I.6-I.7
NOMBRE
ENSANCHE ESTE: SAN BLAS
HOJA PLANO
68-69-75
CLASE DE SUELO
URBANIZABLE PROGRAMADO
FIGURA DE PLANEAMIENTO
PLAN PARCIAL
ESQUEMA DE ORDENACION VIARIO Y ACTIVIDAD
1. La Avenida del Este, como acceso a Barajas, ronda exterior de relación interdistrital y apoyo de nuevos crecimientos.
1.a. Intersección principal (Distribuidor/Acceso O'Donnell/Hnos. Gª. Noblejas): "LA ENTRADA A LA CIUDAD".
1.b. Intersecciones secundarias: entradas distritales (Cª. de Canillejas y Coslada, y acceso Sur a Centro Olímpico).
1.c. "Fachadas" a la vía:
El Parque Deportivo (1)
El frente edificado (2)
El Parque Urbano (3)
2. La Avenida Interior, como eje urbano de máxima concentración de actividad, desdoblado en 2 vías de sentido único, plataforma reservada al transporte público.
2.a. Plazas principales, "hitos" dentro dela trama, enclaves terciarios o comerciales.
a.1. Acceso al Centro Olímpico "desde" la ciudad, reubicación de estación de metro.
a.2.y 4 y 5. Plazas locales.
a.3. Espacio público predominantemente verde (parque lineal); enclave terciario de nivel urbano. Centro integrado.
a.6. Plaza representativa, remate de Ciudad Lineal
2.b. Reserva de viario para conexión con Barajas/Alameda (plataforma reservada).
3. Entramado viario principal, configurando supermanzanas (3.1), delimitadas por: calles con fachada, áreas ambientales interiores.
Instrucciones sobre el desarrollo y características del distribuidor o Avenida del Este, se encuentran en el documento "Recomendaciones para el diseño de sistemas generales de transporte".
A CANILLEJAS
2a.1
2b
N-II A BARAJAS
A AVDA. DE ARCENTALES
1c.1
1b
2a.2
SAN BLAS
2
3
1c.1
1
2a.3
2a.4
2a.5
AVDA. DE GUADALAJARA
A LA CRUZ DE LOS CAIDOS
2a.6
3.1
3
1b
1c.2
A COSLADA
O'DONNELL
1c.3
A VICALVARO
1a
A MORATALAZ
0 100 200 300 400 500m
ESCALA GRAFICA
I.6
II.4
I.7

Figuras 3.18 y 3.19. Plan General de Madrid de 1985. Fichas de desarrollo de los sectores del Suelo Urbanizable Programado (viario y espacios libres). El Plan selecciona los elementos clave de orden morfológico y estructural que han de ser considerados en la elaboración del planeamiento parcial.

CONDICIONES DE DESARROLLO DEL AREA   I.6-I.7

| NOMBRE | ENSANCHE ESTE; SAN BLAS | | HOJA PLANO | 68-69=75 |
| CLASE DE SUELO | URBANIZABLE PROGRAMADO | FIGURA DE PLANEAMIENTO | PLAN PARCIAL | |

ESQUEMA DE ORDENACION, ESPACIOS LIBRES Y EQUIPAMIENTO

1. Parque deportivo del Este tratado como tal con ubicación de instalaciones Olímpicas (ocupación máxima 40 Has).. Sistema general de la ciudad.

2. Parque Urbano del Este, como "cuña verde" que penetra hasta Pinar de la Elipa/O'Donnell. (1)

3. Parques interiores, de traza lineal como conectores" de los espacios libres exteriores e interiores (3.1 a 3.5).

4. Ejes peatonales ligados a la actividad (comercial, etc...).

5. Sistema local de espacios libres interiores (jardines plazas, calles arboladas) como red y conectado a equipamientos locales (escolares, deportivos, etc.)

6. Emplazamientos preferentes para equipamientos de mayor rango o centralidad (BUP, cultural/social, recreativo).

7. Reservas de suelo preferentes para equipamientos de nivel supradistrital.

8. Subestación eléctrica existente.

ESCALA GRAFICA
0 100 200 300 400 500m

(1) Ver instrucciones específicas para diseño del parque.

guir objetivos más ambiciosos de reestructuración, reequipamiento y transformación urbana.

3.4.4. Contenido documental del Plan General

El diseño legal de la figura se completa con la exposición de los documentos en los que deben plasmarse las determinaciones generales y específicas del Plan:

• Memoria y estudios complementarios

Incluirá tanto los estudios relativos a la información urbanística como la formulación de la propuesta de ordenación. El art. 38 RP, 1978 establece que la Memoria deberá establecer las conclusiones de la información de las que se deduzcan condicionantes para la ordenación del territorio, el análisis de las diversas alternativas y opciones de planeamiento, la justificación del modelo territorial adoptado y las determinaciones de carácter general correspondientes a las diversas clases y categorías de suelo.

T. R. Fernández (1993: p. 62) ha insistido en la importancia que debe concederse a este documento en el conjunto del contenido formal del Plan. Tradicionalmente se venía efectuando una escisión entre los documentos considerados de proyecto: Planos, Normas y Programa; y la Memoria "considerada como un simple ejercicio literario sin valor jurídico". La jurisprudencia ha rectificado esta doctrina a partir de la famosa sentencia sobre el derecho al realojamiento de los vecinos de Orcasitas (reconocido literariamente en la Memoria del Plan correspondiente, pero no materializado en determinaciones concretas de tipo normativo). Así en una reciente sentencia (9 de Julio de 1991) el Tribunal Supremo establece que la Memoria no es un documento accidental que pueda existir o no, sino una exigencia insoslayable de la Ley "... la profunda discrecionalidad del planeamiento, producto normativo emanado de la Administración y que pese a ello está habilitado para regular el derecho de la propiedad ... explica la necesidad esencial de la Memoria como elemento fundamental para evitar la arbitrariedad. De su contenido ha de fluir la motivación de las determinaciones del planeamiento".

• Normas Urbanísticas

Las Normas Urbanísticas constituyen, junto con los Planes de Ordenación o de proyecto el núcleo básico de la ordenación urbanística formulada por el Plan. Ambos instrumentos enlazan con las más tempranas experiencias del planeamiento municipal, sustentado –como vimos– sobre la dialéctica entre trazados (u ordenación planimétrica de los terrenos) y ordenanzas (o regulación de la edificación).

Debido a la mayor complejidad de los modernos Planes Generales hoy en día las Normas amplían su contenido respecto a las primitivas ordenanzas, si bien las subsumen como parte de su contenido fundamental. La organización más frecuente de su contenido se estructura en los siguientes aspectos:

— Disposiciones generales, referidas a la vigencia, contenido y efectos del Plan; condiciones de su desarrollo y ejecución (a través de figuras de planeamiento y licencias) y de su modificación o revisión.

— Régimen de las distintas clases de suelo. El RP precisa con detalle las especificaciones de este capítulo entendiendo que constituye un elemento fundamental del comportamiento diferencial del Plan en las diversas clases y categorías de suelo.

Así en Suelo Urbano se establece que las Normas tendrán el carácter de las tradicionales Ordenanzas de Uso del Suelo y Edificación, comprendiendo la reglamentación detallada de los usos pormenorizados, volumen, condiciones higiénico-sanitarias de los terrenos y construcciones y características estéticas de la ordenación, de la edificación y su entorno. En Suelo Urbanizable Programado el objeto de las Normas se circunscribe al establecimiento del régimen general de los distintos usos del suelo, a la definición de las características de los Sistemas Generales y a la fijación de las condiciones mínimas de los servicios e infraestructuras. En el Suelo Urbanizable No Programado las determinaciones normativas se refieren al establecimiento del régimen de los usos –conforme a los criterios ya enunciados– a la fijación de las características, magnitudes y dotaciones mínimas de las actuaciones integradas, así como a la definición del concepto de núcleo de población, ya que en tanto no se programen las actuaciones el régimen de esta categoría de suelo es asimilable al del No Urbanizable.

Finalmente, en esta última clase de suelo las Normas recogerán los vínculos específicos de cada una de las categorías de suelos protegidos, en función del valor objeto de salvaguarda urbanística, la definición del núcleo de población y de las características de las construcciones y parcelaciones que eventualmente pudieran autorizarse.

— Parámetros y condiciones generales de la edificación, contemplando la definición de los conceptos básicos de las regulaciones tales como las condiciones de la parcela y de la posición del edificio en la misma (sistemas de ordenación), las condiciones de edificabilidad y aprovechamiento, las condiciones de volumen, forma, calidad e higiene de los edificios, etc.

— Condiciones de los usos, estableciendo qué categorías se contemplan, cómo se definen y bajo qué condiciones se regulan. Habitualmente se distinguen como usos básicos el residencial, industrial, terciario (oficinas y comercial), dotacional y espacios libres. Cada una de estas grandes clases puede a su vez desglosarse y matizarse en tipologías muy diversas en función de las intenciones de ordenación del Plan. Ahora bien, estas categorías no deben confundirse con las tipologías edificatorias. Así por ejemplo, la residencia puede dividirse en razón al uso en colectiva y unifamiliar comunitaria y, en razón al sistema de ordenación, en abierta o cerrada, aislada o adosada, etc.

— Sistemas reguladores en Suelo Urbano. Regulación de la ordenación y de la edificación de las áreas morfológicamente diferenciadas, contemplando los diversos valores de los parámetros físicos de la edificación en función del sistema de ordenación característico, así como los usos permitidos, prohibidos y compatibles en cada zona.

— Regulación específica de las áreas remitidas a planeamiento de desarrollo (Planes Especiales de Sistemas, PERIs, Planes Parciales y Estudios de Detalle), que suele adoptar el carácter de fichas de especificaciones de carácter particular, tanto de orden morfológico, como relativas a los sistemas reguladores y usos admisibles y regulación de aquellas áreas en las que el Plan asuma –con eventuales alteraciones– el planeamiento anteriormente vigente.

• *Programa de Actuación*

Es el documento donde deben plasmarse las determinaciones temporales en orden a la coordinación de la ejecución en el tiempo de las acciones del Plan, así como los plazos de ejecución del planeamiento a los efectos de monitorizar el proceso de adquisición gradual de facultades urbanísticas por parte de la propiedad inmobiliaria. Hemos visto en apartados precedentes la importancia relativa de estas previsiones y el problema de la coordinación de las actuaciones atribuidas a los agentes responsables de las inversiones públicas y privadas. Interesa destacar la necesidad de que este documento se coordine con el Estudio Económico Financiero en orden a que la estrategia de prioridades se sustente sobre la capacidad real de movilizar recursos del Plan.

• *Estudio Económico Financiero*

Contendrá la evaluación de los recursos económicos y técnicos del municipio para garantizar la ejecución de las determinaciones del Plan en los ritmos y plazos previstos. En concreto deberá contemplar, conforme al art. 42 RP, 1978:

1) La evaluación económica del coste de la ejecución y urbanización de los Sistemas definidores de la estructura general y orgánica del territorio y de los servicios locales de los Suelos Urbanizables incluidos en los diversos programas cuatrienales.
2) La evaluación económica de las actuaciones de reforma y rehabilitación en Suelo Urbano.
3) La justificación de la viabilidad y posibilidad de realización de las actuaciones previstas, indicando el carácter público o privado de las inversiones previstas y los organismos a los que les son atribuidas.

• *Documentos gráficos*

El legislador distingue entre planos de información y planos de ordenación. Los primeros constituyen la expresión gráfica de los análisis urbanísticos, estructurales y morfológicos, constitutivos de la información urbanística y el diagnóstico. Es importante destacar el valor que en los más recientes planes ha cobrado la cartografía como elemento interpretativo de los procesos urbanos más relevantes, en un contexto de mayor sensibilidad a las cualidades morfológicas y geográficas de la ciudad y del territorio. El análisis gráfico tiene además la ventaja de su correspondencia conceptual con la proyectación urbanística, permitiendo una alimentación mutua entre los niveles de diagnóstico y propuesta.

Los planos de ordenación se desglosan conforme a la taxonomía de determinaciones generales y específicas de las distintas clases de suelo. Destaquemos que la relación de planos siguiente constituye, en cierto modo, una convención en orden a expresar de manera sistemática las previsiones del Plan. No constituyen por tanto el troceamiento "de trabajo" del territorio que debe partir de consideraciones relativas a los problemas urbanos reales (estructura urbana y definición de las áreas homogéneas) y a los tratamientos urbanísticos más adecuados a la solución de los mismos (modos de intervención o regulación).

El RP establece como planos generales que abarcarán al conjunto del territorio municipal los siguientes:

— Clasificación del suelo.
— Estructura general y orgánica del territorio y sistemas generales (será normalmente necesario desglosar las determinaciones en un juego de varios planos para su mejor legibilidad).
— Zonificación básica o división en usos globales previstos en las distintas categorías de suelo.

La escala elegida deberá contemplar la posibilidad de mostrar el conjunto del término municipal y sus relaciones con el territorio inmediato (normalmente de 1:10.000 a 1:25.000).

La importancia concedida al Programa ha motivado que en muchos Planes sus determinaciones no sólo se recojan literariamente, sino que se expresen en un plano de acciones a escala suficiente para individualizar el ámbito de cada una de ellas –incluso a escala parcelaria en Suelo Urbano– e identificar la naturaleza de la inversión prevista.

En el Suelo Urbano los planos desarrollarán con detalle las determinaciones específicas en esta clase de suelo, en especial las relativas a la asignación de usos pormenorizados y a la fijación de alineaciones y rasantes para la totalidad del ámbito no sujeto a remisión, a planeamiento posterior. El RP fija una escala mínima 1:2.000 para la elaboración de estos planos, aunque en muchos casos será conveniente recurrir a la escala 1:1.000, que permite alcanzar una mayor precisión en planos que habrán de poder utilizarse directamente para efectuar la "tira de cuerdas" (o deslinde sobre el terreno de la parcela respecto del espacio público) y la concesión de la licencia de edificación. Análogo resultado puede obtenerse manejando planos 1:2.000 obtenidos por reducción de la escala 1:1.000. En los ámbitos remitidos a un PERI ulterior no es lógicamente necesario alcanzar tal grado de precisión –al no fijarse alineaciones y rasantes– y la escala mínima se establece en 1:5.000.

En los Suelos Urbanizables es necesario elaborar un plano de situación, a la escala adecuada para percibir la relación con el núcleo urbano y los planos correspondientes a las determinaciones específicas a una escala análoga a las áreas remitidas

Figura 3.20. El Atazar.

Figura 3.21. Normas Subsidiarias de El Atazar de 1990. La sensibilidad hacia los valores del lugar y el diseño cuidadoso de la morfología viaria y parcelaria son esenciales en el planeamiento de los números rurales.

a planeamiento ulterior en Suelo Urbano (mínimo 1:5.000). En los más recientes Planes, estas determinaciones se completan con la elaboración de fichas específicas para cada uno de los sectores delimitados –o, en su caso, ámbitos previstos anticipadamente para el desarrollo de PAUs– en las que se detallan y resumen las condiciones normativas y los vínculos de ordenación a los que habrá de ajustarse el planeamiento de desarrollo.

En el Suelo No Urbanizable se elabora, igualmente, un plano de situación que podrá incorporar la división del ámbito en áreas de especial protección.

3.4.5. *Contenido diferencial de las Normas Subsidiarias de ámbito municipal*

Como hemos adelantado, la legislación vigente configura a las Normas Subsidiarias municipales como verdadera alternativa de los Planes Generales, con capacidad para sustituirlos en una versión reducida. En efecto, el art. 65 TR, 1992 incluye las Normas Complementarias y Subsidiarias de Planeamiento en la relación de instrumentos para la ordenación urbanística de los municipios, junto con los Planes Generales, legitimando, al igual que éste, la formulación de las figuras de planeamiento derivado: Planes Parciales, Planes Especiales y Estudios de Detalle. Este carácter se ratifica de manera explícita en el Reglamento de Planeamiento, que establece que las Normas Subsidiarias de Planeamiento tendrán la finalidad de definir para los municipios que carezcan de Plan General la ordenación concreta de su territorio (art. 88.3b) RP, 1978).

El Texto Refundido de 1992 ha hecho desaparecer la diferenciación que establecía el texto de 1975 entre Normas de objeto limitado o pleno, es decir, la diferenciación entre aquellas Normas Subsidiarias limitadas a la clasificación elemental entre Suelo Urbano y No Urbanizable y aquellas otras que contemplaban crecimientos, estableciendo la categoría adicional del Suelo Apto para Urbanizar. Ahora bien, dado que, en cualquier caso, es potestativo del planificador contemplar o no la posibilidad de incluir la clase de Suelo Apto para Urbanizar, en función de las circunstancias concurrentes en el municipio y de la propia estrategia de planeamiento, la refundición operada entre las dos categorías de Normas sólo resulta relevante en relación con los criterios de delimitación del Suelo Urbano. En las antiguas Normas de objeto limitado la mencionada delimitación se realizaba conforme a las reglas establecidas para los municipios carentes de planeamiento (antiguo art. 81, actual art. 13 TR, 1992). En el Texto vigente todas las Normas Subsidiarias delimitarán los terrenos comprendidos en la clase de Suelo Urbano conforme a los mismos criterios establecidos para los Planes Generales (antiguo art. 78, actual art. 10 TR, 1992), es decir disposición de las infraestructuras elementales o consolidación por la edificación de las dos terceras partes de los espacios aptos para la misma según la ordenación que el planeamiento establezca.

Las determinaciones sustantivas de las Normas Subsidiarias contemplarán los siguientes extremos (art. 78 TR, 1992):

— Fines y objetivos de su promulgación.
— Infraestructuras básicas y Sistemas Generales (comunicaciones, espacios libres y dotaciones).

— Clasificación del suelo en Urbano, Apto para la Urbanización (SAU) y No Urbanizable. El SAU deberá delimitarse en función de la proyección, dimensiones y características del desarrollo previsible.

— Asignación de usos y niveles de intensidad a las diferentes zonas en suelo urbano que habrán de resultar de las operaciones de reforma interior previstas.

— Trazado y características de la red viaria (con fijación de alineaciones y rasantes) en Suelo Urbano.

— Asignación de las intensidades y usos globales en las zonas del SAU, delimitando sectores o fijando los criterios para su determinación por los Planes Parciales.

— Delimitación de zonas de protección especial en SNU.

— Definición del concepto de núcleo de población.

— Orden de prioridades y plazos de ejecución de las determinaciones.

Recordemos que la Ley 8/90 introdujo como novedad la obligación de delimitar en el SAU una o varias Áreas de Reparto, con fijación de sus correspondientes Aprovechamientos Tipo, a diferencia del Texto de 1975 que excluía a las Normas de la aplicación de la técnica del Aprovechamiento Medio. Persiste, sin embargo, como diferencia esencial entre Planes y Normas Subsidiarias la inexistencia en estas últimas de una verdadera programación en etapas cuatrienales del desarrollo de la urbanización.

Las determinaciones sustantivas de las Normas se formalizan en los siguientes documentos:

— Memoria justificativa de los fines y objetivos, conveniencia y oportunidad y determinaciones; incluyendo el resultado del trámite de participación pública.

— Normas urbanísticas de la ordenación formulada, que contendrán en Suelo Urbano una reglamentación detallada de los diversos usos, condiciones de volumen y requisitos higiénico-sanitarios de las construcciones y en Suelo Apto para la Urbanización la regulación de los diversos usos del suelo y la edificación, características de los sistemas generales y exigencias mínimas en lo referente a infraestructuras y servicios a que se ha de ajustar el desarrollo de los Planes Parciales y Especiales.

— Planos de información y de ordenación que expresen las determinaciones propias de las Normas con escalas y procedimientos análogos a los establecidos para los Planes Generales.

Finalmente, en el orden cualitativo se constata en la redacción de las Normas una evolución semejante a la experimentada por los Planes Generales. Es destacable, en primer lugar, una mayor sensibilidad hacia lo específico del medio rural planteándose la necesidad de matizar los conceptos y análisis habitualmente utilizados en el planeamiento urbano. Alcanza, por ello una especial relevancia la regulación positiva del Suelo No Urbanizable, en base a una matización adaptada a la geografía y a las señas de identidad diferenciales del territorio, tanto naturales (topografía, vegetación), como artificiales (caminos, parcelación, cultivos, etc.), y muy especialmente de defensa y protección de los recursos paisajísticos y agropecuarios amenazados.

Un énfasis semejante merece el tratamiento de la gestión, ya que la indefinición en este punto se había demostrado como uno de los defectos más graves del planeamiento precedente. El dimensionamiento del Suelo Apto para Urbanizar se adapta a la dinámica real de crecimiento y a las posibilidades reales de disposición de infraestructuras. El diseño de la gestión es estudiado en detalle desde las propias Normas buscándose viabilizar compromisos y delimitar unidades que por su tamaño y ajuste con el plano catastral faciliten la ejecución posterior.

En cuanto a la ordenación de los núcleos, las Normas tienden a conceder una mayor relevancia al diseño de la morfología viaria y parcelaria, al constatarse las insuficiencias de las técnicas de zonificación para regular aceptablemente la urbanización en estos tejidos peculiares. Por el contrario, parece más fructífero entender la ordenación como un ejercicio más próximo al urbanismo de trazado y ordenanza tradicional, precisando pormenorizadamente las alineaciones, rasantes, cornisas y los criterios de integración tipológica y estética para la totalidad de las parcelas del Suelo Urbano, mediante planos y ordenanzas detalladas que permitan una interpretación y aplicación inmediata.

CAPÍTULO 4

PROGRAMAS DE ACTUACIÓN URBANÍSTICA, PLANES PARCIALES Y PROYECTOS DE URBANIZACIÓN

Ramón López de Lucio

4.1. Planeamiento de "escala intermedia" e instrumentos de diseño del nuevo suelo urbano

En el capítulo anterior se ha pasado revista a los diferentes instrumentos de configuración de las transformaciones estructurales y el crecimiento urbano a escala municipal, entendiéndose que éste es el nivel adecuado para comprender, tomar decisiones y gestionar los aspectos básicos de la dinámica urbanística (que a su vez, en áreas metropolitanas o en regiones urbanas complejas, deberán encuadrarse dentro de estrategias explícitas de ordenación de escala superior: Planes Metropolitanos, Estrategias Regionales o Subregionales, etc.).

Sin embargo, en la práctica urbanística contemporánea, este nivel no agota el contenido y el detalle que deben de alcanzar los instrumentos de ordenación física del espacio para ser susceptibles de acoger de manera coherente y ordenada las distintas iniciativas edificatorias (proyectos de arquitectura) y de conformar satisfactoriamente los diferentes espacios públicos (calles, plazas, jardines). Estamos ya lejos de los Planes de Ensanche o de Extensión, característicos de la segunda mitad del siglo pasado o del primer tercio del actual, que por medio de un documento único –el Plano o Proyecto de Ensanche– configuraban la totalidad de los trazados urbanos para períodos temporales dilatados.

Desde hace ya bastantes decenios la "configuración de la ciudad es un proceso gradual" que se materializa a lo largo de un tiempo relativamente dilatado y a través de la mediación de sucesivos documentos técnicos cuyo grado de precisión va creciendo a la vez que se reduce su extensión espacial y, frecuentemente, su complejidad funcional. Y esto, pese a algunas críticas recientes que añoran la certidumbre y autoridad del proyecto urbano entendido como macroproyecto edificatorio, es una evolución anclada en razones estructurales de suficiente calado como para que pueda ser fácilmente revocada. Lo que no significa que no puedan y deban someterse a crítica y perfeccionarse el contenido y los mecanismos de engarce entre los sucesivos instrumentos de planeamiento que aseguren una relación más fluida y a la vez más intencionada entre ellos. A este tema le prestaremos atención en las páginas que siguen.

Toca, pues, desarrollar en este capítulo los instrumentos de planeamiento de "escala intermedia" destinados a organizar y configurar las diferentes piezas de que se compone la "expansión" de los núcleos urbanos. Son necesarias dos precisiones previas:

a) También son instrumentos de la misma escala los que se estudian en el capítulo siguiente; sin embargo su especificidad (sobre todo en el caso de los Planes Especiales de Reforma Interior) estriba en que su intervención se centra en la transformación de tejidos preexistentes y no en procesos de crecimiento sobre suelo anteriormente no urbanizado.

b) En cuanto a la calificación de su escala de actuación como "intermedia" nos referimos a que se sitúan entre los instrumentos de ordenación municipal global (Planes Generales, Normas Subsidiarias, etc.) y los de carácter más concretamente puntual/proyectual (ordenaciones de manzana a través de Estudios de Detalle o, directamente, proyectos edificatorios a nivel de parcela o de manzana).

4.2. Clasificación del suelo e instrumentos de planeamiento de desarrollo del suelo urbanizable

Desde el punto de vista del "régimen jurídico" del suelo los instrumentos de planeamiento que aquí se van a tratar desarrollan el denominado "suelo urbanizable" por los Planes Generales Municipales o "suelo apto para urbanizar" por las Normas Subsidiarias de Planeamiento; es decir, el suelo que ha sido "clasificado" por un instrumento de planeamiento municipal como apto o adecuado para ser urbanizado, para constituir la nueva expansión urbana prevista por aquél. Como es sabido (art. 11 TR, 1992: Texto Refundido de la Ley sobre Régimen del Suelo y Ordenación Urbana, aprobada por RD Legislativo 1/1992 de 26 de Junio) el Suelo Urbanizable previsto por un Plan General pertenecerá a alguna de las dos categorías siguientes:

a) *Suelo Urbanizable Programado* (SUP), "aquél cuyo planeamiento parcial deba ser aprobado en el plazo previsto en el programa del propio Plan"; es decir, el suelo urbanizable cuya incorporación a la ciudad (desarrollo del planeamiento parcial y urbanización) se prevee en el plazo de 8 años (dos cuatrienios) a partir de la aprobación del Plan General.

b) *Suelo Urbanizable No Programado* (SUNP), el que sólo en caso de necesidad, previa redacción y aprobación de uno o varios Programas de Actuación Urbanística, podrá incorporarse al proceso de crecimiento urbano en un plazo no determinado a priori.

Por su parte las Normas Subsidiarias de ámbito municipal (art. 77 TR, 1992) podrán clasificar Suelo Apto para urbanizar.

De acuerdo con esta caracterización técnico/jurídica del suelo, podemos pasar a enumerar los siguientes instrumentos de planeamiento de desarrollo:

a) *Programa de actuación Urbanística* (PAU) desarrollará, parte o la totalidad del SUNP clasificado por un Plan General; a su vez cada PAU será desarrollado por uno o más Planes Parciales.

b) *Planes Parciales* (PP): desarrollan el SUP de un Plan General o el Suelo Apto para Urbanizar de una Norma Subsidiaria; asímismo, como queda dicho, los Programas de Actuación Urbanística.

c) *Proyectos de Urbanización* (PU): forman una tercera categoría de instrumentos de desarrollo cuya finalidad está mucho más acotada. Son auténticos proyectos de obras que deberán concretar las determinaciones constructivas del espacio público en los Planes Parciales (aunque también pueden utilizarse en otras clases de suelo).

4.3. Los Programas de Actuación Urbanística. Significado, contenido y metodología de diseño

4.3.1. Significado del SUNP y vinculaciones procedentes del planeamiento general

El SUNP es una de las mayores innovaciones que introdujo la Ley del Suelo de 1975 y que mantiene el Texto Refundido de 1992; se trata de una reserva de suelo de posible urbanización que establece un margen de flexibilidad en las previsiones, cuantificadas temporalmente, que realizan los Planes Generales para dimensionar el SUP; y que, asímismo, permite una supervivencia del propio documento por encima de los ocho años para los cuales se establece inicialmente la programación del suelo urbanizable. La definición reglamentaria (art. 23.4, RP/ 1978; de aquí en adelante se denominará siempre al Reglamento de Planeamiento aprobado en 1978 como RP/1978; este Reglamento, excepto en algunos preceptos particulares expresamente señalados, continúa siendo de aplicación como desarrollo y ampliación de las prescripciones incluídas en el TR/1992. Algunos artículos han sido derogados por el RD 304/1993 de 26 de febrero para adaptar dicho Reglamento al Texto Refundido de 1992. Cuando sea ese el caso se indicará explícitamente) es perfectamente explícita: "Se clasificará como SUNP aquél que deba ser reservado,de acuerdo con el modelo de utilización del territorio adoptado por el PG, para su posible urbanización y que no sea necesario para la realización de las previsiones del programa"; se deben subrayar en este texto tres aspectos:

a) La definición de las áreas municipales clasificadas como SUNP en los Planes no puede ser casual, sino que debe estar perfectamente imbricada con el modelo territorial de conjunto que se prevee en el planeamiento.

b) Sin embargo, a diferencia de lo que sucede en el SUP cuya vocación consiste en una relativamente próxima incorporación al agregado urbano, en el caso del SUNP esto es sólo una posibilidad que sólo se concretará en el caso de que la dinámica de desarrollo (o dificultades no previsibles surgidas en el suelo programado) así lo aconsejen.

c) El SUNP no es, en principio, necesario para la ejecución del programa de suelo (para 8 años) que incluye el Plan General; lo puede ser, una vez incor-

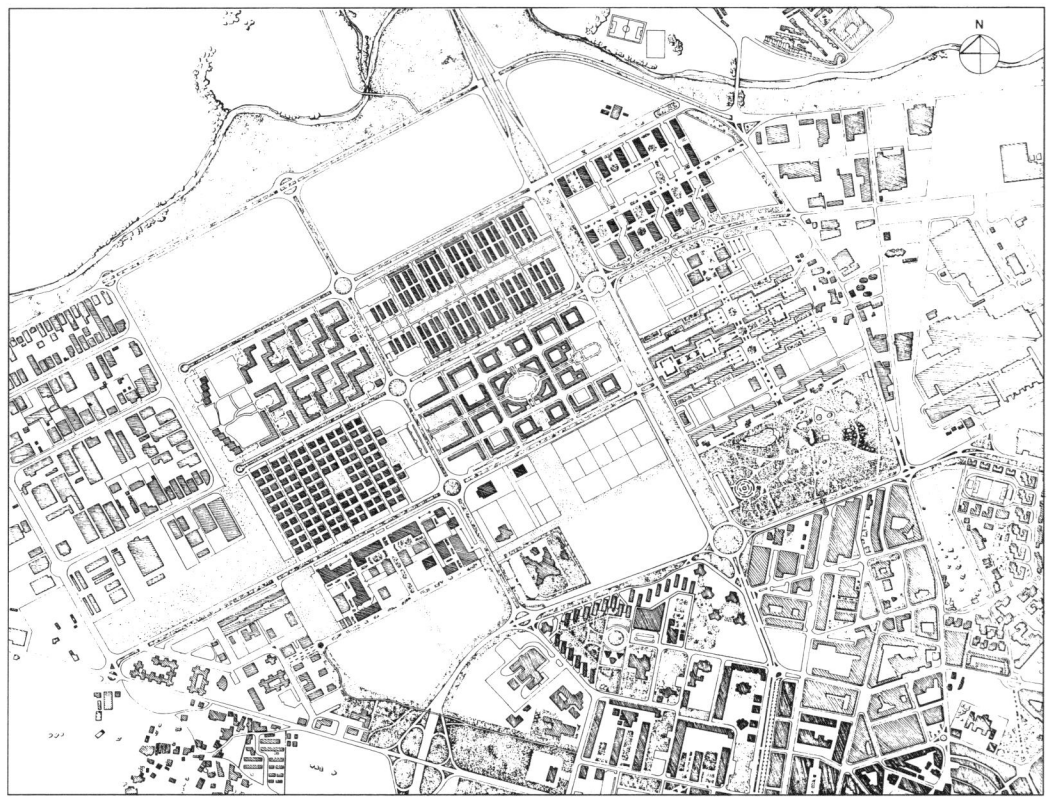

Figura 4.1. Mosaico del planeamiento parcial vigente en Lakua a finales de 1982; adviértase la mínima relación entre trazados, tipos edificatorios y organizaciones funcionales de los distintos sectores, consecuencia de unas casi inexistentes directrices de ordenación de conjunto por parte del documento matriz, el Actur de 1972, excepción hecha de la potente estructura viaria que define las distintas supermanzanas, ámbitos de los distintos planeamientos parciales.

porado al SUP a través de los correspondientes PAU para la ejecución de posteriores programas que dilaten en el tiempo la vigencia del PG.

De hecho el SUNP viene a ser un instrumento útil que evite, por una parte, la sobrecalificación de suelo urbanizable "comprometido" (típico problema de los Planes de los 60 y primeros 70) y que, por otra, permita incorporar, dentro de ciertos cauces de coherencia global, a la iniciativa privada.

Sin embargo en su caracterización y en los juicios que mereció su inclusión como nueva clase de suelo en la Ley de 1975 se pueden detectar orientaciones diversas, aunque parcialmente complementarias:

a) Por una parte se tiende a considerar como un suelo de carácter similar al SUP, con la única peculiaridad de no estar programado de partida por el PG; en la revisión cuatrienal de los programas de actuación del PG se podrá proceder a incluir parte del SUNP como SUP; en este sentido Esteban i Noguera (1984, pgs. 61-62) aconseja ser prudentes en la cantidad de suelo clasificado como SUNP, de igual forma que se debe serlo con el SUP, que en su caso viene reglado de acuerdo con las necesidades objetivas de la ciudad. Desaconseja formalmente la calificación de cantidades importantes de SUNP para acoger iniciativas no previstas, salvo que estén respaldadas por criterios explícitos de ordenación territorial (previstas, v.g., por un Plan Director de Coordinación Territorial).

b) Otros estudiosos, como García de Enterría y Parejo Alfonso (1979, pgs. 282-292), reconocen abiertamente, apoyándose en la propia Exposición de Motivos de la Ley de 1975, que el SUNP está específicamente diseñado para incorporar "imprevistos"; entre ellos las posibles iniciativas privadas que puedan plantearse al amparo de *"fórmulas de urbanismo concertado dentro de un sistema de garantías y obligaciones que permitan seleccionar y tamizar estas actuaciones (...)".* Subrayan, no obstante, el evidente significado de "despublificación de la ordenación urbanística" que conlleva el mecanismo, pese al citado "sistema de garantías y obligaciones", y los inherentes riesgos de quiebra de la coherencia global del modelo de ordenación urbana que persigue el planeamiento general. En esta misma línea Brau y sus colaboradores (1980, vol. 2. pág.51) desaconsejan la utilización del mecanismo de los PAU para el desarrollo de grandes "unidades integradas de vivienda social" que, en su opinión, aunarían las desventajas de los polígonos tradicionales con las derivadas de su previsible mayor tamaño, aislamiento y desconexión de la trama urbana, deficientes servicios, etc.

El planeamiento general impone unas vinculaciones genéricas al SUNP que serán el obligado punto de partida para la redacción de los PAU. En el TR/1992 (art. 72.3.c) se señalan básicamente dos:

— "Señalamiento de *usos incompatibles* con los previstos en las distintas clases de suelo y con la estructura general".
— "Establecimiento de las características técnicas y de las *magnitudes mínimas* que han de reunir las actuaciones en esta categoría de suelo en función de los distintos usos, y las dotaciones, servicios y equipamientos que les correspondan".

Es decir, su posible destino se define en el PG de manera negativa (lo que no puede existir). Sin embargo el RP/1978 en su art. 34 (no derogado por el RD 304/ 1993) confiere un cierto carácter positivo a la definición de los usos al establecer que el PG expresará el *"carácter excluyente, alternativo o compatible de los usos asignados en cada área"* de SUNP. La interpretación de García de Enterría y Parejo Alfonso, 1979, pgs. 260-261) es la siguiente: los usos a establecer serán siempre de carácter global; si en un área metropolitana se fija un uso como "excluyente" el PAU sólo tendrá la competencia de desarrollar las distintas variedades –o usos pormenorizados– de aquél; si en un área se señalan varios usos "alternativos" será competencia

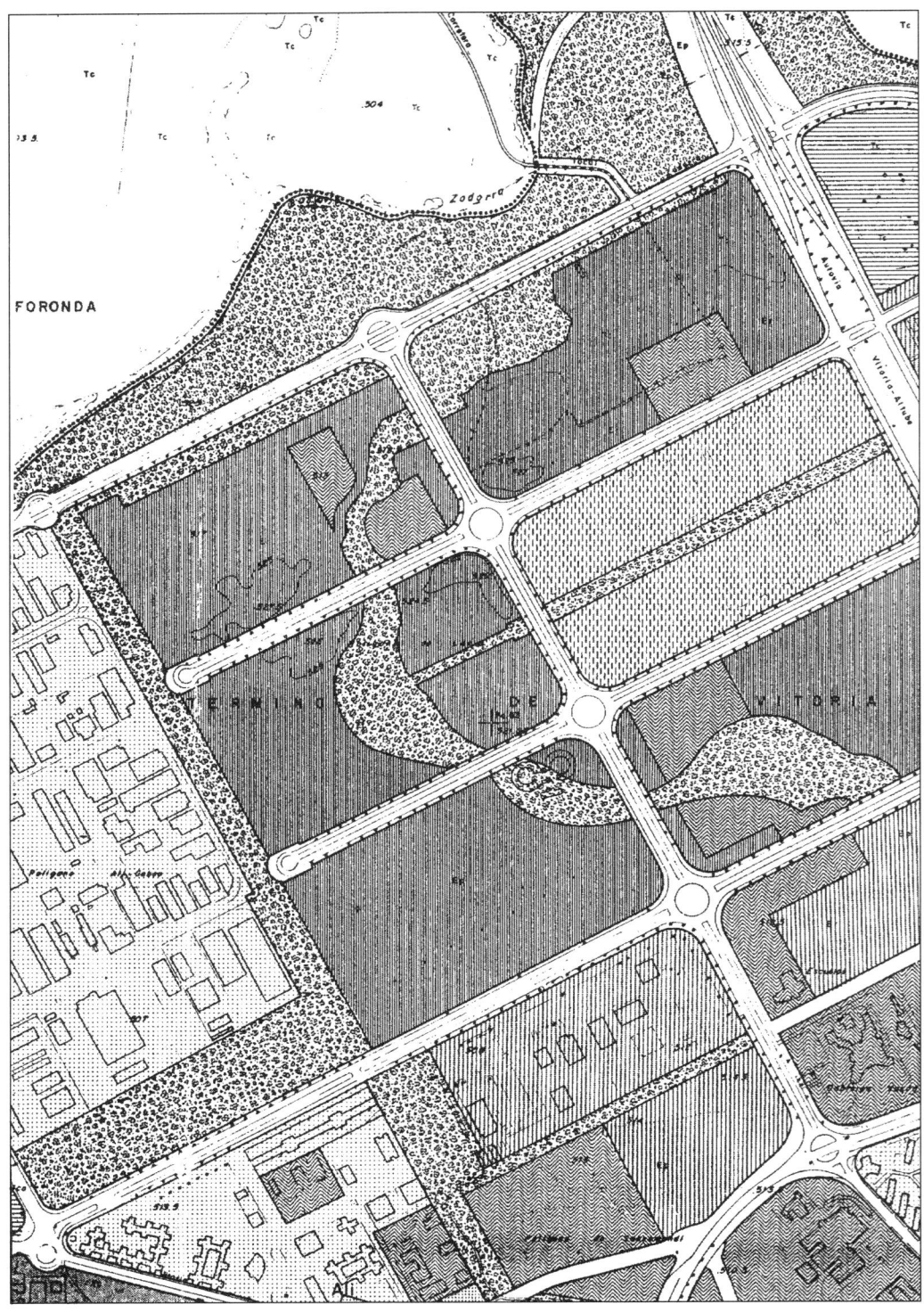

del PAU optar por uno de ellos; finalmente, si se señalan varios usos "compatibles", el PAU podrá "*optar entre ellos o desarrollar simultánea y combinadamente varios o todos*". Según esta interpretación el precepto meramente negativo señalado por la Ley –y expresado de manera más inteligible por el RP, art. 34.b– adquiere un carácter complementario en relación con la zonificación positiva permitida por el Reglamento: lo que, en cualquier caso, habrá que precisar en cada área de SUNP son los usos incompatibles, los que nunca pueden ser autorizados en el mismo.

Se atiende en particular a la definición del tamaño mínimo, que obviamente no puede ser reducido, que han de tener los PAU. En este sentido es aclarador el precepto reglamentario (RP/1978, art. 35) en el sentido de que los PAU deben constituir una "*unidad urbanística integrada*", entendiendo por tal "*aquella que resuelve en sí misma la totalidad de los problemas urbanísticos inherentes a su implantación y funcionamiento orgánico*" (infraestructuras de conexión, dotación de servicios y equipamientos, etc.). Así, como el detalle de las "características técnicas" que deben reunir las actuaciones en esta categoría de suelo y que tendrá que incorporar el PG (RP/1978, art. 34.c):

— "Características que debe reunir la delimitación de los terrenos, considerando la necesidad de una adecuada inserción de la actuación en la estructura urbana del Plan".
— "Magnitudes máximas y mínimas que pueda alcanzar la actuación desde el punto de vista de extensión superficial y de usos que puedan admitirse".
— "Sistemas de dotaciones, servicios y equipamientos que deban establecerse en cada actuación".

Figura 4.2. Plan General Municipal de Ordenación de Vitoria-Gasteiz, refundido de 1989 (L. López de Armentia, R. López de Lucio, F. Velao Reyes, E. Mera). Clasificación del suelo en la ciudad y sistemas generales; zona de Lakua/Ali-Gobeo; e = 1:5.000. La estrategia del Plan implica la fragmentación del extenso ACTUR de 1972 en distintas clases de suelo: urbano (polígonos consolidados o en avanzado estado de ejecución), urbanizable programado (polígonos inmediatos a la ciudad o parcialmente urbanizados), urbanizable no programado (polígonos septentrionales más alejados de la ciudad).

— Requisitos que garanticen la "conexión con la red viaria y de transporte prevista en el PG".
— "Redes de servicios que deban establecerse y su relación con las existentes o propuestas en el PG (...)".

De hecho las determinaciones formales que puede incorporar un PG en SUNP deben ser necesariamente reducidas y esquemáticas si nos atenemos al espíritu que la normativa confiere a esta clase de suelo. Lo que el Plan debe regular cuidadosamente son las condiciones generales y requisitos procedimentales que deben cumplir y pueden hacer aconsejable la aprobación en un momento determinado de un Programa de Actuación Urbanística. Será éste el que, en su ámbito de actuación, complete el modelo estructural de usos y trazados previsto por el Plan General para el conjunto del SUP.

4.3.2. Contenido y determinaciones de los Programas de Actuación Urbanística

Un PAU es un instrumento de planeamiento que configura una "unidad urbanística integrada" con un nivel de detalle similar al que lo hace el PG para el suelo urbanizable programado. De hecho si se comparan las determinaciones de un PG en SUP (TR/1992, art. 72.b) con las de un PAU en SUNP (TR/1992, art. 82.2) se comprobará que son prácticamente idénticas.

Se puede afirmar que el PAU representa un "nivel intermedio en la configuración espacial" del futuro territorio urbano; define sus elementos esenciales, su estructura espacial básica y la distribución global de los usos; sin embargo todavía no configura la materialidad de los espacios públicos ni de las manzanas edificables, responsabilidad ésta que competerá a los Planes Parciales que los desarrollen.

Hagamos una breve exposición comentada de las determinaciones exigidas:

a) *"Desarrollo de los sistemas de la estructura general de la ordenación urbanística del territorio"*; se está refiriendo el texto legal a los "sistemas generales" o armadura básica del territorio: viario arterial, espacios reservados para el transporte en común en superficie (si se prevén), grandes equipamientos colectivos (parques urbanos, polideportivos, centros de enseñanza superior o especializada, grandes servicios urbanos), etc. Debe tenerse en cuenta que en este capítulo el PAU debe cumplir cuidadosamente las condiciones dimensionales y los criterios de localización o conexión impuestos por el PG (RP/1978, art. 34.c).

b) *Definición de los usos globales y sus niveles de intensidad* (dentro de las limitaciones impuestas por el Plan General); a diferencia de los Planes Parciales, que fijan para cada manzana edificable (o porción de ésta) el uso pormenorizado y la tipología edificatoria que le corresponde, los PAU se limitan a establecer por zonas los usos generales o básicos que las caracterizan sin perjuicio de que el desarrollo posterior a través de Ps permita una multiplicación de usos diversos comprendidos en aquéllos. Por ejemplo, una zona calificada en el PAU como residencial de densidad media (55 viv./Ha.), comprenderá en su desarrollo por medio de uno o más PPs , manzanas asignadas a tipologías residenciales diferenciadas, jardines públicos, centros de enseñanza primaria, zonas deportivas de barriada, calles y aparcamientos.

c) Definición del "aprovechamiento tipo" del PAU; la legislación actual (TR/1992, art. 94.3.c) considera a cada PAU como un área independiente de reparto de cargas (costes de urbanización y otros) y beneficios (aprovechamiento lucrativo), incluyendo en el ámbito de dicho PAU a los sistemas generales adscritos a él que resulten imprescindibles para su ejecución (por ejemplo, una conexión viaria de la unidad urbanística a desarrollar con el resto de la red arterial). En los artículos 96 y 97 del TR/1992 se detalla el procedimiento de "cálculo" del aprovechamiento tipo; los pasos esenciales son los siguientes:

— Determinación de la superficie edificable de cada uso global lucrativo incluido en el PAU, incluyendo las dotaciones de carácter privado.
— Definición del uso lucrativo considerado como "característico", al que se le conferirá valor de unidad.
— Determinación de los coeficientes de ponderación de los distintos usos globales en relación con el uso característico; éstos tendrán valores superiores o inferiores a la unidad en función de las condiciones concretas de valoración del mercado para cada uno de ellos, en relación con el característico, habida cuenta de la localización y demás características particulares del PAU.
— Determinación del aprovechamiento lucrativo total como sumatoria de las distintas superficies edificables de cada uso lucrativo afectadas por su correspondiente coeficiente de ponderación.
— El aprovechamiento tipo en m^2/m^2 será el cociente del aprovechamiento lucrativo total por la superficie total del área comprendida en el PAU.

d) *"Trazado de las redes fundamentales de abastecimiento de agua, alcantarillado, teléfonos, energía eléctrica, comunicaciones y demás servicios que se prevean"*; esta determinación complementa la definición de los sistemas generales, básicamente de los sistemas de viario arterial al que tales redes van habitualmente relacionadas.
Evidentemente a este nivel todavía no se trata de efectuar cálculos detallados, pero sí de asegurar una coherencia funcional y técnica mínima a cada una de las redes de servicios básicos, en función de los puntos de acometida con los sistemas ya existentes o previstos, de la topografía y características geotécnicas de los terrenos y de las magnitudes, carácter y distribución de los usos globales a implantar en el territorio. En todo caso debe tener un detalle suficiente para permitir una aproximación al cálculo de implantación de tales redes generales que permita construir el preceptivo estudio económico-financiero.

e) *Definición de las diferentes etapas de desarrollo del PAU;* en el caso de promociones privadas se deberán detallar asímismo los programas de edificación adscritos a cada etapa. Cada una de éstas será objeto de desarrollo técnico a través de un Plan Parcial y su correspondiente Proyecto o Proyectos de Urbanización.

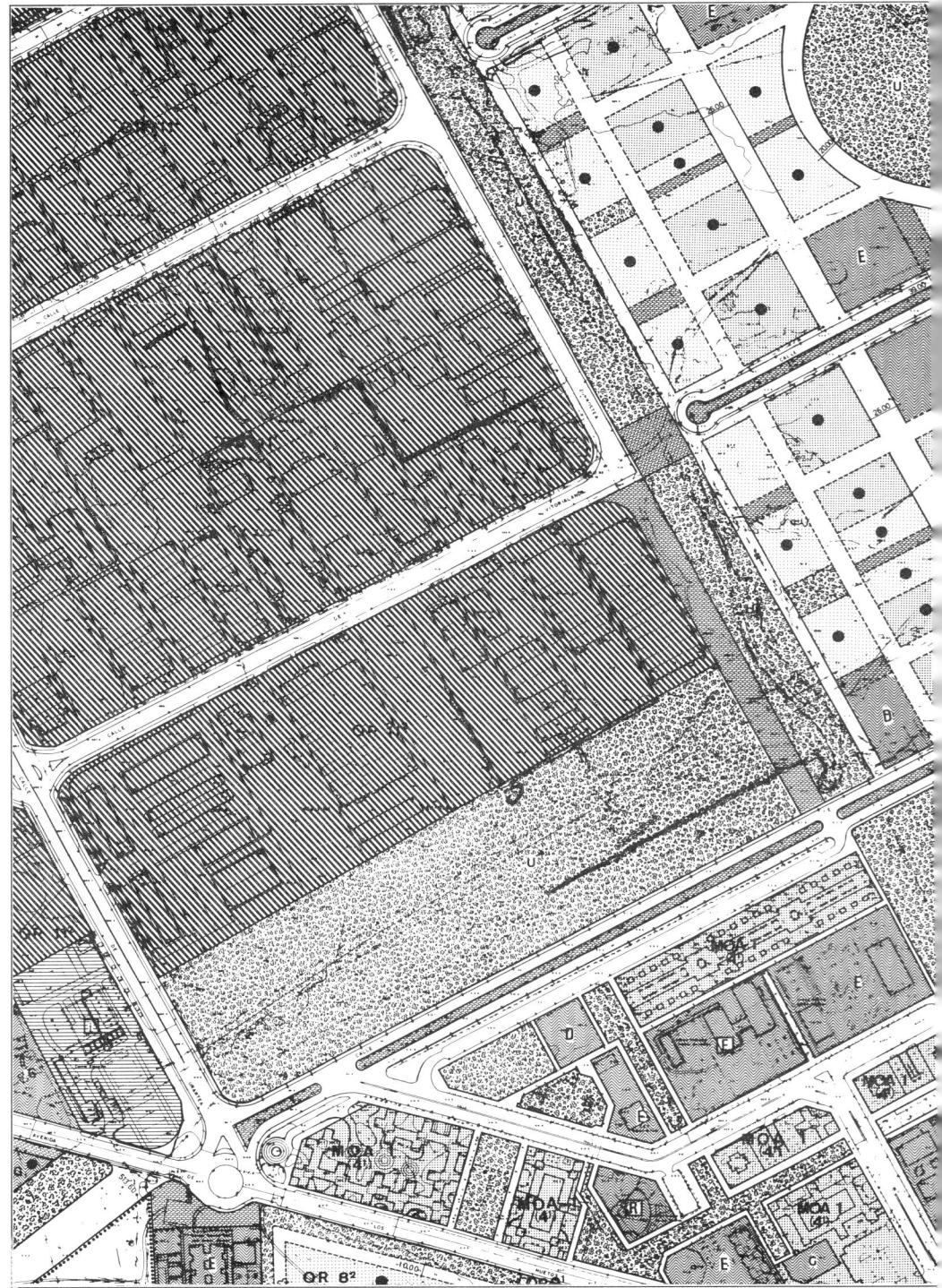

Figura 4.3. Plan General de Vitoria-Gasteiz, refundido de 1989. Alineaciones y calificación pormenorizada (zor Lakua), e = 1:2.000. Se extiende a las distintas clases de suelo; en el urbanizable programado y no progran

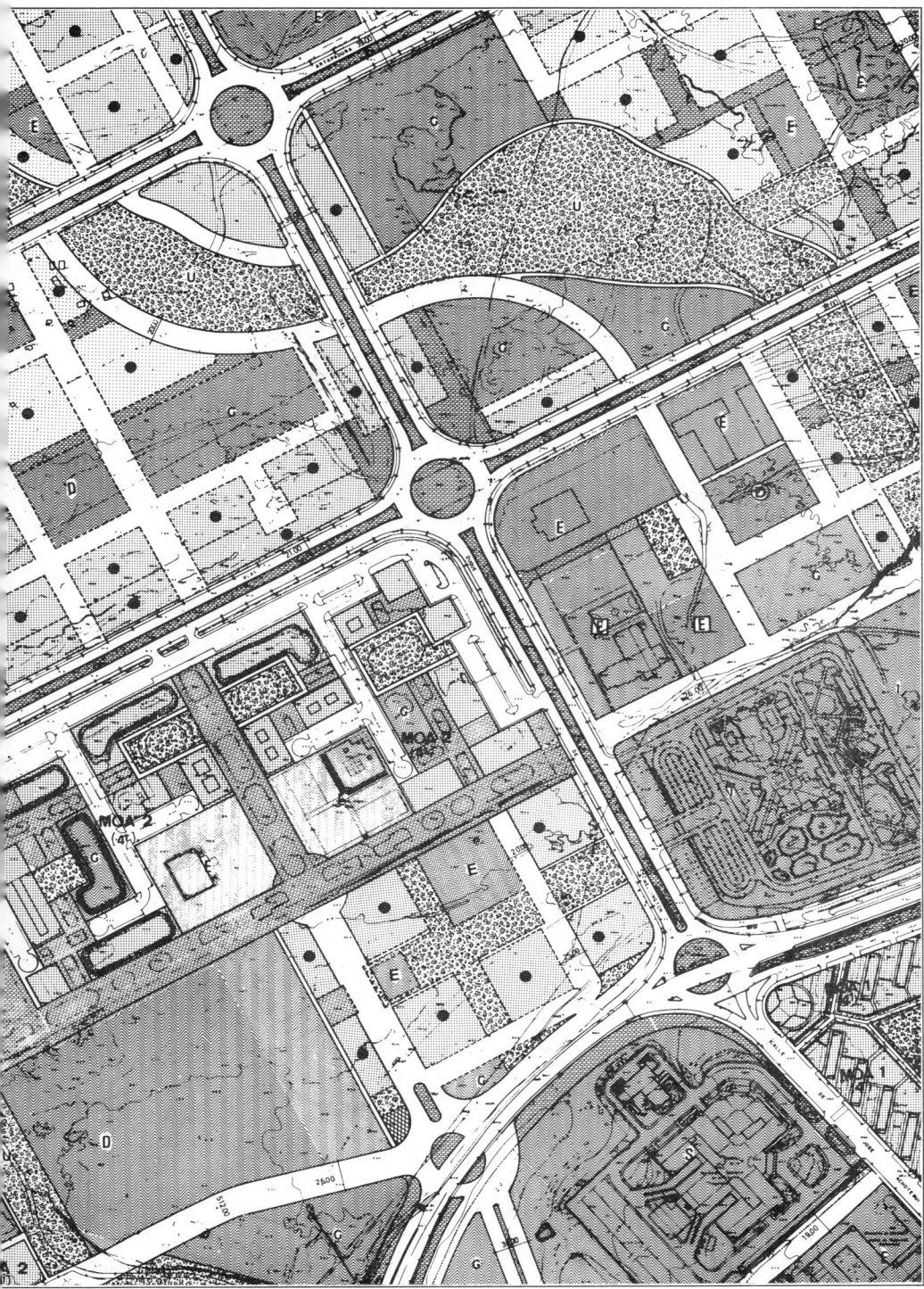

los trazados continuos y los usos que delimitan tienen carácter vinculante (con posibles adaptaciones de de-
posteriores); el resto de los grafismos son meramente indicativos.

Las obras de infraestructura para la ejecución de los sistemas generales se podrán incluir en los distintos PPs o bien realizarse directamente a través de Planes Especiales.

4.3.3. Documentación de los PAU

El contenido reseñado en el punto anterior se organizará documentalmente de la siguiente manera, según prevee el TR/1992, art. 82.3 y el RP/1978, art. 74.1:

a) *Memoria* que describa los objetivos del PAU, magnitudes básicas, criterios de ordenación física del conjunto y de integración funcional con el resto del espacio urbano, mecanismos, etapas y plazos de ejecución de la actuación, etc. Esta Memoria reflejará una información urbanística básica sobre las condiciones iniciales de los terrenos y características del entorno y las preexistencias.

b) *Planos de información urbanística* relativos a los terrenos objeto de ordenación (características naturales, usos del suelo, infraestructuras existentes, etc.)

c) *Planos de ordenación*: definición de los sistemas generales, usos globales, trazados de las redes de servicio fundamentales, definición espacial de las etapas de actuación. En estos planos (de escala mínima 1:5.000) es importante que aparezcan perfectamente referenciados y definidos los elementos físicos *vinculantes*, objeto de las determinaciones mínimas exigidas al documento técnico que constituye un PAU, y las indicaciones o criterios de ordenación de carácter *indicativo* que supondrán guías para la posterior elaboración de los Planes Parciales. Más adelante volveremos sobre esto.

d) *Normas Urbanísticas* para el desarrollo en Planes Parciales; contendrán todos los criterios de ordenación, configuración espacial, características de la edificación, los equipamientos y los sistemas viarios, criterios de compatibilidad básicos entre los distintos usos pormenorizados que ordenarán los PPs y, en general, todas las instrucciones que no tienen una cabida adecuada en los Planos de Ordenación y que encuentran una forma de expresión más *rigurosa* a la vez que más *flexible* a través de Normas escritas.

e) *Plan de Etapas*: descripción literaria y gráfica de las diferentes etapas de desarrollo del PAU, de acuerdo con la determinación "e" que se reseñaba en el punto anterior.

f) *Estudio Económico-Financiero* (EEF): elemento de gran importancia, frecuentemente descuidado en numerosos documentos de planeamiento. A este nivel de PAU el EEF viene a constituir una primera aproximación, lo más cuidadosa posible, a las posibilidades reales de ejecución del Programa, es decir, a su viabilidad económica. Cuando el PAU es de iniciativa privada este aspecto es esencial; en el caso de actuaciones públicas o mixtas se puede concebir que, por razones de índole general, una actuación tenga unos costes de ejecución superiores a los beneficios que la puesta de suelo edificable en el mercado genere (entre otros factores porque, por ejemplo, se quiere reservar una proporción determinada de dicho suelo a vivienda de protección oficial o a suelo industrial a precios competitivos).

En todo caso el EEF supone tres operaciones bien diferenciadas:

— El cálculo de *costes* implicados en la operación: urbanización y ejecución de los sistemas generales, expropiaciones de usos o edificaciones preexistentes en su caso, costes técnicos (proyectos), etc.
— Asignación del carácter público o privado de las inversiones a realizar, indicando en el primer caso los organismos o entidades que deben sufragar el gasto.
— La evaluación de los *recursos* de financiación del adjudicatario o del órgano urbanístico actuante.

4.3.4. Tramitación y gestión del PAU

Es importante tener en cuenta que la simple clasificación por el PG de un suelo como SUNP no confiere a su(s) propietario(s) ningún tipo de derecho urbanístico especial. El TR/1992 (art. 18.1) establece claramente que, en tanto no se apruebe un PAU, los terrenos clasificados como SUNP *"estarán sujetos a las limitaciones establecidas para el suelo no urbanizable"*, que están descritas en el art. 16 (se prohiben los fraccionamientos o segregaciones contrarios a la legislación agraria, las parcelaciones urbanísticas, cualquier tipo de construcción no relacionada con la explotación agrícola de que se trate, etc.).

La formulación de los PAUs se podrá efectuar de tres maneras:

a) *Directamente* por parte de las entidades locales correspondientes, siempre de acuerdo con las prescripciones del Plan General (TR/1992, art. 180.1). En este caso los Ayuntamientos pueden acometer la ejecución del PAU también directamente o a través de concursos para su ejecución por la iniciativa privada.

b) A través de *concursos* para su formulación y ejecución por parte de la iniciativa privada, convocados por los Ayuntamientos de acuerdo con las prescripciones que establece el TR/1992, art. 177 a 179, así como el RG/1978 (Reglamento de Gestión, 1978), arts. 219 a 223. Las Bases de estos concursos siempre deberán respetar las determinaciones y criterios del Plan General, pero podrán contener una serie de condiciones complementarias:

— Zonas aptas, dentro del SUNP, para la localización de las actuaciones y magnitud de las superficies urbanizables.
— Determinación de los usos globales de cada actuación.
— Pautas a las que se debe someter la programación temporal de la actuación.
— Obligaciones mínimas que deben asumir los adjudicatarios y que, en ningún caso, podrán ser inferiores a las que la ley fija para el SUP (TR/1992, art. 18.2) y que comentaremos en el epígrafe dedicado a los Planes Parciales. Estas *obligaciones* se extenderán a temas como: suelos de cesión gratuita al Ayuntamiento para dotaciones públicas, previsión y ejecución de dotaciones adecuadas a cada actuación (espacios verdes públicos, centros docentes, sociales, comerciales, etc.), construcción de la red viaria completa y de la totalidad de las redes de servicio, ejecución de las conexiones imprescindibles, cesión de una parte del aprove-

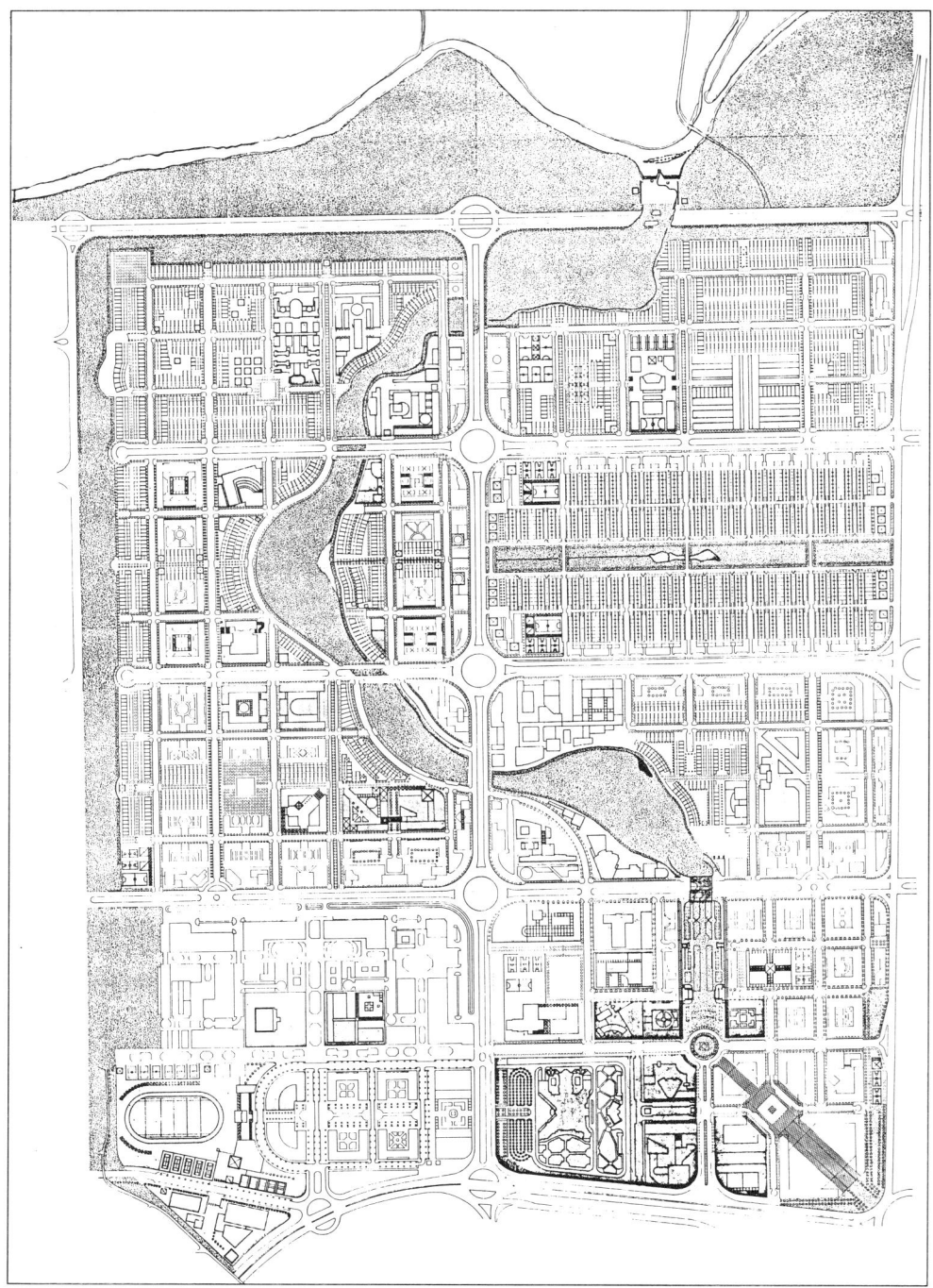

Figura 4.4. Plan General de Vitoria-Gasteiz; avance de 1983. Plano de imagen (trazados, usos, parcelación, jardinería, ...) del conjunto del sector central de Lakua. Adviértase que se trata de forma homogénea todas las clases de suelo, lo que no implica que el nivel real de vinculaciones en cada una de ellas no sea muy diferente. En todo caso, el nivel de definición del urbanizable no programado es notablemente superior al habitual por tratarse de un suelo que ya cuenta con la infraestructura básica de urbanización realizada y con una innegable vocación y aptitud de convertirse en ciudad a medio plazo.

chamiento lucrativo que podrá ser superior al estándar general fijado en el 15% para el SUP, precios máximos de venta o alquiler de las edificaciones, etc.

— Garantías y sanciones en caso de incumplimiento de las obligaciones pactadas por el adjudicatario.

En esta modalidad de actuación los concursantes deberán presentar avances de planeamiento que podrán mejorar las condiciones establecidas en las bases y servirán de guión para la redacción del PAU definitivo al concursante seleccionado. El concurso público representa la regla general para la formulación y ejecución de los PAU.

c) Existe un tercer método excepcional (regulado por el artículo 180.2 del TR/1992) que permite la formulación y ejecución directa por la iniciativa privada de un PAU sin necesidad de concurso previo. Para esto se requiere que se trate de *"actividades relevantes o de especial importancia económica y social"* y que así lo acuerde el órgano autonómico correspondiente, *previo informe de las entidades locales interesadas y dictamen del Consejo de Estado u órgano autonómico equivalente"*. En este caso la tramitación da comienzo por la solicitud de la parte interesada ante el Ayuntamiento; tras un trámite que regula el art. 217 del RG/1978, se podrá rechazar o aceptar la propuesta y, en este último caso, la entidad local *"acordará lo procedente en cuanto a formulación y ejecución del PAU"*.

En el caso de actuar mediante concurso público el RG/1978, art. 220, establece el mecanismo de aprobación de las Bases, cuyo contenido se ha reseñado más arriba. Los puntos 2 y 3 de dicho artículo están derogados por el RD 304/1993 de 26 de febrero.

La *tramitación* del PAU es similar a la de los instrumentos de planeamiento general (TR/1992, arts. 114-115):

— Aprobación inicial por la entidad local u organismo que lo haya formulado.
— Información pública mínima durante un mes (que se prolongará a lo largo de otro mes si no es de iniciativa municipal).
— Aprobación provisional, a la vista de los resultados de la información pública, por parte del Ayuntamiento. Según el RG/1978, art. 222.3, las entidades locales *"sólo podrán denegar la aprobación inicial o provisional del PAU cuando no se ajuste a los requisitos contenidos en las bases o a las determinaciones del Plan General"*.
— Aprobación definitiva en el plazo de "6 meses desde la entrada del expediente completo en el Registro del órgano competente para otorgarla", caso de que en ese período no se hayan señalado las deficiencias y correspondientes modificaciones a introducir. La competencia para la aprobación definitiva la establecerá la legislación autonómica y, en su defecto, el órgano correspondiente de la propia Comunidad Autónoma (TR/1992, art. 118.3.a).

La ejecución de los PAU podrá ser, como su formulación, de iniciativa pública o privada (eventualmente mixta si ese es el acuerdo a que se ha llegado). El sistema de actuación se determinará en las bases del concurso o en el propio acto de adjudicación; se entiende que si es de iniciativa pública directa será siempre el de expropiación, salvo que se trate de suelos ya obtenidos. A estos efectos la aprobación del PAU implica la declaración de utilidad pública y la necesidad de ocupación tanto de los terrenos comprendidos en la actuación como de los necesarios para efectuar el enlace de ésta con la ciudad (TR/1992, art. 182-183).

Cuando la iniciativa es privada y el adjudicatario es a la vez propietario del suelo, el sistema de actuación habitual será el de compensación (TR/1992, arts. 157-161); en todo caso también serán aplicables en las actuaciones privadas los sistemas de cooperación o expropiación si así se decidiera.

Es importante señalar que la aprobación de un PAU no supone el establecimiento permanente de unos nuevos derechos urbanísticos (a urbanizar y edificar) salvo en caso de que se cumplan todas las limitaciones, obligaciones y cargas establecidas en su acuerdo aprobatorio y en las propias bases del concurso (TR/1992, art. 18-2); y entre tales obligaciones figuran las de atenerse a los plazos convenidos en la ejecución de las diferentes etapas de la obra urbanizadora y de la edificación. El art. 184 del TR/1992 y el 227.1 del RG/1978, establecen con claridad que *"el incumplimiento de las obligaciones contraídas por el adjudicatario facultará a la Administración para la resolución del convenio y para declarar la caducidad del Programa de Actuación Urbanística respecto a la parte pendiente de ejecución, sin perjuicio de las medidas que procedan, establecidas en las bases del concurso"* (entre otras las de expropiación o venta forzosa).

4.3.5. Metodología de diseño del PAU

a) El carácter, tamaño, situación, ... de un Programa de Actuación Urbanística y los objetivos e intereses que guían su promoción pueden ser, por definición, muy variados; su regulación e indicaciones en el Plan General acostumbran a ser muy genéricas. En este contexto el paso decisivo y preliminar en el proceso de formulación de un PAU es la *definición de sus objetivos* y la identificación de los *datos básicos del programa*. Hay dos caminos, que de alguna manera deberán converger si se quiere asegurar el éxito de la operación, para ello:

— Desde el punto de vista de la administración (municipal, autonómica ...) la promoción de uno o varios PAUs deben resolver *necesidades* detectadas de suelo, vivienda, etc., que a corto/medio plazo no pueden satisfacerse de otra manera (por ejemplo, por problemas de gestión del SUP o por la inconveniencia de una revisión precipitada del PG). La satisfacción de tales necesidades serán el contenido de políticas públicas de tipo social (vivienda de promoción directa o de protección oficial, ...) o de desarrollo económico (promoción de suelo para actividades, ...).

— Desde la perspectiva del sector privado de lo que se tratará es de satisfacer las expectativas de distintos segmentos del mercado con unos productos (suelo urbanizado, vivienda, ...) cuyas características (tipología, ambiente, densidad, precio, ...) no son posibles de ofrecer en otros lugares del territorio.

La Administración formulará las Bases de los concursos de acuerdo con sus objetivos, con las determinaciones del PG y teniendo en cuenta, además, los datos de mercado si pretende que de la formulación y ejecución de los PAUs se responsabilice el sector privado. En caso de actuaciones cuyo carácter y esquema financiero desborden las previsiones de rentabilidad mínima que exige aquél, se podrá optar por la promoción directa o por operaciones concertadas mixtas.

b) En todo caso la etapa anterior abre el paso a la definición de los *datos básicos* de partida de cada actuación, es decir de su dimensionamiento y caracterización funcional. Estos datos básicos informarán, junto con las determinaciones urbanísticas de detalle y procedimentales, el contenido de las Bases del concurso o concursos convocados:

— Situación de la actuación (sectores del SUNP seleccionados para albergar el PAU).
— Tamaño mínimo o indicativo de la actuación (en superficie de suelo, superficie edificable, ...).
— Usos lucrativos previstos (cuantificados en superficie edificable, número de viviendas, porcentajes sobre el total de la actuación, ...).
— Dotaciones públicas y suelos de cesión obligatoria requeridos (superficie de suelo).
— Criterios de densidad/edificabilidad máximas, criterios tipológicos básicos, etc.

c) Partiendo de los objetivos y de los datos básicos de la actuación, expresados en las Bases del concurso, los hipotéticos adjudicatarios, –en función de sus análisis del mercado, disponibilidades financieras y de suelo, etc.– presentarán las correspondientes propuestas acompañadas del preceptivo Avance de planeamiento. ¿Cómo elaborar éste? El primer paso es el estudio detallado de los *determinantes urbanísticos de partida* (contenidos en el propio Plan General y en las Bases del concurso). A la vez debe realizarse un primer *análisis del territorio* que va a ser soporte de la actuación:

— Estudio topográfico y morfológico.
— Arbolado existente, orientaciones, vistas, etc.
— Condiciones y características del entorno: posibilidades de conexión/contacto con tejidos urbanos existentes o previstos, grado relativo de aislamiento/autonomía, etc.
— Determinantes infraestructurales: cuencas de vertido, conexión con las grandes conducciones de suministro de agua, gas, electricidad, etc.
— Estudio de las preexistencias edificatorias y de los usos del suelo actuales.

d) La etapa anterior culmina en la formulación de un *diagnóstico* intencionado –que orientará las grandes pautas y alternativas de diseño– en el que se

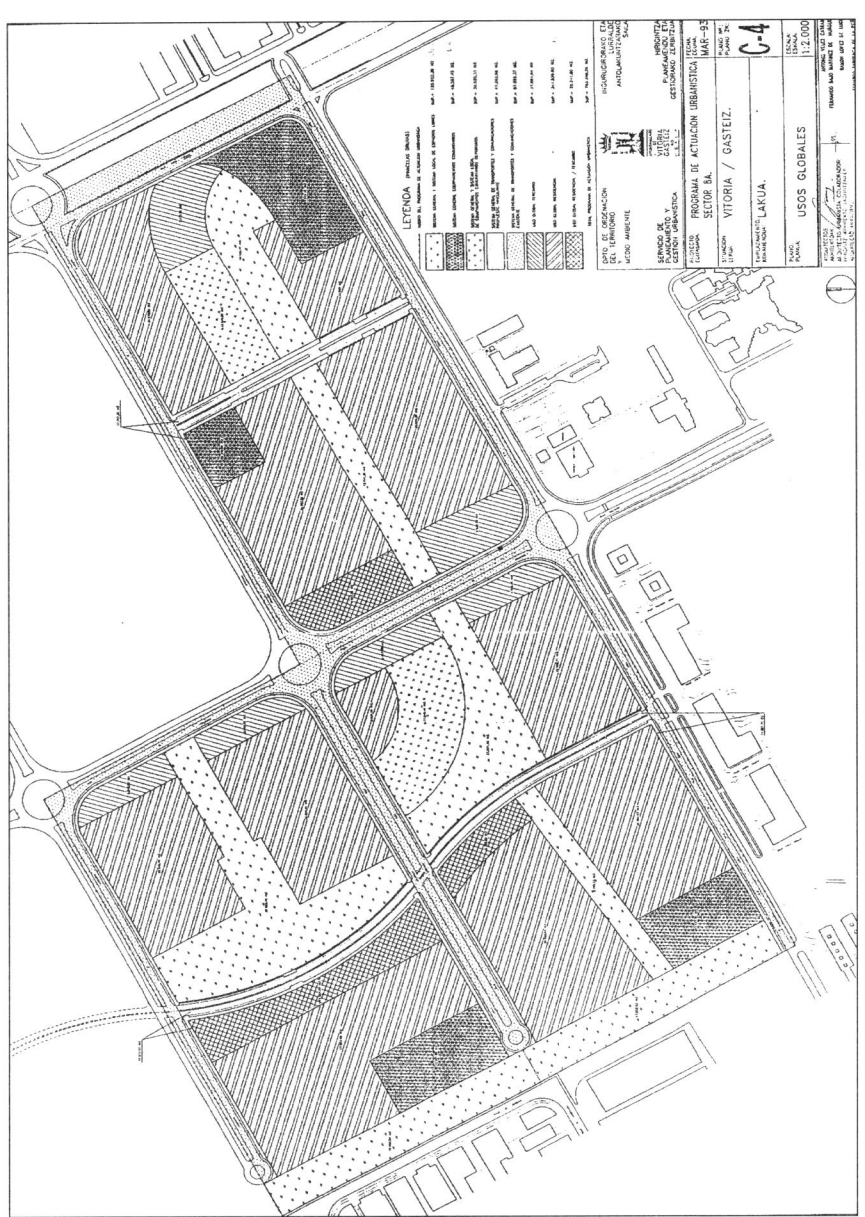

Figura 4.5. programa de Actuación Urbanística (PAU) del Sector 8A de Lakua, Vitoria Gasteiz, 1993 (A. Vélez Catrain, F. Bajo Martínez de Murguía, R. López de Lucio, E. Tabuenca). Definición del viario arterial, los sistemas generales de zonas verdes y equipamientos y los usos globales (e= 1:2.000). Adviértase la continuidad conceptual respecto a las determinaciones del Plan General; las modificaciones parciales de algunos trazados vinculantes –motivadas en parte por la re-consideración del Plan Parcial del Sector 2– han obligado a una modificación puntual del Plan General. En todo caso, el nivel de determinaciones de ordenación alcanzado por el PAU se corresponde al habitual de los Planes Generales en suelo urbanizable programado.

combinen las exigencias del programa y los determinantes urbanísticos de partida con las sugerencias y posibilidades que ofrece el territorio.

Este diagnóstico deberá guiar las opciones básicas de ocupación del suelo, las geometrías plausibles para los trazados viarios arteriales y para las tramas urbanas de detalle, las grandes soluciones de conexión con las distintas redes de servicio, etc.

e)   El *avance de planeamiento* consolidará la alternativa de ordenación física que parezca más ventajosa; la escala habitual–salvo exigencias de las Bases– será la 1:5.000 con posibilidad de usar la escala 1:10.000 para los análisis de entorno, conexiones, grandes redes de servicio, etc. En el Avance se expresarán como mínimo las determinaciones fundamentales comentadas más arriba. Documentalmente bastará con presentar una Memoria sintética de la propuesta, el plano actual del terreno objeto de la actuación y los planos de ordenación imprescindibles incluyendo un plan de etapas indicativo. Desde el punto de vista técnico el contenido propositivo conviene que sea claro en sus determinaciones esenciales (estructura urbana, usos globales, ...) y extremadamente flexible e indicativo en su desarrollo (lo que no impedirá que se puedan elaborar "planos de imagen", con un valor meramente visualizador de las potencialidades contenidas en la propuesta).

f)   Una vez adjudicado el concurso se entra en la fase de *elaboración definitiva del PAU*. Es posible que los datos y determinantes de partida haya que matizarlos en función del texto del acuerdo aprobatorio. En todo caso conviene una reelaboración más ajustada del programa y de los datos fundamentales de superficies edificables, reparto de suelo, cesiones, etc. Así como una reconsideración en profundidad de los determinantes estudiados en la etapa "c" (que incluya, por ejemplo, estudios geotécnicos de los terrenos o estudios detallados de las condiciones y modificaciones que puede implicar la conexión con las principales redes de servicio).

Lo anterior conllevará posiblemente una reformulación del diagnóstico y de las opciones estructurales y de ordenación espacial que de aquél se derivan (siempre sin desbordar el marco de las determinaciones vinculantes contenidas en el Avance de Planeamiento, de acuerdo con las cuales se adjudicó el Concurso).

El PAU deberá integrar todas las determinaciones y documentos reseñados en un epígrafe anterior. Las escalas habituales seguirán siendo la 1:10.000 para los encuadres territoriales, etc. (incluso la 1:25.000 para un primer plano de situación en la región urbana) y la 1:5.000 para los planos de información y de ordenación. La escala 1:2.000 es más apropiada para el planeamiento parcial y sólo será razonable acudir a ella cuando el tamaño y las condiciones de gestión/ejecución unitarias aconsejen adelantar precisiones morfológicas típicas de aquel nivel.

g)   Quizás el aspecto más significativo en la formulación de un PAU sea el *equilibrio entre las determinaciones vinculantes y las indicativas*, de igual manera que sucede en el diseño del SUP en un Plan General (aspecto estudiado en el capítulo 3 y que comentaremos más ampliamente en el epígrafe dedicado al planeamiento parcial).

Hay, sin embargo, una diferencia significativa entre ambos casos; que consiste en que los PAUs son, habitualmente, actuaciones integradas de diseño/pro-

Figura 4.6. Planes Parciales de los sectores 8A-1, 8A-2 y 8A-3 comprendidos en el PAU 8A de Lakua, 1993. Definición de trazados y alineaciones (e = 1:2.000). La redacción prácticamente simultánea del PAU y de los tres Planes Parciales que lo desarrollan ha hecho posible confeccionar una imagen conjunta, con elevado grado de definición, que reune los principales elementos que configurarán un espacio residencial/terciario relativamente extenso (76 Has, 4.200 viviendas).

moción/ejecución con lo cual puede ocurrir, a diferencia de lo que sucede en el SUP, que la fase de planeamiento parcial revista el carácter de formalización ejecutiva de lo ya previsto en el PAU por parte del mismo equipo técnico y de idéntica organización empresarial. Incluso el RG/1978, art. 224 prevé la posibilidad de que la aprobación del PAU y de los Planes Parciales que lo desarrollan sea simultánea y que *"en todo caso, se tramitarán y aprobarán conjuntamente el PAU y el PP de la primera etapa o, en su caso, de la única etapa que resulte prevista en el programa"*. La implicación inmediata es que el PAU puede asumir un carácter propositivo más estricto y detallado puesto que el proceso de diseño es unitario, con frecuencia simultáneo, y aquél puede llegar a constituir una especie de síntesis de las propuestas morfológicas de un planeamiento parcial en avanzado estado de elaboración.

Sin embargo no es recomendable técnicamente hacer coincidir el detalle de ambas fases de planeamiento por la sencilla razón de que una excesiva rigidización de las propuestas de configuración espacial del PAU pueden significar un menor grado de libertad a la hora de formular definitivamente cada Plan Parcial, con los ajustes, perfeccionamientos y modificaciones que toda reconsideración de un trabajo de diseño conlleva. Para lo que sí puede ser extremadamente útil la unidad del proceso de planeamiento es para permitir que las propuestas de los elementos estructurales que constituyen la médula del PAU (viario arterial, usos globales, etc.), estén perfectamente dimensionadas y situadas en el territorio; para que guarden una cuidadosa relación de coherencia dimensional/formal con las tramas urbanas (viario de detalle, usos pormenorizados) que constituyen el objeto de los Planes Parciales; para que incluso los prefiguren a través de las técnicas de los trazados indicativos y de los planos de imagen final. En todo caso en los documentos que integran el PAU es conveniente distinguir con claridad los elementos *vinculantes*, que deben comprender como mínimo todas las determinaciones obligadas a este nivel, y los elementos *indicativos* o los *criterios* que, con mayor o menor grado de precisión y rigidez, orienten la elaboración del planeamiento parcial en cada etapa.

h) Habitualmente los *criterios* se expresan en las Normas Urbanísticas por la mayor facilidad de que goza la palabra escrita para expresar condiciones y pautas de diseño y configuración formal con mayor grado de flexibilidad que la que se consigue en la documentación dibujada. El conjunto de los trazados e indicaciones espaciales indicativas y de los criterios expresados a través de normas y recomendaciones verbales configurarán el campo de libertad acotada con que contará el planeamiento parcial.

4.4. Los Planes Parciales: significado, contenido, tipología y metodología de diseño

4.4.1. Concepto y relaciones con el planeamiento general y con el proyecto de edificación

Los Planes Parciales han sido calificados como figuras de planeamiento de tipo *"operativo"* (Brau y otros, 1980, tomo I, pg. 66; Martínez Caro y otros, 1985, pág.

118) o de "*actuación*" (Esteban i Noguera, 1984, págs. 45-46), refiriéndose en ambos casos a su carácter de *instrumento activo e inmediato*, destinado a ordenar en detalle un área habitualmente homogénea y de tamaño reducido que se ha de urbanizar y edificar en un plazo relativamente breve para incorporarse a la ciudad. Esteban i Noguera (1984) subraya que la figura de Plan Parcial va unida a la determinación de alguno de los "sistemas de actuación" previstos en la Ley y a la fijación de las etapas de ejecución. El Plan Parcial es, para el suelo urbanizable programado, el eslabón básico entre las determinaciones estructurales de la expansión urbana establecida por el planeamiento general y los proyectos edificatorios concretos o las ordenaciones volumétricas (Estudios de Detalle). Es el Plan Parcial el que configura definitivamente la red de espacios públicos –la trama urbana–, el sistema de espacios edificables –la disposición y geometría de las manzanas–, el destino detallado de cada suelo –los usos pormenorizados–, y, finalmente, las características tipológicas y los parámetros dimensionales básicos de la edificación –las ordenanzas de edificación.

Se puede afirmar que, si bien son los Planes Generales o las Normas Subsidiarias las que toman las grandes decisiones sobre la estructura y configuración del espacio urbano, son los Planes Parciales –junto con los Especiales de Reforma Interior (véase el cap. 6)– los que *realmente construyen el espacio físico de la ciudad, su forma tangible* (que se acabará concretando en los proyectos edificatorios). Si el espacio urbano es un hecho tridimensional, la responsabilidad del planeamiento parcial en su definición se extiende a la configuración "finalista" de las dos dimensiones implicadas en el plano y a la formulación de las reglas básicas que determinarán la tercera dimensión (los edificios). En sentido estricto un Plan Parcial no es todavía un proyecto constructivo, pero mantiene con ellos una íntima relación:

— Así, el Proyecto de Urbanización (al que más adelante dedicamos un apartado), se puede entender como un proyecto de obras para ejecutar los espacios públicos y los sistemas de infraestructuras de servicios definidos por el PP.
— Los Proyectos Básicos y de ejecución de las distintas edificaciones se deberán amoldar a las determinaciones planimétricas del PP (alineaciones, forma de las manzanas, etc.) y al conjunto de reglas que acotan el ámbito de libertad de la configuración volumétrica y características tipológicas y constructivas de aquéllas.

Interesa subrayar en este punto introductorio que un Plan Parcial no tiene porqué determinar configuraciones volumétricas precisas ni su resultado se debe confundir con una maqueta a escala reducida del futuro conjunto edificado. La regla general debe ser el respeto de las respectivas autonomías y ámbitos de libertad, tanto del planeamiento parcial como de la proyectación arquitectónica. Es cierto que determinadas configuraciones morfológicas reguladas por una Ordenanza –como por ejemplo la que define zonas de edificación perimetral en manzana cerrada con patio de manzana– se acercan bastante a una volumetría prefigurada por el propio Plan Parcial. Sin embargo en el resto de formulaciones tipológicas habituales en el repertorio edificatorio contemporáneo (y no sólo en el caso del bloque abierto) es de aplicación la regla general aludida. Cada Ordenanza zonal podrá originar una "familia de volumetrías" específicas, evidentemente relacionadas entre sí como resultado que son de la aplicación de un conjunto de reglas comunes. La definición volumétrica concreta a nivel de una manzana o de un conjunto de manzanas podrá ser objeto de un Estudio de Detalle (ED) o bien, directamente de un Proyecto Básico de Edificación. En este sentido hay que entender al ED, como subraya García de Enterría *(op. cit.,* 1979, pág. 268), como un instrumento de planeamiento de *"utilización facultativa, en el sentido de que ésta depende del propio PP y del grado de detalle y precisión que éste dé a la ordenación que establece".* En sentido estricto el PP es el *"último escalón de planeamiento"* y el ED se limitará a realizar ajustes de detalle de alguna alineación o rasante y, sobre todo, a configurar volumetrías edificatorias como precedente inmediato del Proyecto de Arquitectura. El producto final no puede cristalizar desde el propio Plan Parcial: a lo sumo este puede ofrecer alguna "imagen ejemplar" –de carácter indicativo– sobre el resultado previsible de una conjugación inteligente de sus preceptos.

Incluso en el caso en que el Plan Parcial sea un simple expediente, necesario para la ejecución de un proyecto unitario (promoción única), resulta recomendable seguir respetando la autonomía de los proyectos edificatorios. En este caso será razonable que la configuración de las manzanas esté correctamente adaptada a unos proyectos edificatorios probablemente definidos desde el principio; pero las circunstancias del mercado, de la promoción, etc. pueden variar a lo largo de las distintas fases de ejecución del PP, por lo que sigue siendo recomendable que el proyectista tenga la capacidad de autolimitar la carga informativa/propositiva de que dispone al inicio de la operación (redacción del PP) en aras de un documento más flexible; lo que no supone que pierda su capacidad de adaptación inmediata al proyecto edificatorio predefinido.

4.4.2. Ámbitos y unidades de aplicación

El Plan Parcial está concebido como una figura de desarrollo del planeamiento general y no puede existir, jurídicamente hablando, fuera de ese marco. El texto del TR/1992, art. 83.1, es taxativo a este respecto: *"No podrán redactarse Planes Parciales sin que, previa o simultáneamente, pero en expedientes separados, se haya aprobado definitivamente el Plan General o Normas Subsidiarias de Planeamiento; y, en ningún caso, podrán modificar las determinaciones de uno y de otras".* En este sentido el TR de 1992, siguiendo a la Ley del Suelo de 1975, desautoriza de forma taxativa la práctica consolidada durante el período de vigencia de la Ley del Suelo de 1956 que permitía la *"realización de un PP sin previo PG"* y autorizaba la *"realización de actos de urbanización y edificación con base directamente en el PG sin previa formulación de PP de desarrollo"* (García de Enterría, E. y Parejo Alfonso, L., 1979, pág. 270).

Su campo de aplicación es el suelo urbanizable de los Planes o el "apto para urbanizar" de las Normas; en concreto, el PP desarrollará:

— El SUP de los Planes Generales para cada uno de los ámbitos específicos o *"sectores"* definidos por aquéllos (TR/1992, art. 72, B, d).
— El suelo apto para urbanizar de las Normas Subsidiarias Municipales para cada uno de los *sectores* que definan dichas Normas o para cuya delimita-

ción figuren los criterios a los que debe atenerse cada PP (TR/1992, art. 78,1,f).

— El SUNP de los Planes Generales; en este caso, como ya se ha señalado arriba, es imprescindible la aprobación previa o simultánea de un PAU; cada PP desarrollará una de las etapas de ejecución en que está dividido aquél (TR/1992, art. 82, 2, d).

— El SUNP de los Planes Generales convertido en SUP a través del mecanismo de revisión cuatrienal, efectuado por el Ayuntamiento, del Programa de Actuación del propio Plan General (TR/1992, art. 127, RP/1978, art. 23). Esta operación implicará que se completen las determinaciones exigibles en SUNP con las preceptivas en SUP.

4.4.3. Vinculaciones procedentes del planeamiento general

El suelo urbanizable programado o el suelo apto para urbanizar son categorías que implican un determinado nivel de diseño en el propio Plan General o Norma Subsidiaria; nivel que coincide, como ya se comentó más arriba, con el exigido para los Programas de Actuación Urbanística: definición de los sistemas que articulan la estructura general del territorio, asignación de intensidades y usos globales, trazado de las redes fundamentales de servicio y división ensectores (véase TR/1992, art. 72, 3, B). De hecho buena parte de lo expuesto más arriba ("Contenido y determinaciones de los PAU", "Metodología de diseño del PAU") es de aplicación en este caso.

Lo que debe quedar claro es que el Plan General no puede limitarse a ser un mero instrumento de calificación de suelo: tiene que dar pautas para que la extensión de la ciudad no sólo se localice en las posiciones más favorables sino que además goce de unas aceptables características de continuidad, coherencia, calidad de servicio de sus sistemas generales a los diferentes sectores de desarrollo, etc. Y ésto sólo es posible a través de un diseño no por generalista menos intencionado. La generación de Planes Generales elaborados en la década de los 80 suelen constituir buenos ejemplos de equilibrio en el diseño del SUP, de preocupación por la definición de algunos trazados y de ciertos elementos urbanos fundamentales; de esfuerzo en la elaboración de documentos (planos, fichas, normativa) que guíen el desarrollo posterior a través de Planes Parciales, estableciendo criterios sobre localización de usos pormenorizados, trazados de detalle, composiciones tipomorfológicas, etc. suficientemente precisos a la vez que flexibles.

En lo que se refiere a la determinación del *aprovechamiento tipo*, éste debe ser establecido por el PG para todo el SUP; a estos efectos debe diferenciarse entre la

Figura 4.7. Fichas de determinaciones del Plan General de Madrid de 1985 para el Ensanche Este de San Blas. Se trata de las instrucciones contenidas en el Plan General para el desarrollo de los tres Planes Parciales (I-6, I-7 y II-4) que integran dicho Ensanche; se especifica el viario vinculante y los trazados indicativos, las orientaciones que deben guiar la localización de usos, tipologías, equipamientos y espacios libres, etc. Ejemplo sugestivo del modo de expresión de los diversos conceptos y niveles de determinación de las áreas, en busca de la justa medida que garantice una mínima coherencia y calidad del conjunto sin restringir o condicionar excesivamente su ejecución posterior.

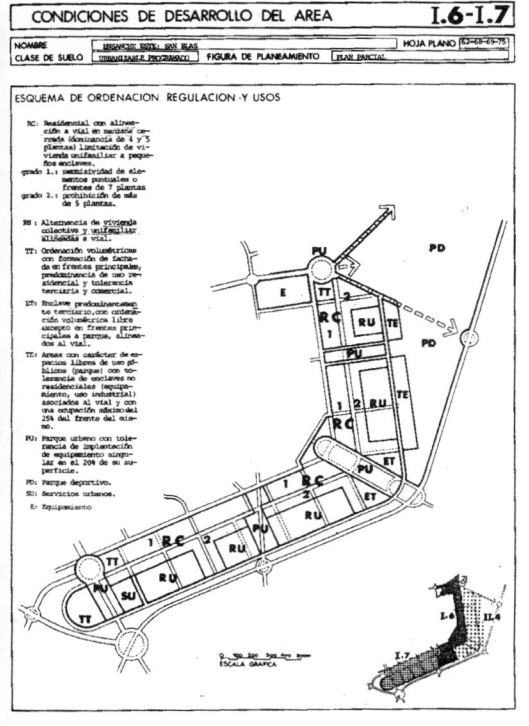

CONDICIONES DE DESARROLLO DEL AREA I.6-I.7

NOMBRE: ENSANCHE ESTE: SAN BLAS — HOJA PLANO
CLASE DE SUELO: URBANIZABLE PROGRAMADO — FIGURA DE PLANEAMIENTO: PLAN PARCIAL

ESQUEMA DE ORDENACION. REGULACION Y USOS

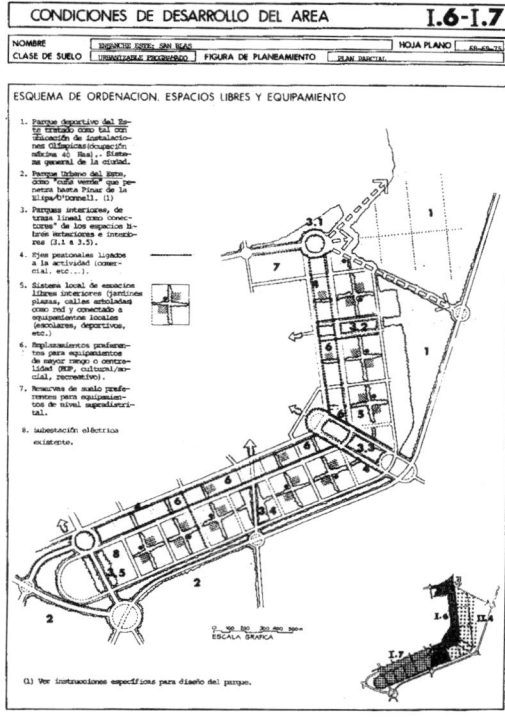

CONDICIONES DE DESARROLLO DEL AREA I.6-I.7

NOMBRE: ENSANCHE ESTE: SAN BLAS — HOJA PLANO
CLASE DE SUELO: URBANIZABLE PROGRAMADO — FIGURA DE PLANEAMIENTO: PLAN PARCIAL

ESQUEMA DE ORDENACION. ESPACIOS LIBRES Y EQUIPAMIENTO

(1) Ver instrucciones específicas para diseño del parque.

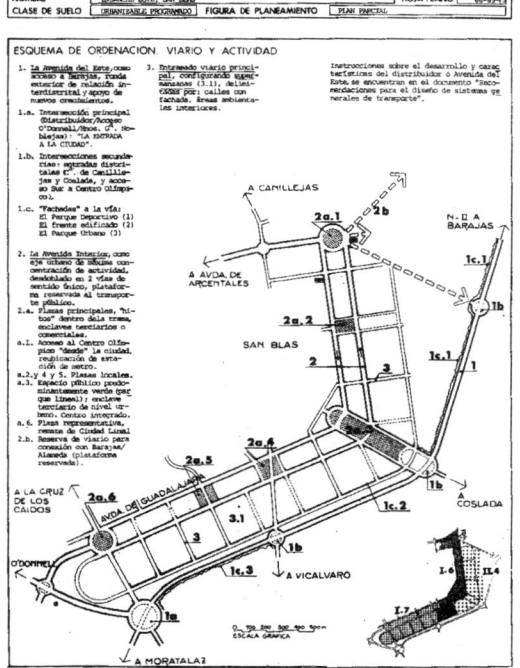

CONDICIONES DE DESARROLLO DEL AREA I.6-I.7

NOMBRE: ENSANCHE ESTE: SAN BLAS — HOJA PLANO 68-69-75
CLASE DE SUELO: URBANIZABLE PROGRAMADO — FIGURA DE PLANEAMIENTO: PLAN PARCIAL

ESQUEMA DE ORDENACION. VIARIO Y ACTIVIDAD

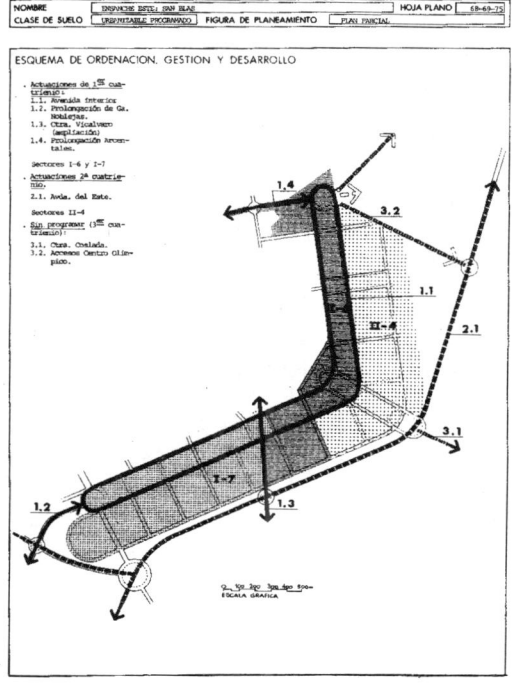

CONDICIONES DE DESARROLLO DEL AREA I.6-I.7

NOMBRE: ENSANCHE ESTE: SAN BLAS — HOJA PLANO 68-69-75
CLASE DE SUELO: URBANIZABLE PROGRAMADO — FIGURA DE PLANEAMIENTO: PLAN PARCIAL

ESQUEMA DE ORDENACION. GESTION Y DESARROLLO

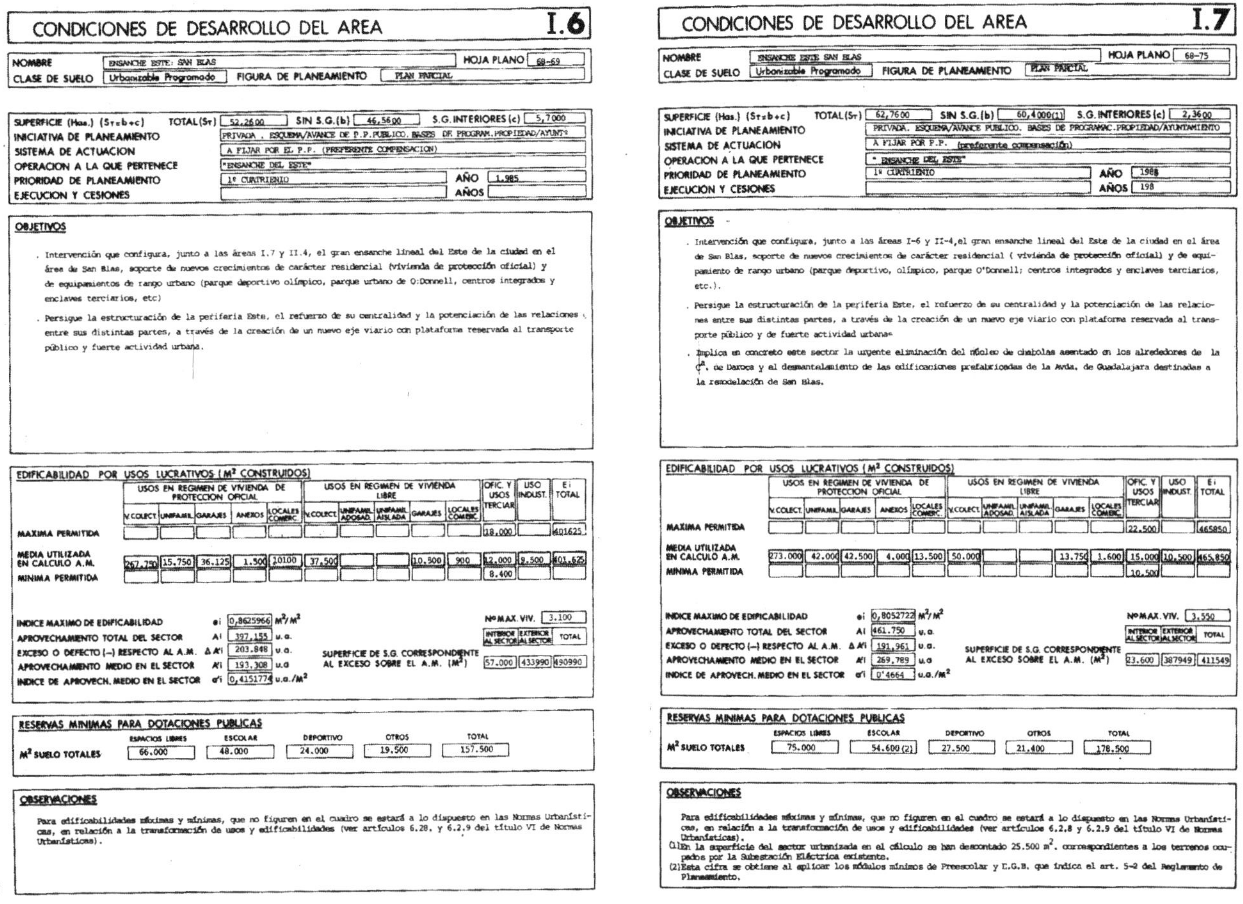

CONDICIONES DE DESARROLLO DEL AREA I.6

NOMBRE: ENSANCHE ESTE: SAN BLAS — HOJA PLANO: 68-69
CLASE DE SUELO: Urbanizable Programado — FIGURA DE PLANEAMIENTO: PLAN PARCIAL

SUPERFICIE (Has.) (ST=b+c) TOTAL(ST): 52,2600 — SIN S.G.(b): 46,5600 — S.G. INTERIORES (c): 5,7000
INICIATIVA DE PLANEAMIENTO: PRIVADA . ESQUEMA/AVANCE DE P.P.PUBLICO. BASES DE PROGRAM.PROPIEDAD/AYUNTº
SISTEMA DE ACTUACION: A FIJAR POR EL P.P. (PREFERENTE COMPENSACION)
OPERACION A LA QUE PERTENECE: "ENSANCHE DEL ESTE"
PRIORIDAD DE PLANEAMIENTO: 1º CUATRIENIO — AÑO: 1.985
EJECUCION Y CESIONES: — AÑOS:

OBJETIVOS

. Intervención que configura, junto a las áreas I.7 y II.4, el gran ensanche lineal del Este de la ciudad en el área de San Blas, soporte de nuevos crecimientos de carácter residencial (vivienda de protección oficial) y de equipamientos de rango urbano (parque deportivo olímpico, parque urbano de O:Donnell, centros integrados y enclaves terciarios, etc)

. Persigue la estructuración de la periferia Este, el refuerzo de su centralidad y la potenciación de las relaciones entre sus distintas partes, a través de la creación de un nuevo eje viario con plataforma reservada al transporte público y fuerte actividad urbana.

EDIFICABILIDAD POR USOS LUCRATIVOS (M² CONSTRUIDOS)

	USOS EN REGIMEN DE VIVIENDA DE PROTECCION OFICIAL					USOS EN REGIMEN DE VIVIENDA LIBRE					OFIC. Y USOS TERCIAR	USO INDUST.	Ei TOTAL
	V.COLECT.	UNIFAMIL.	GARAJES	ANEXOS	LOCALES COMERC.	V.COLECT.	UNIFAMIL. ADOSAD.	UNIFAMIL. AISLADA	GARAJES	LOCALES COMERC.			
MAXIMA PERMITIDA											18.000		401625
MEDIA UTILIZADA EN CALCULO A.M.	267.750	15.750	36.125	1.500	10100	37.500			10.500	900	12.000	9.500	401.625
MINIMA PERMITIDA											8.400		

INDICE MAXIMO DE EDIFICABILIDAD ei: 0,8625966 M²/M²
APROVECHAMIENTO TOTAL DEL SECTOR Ai: 397,155 u.a.
EXCESO O DEFECTO (–) RESPECTO AL A.M. ΔA'i: 203.848 u.a.
APROVECHAMIENTO MEDIO EN EL SECTOR A'i: 193,308 u.a
INDICE DE APROVECH. MEDIO EN EL SECTOR a'i: 0,4151774 u.a./M²

NºMAX. VIV.: 3.100

SUPERFICIE DE S.G. CORRESPONDIENTE AL EXCESO SOBRE EL A.M. (M²)	INTERIOR AL SECTOR	EXTERIOR AL SECTOR	TOTAL
	57.000	433990	490990

RESERVAS MINIMAS PARA DOTACIONES PUBLICAS

	ESPACIOS LIBRES	ESCOLAR	DEPORTIVO	OTROS	TOTAL
M² SUELO TOTALES	66.000	48.000	24.000	19.500	157.500

OBSERVACIONES

Para edificabilidades máximas y mínimas, que no figuren en el cuadro se estará a lo dispuesto en las Normas Urbanísticas, en relación a la transformación de usos y edificabilidades (ver artículos 6.28. y 6.2.9 del título VI de Normas Urbanísticas).

176

CONDICIONES DE DESARROLLO DEL AREA I.7

NOMBRE: ENSANCHE ESTE SAN BLAS — HOJA PLANO: 68-75
CLASE DE SUELO: Urbanizable Programado — FIGURA DE PLANEAMIENTO: PLAN PARCIAL

SUPERFICIE (Has.) (ST=b+c) TOTAL(ST): 62,7600 — SIN S.G.(b): 60,4000(1) — S.G. INTERIORES (c): 2,3600
INICIATIVA DE PLANEAMIENTO: PRIVADA. ESQUEMA/AVANCE PUBLICO. BASES DE PROGRAMAC.PROPIEDAD/AYUNTAMIENTO
SISTEMA DE ACTUACION: A FIJAR POR P.P. (preferente compensación)
OPERACION A LA QUE PERTENECE: " ENSANCHE DEL ESTE"
PRIORIDAD DE PLANEAMIENTO: 1º CUATRIENIO — AÑO: 1988
EJECUCION Y CESIONES: — AÑOS: 198

OBJETIVOS

. Intervención que configura, junto a las áreas I-6 y II-4,el gran ensanche lineal del Este de la ciudad en el área de San Blas, soporte de nuevos crecimientos de carácter residencial (vivienda de protección oficial) y de equipamiento de rango urbano (parque deportivo, olímpico, parque O'Donnell; centros integrados y enclaves terciarios, etc.).

. Persigue la estructuración de la periferia Este, el refuerzo de su centralidad y la potenciación de las relaciones entre sus distintas partes, a través de la creación de un nuevo eje viario con plataforma reservada al transporte público y de fuerte actividad urbana.

. Implica en concreto este sector la urgente eliminación del núcleo de chabolas asentado en los alrededores de la Cª. de Daroca y al desmantelamiento de las edificaciones prefabricadas de la Avda. de Guadalajara destinadas a la remodelación de San Blas.

EDIFICABILIDAD POR USOS LUCRATIVOS (M² CONSTRUIDOS)

	USOS EN REGIMEN DE VIVIENDA DE PROTECCION OFICIAL					USOS EN REGIMEN DE VIVIENDA LIBRE					OFIC. Y USOS TERCIAR	USO INDUST.	Ei TOTAL
	V.COLECT.	UNIFAMIL.	GARAJES	ANEXOS	LOCALES COMERC.	V.COLECT.	UNIFAMIL. ADOSAD.	UNIFAMIL. AISLADA	GARAJES	LOCALES COMERC.			
MAXIMA PERMITIDA											22.500		465850
MEDIA UTILIZADA EN CALCULO A.M.	273.000	42.000	42.500	4.000	13.500	50.000			13.750	1.600	15.000	10.500	465.850
MINIMA PERMITIDA											10.500		

INDICE MAXIMO DE EDIFICABILIDAD ei: 0,8052722 M²/M²
APROVECHAMIENTO TOTAL DEL SECTOR Ai: 461.750 u.a.
EXCESO O DEFECTO (–) RESPECTO AL A.M. ΔA'i: 191,961 u.a.
APROVECHAMIENTO MEDIO EN EL SECTOR A'i: 269.789 u.a
INDICE DE APROVECH. MEDIO EN EL SECTOR a'i: 0'4664 u.a./M²

NºMAX. VIV.: 3.550

SUPERFICIE DE S.G. CORRESPONDIENTE AL EXCESO SOBRE EL A.M. (M²)	INTERIOR AL SECTOR	EXTERIOR AL SECTOR	TOTAL
	23.600	387949	411549

RESERVAS MINIMAS PARA DOTACIONES PUBLICAS

	ESPACIOS LIBRES	ESCOLAR	DEPORTIVO	OTROS	TOTAL
M² SUELO TOTALES	75.000	54.600 (2)	27.500	21.400	178.500

OBSERVACIONES

Para edificabilidades máximas y mínimas, que no figuren en el cuadro se estará a lo dispuesto en las Normas Urbanísticas, en relación a la transformación de usos y edificabilidades (ver artículos 6.2.8 y 6.2.9 del título VI de Normas Urbanísticas).
(1) En la superficie del sector urbanizada en el cálculo se han descontado 25.500 m². correspondientes a los terrenos ocupados por la Subestación Eléctrica existente.
(2) Esta cifra se obtiene al aplicar los módulos mínimos de Preescolar y E.G.B. que indica el art. 5-2 del Reglamento de Planeamiento.

Figura 4.8. Objetivos y parámetros cuantitativos fijados por el Plan General de Madrid de 1985 para los Planes Parciales I-6 e I-7 (Ensanche del Este). Se determinan los criterios básicos de planeamiento y los parámetros numéricos fundamentales (superficie edificable máxima, número máximo de viviendas, reservas mínimas para equipamientos, aprovechamiento medio, etc.) que configurarán el punto de partida de los Planes Parciales respectivos.

intensidad del uso de un determinado sector (función de su densidad en viviendas por hectárea o de su edificabilidad) y su aprovechamiento tipo. La Ley (TR/1992, art. 94, 3,b) establece que en el SUP todos los *"sectores cuyo planeamiento parcial deba aprobarse en el mismo cuatrienio y los sistemas generales adscritos o incluídos en aquéllos para su gestión, integrarán una sola área de reparto"* de cargas y beneficios; por tanto el aprovechamiento tipo de cada uno de estos sectores será idéntico, con independencia de su intensidad de edificación real y de la importancia relativa de los usos que alojan (la forma habitual de conseguir esta identidad en los aprovechamientos tipo de los sectores de SUP incluidos en el mismo cuatrienio en el Programa de Actuación, pero con diferentes intensidades edificatorias, será una asignación de sistemas generales a cada uno de ellos de magnitud directamente proporcional a dichas intensidades; así los sectores más intensivos en usos y densidades incluirán mayores superficies de suelo adscrito por el PG a sistemas generales de forma que se equilibre con la media su aprovechamiento lucrativo final). El cálculo del aprovechamiento tipo, que realizará el Plan General, expresará el cociente del aprovechamiento lucrativo total de las distintas zonas incluidas en el área de reparto, expresado en metros cuadrados edificables del uso característico, partido por la superficie total en m² de dicha área de reparto.

Como es sabido, la densidad de un sector de SUP de carácter residencial no podrá superar las 75 viv/Ha, aunque excepcionalmente se podrán alcanzar las 100 viv/Ha, si lo considera conveniente el *"órgano competente de la respectiva Comunidad Autónoma"* (TR/1992, art. 83, 4). En todo caso, de la superficie computable se deducirán las destinadas a sistemas generales propuestos por el PG.

4.4.4. Contenido y determinaciones del Plan Parcial

Se determinan en el TR/1992, art. 83 y en el RP/1978, arts. 45 a 56. Son las siguientes (se hace aquí una exposición sistemática, siguiendo y comentando los preceptos establecidos legalmente; más adelante se intentará una aproximación metodológica desde el punto de vista de la práctica profesional de diseño del planeamiento parcial):

a) *Delimitación del área de planeamiento*; esta determinación sólo es realmente competencia del PP en el caso del "Suelo apto para urbanizar" de las Normas Subsidiarias, en aplicación de los criterios que éstas contienen; en los demás casos viene determinada: por el propio PG en el SUP (sector de planeamiento) o por el PAU en el SUNP (etapa de desarrollo del programa).

b) *Asignación de usos pormenorizados y de tipos edificatorios*; un PP debe definir con precisión el uso y la forma de la edificación para cada manzana edificable (o porción de ésta en el caso de que se subdivida en dos o más zonas en las que varía el uso, el tipo o ambos).
Mientras que el concepto de uso global de una zona de SUP puede englobar en su posterior desarrollo multitud de usos concretos diferentes, el uso pormenorizado se refiere al uso predominante o característico en cada unidad parcelatoria o agrupación limitada de parcelas (zona o manzana). En una manzana típica de un casco antiguo o de un ensanche el "uso pormenoriza-

do" será el residencial, lo que no impedirá que en la planta baja aparezcan comercios, en la entreplanta oficinas y en el patio de manzana talleres artesanos o garajes, si la ordenanza así lo permite. Pero el uso predominante y característico será ciertamente el residencial. En este sentido debe advertirse de inmediato que la determinación en plano de los usos pormenorizados en un PP no agota la regulación de los usos: serán las ordenanzas las que regulen la aparición de los otros usos minoritarios o complementarios que se entiendan compatibles con el principal.

Una posibilidad de calificación pormenorizada que debe subrayarse es la residencial destinada a la construcción de *viviendas de protección oficial*; habitualmente su proporción, en relación con el número total de viviendas del sector, vendrá determinada por el propio Plan General; en la determinación del aprovechamiento tipo del área de reparto y de cada sector (recordemos que de idéntica cuantía en cada cuatrienio) se tendrá en cuenta esta circunstancia.

c) *Ponderación relativa* de los distintos usos pormenorizados y tipos edificatorios en relación con el uso y tipo considerados característicos en el sector; ésta es una determinación que corresponde al PP y que complementa, debiendo respetar, la ponderación de los distintos usos globales correspondientes a zonas incluidas en el sector que ha definido el PG. Su utilidad reside en que el conocimiento de los índices de ponderación de los distintos usos pormenorizados permite el cálculo del aprovechamiento lucrativo, unificado en unidades del uso pormenorizado característico, en cada unidad de ejecución en que se pueda dividir el sector (véase epígrafes "d" y "e").

d) *División del sector en unidades de ejecución*, si se estima procedente; en este caso se deberá definir el sistema de actuación por el que corresponda ejecutar cada unidad (RP/1978, art. 48.3). Una dificultad inherente a la división en unidades de ejecución es el precepto (TR/1992, art. 144.1) que obliga a que su delimitación se efectúe de forma tal que permita el "*cumplimiento conjunto de los deberes de cesión, equidistribución y urbanización de la totalidad de la superficie*".

Para paliar esta dificultad se establece que no pueden existir diferencias superiores al 15% entre el aprovechamiento lucrativo total de cada unidad y el resultante de la aplicación del aprovechamiento tipo sobre su superficie (TR/1992, art. 145).

e) Dentro de la asignación de usos pormenorizados tiene una regulación especial el dimensionamiento de los diferentes *sistemas de equipamiento local*.

Dedicaremos un punto específico a la exposición y comentario del famoso Anexo al RP/1978 titulado "Reservas de suelo para dotaciones en Planes Parciales", que continua vigente a tenor de lo establecido por el RD 304/1993.

Pasemos ahora a recordar las determinaciones básicas. En los PP de carácter residencial se destinará a "*parques y jardines, zonas deportivas, de recreo y expansión*" un mínimo de 18 m²/vivienda o por cada 100 m² de edificación residencial; además, sea cual sea el uso a que se destinen los terrenos y edificaciones del sector, se exige que tal reserva no sea inferior al 10% de la superficie total ordenada. Se recuerda que se han de establecer con total independencia de los parques urbanos definidos por el Plan General en proporción no inferior a 5 m² por habitante (sistema general de zonas verdes) y que en todo caso han de ser siempre de dominio y uso público.

f) En los PP residenciales se reservará para *centros culturales y docentes* un mínimo de 10 m²/vivienda o por cada 100 m² de edificación residencial, *"agrupados según los modelos necesarios para formar unidades escolares completas".*

g) Asímismo se determinarán los *"emplazamientos reservados para templos, centros asistenciales y sanitarios y demás servicios de interés público y social".* Su cuantía se podrá establecer reglamentariamente; por el momento el Anexo del RP/1978 sólo fija de forma genérica las reservas de superficie construida (no de suelo) para *"equipamiento social".*

h) Definición de los trazados que configuran el *sistema viario local* y, en general, el conjunto de espacios públicos, incluidos los de carácter peatonal. Las *alineaciones* definen el límite que separa las calles, avenidas y el resto de espacios públicos de las manzanas destinadas a usos lucrativos o a equipamientos colectivos, de carácter público o privado. El trazado de las alineaciones constituye una de las tareas esenciales en la formulación de un PP, junto con la distribución de los usos pormenorizados, operación íntimamente ligada a aquélla.

La definición del sistema viario en planta se completa con la determinación de *rasantes* o cotas verticales de sus principales nudos o puntos de referencia; esta operación, que precisará el Proyecto de Urbanización, supone una imprescindible tarea de adecuación de los trazados al terreno y determinará una partida importante en los costos de ejecución de la urbanización (movimiento de tierras, aterrazamientos, etc.).

El RP, art. 52.2, precisa que se deberá efectuar asímismo un análisis de las *circulaciones* en la red viaria, así como de la implantación de un servicio público de transporte, si procede.

i) Se deberán prever *aparcamientos* en la proporción mínima de una plaza por cada 100 m² de edificación. Sólo se admitirá situar en superficie, en posiciones anejas a las vías públicas (por tanto dentro del sistema de espacios libres de dominio y uso público), un 50% del número total de plazas de aparcamiento previstas en el PP (RP/1978, art. 7.d, Anexo; este mismo Anexo, art. 7.a, b, c, especifica las características *dimensionales* de las plazas: 220 × 450 m; 330 × 450 en el 2% del mínimo que debe reservarse para minusválidos; superficie mínima por plaza, incluyendo accesos, no inferior a 20 m²). El resto de la dotación mínima obligada –y los incrementos que parecieran aconsejables facilitar– se deberán situar dentro de las parcelas y manzanas privadas, bien en superficie, bien en planta baja o sótanos de la edificación.

Para las playas de aparcamiento que se sitúen anejas a la red viaria pública se deberán determinar sus alineaciones y rasantes de la misma forma que se hace para el resto del sistema viario local.

j) *"Características y trazado de las galerías y redes de abastecimiento de agua, alcantarillado, energía eléctrica y de aquellos otros servicios que, en su caso,*

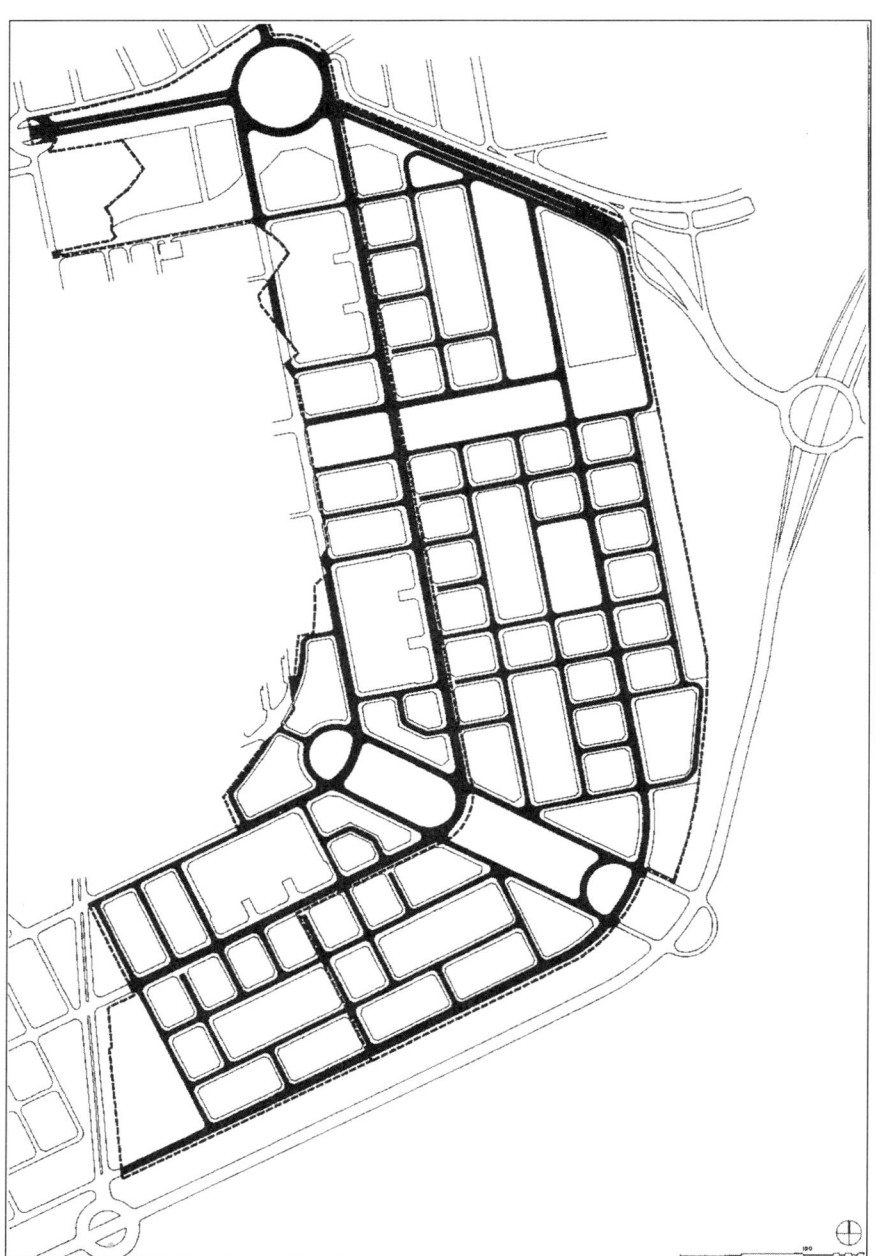

Figura 4.9. Planes Parciales I-6 y II-4 del Ensanche del Este en Madrid. (C. y R. Alemany Indarte, M. Salinas Aracil), 1987-89. Plano de la red viaria y configuración del tejido urbano (elaboración del SP y OT, 1993); adviértase la total continuidad que se establece entre ambos Planes, de acuerdo con las directrices del Plan General, el carácter mallado de la solución y el frecuente recurso a la utilización de manzanas cuadradas (que alojarán las viviendas) o rectangulares de diversos formatos (en las que se situarán prioritariamente zonas verdes y equipamientos).

Figura 4.10. Planes Parciales I-6 y II-4 del Ensanche del Este en Madrid. Espacios públicos y zonas verdes (elaboración gráfica del SP y OT, 1993). Obsérvese la significación superficial que adquieren los espacios públicos de distinto orden diseñados por el planeamiento parcial (viario, aparcamiento en superficie y aceras, jardines y zonas verdes públicas).

Figura 4.10 bis. Planes Parciales I-6 y II-4 del Ensanche del Este en Madrid. Conjunto de espacios de dominio y uso público (elaboración gráfica del SP y OT, 1993). Se reune aquí bajo un mismo código gráfico las distintas categorías de espacios de uso y dominio público, obteniéndose así una clasificación dual del espacio contenido en el ámbito de planeamiento parcial (espacios privados o privatizables/espacio público).

prevea el Plan"; el Reglamento (RP/1978, art. 53.2) establece como mínimo el trazado de las siguientes redes de servicios:

— Redes de abastecimiento de agua, riego e hidrantes contra incendios.
— Red de alcantarillado.
— Redes de distribución de energía eléctrica y de alumbrado público.

Además deberá prever las redes de canalización telefónica y de conducción de gas; su "*no procedencia deberá ser debidamente justificada*".
El trazado de todas estas redes de servicio tendrá en cuenta la situación real, el entorno, las previsiones y proyectos de las compañías suministradoras y servicios municipales específicos, y, finalmente, las indicaciones contenidas en el Planeamiento Superior (PGs, Normas Subsidiarias, PAUs).
El nivel técnico que requiere el proyecto de las diferentes redes de servicio se podría describir como el de un "anteproyecto de urbanización":

— Reglamentariamente (RP/1978, art. 53.3) se exige que, además del trazado, se incluya la descripción de las principales características de cada sistema, fijándose las "*condiciones de cálculo a tener en cuenta en la redacción de los proyectos de urbanización*". Por ejemplo, para el cálculo de la capacidad de la red de evacuación se exige tener "*en cuenta la composición y el caudal de las aguas residuales de toda especie y el de las pluviales*", con especial referencia al "*vertido a la red general, capacidad de la misma y, si procediese, al sistema de depuración*" (art. 53.5). La red de distribución eléctrica se exige que sea subterránea en los planes de carácter residencial y que los centros de transformación también sean subterráneos o integrados en la edificación (art. 53.6)
— Por otra parte, el nivel de las determinaciones debe ser el suficiente para poder realizar una evaluación económica aproximada de los costes de implantación de las distintas redes de servicio, dato imprescindible para poder realizar el preceptivo Estudio Económico Financiero (EEF).

k) "*Evaluación económica de la implantación de los servicios y de la ejecución de las obras de urbanización*". El RP, art. 55.1, califica razonablemente de "aproximado" el cálculo de dichos costes, habida cuenta de que el Plan Parcial no es, ni debe ser, un auténtico proyecto de obras, sino un instrumento de ordenación urbana de detalle. Como ya se ha dicho, será el Proyecto de Urbanización al que corresponda la responsabilidad de una evaluación minuciosa de los costes, función de un proyecto de ejecución detallado y completo.
Así, el Reglamento relativiza la evaluación económica que debe realizar el PP, advirtiendo que ésta puede señalar las *diferencias de coste* que pudieran existir en función del momento en que efectivamente se implanten los distintos servicios y se ejecuten las obras de urbanización, todo ello de acuerdo con las previsiones temporales que contiene el Plan de Etapas.
La evaluación económica deberá referirse como mínimo a las siguientes partidas (RP/1978, art. 55.2):

— Explanación, pavimentación, señalización y jardinería.
— Redes de servicios considerados como mínimas (ver epígrafe "j") y aquellas otras que el Plan pueda incluir.
— Establecimiento de servicios públicos de transporte o de recogidas de basuras, si procede.
— Obras especiales como pasos a distinto nivel, desviación de redes de servicios existentes, etc.
— Indemnizaciones procedentes por el derribo de construcciones, destrucción de plantaciones, etc.

Diferentes autores, entre otros García de Enterría y Parejo Alfonso, (1979, págs. 255 y 276), han señalado la laguna de la reglamentación actual en relación con la de 1956 que exigía expresamente de la evaluación económica que "*se justificara la ponderación entre el criterio de planeamiento y las reales posibilidades económicas y financieras del territorio y la población*". Por esa razón recomiendan, tanto en suelo urbano como urbanizable, que se acredite de alguna manera el equilibrio entre costes de ejecución y recursos disponibles, entendiendo que el "*carácter realista y operativo del Plan [es] condición básica de su eficacia*"; en el caso del planeamiento parcial de iniciativa particular habrá de asegurarse que los costes de ejecución –y su distribución temporal– están cubiertos, no solo por los recursos financieros de los privados, sino también por las expectativas reales de realización en el mercado de los productos inmobiliarios generados.

l)   "*Plan de etapas para el desarrollo de las determinaciones del Plan, en el que se incluyan la fijación de plazos para dar cumplimiento a los deberes de cesión, equidistribución y urbanización en las unidades de ejecución que comprenda el sector y de solicitar licencia de edificación una vez adquirido el derecho al aprovechamiento urbanístico*" (éste se adquiere por el cumplimiento en plazo de los deberes de cesión, equidistribución y urbanización).
De hecho en el esquema normativo de la legislación actual el Plan de Etapas adquiere una doble significación:

— Como instrumento para *pautar en el tiempo las obras de urbanización* en el sector y, en consecuencia, la salida al mercado de suelo urbanizado o de superficie edificada.
— Como *mecanismo de distribución equitativa de cargas y beneficios* referido no a la totalidad del sector sino de cada una de sus unidades de ejecución.

Este doble contenido implicará, necesariamente, una mayor dificultad técnica en la confección del Plan de Etapas y en la distribución de unidades de ejecución (véase epígrafe "d"). Ello lleva a autores como Esteban i Noguera (1984, págs. 78-79) a recomendar que "*el sector coincida con el polígono para facilitar el correcto reparto de cargas y beneficios*", salvo en los casos es-

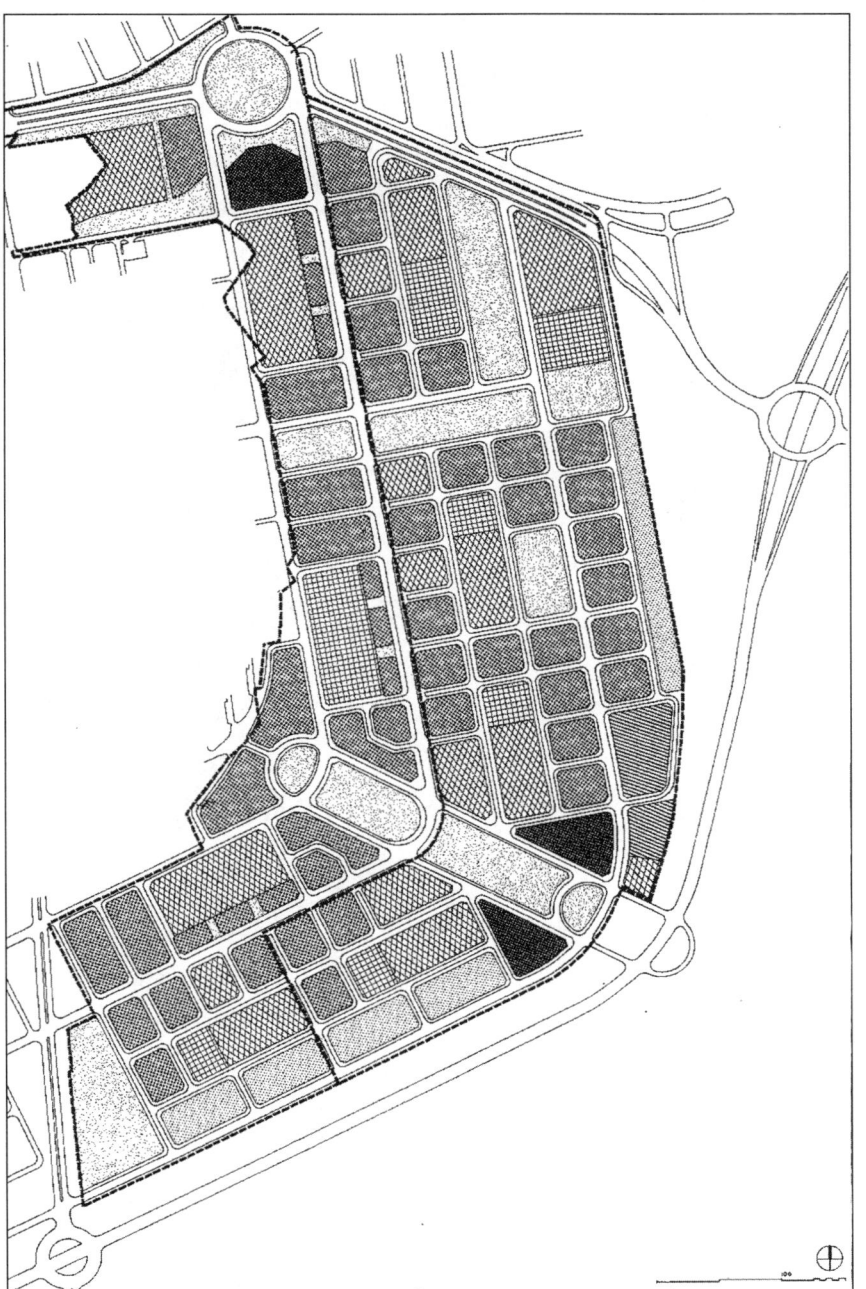

Figura 4.11. Planes Parciales I-6 y II-4 del Ensanche del Este en Madrid. Plano de zonificación (elaboración gráfica del SP y OT, 1993). Calificación pormenorizada definida por el planeamiento parcial: en punteado grueso, la edificación residencial colectiva; en punteado fino, la vivienda unifamiliar en hilera; en cuadrícula, las zonas deportivas; en trama romboidal, los equipamientos colectivos; en negro, el terciario; y en rayado, las zonas de tolerancia industrial.

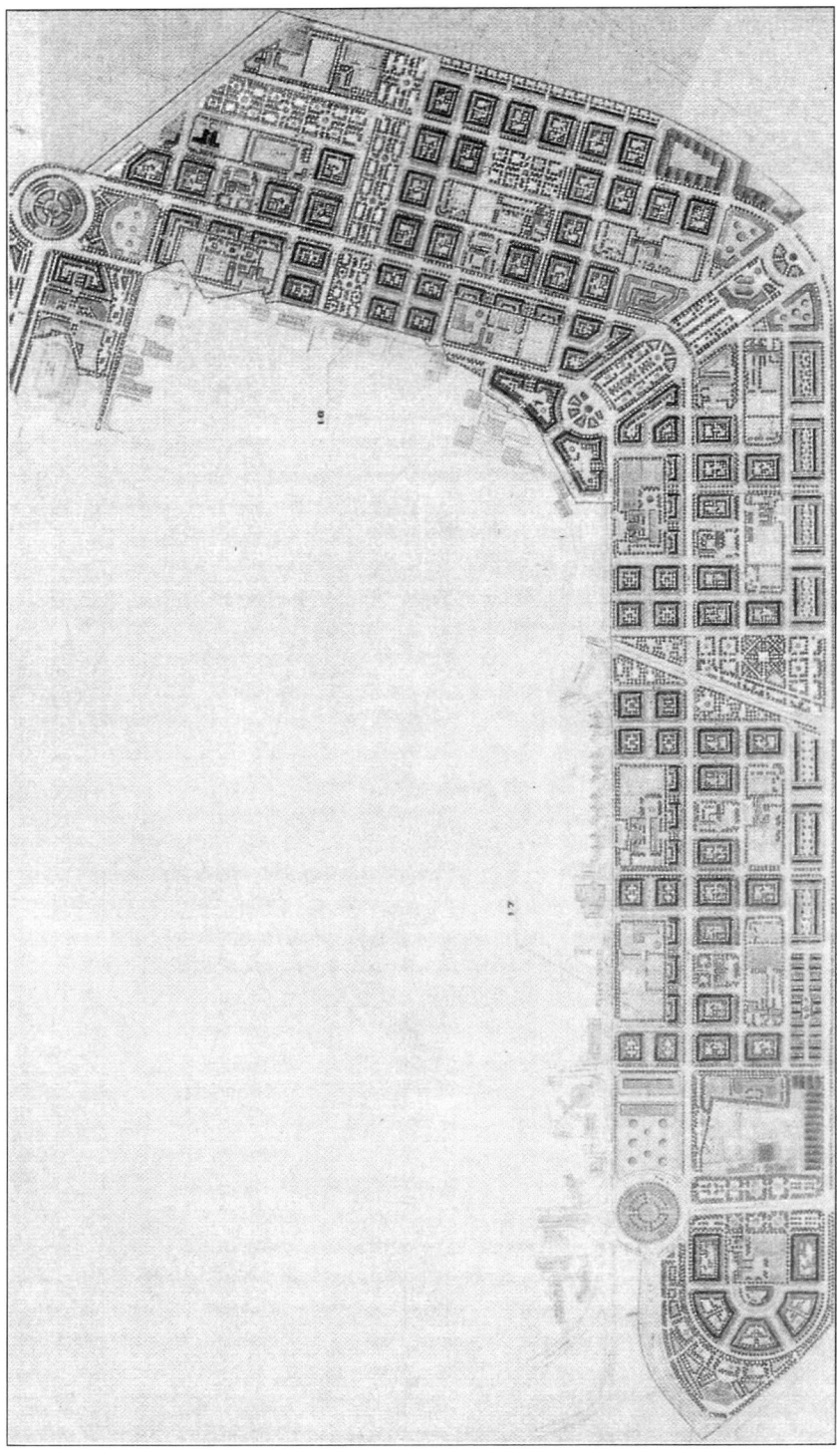

Figura 4.12. Plano de imagen del Ensanche del Este (L. y R. Alemany, M. Salinas).

peciales en que por la extensión o complejidad del sector se haga aconsejable fragmentarlo para su ejecución.

El RP/1978, art. 54.1, desarrolla el contenido de cada etapa del plan:

— Su *duración*, referida a las fechas de comienzo que se establezcan.
— Las *obras* de urbanización a realizar.
— La disponibilidad de las *reservas de suelo* para equipamientos.
— La "*determinación de los niveles correspondientes a los servicios de abastecimiento de agua, evacuación y suministro de energía eléctrica para que puedan ser utilizados los terrenos que se urbanicen sucesivamente*".

Asímismo el propio Plan de Etapas podrá prever las circunstancias conforme a las cuales se puede producir una alteración de sus previsiones temporales y espaciales, debidamente justificadas en todo caso.

ll) El PP podrá establecer, si así lo estima conveniente, el *sistema de actuación* para la ejecución de sus previsiones; éste puede ser único para todo su ámbito o diferente para cada una de sus unidades de ejecución; la determinación del sistema o sistemas de actuación elegidos se deberá justificar de acuerdo con los criterios que señala el RP/1978, art. 56.2: necesidades de suelo y urgencia de su urbanización, medios económicos disponibles por la Administración, posibilidades de colaboración por parte de la iniciativa privada, estructura de la propiedad del suelo, etc.

4.4.5. Determinaciones adicionales en Planes Parciales de iniciativa particular

Se fijan reglamentariamente en los arts. 46 y 64 del RP/1978:

a) *Relación de los propietarios de suelo* afectados, indicando nombre, apellido y dirección.
b) En los PP de iniciativa privada la determinación del sistema de actuación será obligada, no potestativa como es el caso general.
c) Se deberán establecer los "*compromisos que se hubieren de contraer entre el urbanizador y el Ayuntamiento y entre aquél y los futuros propietarios*" en orden a: plazos de ejecución de las obras de urbanización y de implantación de los servicios; construcción de edificios destinados a dotaciones comunitarias de la urbanización, si se prevén, además de los mínimos generales establecidos en el Anexo del RP/1978; "*conservación de la urbanización, expresando si correrá a cargo del Ayuntamiento, de los futuros propietarios de las parcelas o de los promotores, con indicación en estos dos últimos supuestos del período de tiempo al que se extenderá la obligación de conservación*".
d) *Garantía* en metálico o mediante aval bancario del "exacto cumplimiento" de los compromisos anteriores por importe del 6% del coste total de las obras de urbanización e implantación de los servicios de acuerdo con la evaluación económica del propio PP.

CUADRO 4.1. Módulos mínimos de reserva para dotaciones en suelo residencial.

Unidades de viviendas	Sistema espacios libres de dominio y uso público		Centros docentes			Servicios de interés público y social			Plazas de aparcamiento	Observaciones
	Jardines m² suelo-vivienda	Áreas de juego y recreo de niños m² suelo-vivienda	Preescolar guardería m² suelo-vivienda	EGB m² suelo-vivienda	BUP m² suelo-vivienda	Parque deportivo m² suelo-vivienda	Equipamiento comercial m² const. vivienda	Equipamiento social m² const. vivienda	Núm./100 m² edificación	
Unidad elemental	15	3	—	10	—	—	2		1	El Plan Parcial propondrá el uso concreto de las reservas para Centros docentes y para servicios de interés público y social.
Unidad básica	15	3	2	10	—	6	1	3	1	El Plan Parcial propondrá los usos concretos de la reserva de interés público y social.
Unidad integrada	15	6	2	10	—	6	2	4	1	El Plan Parcial propondrá los usos concretos de la reserva de equipamiento social, distinguiendo al menos, usos sanitarios y administrativos.
Conjuntos entre 1.000 y 2.000 viv.	15	6	2	10	—	8	3	6	1	El Plan Parcial propondrá usos concretos de la reserva de equipamiento social, distinguiendo, al menos, usos sanitarios y administrativos.
Conjuntos entre 2.000 y 5.000 viv.	15	6	2	10	4	8	4	6	1	El Plan Parcial propondrá los usos concretos de la reserva de equipamiento social, distinguiendo, al menos, usos religiosos, sanitarios, asistenciales, administrativos, culturales, recreativos y club de ancianos.
Conjuntos superiores a 5.000 viv.	Se mantendrán como módulos mínimos de reserva de Plan Parcial los asignados a conjuntos comprendidos entre 2.000 y 5.000 viviendas. La reserva de dotaciones cuya necesidad sea generada por superarse en la ordenación del Plan Parcial la cifra de 5.000 viviendas, estará definida tanto en cuantía como en localización en el planeamiento de rango superior, teniendo el carácter de equipamiento propio de este.									

e) *"Medios económicos de toda índole con que cuenta el promotor o promotores de la urbanización, indicando los recursos propios y las fuentes de financiación".*

4.4.6. Reservas mínimas de suelo para dotaciones locales en los Planes Parciales (Anexo al RP/1978)

En los epígrafes "e", "f", y "g" del punto dedicado a las determinaciones generales de los PP se hizo una sucinta referencia a las obligaciones de reserva de suelo para equipamientos locales, de acuerdo con el TR/1992; el Anexo del RP/1978, que continúa vigente por el momento, detalla mucho más este tema y es un referente obligado y de extrema importancia en la concepción y diseño de cualquier Plan Parcial.

Téngase en cuenta que en planes de carácter residencial de tamaño medio o grande que manejen densidades altas, cercanas al límite de 75 viv/Ha, la proporción de suelo ocupado por las parcelas de equipamiento, zonas verdes, viario y aparcamiento público, pueden llegar a representar entre un 50 y un 60% del total disponible. De ahí su relevancia como condicionantes del tejido y la imagen urbana resultantes.

Nos referiremos a los distintos tipos de planes clasificados por su uso predominante, como hace el Reglamento:

a) Sectores residenciales

En lel cuadro 4.1 se reproducen los módulos mínimos de reserva para los distintos tipos de equipamientos (columnas), que varían en función del tamaño del sector expresado en número total de viviendas (la *"unidad elemental"* puede alcanzar hasta 250 viviendas, la *"unidad básica"* entre 250 y 500 y la *"unidad integrada"* entre 500 y 1000).

Adviértase que todos los módulos se expresan en *m² de suelo* por vivienda, a excepción de los que hacen referencia a los equipamientos comercial y social, que vienen expresados en m² construidos por vivienda; es decir, en este último caso el Reglamento no exige una reserva de suelo específica "comercial" o "social" como tal uso pormenorizado; permite que esos equipamientos se integren en parcelas o edificaciones cuyo uso pormenorizado es diferente, habitualmente residencial (por ejemplo, exigiendo una determinada reserva de superficie construida para locales comerciales en los bajos de bloques de vivienda o en edificios exentos o adosados incluídos dentro de una zona cuyo uso pormenorizado sea el residencial). Serán las Ordenanzas de edificación del PP para esa zona residencial las que establezcan las condiciones de ubicación, superficie, compatibilidad, etc. que permitan alojar esas dotaciones comerciales o sociales.

Adviértase asímismo que los índices señalados por la Ley (18 m²/vivienda para zonas libres, verdes y deportivas y 10 m²/vivienda para centros docentes y culturales) se consideran como mínimos por el Reglamento; los módulos van creciendo con el tamaño del sector:

— En las actuaciones pequeñas (menos de 250 viviendas) son idénticos a los fijados por la Ley; tan sólo se cuantifica en 2 m² construidos/vivienda los requerimientos para equipamientos comerciales y sociales.

— En actuaciones entre 250-500 viviendas ("unidad básica") aparecen ya un mínimo de 6 m² de suelo/vivienda destinado a "parque deportivo" y el suelo docente se incrementa a 12 m²/vivienda para permitir la aparición de pequeñas parcelas, destinadas a guarderías o preescolar, comprendidas entre 500 y 1000 m² (2 m²/vivienda); así se ha ascendido de una reserva total de 28 m²/vivienda a 36 m²/vivienda (más 4 m² construidos para comercio y equipo social).

— En las actuaciones medias (500 a 1000 viviendas) pasa de 18 a 21 m²/vivienda la exigencia de "espacios libres de dominio y uso público", con lo que la reserva total asciende a 39 m²/vivienda (más 6 m² construidos para comercio y equipo social).

— En actuaciones medias-grandes (1000-2000 viviendas) el incremento se produce en la exigencia de "parque deportivo" que pasa de 6 a 8 m², elevando el índice total a 41 m²/vivienda (más 9 m² construidos de comercio y equipo social).

— En actuaciones grandes (entre 2000 y 5000 viviendas), aparece la exigencia de reservar 4 m²/vivienda para centros de BUP, con lo que el estándar final alcanza los 45 m² de suelo por vivienda (más 10 m² construidos de comercio y equipo social).

— Cuando se superan las 5000 viviendas los módulos anteriores adquieren el carácter de mínimos que, por otra parte, siempre tienen; se entiende que en estos casos será el planeamiento de orden superior (PG, Normas, PAUs) el que defina las necesidades suplementarias que, de hecho, pasarán a tener carácter de sistema general.

En el cuadro 4.2 se calcula el consumo total de suelo por los equipamientos, espacios libres locales y el aparcamiento público en superficie para distintas hipótesis de tamaño y densidad de la actuación. Se aprecia que éste se eleva, –en cifras absolutas y relativas– según se incrementan densidad y tamaño; con densidades medias pueden alcanzar un 25% de la superficie total del sector y con densidades altas elevarse a un 37,5%.

Si a esta cifra se añade la superficie ocupada por el viario local y las posibles incidencias del viario arterial (ninguna de las dos está computada en el cuadro 4.2 porque dependen de las determinaciones del PG y de las soluciones de diseño), habría que incrementar dichos porcentajes entre un 20 y un 25%; con lo que se puede llegar a cifras del orden del 30/35% en densidades bajas, 40/50% con densidades medias y 50/62% con densidades altas. Con lo que se comprueba la relativa paradoja de que existe una *relación inversa entre la proporción de suelo disponible para las edificaciones residenciales y la densidad de la actuación*: cuantas más viviendas haya que edificar por hectárea menor será la superficie de parcelas disponibles para tal fin.

Este es un efecto "perverso" –y sobre el que la disciplina y los juristas quizá hayan meditado poco todavía– de los muy razonables objetivos de asegurar niveles de

CUADRO 4.2. Consumo de suelo para espacios libres, equipamientos y aparcamiento público en superficie en Planes Parciales residenciales en función de su tamaño y las densidades aplicadas.

TAMAÑO DE LA ACTUACIÓN (n.º viviendas)	RESERVAS MÍNIMAS de SUELO (m2/viv.)			DENSIDADES de la ACTUACIÓN						
	TOTAL EQUIP.	PARK. (*)	TOTAL	BAJA (25 viv/Ha)		MEDIA (50 viv./Ha)		ALTA (75 viv/Ha)		EXCEPCIONAL (100 viv/Ha)
				RESERVA TOTAL de SUELO POR HA. (m²).	%	RESERVA TOTAL de SUELO POR HA. (m²).	%	TOTAL de SUELO POR HA. (m²).	%	%
250-500	36	5	41	1025	10,25	2050	20,5	3075	30,75	41
500-1000	39	5	44	1100	11	2200	22	3300	33	44
1000-2000	41	5	46	1150	11,5	2300	23	3400	34	46
2000-5000	45	5	50	1250	12,5	2500	25	3750	37,5	50

(*) Calculado en función del tamaño de cada plaza, 10 m², sin tener en cuenta los accesos, normalmente incluidos en el viario local, y dividiendo entre dos, ya que sólo se exige reservar en superficie pública la mitad de los aparcamientos mínimos necesarios; 1 cada 100 m² aproximadamente; uno por cada vivienda.

equipamiento y de espacios verdes a las zonas residenciales. Su efecto inmediato es la necesidad de elevar la edificabilidad neta de las parcelas edificables y con esto las alturas y ocupación del suelo comprometiendo, en los casos más graves, la corrección de determinados parámetros de diseño ambiental (distancia entre fachadas, tamaño de patios, soleamiento, ...).

El Reglamento establece además una serie de condiciones dimensionales para cada una de las parcelas destinadas a espacios libres y a equipamientos cuyo contenido principal pasamos a exponer:

— El "sistema de espacios libres de dominio y uso público" se divide en tres tipos de elementos: "jardines", "áreas de juego y recreo para niños" y "áreas peatonales"; para que cada parcela así calificada pueda computarse de cara al cumplimiento de los módulos que establece el cuadro 4.1 se deben cumplir los requisitos que se incluyen a continuación.

— Se podrán computar como "jardines" o como "áreas peatonales" las parcelas de superficie no inferior a 1000 m2 en las que se pueda inscribir un círculo de 30 m. de diámetro; además en el primer caso deberá garantizarse que poseen las condiciones apropiadas para la plantación de especies vegetales y que gozan de un soleamiento adecuado.

— El total de parcelas calificadas como "áreas peatonales" no podrá superar el 20% de la superficie total del "sistema de espacios libres de dominio y uso público".

— Se podrán computar como "áreas de juego y recreo para niños" las parcelas de superficie no inferior a 200 m2 en las que pueda inscribirse un círculo de 12 m de diámetro; deberán ser equipadas convenientemente.

— Los centros de enseñanza preescolar o guarderías deberán agruparse en parcelas de 1000 m2 de superficie mínima (las nuevas condiciones dimensionales para los centros de enseñanza general de carácter no universitario han sido establecidas por el RD 1004/1991 de 14 de Junio, BOE 26 de Junio de 1991, y por la RO de 4 de Noviembre de 1991, BOE 14 de Noviembre de 1991. Las "escuelas infantiles" (3 a 6 años) podrán tener 3, 6 ó 9 unidades, con capacidad para 75, 150 ó 225 niños, respectivamente. Las parcelas mínimas en cada caso serán de 1350, 2700 ó 4050 m2.También podrán asociarse con Centros de Enseñanza Primaria).

— Los centros de Enseñanza Primaria se agruparán en formaciones de 8, 16, 18, 22 ó 24 unidades a las que corresponderán, como mínimo, parcelas de 5.000, 10.000, 11.000, 12.000 ó 14.000 m2, respectivamente (las condiciones establecidas por la nueva legislación para los Centros de Enseñanza Primaria o Colegios, 6-12 años, preveen agrupaciones de 6, 12 ó 18 unidades, para 150, 300 ó 450 alumnos. Las parcelas mínimas respectivas serán de 2.400, 4.800, ó 7.200 m2. Si se asocian Centros de Enseñanza Infantil y Primaria se podrán producir agrupaciones de 9, 18 ó 27 unidades, para 225, 450 ó 675 niños. Las parcelas mínimas respectivas serán, en dicho caso, de 4.050, 8.100 y 12.150 m2.).

— Los centros de BUP podrán ser de 12, 18 ó 24 unidades y les corresponderán parcelas de 9.000, 12.000 ó 16.000 m2 respectivamente (las condiciones establecidas por la nueva legislación para los Centros de Enseñanza Secundaria Obligatoria o Institutos, 12-16 años preveen agrupaciones de 8, 12 ó 16 unidades, para 240, 360 ó 480 alumnos. Las respectivas extensiones mínimas "recomendables" de parcela serán de 3.840, 5.760 ó 7.680 m². Los Centros de Enseñanza Secundaria Completa, 12-18 años, podrán tener 12, 16, 22 ó 26 unidades, para 380, 500, 690 ó 810 alumnos. Las respectivas extensiones mínimas "recomendables" serán de 5.700, 7.500, 10.350 ó 12.150 m²).

— Cuando el PP no determine el número de viviendas, los módulos de reserva del cuadro 4.1 se entenderán referidos a cada 100 m² de edificación residencial.

— Cuando se trate de PPs de vivienda unifamiliar el módulo de reserva de espacios libres se podrá disminuir hasta 18 m²/vivienda, independientemente del tamaño de la actuación (justificando que la posible pérdida se compensa por el conjunto de espacios libres ajardinados de carácter privado). En ningún caso será inferior al 10% de la superficie total del sector.

b) *Sectores industriales*

Los módulos mínimos para dotaciones en PPs de carácter industrial serán los siguientes (Anexo RP/1978, art. 11):

— *"Sistemas de espacios libres de dominio y uso público"* (jardines); como mínimo un 10% de la superficie total cuya calificación global en el planeamiento de orden superior sea el uso industrial. Las parcelas que integren estos espacios libres ajardinados deberán cumplir las condiciones dimensionales señaladas en el punto "a" para los "jardines" de las zonas residenciales.

— *"Servicios de interés público y social"*; la reserva mínima de suelo para estos servicios será el 4% de la superficie total cuya calificación global en el planeamiento de rango superior sea el uso industrial; se descompondrá de la siguiente forma:
— Parque deportivo: 2%.
— Equipamiento comercial: 1%.
— Equipamiento social: 1%.
— Aparcamientos: 1 plaza cada 100 m² de edificación.

c) *Sectores de carácter terciario o mixto*

Los módulos mínimos para dotaciones en PP de carácter terciario serán los siguientes (Anexo RP/1978, art. 12):

— *"Sistema de espacios libres de dominio y uso público"*; la reserva mínima no será inferior al 10% de la superficie total cuya calificación global sea el uso terciario.
Dentro de este sistema se podrán integrar espacios ajardinados y áreas peatonales; las parcelas que se destinen a tales espacios deberán de tener las mismas características dimensionales y de todo tipo que las reseñadas para

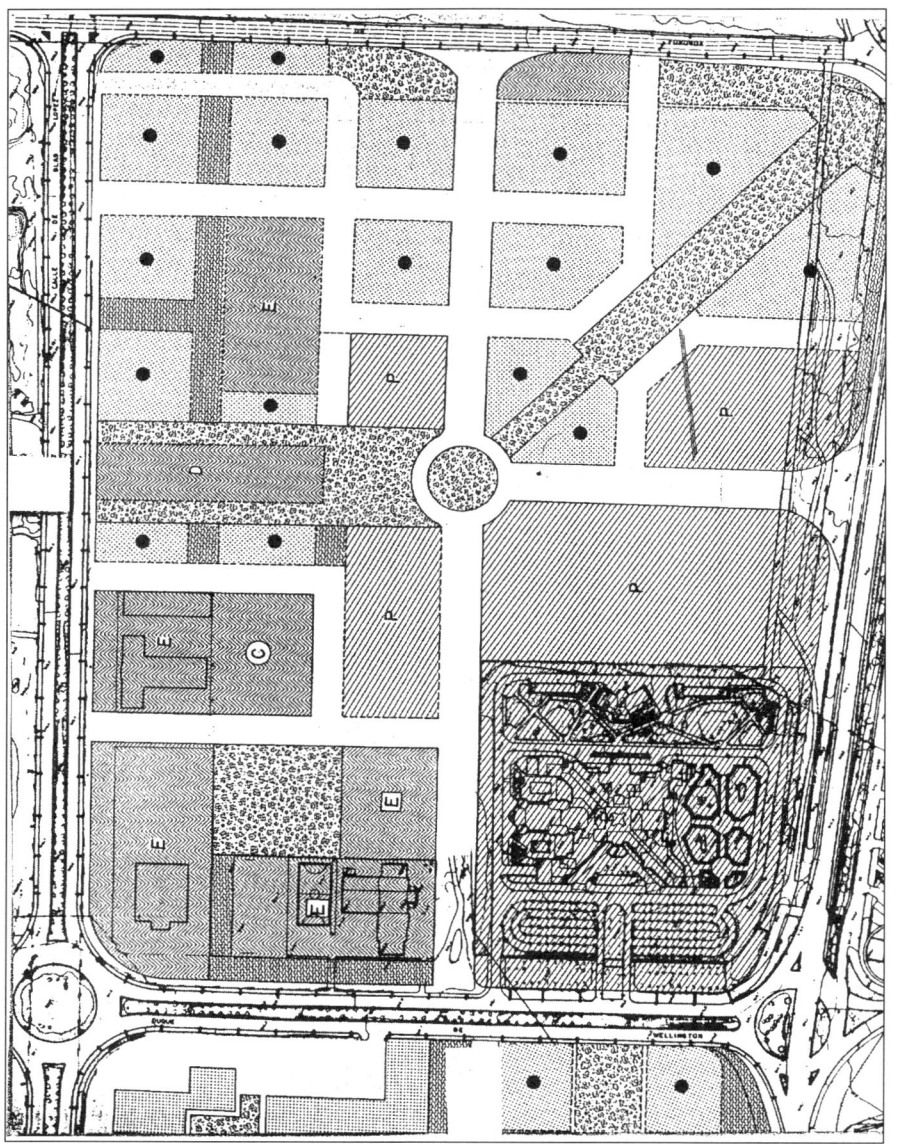

Figura 4.13. Plan Parcial Sector 2 de Lakua, 1985. Vinculaciones y directrices procedentes del planeamiento vigente (Plan General de 1984/85). Los trazados continuos representan alineaciones y/o delimitación de usos vinculantes (el planeamiento parcial podrá efectuar pequeñas correcciones de detalle); las líneas a trazos y las calificaciones pormenorizadas que engloban representan alineaciones y usos indicativos cuya forma y trazado definitivos será competencia del Plan Parcial.

los mismos usos pormenorizados en los PPs de tipo residencial. El porcentaje de áreas peatonales no rebasará el 40% de la superficie total del sistema de espacios libres.

— *"Servicios de interés público y social"*; la reserva mínima en sectores terciarios puros será del 4% de la superficie total así calificada. El propio PP propondrá los usos concretos a que se destinará este espacio.

En sectores terciarios mixtos (con usos residenciales anejos) la reserva anterior se elevará al 6%.

— Aparcamientos: 1 plaza cada 100 m^2 de edificación.

— En los sectores de carácter mixto (residencial/terciarios) se efectuarán reservas para centros docentes de acuerdo con los módulos señalados en el Cuadro 4.1 en función del número de viviendas que comprende el sector.

4.4.7. Documentación de los Planes Parciales

El contenido técnico de un PP ha quedado bien definido en los puntos que hemos dedicado a exponer sus determinaciones; pasemos ahora a describir la manera convencional en que se ordena este material para darle forma y hacerlo funcional en su trámite de aprobación y en su posterior utilización como instrumento de planeamiento. El RP/1978 en sus artículos 57 a 64 contiene una exposición bastante más detallada que el escueto precepto del TR/1992, art. 83.5.

a) *"Memoria justificativa de la ordenación y de sus determinaciones"*. La Memoria de un Plan Parcial, como la de cualquier documento proyectual, tiene como objetivo básico la explicación de la solución adoptada a partir de los distintos condicionantes de partida (de planeamiento, físicos, infraestructurales, ..) y de los criterios de diseño elegidos. Su contenido típico, regulado por el RP/1978, art. 58, es el siguiente:

— Justificación de la procedencia de formular el Plan Parcial, de acuerdo con las previsiones del Programa de actuación del PG, del Plan de Etapas del PAU o bien justificando su *"conveniencia y oportunidad"* caso de desarrollar una Norma Subsidiaria.

— Exposición y análisis de las determinaciones vinculantes y/o indicativas del planeamiento de rango superior; se hará referencia explícita a los planos de información urbanística que se incluyan más adelante.

— Análisis de las características del territorio (geológicas, geotécnicas, topográficas, vegetación, etc.).

— Estudio de la estructura de la propiedad del suelo.

— Análisis de los usos, edificaciones e infraestructuras existentes en el ámbito del PP y en su entorno inmediato; tanto este apartado como los dos anteriores harán referencia a los correspondientes planos de información urbanística.

— Objetivos y criterios de ordenación, función de las determinaciones y análisis anteriores.

— Exposición de la solución adoptada, previo análisis de las opciones posibles y de los criterios que han inclinado al equipo redactor hacia aquélla.

— Cuadro resumen de características numéricas de la ordenación: superficie de los distintos usos pormenorizados, superficies edificables por usos, edificabilidades, coeficientes de ponderación de los usos, etc.

b) *Planos de información urbanística*

— *Plano de situación* en relación con las determinaciones estructurales (vinculantes) del planeamiento de rango superior. La escala será la misma que la utilizada para éste.

— Plano de *ordenación establecida por el planeamiento de rango superior* para el ámbito del PP y su entorno inmediato; se diferenciará entre las determinaciones vinculantes y las indicativas. Se utilizará la misma escala que la empleada por aquél.

— *Plano topográfico* con curvas de nivel de metro en metro; escala mínima 1:2.000. Este plano se cumplimentará con los planos hipsométrico y clinométrico "cuando éstos sean precisos para una mejor interpretación de aquél".

— *Plano catastral* con identificación de límites parcelarios y denominación de parcela (este plano, en los PPs de iniciativa privada, se completará con la relación de propietarios incluída en la Memoria).

— *Plano(s) de edificaciones, usos, infraestructuras y vegetación existentes*; escala aconsejable 1:2.000.

c) *Planos de Proyecto:* El Reglamento (RP/1978, art. 60.1) exige escalas comprendidas entre 1:2000 y 1:5.000; técnicamente resulta aconsejable emplear la de mayor detalle (1:2.000) e incluso la 1:1000 si la complejidad del territorio o de las determinaciones proyectuales así lo exigieran. Evidentemente los Planos de Proyecto deben recoger las determinaciones obligatorias a las que antes se hizo referencia detallada. Como mínimo incluirá los siguientes ("*todos los planos de proyecto que contengan representaciones en planta se realizarán sobre el plano topográfico y contendrán la delimitación del área de ordenación*"):

— *Plano de calificación pormenorizada* (zonificación); se expresará la asignación de cada zona o manzana a cada uno de los distintos usos pormenorizados, incluyendo los comprendidos dentro del sistema de espacios libres y zonas verdes y los correspondientes a los distintos equipamientos; la red viaria –y, en su caso, los espacios exclusivamente peatonales– será también un uso pormenorizado. Las denominaciones de cada uso pormenorizado remitirán directamente a las condiciones y características edificatorias contenidas en las Ordenanzas.

— *Plano de alineaciones y rasantes* de la red viaria; sus perfiles longitudinales y transversales se expresarán a una escala adecuada (1:200 a 1:500 para éstos; 1:1000 para las abscisas y de 1:100 a 1:500 para las ordenadas cuando se trate de construir los perfiles longitudinales).

— Planos esquemáticos del *trazado de las distintas redes*: abastecimiento de agua, riego e hidrantes contra incendios, alcantarillado, distribución de energía eléctrica y alumbrado público.

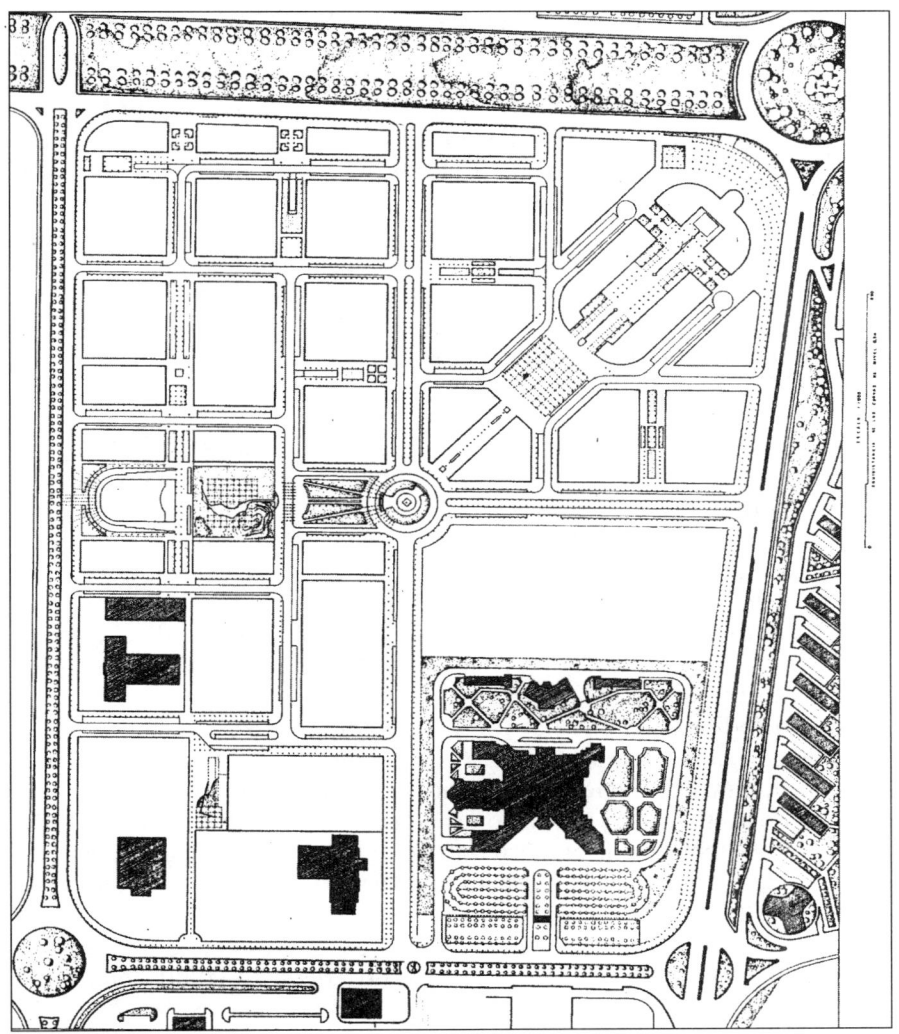

Figura 4.14. Plan Parcial del Sector n.º 2 de Lakua (Vitoria-Gasteiz, 1985) (L. López de Armentia, R. López de Lucio, F. Velao Reyes y S. Escudier). Plano de Alineaciones, trazado viario y tratamiento indicativo de las zonas verdes y espacios libres de uso público (e = 1:1000). El planeamiento urbanístico de escala intermedia tiene como cometido primordial la configuración del espacio público y las relaciones con éste de las zonas o parcelas destinadas a ser edificadas y privatizadas.

— Delimitación de los *polígonos de actuación*, caso de que se hayan definido.
— Definición gráfica del *Plan de Etapas*.

d) *Ordenanzas reguladoras de la edificación y de los usos:* Las ordenanzas de un Plan Parcial es uno de sus principales documentos; su contenido proyectual se suele pasar por alto con frecuencia por mor de un arraigado prejuicio que tiende a identificar cualquier tipo de normativa con una mera acumulación de preceptos más o menos burocráticos y de trámite. Sin embargo, ya comentamos que al no ser el planeamiento parcial un documento de configuración espacial "finalista" –excepto en lo que afecta al trazado y dimensionamiento de sus espacios públicos– debe incluir un conjunto de reglas que acoten el "campo de libertad" de los múltiples proyectistas que intervendrán en la definición volumétrica y material de las edificaciones.

Y en ese "conjunto de reglas" constituye el corpus esencial de las ordenanzas; de hecho éstas se pueden concebir como el instrumento configurador de la "tercera dimensión" del espacio urbano. Más adelante intentaremos formular un esquema detallado del contenido de unas Ordenanzas. Baste ahora recordar las determinaciones mínimas reglamentarias que deben incorporar (RP/1978, art. 61):

— Generalidades y terminología de los conceptos utilizados.
— Régimen urbanístico del suelo con la definición detallada de los diferentes usos pormenorizados que define el Plan (Plano decalificación pormenorizada).
— Regulación de los instrumentos de desarrollo del PP: Estudios de Detalle, Proyectos de Urbanización y parcelaciones (esta regulación se referirá a los aspectos específicos que han de cumplir cada uno de ellos en el ámbito del PP, además de los generales regulados en el TR/1992 y en RP/1978).
— Normas de edificación en relación con el viario público.
— Normas de edificación generales a todas las zonasm referidas a condiciones volumétricas, higiénicas, estéticas, regulación de usos, etc.
— Normas de edificación y condiciones de compatibilidad de usos para cada una de las zonas o usos pormenorizados definidos por el Plan (este punto se desarrolla en extensión en el apartado "c" de "Metodología de diseño del PP").

e) *Plan de Etapas:* Su contenido sustancial ha sido descrito como determinación "l" en el epígrafe sobre "Contenido y determinaciones del Plan Parcial"; su definición gráfica se incluye entre los "Planos de Proyecto".

El RP/1978, art. 62, se limita a precisar que "*si el PP contiene la delimitación de polígonos, el Plan de Etapas determinará el orden de prioridades para su ejecución y señalará el sistema o sistemas de actuación aplicable a cada polígono*"; asímismo insiste en la necesidad de compaginar la creación de suelo urbanizado con la provisión de espacio para dotaciones. Se prevee, igualmente, un mecanismo flexibilizador que desde el propio documento permita

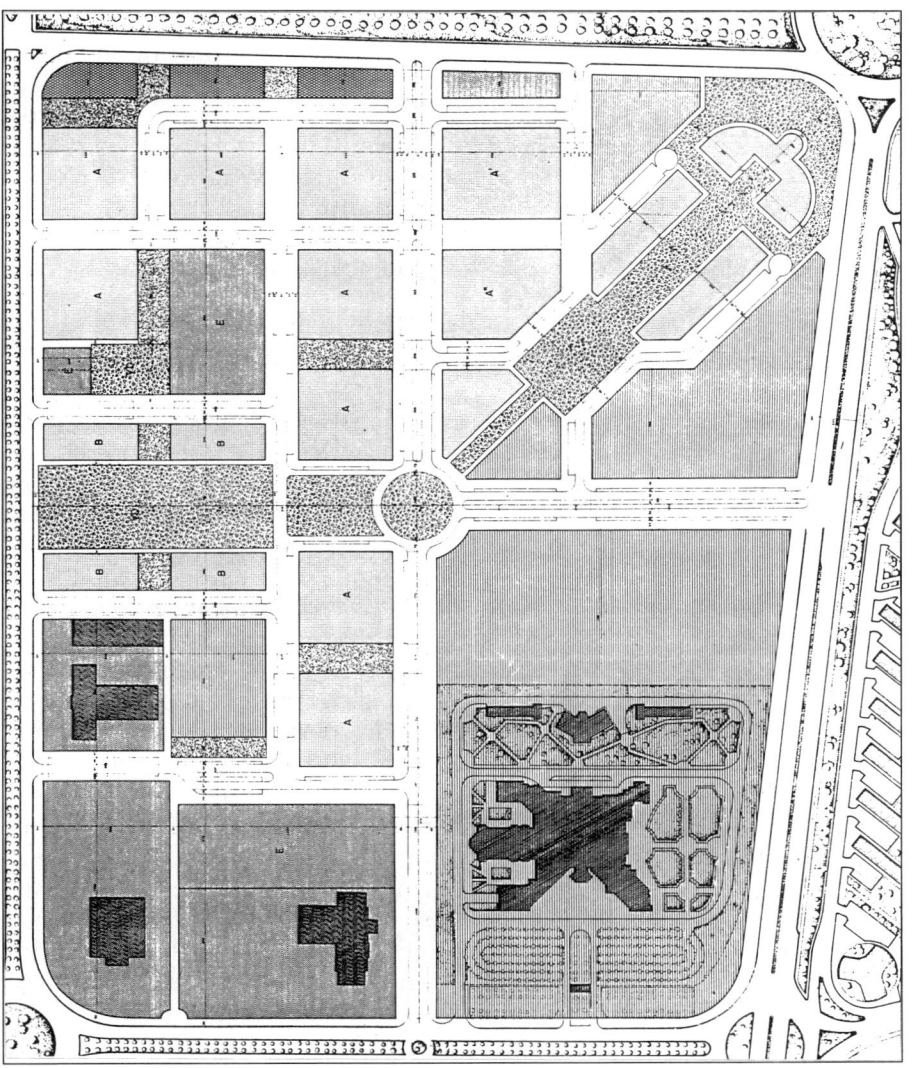

Figura 4.15. Plan Parcial del Sector n.° 2 de Lakua, 1985. Plano de calificación pormenorizada (e = 1:1000); construido sobre el plano de Alineaciones, describe el uso del suelo y el sistema tipomorfológico de ordenación por referencia a la respectiva Ordenanza que desarrolla las condiciones de edificación para cada uno de los usos descritos.

formular varias alternativas, determinando las "*circunstancias que justifi-
quen la elección de una u otra (...)*".

f) *Estudio económico-financiero:* Su contenido básico se ha descrito en el punto "k" sobre "Contenido y determinaciones del Plan Parcial".
En el caso de que la ejecución de un PP implique realizar obras que correspondan a los "sistemas de la estructura orgánica del PG" (sistemas generales), se deberá especificar en el EEF del PP a qué Entidad u Organismo corresponde su financiación (RP/1978, arts. 42.3 y 63.3); se tendrá en cuenta
que el coste de las obras de urbanización de interés para el sector (vialidad,
saneamiento, agua, energía eléctrica, alumbrado público, arbolado y jardinería), el coste de redacción de los PPs, Proyectos de Urbanización y de Reparcelación y las distintas indemnizaciones por derribo de construcciones,
plantaciones, etc., serán a cargo de los propietarios del sector.
En el caso de PPs que desarrollen un PAU se incluirán en el EEF las "específicas obligaciones que correspondan al adjudicatario del Programa".

4.4.8. Tramitación y gestión de los Planes Parciales

Los PPs podrán ser formulados por las entidades locales y demás "*órganos competentes en el orden urbanístico*" (TR/1992, art. 111.1; el RP/1978, art. 136.1, cita en
particular, como sustitutos del Ayuntamiento, la Comisión Provincial de Urbanismo y
la Diputación Provincial. Véase también el art. 123.2). En todo caso, como instrumentos de desarrollo del planeamiento general que son, se podrán redactar por iniciativa particular y elevarse a la Administración competente para su tramitación
(Ayuntamientos). Se redactarán en los plazos previstos en el planeamiento superior
cuando éste los fije (en SUP de PG o en SUNP desarrollado por un PAU).
La *tramitación* de los PPs se establece en el TR/1992, art. 116 y siguientes:

— La aprobación inicial se otorgará por el mismo Ayuntamiento que haya formulado el plan; a continuación se someterá a información pública durante
un plazo mínimo de un mes.
— Si se trata de un PP de iniciativa particular el Ayuntamiento acordará sobre
la concesión o denegación de la aprobación inicial en el plazo de tres meses
a partir de la presentación de la documentación completa en el Registro
municipal.
— La aprobación provisional la concederá el Ayuntamiento, a la vista de los
resultados de la información pública, con las modificaciones que estime
convenientes. Si dichas modificaciones suponen un cambio sustancial del
plan inicialmente aprobado, se abrirá un nuevo período de información pública previo a la aprobación provisional.
— Si el plan es de iniciativa particular se citará personalmente a la información pública a todos los propietarios de terrenos comprendidos en el ámbito del PP.
Tanto en los planes de iniciativa pública como privada el plazo para acordar
sobre la aprobación provisional no podrá exceder de un año desde la inicial.

— La competencia para la aprobación definitiva será de los propios Ayuntamientos en las capitales de provincia y ciudades mayores de 50 mil habitantes. En los demás casos, o cuando afecte a varios municipios, corresponderá al órgano autonómico correspondiente.

— No obstante, cuando la aprobación definitiva corresponde al Ayuntamiento, es preceptivo que éste lo someta a informe no vinculante por parte del órgano competente de la Comunidad Autónoma. Para acelerar los trámites el nuevo TR/1992 dispone que dicho informe *"se entenderá favorable si no se emite en el plazo de un mes desde la recepción del expediente completo por el citado órgano"*.

— Con el mismo objetivo el TR/1992, art. 119, establece un plazo máximo de tres meses para la aprobación definitiva, a contar desde el acuerdo de aprobación provisional cuando aquélla corresponda al Ayuntamiento o desde la entrada del expediente completo en el Registro del órgano autonómico cuando corresponda a éste.

— En los planes de iniciativa particular, el acto de aprobación provisional y definitiva *"podrá imponer las condiciones, modalidades y plazos que fueran convenientes"* (RP/1978, art. 139-3ª); en todo caso la eficacia de la aprobación definitiva está condicionada a la prestación de la garantía correspondiente (art. 46).

— En principio los planes definitivamente aprobados son de vigencia indefinida; la modificación de cualquier elemento de un plan se someterá a las mismas reglas enunciadas para su tramitación y aprobación.

— La ejecución de los PPs se realizará por "unidades de ejecución" (véase epígrafe "d" y "l" del punto "Contenido y determinaciones del Plan Parcial"). Cada una de éstas se desarrollará por el sistema de actuación acordado; como se sabe existen tres sistemas de actuación: Compensación, Cooperación y Expropiación que constituyen mecanismos bien definidos y diferenciados para ejecutar las previsiones de los instrumentos de planeamiento, para "construir" la ciudad (su exposición detallada no corresponde a este capítulo. En todo caso se recuerda que están ampliamente regulados en el Título IV, *"Ejecución del Planeamiento"*, del TR/1992, así como en el Título V, *"Sistemas de Actuación"*, del RG/1978).

La vigencia de los documentos de planeamiento se ha dicho que es indefinida, pero no así los derechos y deberes básicos de los propietarios de suelo que están supeditados al cumplimiento efectivo de las condiciones y plazos previstos en los propios planes o en la legislación urbanística. Así, *"la aprobación del planeamiento preciso según la clase de suelo de que se trate determina el deber de los propietarios afectados de incorporarse al proceso urbanizador y al edificatorio en las condiciones y plazos previstos en el planeamiento o legislación urbanística aplicables (...)"* (TR/1992, art. 19). Esa incorporación efectiva a la tarea de construir la ciudad implica la obligación de ceder los terrenos destinados a dotaciones públicas y los que concentren los aprovechamientos de cesión al Ayuntamiento, costear y ejecutar (en los sistemas de actuación de carácter privado) la urbanización en los plazos previstos y edificar los solares, previa concesión de licencia, en los plazos establecidos.

Los distintos derechos (a urbanizar, al aprovechamiento urbanístico, a edificar y a la edificación) se van adquiriendo gradualmente conforme se cumplen los distintos deberes:

— El *derecho a urbanizar* se adquiere por la aprobación definitiva del PP y del Proyecto de urbanización correspondiente.
— En los sistemas de actuación privada el derecho a urbanizar "se extinguirá si la urbanización efectiva de los mismos y el cumplimiento de los deberes de cesión y equidistribución no se realizare en los plazos establecidos al efecto (...)" (TR/1992, art. 25.1).
— El derecho al aprovechamiento urbanístico se adquiere por el "cumplimiento de los deberes de cesión, equidistribución y urbanización en los plazos fijados por el planeamiento (..)" (art. 26).
— El *derecho a edificar* se adquiere por la concesión de la licencia correspondiente y se extingue en función de los plazos de validez de ésta.
— "El derecho a la edificación se adquiere por la conclusión de las obras al amparo de licencia no caducada y conforme con la ordenación urbanística" (TR/1993, art. 37.1).

4.4.9. Metodología de diseño del Plan Parcial

En los apartados anteriores se ha seguido un orden expositivo directamente relacionado con los preceptos legales que definen el contenido y la documentación de los Planes Parciales. Vamos a intentar ahora una aproximación más profesional al proceso de análisis, toma de decisiones e instrumentación técnica. Para ello consideraremos cuatro fases:

— Generación del *esquema básico de ordenación espacia*l a partir de las determinaciones y orientaciones previas y de los criterios de diseño elegidos; supone la selección de una alternativa entre las posibles soluciones identificadas.
— *Construcción geométrica e instrumentación técnica*; incluye la definición precisa de trazados, usos pormenorizados, condiciones particulares de uso y edificación (ordenanzas) y diseño de las redes de servicio.
— *Evaluación de los costes de ejecución.*
— *Definición del sistema de ejecución*; definición de unidades de ejecución, priorización y plazos, sistema(s) de actuación, etc.

• *Generación del esquema básico de ordenación espacial*

Como en todos los ejercicios de diseño el proceso creativo está sólo parcialmente determinado, permitiendo diferentes grados de libertad según las circunstancias, lo que supone la adopción de determinados criterios u opciones.

La recopilación y análisis de las *determinaciones y orientaciones previas*, fase que convencionalmente se denomina de "información urbanística", supone la primera tarea a realizar. Son varios los orígenes de estos condicionantes de partida:

— *Vinculaciones establecidas por el planeamiento de orden superior* (véase el epígrafe del mismo título más arriba); a su vez es imprescindible conocer el carácter vinculante o indicativo de estas determinaciones, el grado de libertad en el *ajuste* de las determinaciones vinculantes y el carácter, extensión y nivel de precisión de las orientaciones de carácter indicativo. De hecho, en algunos Planes Generales de la última generación (1985/1990), el conjunto de vinculaciones establecidas configura de partida buena parte del contenido del esquema básico de ordenación del Plan Parcial.

— *Condicionantes topográficos, geológicos o geotécnicos*; la forma del territorio y sus características físicas –pendientes, resistencia, permeabilidad, etc.– pueden suponer en numerosas ocasiones una determinación importante a la hora de seleccionar la morfología urbana o las tipologías edificatorias. La adopción, por ejemplo, de tramas reticulares y de tipologías de manzana cerrada en terrenos de fuerte topografía puede conducir a resultados poco afortunados, contradictorios y de elevado coste de ejecución.

— *Determinaciones y sugerencias del entorno urbano o natural* del ámbito de actuación; entra aquí un amplio conjunto de aspectos relacionados con: el carácter de los límites físicos del ámbito de planeamiento; la posibilidad de establecer continuidades con tejidos urbanos existentes o, a la inversa, la presencia de discontinuidades originadas por barreras naturales, grandes infraestructuras de comunicación, vacíos urbanos, etc.; las aperturas y vistas hacia paisajes naturales o artificiales de interés o bien hacia instalaciones o entornos agresivos; las necesidades de protección frente a ruidos u otro tipo de contaminaciones ambientales, etc.

— *Condicionantes relacionados con la existencia de infraestructuras, edificaciones o arbolado* dentro del ámbito de actuación o en su inmediata proximidad; habrá que valorar su importancia, estado de conservación, interés arquitectónico o natural, etc. En el caso de las redes de servicio (agua, alcantarillado, ...) se deberá valorar su estado, capacidad y, caso de ser exteriores, posibilidades de conexión de cara al suministro o evacuación.

— *Otros condicionantes legales*: aquí pueden entrar restricciones como las que originan las zonas de protección de las redes arteriales (autopistas, etc.), los conos de vuelo de aeropuertos próximos, la existencia de trazados eléctricos de alta tensión o gaseoductos, la protección de costas y de cursos de agua, etc.

Este conjunto de determinaciones y condicionantes se podrá resumir en un plano que expresará los puntos de partida para el posterior diseño, siendo aconsejable que gráficamente se haga explícito el nivel de vinculación y grado de concreción de cada elemento.

El segundo momento de esta fase inicial de generación de un esquema de ordenación consiste en la *explicitación de los criterios de diseño* (que pueden ser alternativos) que guiarán la construcción de dicho esquema. Estos criterios se deben referir al menos a los siguientes aspectos (necesariamente interrelacionados, pero que, por necesidades expositivas y técnicas, se deben considerar uno por uno):

— *Lógica de la distribución espacial de los usos* y de los diferentes tipos edificatorios y gradientes de densidad; conocido el "programa" básico a alojar dentro del PP (determinaciones del planeamiento superior) se trata de concebir la organización general de usos/tipos/densidades al interior del ámbito de actuación y en relación con sus límites y condiciones de borde. Se tratará, en esta primera fase, de tomar decisiones del tipo siguiente: localización centrada, periférica, dispersa, lineal, etc. de las zonas verdes y deportivas y de los principales equipamientos locales (supuesto que exista libertad total para hacerlo); establecimiento de gradaciones de densidad centro-periferia, borde urbano-borde rural, etc. en la localización de los distintos tipos edificatorios, etc.

— *Elección de la(s) trama(s) urbana(s) de referencia* (dentro de los límites permitidos por el establecimiento de los usos globales, intensidades y otras características en el planeamiento general); se trata de discutir la adopción de las mallas o retículas viarias de referencia y de determinar las relaciones básicas entre tipos edificatorios y trama urbana.

— Comprobación de *criterios de racionalidad y eficacia en la geometría básica de las principales redes de servicios* (agua, alcantarillado, energía eléctrica); ésta es una primera comprobación de la racionalidad implícita en los criterios adoptados sobre distribución de usos y adopción de tramas, que permite realizar correcciones inmediatas o establecer prioridades caso de haberse planteado más de una alternativa.

— *Lógica de la división en unidades de ejecución* que permitan un despiece espacial/temporal ordenado y eficaz, función de las necesidades explicitadas para la promoción/programación del sector. Este criterio funcionará a la manera del anterior para corregir o priorizar alternativas de diseño.

La articulación del conjunto de determinaciones y condicionantes con la matriz de criterios de diseño permitirá formular un esquema inicial de ordenación o bien un conjunto limitado de esquemas priorizados de acuerdo con valoraciones explícitas. La selección final de uno de aquéllos será siempre un proceso afectado de cierto grado de subjetividad pues no todos los criterios de valor son cuantificables ni las cuantificaciones pueden ser precisas y directamente comparables. En todo caso el final de esta fase deberá proporcionar un esquema de trabajo suficientemente explícito como para poder ser objeto de refinamiento y construcción técnica en las etapas siguientes.

• *Construcción geométrica e instrumentación técnica del PP: definición de trazados, usos pormenorizados y redes de servicio*

La construcción e instrumentación de un Plan Parcial es un proceso de carácter iterativo en el que las distintas determinaciones se van perfilando progresivamente e imbricándose entre sí. Por necesidades expositivas vamos a dividirlo en dos grandes capítulos:

1) Las definiciones gráficas que configuran planimétricamente la ordenación espacial del ámbito de planeamiento.

2) Las definiciones, predominantemente escritas, que determinan las condiciones de edificación y compatibilidad de usos en cada zona de calificación pormenorizada.

En este epígrafe nos vamos a referir a la primera categoría que integra la definición de trazados, usos pormenorizados y redes de servicio.

— *Definición geométrica de los trazados viarios y de los espacios libres de dominio y uso público:* Plano de Alineaciones, Rasantes y Sistema de Espacios Públicos (véanse determinaciones "e", "h" e "i"); se trata de diseñar con precisión el sistema de *alineaciones y rasantes* a partir del esquema básico de ordenación disponible; este sistema definirá los trazados viarios, los aparcamientos públicos y el conjunto de manzanas de la ordenación. Su definición planimétrica a escala 1:1000 ó 1:2000 debe acompañarse de un sistema de cotas y dimensiones superficiales:

— Secciones transversales totales de cada vía.
— Rasantes verticales del sistema viario, como mínimo en los puntos de intersección y recomendablemente de metro en metro.
— Dimensiones básicas de las diferentes manzanas definidas por las alineaciones: cotas longitudinales y superficie.
— Detalles a mayor escala de las secciones transversales y longitudinales de cada vía (véase determinación "h").

El sistema de espacios de dominio y uso público de un PP comprende, además del sistema viario a que nos acabamos de referir, el conjunto de espacios libres (jardines, zonas deportivas, áreas peatonales, zonas de recreo infantil, ...); su dimensionamiento se ha analizado en la determinación "e" y, con mayor detalle, en el epígrafe dedicado a las "Reservas mínimas de suelo para dotaciones locales en los PPs". Se trata ahora, de acuerdo con el esquema de ordenación básico, de realizar un ajuste definitivo de los espacios (manzanas completas o no) cuya calificación pormenorizada corresponderá a alguno de los elementos que constituyen el sistema de espacios libres de dominio y uso público.

— *Definición geométrica e identificación de los usos pormenorizados:* Plano de Calificación Pormenorizada; disponiendo del plano anterior (que constituirá el documento básico de trazado del PP) se trata de asignar las manzanas disponibles, completas o parcialmente, a cada uno de los usos pormenorizados definidos en el esquema básico de ordenación (incluyendo los que corresponden a los distintos equipamientos locales docentes o de otro tipo). Esta asignación puede requerir completar el sistema de alineaciones que definen los trazados viarios (o *"alineaciones exteriores"*) con otras líneas interiores a las manzanas que las subdividan en ámbitos de distinta calificación pormenorizada. A estas nuevas líneas se les suele denominar *"alineaciones interiores"* (no confundir con las líneas que definen los fondos edificables en la tipología de manzana cerrada, a la que, a veces, se denomina de igual manera, aunque,para mayor precisión, se debieran llamar "alineaciones interiores de la edificación").
Las nuevas unidades espaciales definidas deberán dimensionarse de la misma forma que se hacía con las manzanas completas.
Cada conjunto de manzanas o espacios de igual calificación pormenorizada constituirán una *"zona"*; se identificará gráficamente mediante una trama o

un color y la leyenda adjunta al plano referenciará los títulos o denominaciones de cada zona. Estas denominaciones serán las mismas que utilicen las ordenanzas específicas de zona para describir las condiciones a que se someterán en cada una las edificaciones y los usos compatibles con el principal o característico que da nombre a la zona.

El plano de Calificación Pormenorizada normalmente se construye tomando como base el plano de Alineaciones y Rasantes (es práctica habitual utilizar una base en la que se han eliminado las características dimensionales a que antes aludíamos como constitutivas de dicho plano; esto en aras de una mayor claridad de las determinaciones propias del nuevo Plano de Calificación Pormenorizada).

— *Definición de los trazados de las distintas redes de servicio*: Planos de suministro de agua, Red de Alcantarillado, Distribución de energía eléctrica, etc. (ver determinación "j"); la base común es el Plano de Alineaciones y Rasantes; se incluirán las características dimensionales básicas de cada una de las redes (diámetro de las conducciones, pendientes, direcciones de circulación, etc.).

Cada red se describirá sucintamente en la Memoria del PP y se dimensionará su coste en el Estudio Económico, aunque será precisamente a partir de la culminación de esta fase cuando se pueda proceder a hacer ese trabajo.

• *Instrumentación técnica del PP: definición gráfica y literaria de las condiciones de edificación y uso en cada zona de calificación pormenorizada*

Puesto que el planeamiento parcial no tiene porqué definir la posición, forma y volumen exactos de los edificios en sus respectivas parcelas o manzanas, debe incluir un conjunto de reglas que sirvan de pauta a la posterior redacción de proyectos de arquitectura o, en su caso, de Estudios de Detalle. Estas reglas variarán en cada zona de calificación pormenorizada diferenciada en función de su uso característico y su tipo edificatorio. Constituirán el contenido sustantivo del documento de Ordenanzas reguladoras de la edificación y los usos que forma parte del PP. Como ya se ha subrayado en otros lugares de este capítulo, la definición de estas normas no puede ser una operación independiente y posterior a la configuración planimétrica del Plan, a la definición de sus trazados y calificación pormenorizada; las decisiones tipológicas deben estar íntimamente relacionadas con la adscripción de usos y la configuración de la forma y dimensiones de las manzanas edificables y, por tanto, con la lógica de trazado (alineaciones) del conjunto del sector (y, por supuesto, con las determinaciones topográficas y de todo orden que sobre él inciden). De ahí la importancia de la fase de diseño del esquema básico de ordenación espacial, etapa donde se deben conjugar las distintas alternativas que se abren en cada campo (tipos edificatorios, geometría de tejido o trama urbana, distribución de usos, etc.) para obtener una o varias propuestas en las que quede asegurada su coherencia interna. La que definitivamente se seleccione pasará a esta fase de construcción geométrica e instrumentación técnica detalladas, que estamos describiendo atendiendo a sus principales componentes.

Habitualmente las condiciones o reglas que deben cumplir la edificación y los usos en cada zona se expresan en las Ordenanzas; sin embargo a veces pueden re-

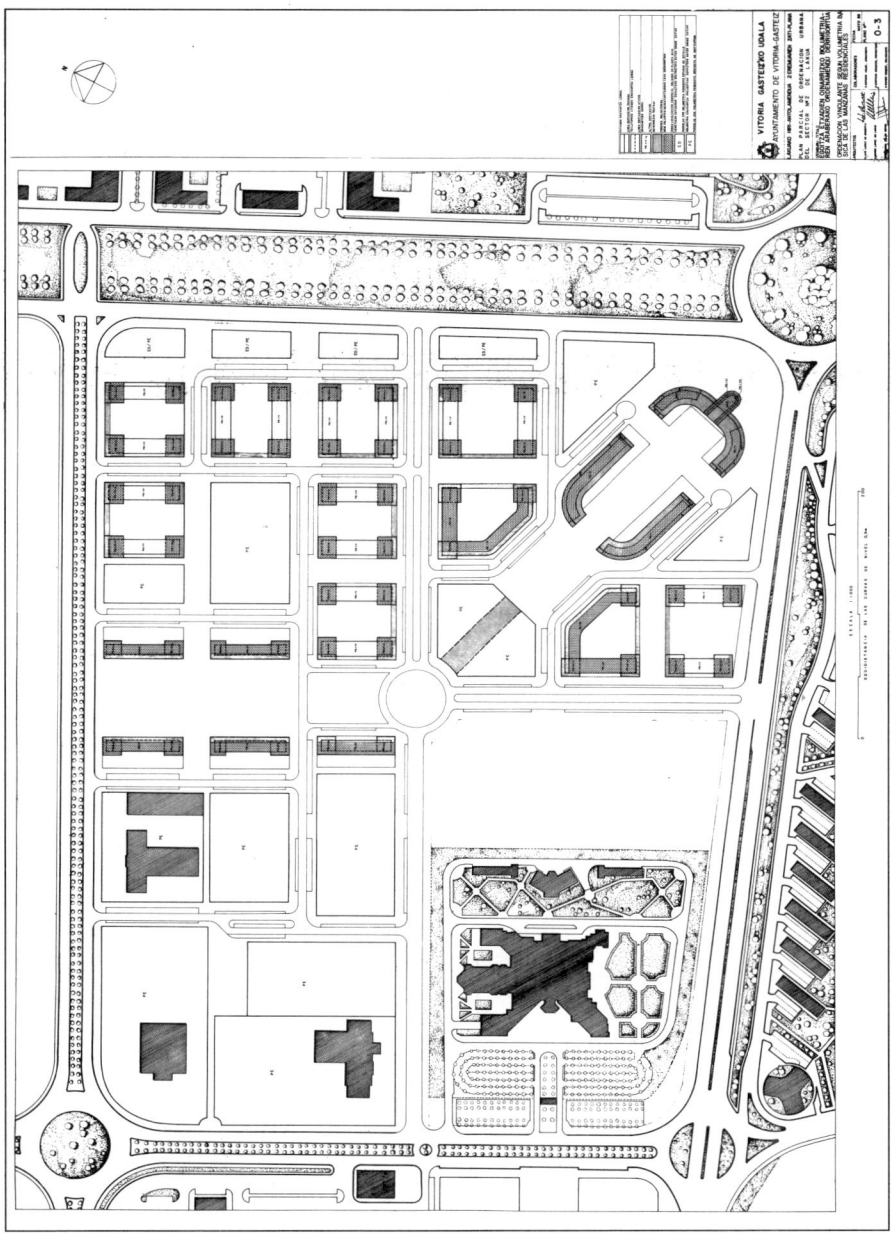

Figura 4.16. Plan Parcial del Sector n.º 2 de Lakua, 1985. Este Plan Parcial regulaba dos modalidades alternativas de configuración volumétrica para manzanas de uso residencial: la redacción de un Estudio de Detalle o la sujeción a una volumetría vinculante definida gráfica y literariamente. En ambos casos las condiciones de partida son idénticas; en realidad, la segunda alternativa –reflejada en el plano que se reproduce– es un caso particular de las condiciones de edificación generales definidas por la Ordenanza.

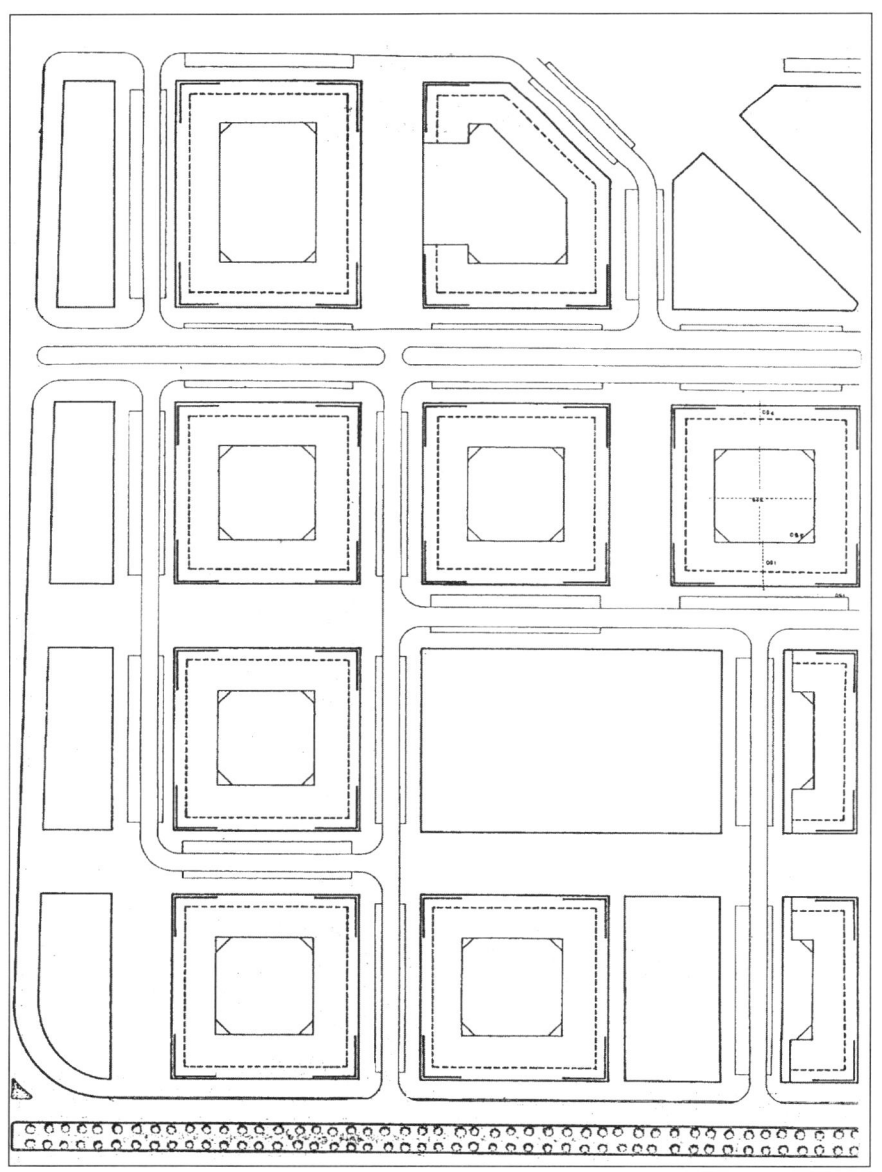

Figura 4.17. Plan Parcial del Sector n.º 2 de Lakua, 1985 (fragmento). Condiciones de ordenación de la edificación para la alternativa de redacción de Estudios de Detalle para manzanas completas de uso residencial: se ilustran gráficamente en este plano parte de las condiciones que describen las Ordenanzas; no se prescribe la edificación en manzana cerrada, simplemente se determinan los tramos de obligada coincidencia entre las alineaciones y las líneas de fachada, los retranqueos máximos de la fachada exterior y la línea obligada de fachada al espacio libre exterior.

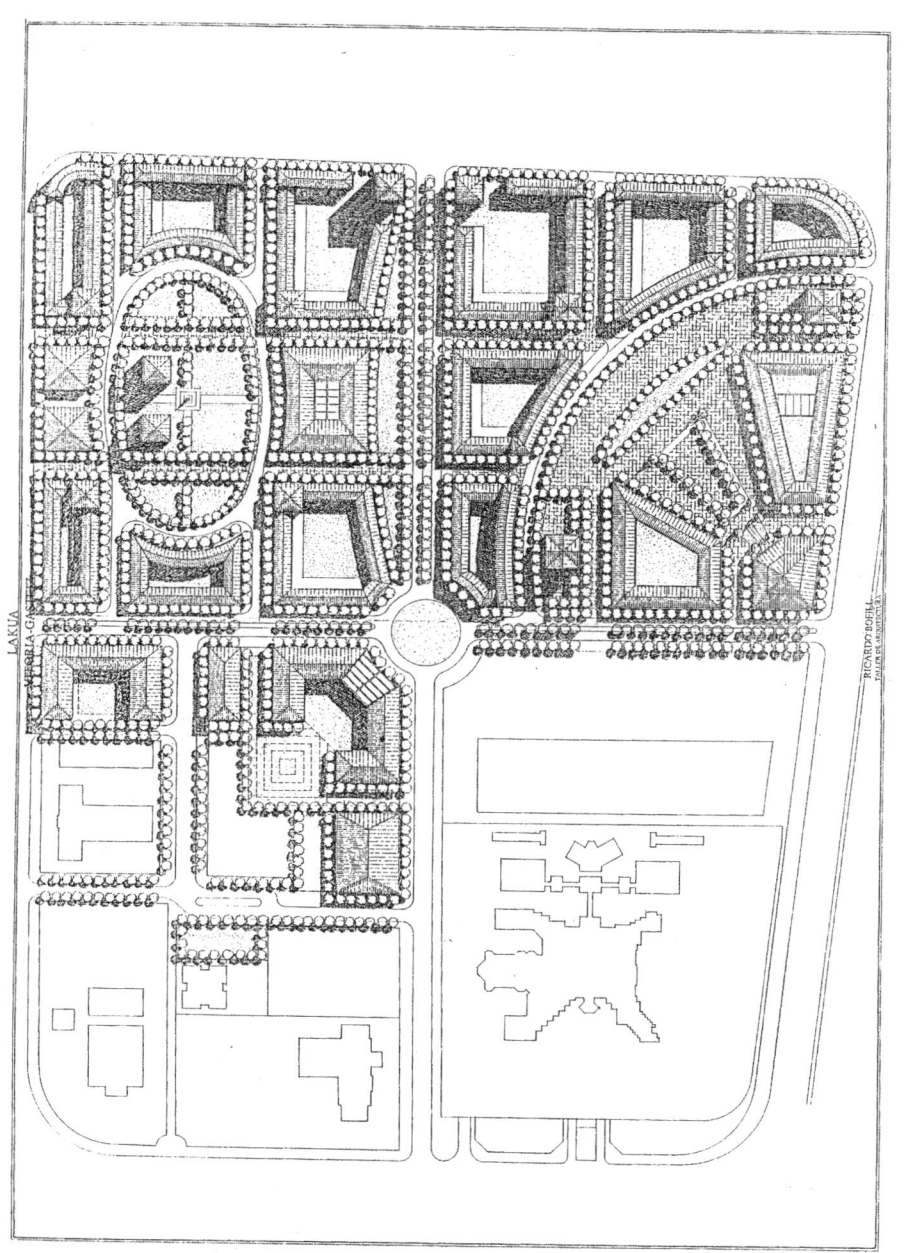

Figura 4.18. Modificación del Plan Parcial del Sector 2 de Lakua, junio 1993 (Taller de Arquitectura de R. Bofill). A diferencia del Plan Plarcial de 1985, ahora se va a una ordenación volumétrica única y vinculante desde el propio planeamiento, lo que supondrá un pesado condicionamiento para la arquitectura posterior. Se dibujan manzanas cerradas o semicerradas de distintas geometrías y tamaños, alturas de cada cuerpo edificado, torres exentas o torretas que señalan las esquinas, etc.

querir el apoyo de un Plano (o Planos) de condiciones impuestas a la edificación, cuyo contenido es mucho menos estandarizable que los descritos arriba.

También es frecuente (véase, por ejemplo, una buena exposición comentada en Esteban i Noguera, J., 1984, págs. 117 y sgs.) agrupar el conjunto de reglas de acuerdo con los *tres sistemas de ordenación* tipomorfológicos habituales:

— *Alineación a vial:* la edificación se dispone de manera contínua a lo largo de las calles.
— *Edificación aislada en parcela:* los edificios –de tipo residencial o no, de vivienda colectiva o unifamiliar– se disponen aislados al interior de cada parcela guardando unas distancias mínimas a sus límites.
— *Definición de la volumetría* o plan de conjunto: en este caso los edificios se ajustan a unos volúmenes predeterminados que pueden estar definidos con independencia de las calles y las parcelas.

Nosotros vamos a exponer una sistemática más general que trate de identificar el conjunto de condiciones y parámetros a regular, advirtiendo que no todos ellos tendrán sentido en cada uno de los sistemas de ordenación:

— *Definición de parcela edificable:* condiciones dimensionales (superficie mínima, frente mínimo a vial y otras condiciones geométricas) que debe cumplir una parcela para tener la condición de edificable; téngase en cuenta que un Plan Parcial no desciende a la definición de parcelas, sólo a la de manzanas o zonas de uso pormenorizado diferenciado. Pero un Proyecto de Reparcelación o la simple parcelación de una manzana edificable para su edificación por partes, requiere unas reglas que son las que proporciona la definición de parcela edificable. El proyecto de Reparcelación es imprescindible en los PP de iniciativa particular cuyo suelo está en manos de más de un propietario; la reparcelación permite asignar parcelas edificables de acuerdo con la nueva ordenación espacial propuesta en el Plan en función de la superficie inicial de suelo aportado por cada propietario (véase el Título III del RG/ 1978).
— *Posición de la edificación en la parcela o en la manzana:* condiciones que debe cumplir en planta la edificación en relación con los límites del ámbito espacial en que se inserta (parcela o manzana); establecerá las relaciones entre las líneas de fachada o perímetro de la edificación y las alineaciones y linderos que delimitan la parcela o manzana. Estas relaciones se podrán establecer de dos maneras:

   a) Determinando los retranqueos (obligatorios, mínimos o máximos) respecto a las alineaciones exteriores o interiores y los linderos de la parcela (recuérdese que las alineaciones exteriores definen el límite entre los espacios viarios y las manzanas edificables, las interiores, la separación al interior de una manzana entre zonas de calificación pormenorizada diferente y los linderos señalan los límites entre parcelas distintas dentro de la misma zona).

b) Estableciendo gráficamente las "áreas de movimiento" o espacios en los que pueden inscribirse las edificaciones.

— *Relaciones de la edificación y los usos que en ella se alojan con el viario público*; la conexión de cualquier edificio con la vía que le sirve de acceso debe estar garantizada. En las configuraciones parcelarias habituales el frente mínimo de parcela garantiza dicha conexión; sin embargo en otras disposiciones (edificaciones interiores a una manzana, ...) se deben reglar las condiciones de acceso a portales y aparcamientos privados, las características de los accesos de emergencia, etc.

— *Ocupación máxima en superficie de la parcela por la edificación*; regula la relación cuantitativa en planta entre parcela y edificio; se suele medir mediante un porcentaje que a veces puede tener valores distintos en planta baja, en plantas de piso o en plantas bajo rasante.

— *Regulación de los parámetros volumétricos de la edificación*; conjunto de indicadores numéricos que, junto con los referidos a ocupación máxima, determinan a nivel de parcela –de manzana en su caso– la superficie edificable total (la forma de determinar ésta –cómo se miden los espacios bajo cubierta, los sótanos, las plantas bajas diáfanas, las terrazas y miradores, etc.– suele ser competencia de la Normativa General sobre la edificación de los Planes Generales, Normas Subsidiarias o normativa municipal específica). El empleo de unos u otros parámetros depende básicamente del sistema de ordenación elegido; los de uso más frecuente son:

1) Altura máxima de la edificación sobre rasante (en número de plantas y/o metros lineales).

2) Tolerancia de edificación sobre la altura máxima permitida (plantas retranqueadas, tejados inclinados, casetones y cajas de escaleras, etc.).

3) Fondo edificable máximo.

4) Coeficiente de edificabilidad máxima sobre parcela (cociente de la superficie máxima edificable entre superficie de parcela, ambas en m^2).

Estos parámetros modulan a nivel de zona la densidad de la edificación; son complementarios de la densidad media bruta, referida al conjunto del sector, que determina el número de viviendas por hectárea (dato suministrado habitualmente por el planeamiento de orden superior).

— *Regulación de las relaciones entre cuerpos edificados*; en determinados sistemas de ordenación (v.g., el de edificación aislada aplicado a una manzana completa que puede admitir distintos cuerpos edificados) se deben regular las relaciones de las edificaciones entre sí o con los distintos linderos y alineaciones en función de la altura y posición de cada una:

1) Distancia mínima entre fachadas enfrentadas (que puede ser distinta en atención a las características de las edificaciones, v.g., que tengan o no patios interiores de parcela); normalmente será función de la altura de la edificación más elevada, con posibles correcciones si se sitúa al Norte de la más baja (cada vez es más frecuente que se impongan condiciones específicas de soleamiento mínimo).

2) Distancia mínima entre fachadas y alineaciones interiores, exteriores o linderos de parcela en función de la altura de la edificación (este parámetro puede modificar, en el sentido de hacer más exigentes, las reglas de retranqueo de las que se habla más arriba).

3) Condiciones particulares de distancia mínima entre dos edificaciones o entre éstas y los límites de parcela, caso de proyecciones ortogonales reducidas (inferiores a un número de metros fijado por la propia Ordenanza).

— *Condiciones complementarias de forma y disposición de las edificaciones;* aquí pueden entrar un variado número de aspectos que se refieren básicamente a precisiones en torno a las tipologías edificatorias admisibles en cada zona (estas condiciones se incluyen frecuentemente en la Normativa de edificación de los propios Planes Generales o en Ordenanzas Municipales de validez generalizada; en este caso las Ordenanzas de Plan Parcial se limitarán a completar o precisar aquéllas):

1) Longitud y anchura máxima de los cuerpos edificados.
2) Regulación de la aparición de patios cerrados o de patios abiertos a fachada y de piezas que pueden iluminar a ellos.
3) Condiciones de los vuelos (terrazas, miradores ...) en relación con su posible proyección máxima sobre espacios de dominio y uso público (es decir, sobrepasando la alineación exterior) y de la definición del plano exterior de fachada de cara a la determinación de distancias mínimas entre cuerpos edificados, retranqueos, etc.

— *Condiciones de localización y tamaño de los usos compatibles con el uso pormenorizado;* la determinación gráfica de los usos pormenorizados en el Plano de Calificación asigna para cada zona cual es su uso básico o característico; esto no quiere decir que en determinadas parcelas o manzanas incluídas en esa zona no puedan aparecer otros usos complementarios con el característico y que se consideren compatibles con él. En este apartado de las Ordenanzas se debe regular con precisión las condiciones en que pueden aparecer tales usos:

1) Definición de los usos compatibles con el uso característico de la zona.
2) Condiciones de localización de cada uso compatible en relación con la parcela o la edificación (v.g., el uso comercial de diario tolerado en planta baja de edificaciones de vivienda colectiva o en pequeños edificios de planta baja colindantes con la alineación exterior).
3) Dimensiones máximas de los usos compatibles (totales en relación con la superficie edificable global, etc.).
4) Condiciones de acceso desde el viario público.
5) Condiciones de limitación de molestias (determinación de niveles máximos de emisión de ruidos, límites de potencia instalada, etc.).
6) Otras condiciones.

— *Condiciones de uso, delimitación, urbanización y conservación de los espacios libres de edificación de dominio privado*; determinados sistemas de ordenación o soluciones de diseño pueden generar en superficie espacios no ocupados por la edificación, pero que, al encontrarse dentro de las alineaciones exteriores, se deben considerar inicialmente de dominio privado. La práctica habitual en décadas pasadas ha sido confundir de hecho estos espacios con los pertenecientes al sistema de espacios libres de dominio y uso públicos (calles, zonas peatonales, etc.). Ello ha supuesto numerosos problemas de conservación, seguridad y, sobre todo, riesgo de pérdida de significación global del espacio público por sobreabundancia y redundancia de los que de "iure" o de "facto", se han asimilado a esta categoría. Por esta razón es importante que las Ordenanzas contengan preceptos muy claros en torno a tales ámbitos:

   1)   Definición del régimen jurídico de uso y conservación de los espacios libres de dominio privado (asignados a un propietario concreto, comunidad de propietarios, etc.).
   2)   Condiciones de delimitación física (cierre) de estos espacios: materiales, altura, acompañamiento vegetal, etc.
   3)   Condiciones que debe cumplir su urbanización y ajardinamiento.
   4)   Posibilidades y condiciones en que pueden aparecer aparcamientos privados en superficie o subterráneos.

• *Evaluación de costes de ejecución y definición del sistema de ejecución*

   Cuando se dispone de un documento técnico construido e instrumentado en detalle se está en condiciones de estudiar los aspectos referentes a su puesta en práctica o ejecución:

— En primer lugar la evaluación de los costes de ejecución: véase en este sentido lo descrito en el punto "k" de las determinaciones del PP y, para los planes de iniciativa particular, los puntos "c", "d" y "e" de las determinaciones adicionales.
— La definición, si se estima procedente, de las unidades de ejecución y los sistemas de actuación en cada una de éstas; véase los puntos "d" y "ll" de las determinaciones del PP.
— La definición del programa temporal o Plan de Etapas: véase el punto "l" de las "determinaciones" y el punto "e" de la documentación del PP.

• *Materialización documental del Plan*

   La última fase del trabajo es, lógicamente, la ordenación del material elaborado de acuerdo con las prescripciones legales (véase el punto sobre Documentación de los Planes Parciales), completando los aspectos que sea preciso; como será el caso de buena parte de la Memoria justificativa de la ordenación y de sus determinaciones y la parte genérica de las Ordenanzas. Debe tenerse en cuenta que el carácter de documento técnico del PP exige una alta calidad de reproducción gráfica de los Planos así como orden, rigor y precisión terminológica en las Ordenanzas, Plan de Etapas y EEF.

4.5. Los Proyectos de Urbanización: breve consideración sobre su carácter y contenido

4.5.1. Concepto y relaciones con el planeamiento parcial: el Proyecto de Urbanización como proyecto de obras

Como ya se ha expuesto más arriba el PU es un auténtico "proyecto de obras" –y así lo define el TR/1992, art. 92.1– cuya finalidad es la ejecución material de las previsiones contenidas en los Planes Parciales (o en los Planes Especiales; incluso directamente en el Plan General en el suelo urbano de actuación inmediata). Por esta razón "*no podrán contener determinaciones sobre ordenación ni régimen del suelo y de la edificación*", debiendo limitarse a "*detallar y programar las obras que comprendan con la precisión necesaria para que puedan ser ejecutadas por técnico distinto al autor del proyecto*".

Con el Plan Parcial "*finaliza el proceso de concreción sucesiva de la ordenación urbanística*"; el propio Estudio de Detalle es ya tan solo un instrumento –en palabras de García de Enterría y Parejo Alfonso (1979, págs. 271 y 283)– de carácter derivado, no estrictamente necesario y complementario. Y el Proyecto de Urbanización ya no participa de la naturaleza de instrumento de ordenación urbanística, es un "puro proyecto técnico de obras". Por esta razón los PU no podrán modificar las previsiones de los Planes Parciales; se deberán limitar a desarrollarlos con la única licencia de "*efectuar las adaptaciones de detalle exigidas por la ejecución material de las obras* (TR/1992, art. 92.2; el RP/1978, art. 68, *precisa que deberán ser* "*adaptaciones de detalle exigidas por las características del suelo y subsuelo*"; cuando la adaptación suponga una alteración cualesquiera de las determinaciones de ordenación o régimen de suelo, por ejemplo cuando se modifiquen una alineación o una calificación pormenorizada, se deberá aprobar previa o simultáneamente la correspondiente modificación del PP). En aplicación estricta de estos preceptos un PU no tendría capacidad de modificar el diseño de la sección transversal de una vía si ésta está suficientemente definida en el PP. Su campo de actuación propio es, sin embargo, de extrema relevancia: *la construcción material del espacio público de la ciudad*; lo que implica decisiones de diseño de detalle de pavimentaciones, formas de solucionar diferencias de nivel, definición del mobiliario urbano, alumbrado público, diseño de la jardinería y el arbolado de acompañamiento de calles, plazas, etc. El "*proyecto urbano*" en sentido estricto es el proyecto de urbanización de los espacios públicos. En tiempos recientes la acepción de este término se ha ampliado, en mi opinión, excesivamente, llegando a cubrir buena parte de los cometidos propios del planeamiento urbano y de la arquitectura.

4.5.2. Contenido y documentación del Proyecto de Urbanización

Las obras de urbanización que debe comprender un PU vienen detalladas en el RP/1978, art. 70:

— Pavimentación de calzadas, aparcamientos, aceras, red peatonal y espacios libres.
— Redes de distribución de agua potable, de riego y de hidrantes contra incendios.
— Red de alcantarillado para evacuación de aguas pluviales y residuales.
— Red de distribución de energía eléctrica.
— Red de alumbrado público.
— Proyecto de jardinería extendido a todo el sistema de espacios libres de dominio y uso público (jardines, áreas de juego y recreo infantil, espacios peatonales).
— Otras redes de distribución que pudiera haber previsto el Plan Parcial (gas, teléfono, etc.).
— Soluciones de enlace de los servicios urbanísticos del sector con los generales de la ciudad, acreditando que éstos tienen capacidad suficiente para atenderlos.

Documentalmente el PU se organizará de la siguiente forma (TR/1992, art. 92.3 y RP/1978, art. 69):

— *Memoria descriptiva* de las características de cada grupo de obras detalladas en la relación anterior.
— *Plano de situación* del sector en relación con el entorno urbano y planos de información (redes existentes, conducciones generales de enlace, trazados previstos por el planeamiento parcial, etc.).
— *Planos de Proyecto* y *de detalle* para cada sistema y elemento de las obras de la relación anterior.
— *Mediciones, cuadros de precios* descompuestos y *Presupuesto* del coste de ejecución total y por partidas.
— *Pliego de condiciones* a que se deben atener la ejecución de las obras y servicios (excepto cuando se actúa por el sistema de compensación en terrenos de un propietario único).

Dado el carácter de esta obra, dedicado a la práctica del Planeamiento Urbanístico, estimamos que no es este el lugar para extenderse sobre los aspectos técnicos y constructivos que implica el proyecto de cada grupo de obras implicadas en el PU, refiriendo para ello a la amplia literatura especializada sobre el tema.

CAPÍTULO 5

PLANES DE REFORMA INTERIOR Y ESTUDIOS DE DETALLE*

Luis Moya

5.1. Antecedentes de planeamiento en la ciudad consolidada

5.1.1. Planeamiento de Reforma Interior en el siglo XIX y principios del XX

El antecedente más antiguo de concepción de planeamiento en el interior de las poblaciones es de 1846 cuando en una Real Orden se habla de "Los planos generales de alineaciones" firmada por Pidal, Ministro de la Gobernación. Estos planos se califican de geométricos y su objetivo es puramente instrumental e informativo de las relaciones entre la propiedad y la Administración. Pero eran la base para las reformas que en el siglo XIX se consideraban imprescindibles, es decir, las que trataban de mejorar la vialidad y sanear la edificación. Estos planos geométricos de alineaciones los realizaban los arquitectos municipales y por vía sustitutiva arquitectos, ingenieros o facultativos reconocidos.

Pero el gran paso en la consideración de la ciudad en un plan unitario, fué el Proyecto de ley General de Posada Herrera en 1861, nunca aprobado, pero que ejerció una gran influencia en la legislación posterior e incluso en concepciones teóricas como la del propio Ildefonso Cerdá. La oposición la encontró en los propietarios. En lo que respecta a la ciudad consolidada se definió la palabra Reforma como "el conjunto de obras que se emprendan en el interior de las poblaciones con objeto de prolongar, suprimir alguna de sus calles"; Saneamiento "todas aquellas que se emprendan para el desecamiento de terrenos, supresión de habitaciones o barrios insalubres, construcción de alcantarillas y ventilación de manzanas o cuarteles"; Mejora "las obras de ensanche o rectificación de calles y cualesquiera que se dirijan a aumentar y facilitar el tránsito público en el interior de las poblaciones, y a su desahogo, seguridad y embellecimiento" (Bassols, 1973).

---

* Nota: Las figuras que ilustran el texto proceden de Planes Especiales redactados por el equipo dirigido por el autor de este capítulo, excepto el último que se indica el nombre del autor.

Es novedad de este Proyecto de Ley la determinación de la parcela mínima edificable, aunque era bastante inaplicable en los cascos antiguos, pues tenía que tener como mínimo 300 m² de superficie y 10 m el lado menor (el PG de Madrid de 1985 dicta 90 m² y 4,5 m respectivamente).

La proposición de ley de Gabirol y Turull de 1876 aportaba como novedad el mejoramiento estético, y justificaba la expropiación forzosa de la propiedad privada.

Pero el gran paso en la visión unitaria de la legislación urbanística fue el Estatuto Municipal de 1924 que recoge en lo que nos atañe, la ley especial de 18 de marzo de 1895, sobre aspectos jurídicos parciales de la Reforma Interior. El Estatuto Municipal formula el Plan General de alineaciones o de reforma interior.

5.1.2. *Planeamiento del suelo urbano en las Leyes del Suelo de 1956, 1975 y 1990*

La legislación urbanística va desarrollando la idea de planeamiento global y unitario, consolidándose como tal en la ley del Suelo de 1956. Sin embargo esta ley, concentra sus esfuerzos en la extensión de las ciudades y no es hasta la Reforma de la Ley del Suelo de 1975 cuando se plantea un tratamiento propio en el suelo consolidado, tanto a través del Plan General como a través de las nuevas figuras de los planes especiales, sobre todo el Plan Especial de Reforma Interior al cual nos vamos a referir principalmente, junto con el Estudio Detalle que como su nombre indica abarca menos superficie y supone el puente hacia el proyecto arquitectónico.

La Ley del Suelo posterior, de 1990, no supone cambios en la consideración del planeamiento especial o general aunque sí en la parte de distribución de cargas y beneficios, haciendo extensible el procedimiento para el nuevo suelo urbanizable en el suelo urbano. Por tanto veremos en este capítulo el Planeamiento de Reforma Interior de la ley de 1975 y de sus determinaciones en cuanto a la distribución de cargas y beneficios en la ley de 1990.

Aunque en la Ley del Suelo actual se han adoptado para algunos planes especiales denominaciones iguales que antaño, Reforma, Saneamiento y Mejora, y objetivos en conjunto similares, no tienen ahora idéntico significado.

Los Planes Especiales directamente vinculados con el Suelo urbano son los siguientes:

— Planes Especiales de Reforma Interior (PERI) con los objetivos de descongestionar, crear dotaciones urbanísticas y equipamiento comunitario, sanear barrios insalubres, resolver problemas de circulación, estética y mejorar el medio ambiente.
— Planes Especiales de mejora de medio urbano o rural: sirven para modificar el aspecto y estado de conservación de las edificaciones, alterar determinados elementos vegetales, jardines o arbolado, prohibir construcción y usos perjudiciales, y someter a normas urbanísticas el acoplamiento de edificaciones.
— Planes Especiales de Saneamiento: tienen por objeto realizar obras en el suelo y subsuelo para mejorar las condiciones de salubridad, higiene y seguridad en relación al abastecimiento de aguas potables, depuración y aprovechamiento de las residuales, instalación de alcantarillado, drenajes, fuentes, abrevaderos, lavaderos, recogida y tratamiento de basuras.

— Planes Especiales de Protección para la conservación y valoración del patrimonio histórico y artístico. Se incluyen los siguientes aspectos: elementos naturales y urbanos cuyo conjunto contribuye a caraterizar el panorama; plazas, calles y edificios de interés; jardines de carácter histórico-artístico o botánico; realce de construcciones significativas, composición y detalle de los edificios situados en emplazamientos que deban ser objeto de medidas especiales de protección; uso y destino de edificaciones antiguas y modernas.

Es recomendable que los Planes de Reforma Interior incluyan al resto de los planes especiales; en todo caso puede ser algo más específico el de Saneamiento. Especialmente creemos que todo PERI debe incluir la ordenación y protección de recintos y conjuntos, arquitectónicos, históricos y artísticos, y debe ir acompañado de una catalogación de la edificación con el tipo de obras posibles, pues todo suelo urbano contiene recintos y conjuntos de este tipo con mayor o menor calidad. Es necesario, en este sentido descartar concepciones antiguas que consideran histórico lo que tiene más de 100 años, y artístico lo correspondiente a edificios singulares excepcionales (López Jaén, 1980).

Los Estudios de Detalle sirven para adaptar determinaciones establecidas en los planes de orden superior. Se plantea la necesidad de los Estudios de Detalle cuando existen determinaciones, que en los planes de orden superior, se dejan como indicativas ya que la complejidad de la gestión en algunos casos hace aconsejable que la futura ordenación se concrete en el momento de la ejecución, (por ejemplo, cuando se deja como indicativa la agregación o segregación de parcelas en una manzana).

Los Estudios de Detalle, fijan según la ley, alineaciones y rasantes, y/o la ordenación de los volúmenes de acuerdo con las especificaciones del planeamiento. Sin embargo es recomendable que cuando se redacta un Estudio de Detalle se definan los volúmenes envolventes y una planta detallada de usos, tratamiento de espacios libres, núcleos verticales de comunicación de la edificación seccionando por la planta baja, y cuantas secciones verticales sean necesarias para describir las rasantes en relación con la forma y usos de la edificación.

La ley de 1990 incorpora al suelo urbano el reparto del aprovechamiento urbanístico que antes sólo era aplicable en el suelo urbanizable. El problema se plantea en la diferencia que surge entre el derecho de todos los propietarios al mismo aprovechamiento y la definición de la edificabilidad e intensidad de uso en cada parcela en un suelo que por estar consolidado no es homogeneizable en estas variables. La ley prevé sistemas para intentar, sin embargo, un reparto justo, pero dicho reparto siempre se basará en una gestión municipal ágil y con capacidad financiera.

5.2. Finalidad y objetivos de los Planes de Reforma Interior

5.2.1. Tipos de actuaciones

Surge la necesidad de redactar un PERI en general en ciudades con cierta complejidad y dinámica rápida en el cambio de usos y propiedad de bienes inmuebles.

En estos casos el PG no puede determinar con suficiente estabilidad la ordenación del suelo consolidado dejando para el PERI la adaptación de forma y usos al devenir de la ciudad.

Desde los años "80" existe una tendencia a definir con mucha precisión la ordenación formal del suelo urbano en el Plan General por entender que esta definición ayuda a la comprensión de la propuesta y a la determinación de la estructura, pudiendo sin embargo, contener cierta elasticidad en las actividades. Dentro de las definiciones formales estarían las de carácter normativo, cuyo cambio implica una modificación de PG, las de carácter indicativo, cuya modificación o determinación ejecutiva implica un PERI o un ED y las de carácter explicativo que es un desarrollo ejemplar de la normativa con el fin de comprender mejor la propuesta y poder discutirla cuando todavía el Plan no está aprobado definitivamente.

En cualquier caso es importantísima la relación entre el suelo consolidado y el nuevo, y por tanto no resulta nada conveniente la tentación, heredada de épocas pasadas, de concebir el PG sólo para extender la ciudad, remitiendo grandes áreas del suelo consolidado al planeamiento especial.

A veces la decisión de hacer el Plan General y simultáneamente los PERIs del suelo urbano viene dictada por una estrategia en la aprobación. Los PG los aprueba definitivamente la Comunidad Autónoma, mientras los PERIs que desarrollan los PG de ciudades mayores de 50.000 habitantes y capitales de provincia, y los ED en todos los casos, los aprueba el propio Ayuntamiento que en general es el redactor de los mismos. Una gran definición en el PG del suelo consolidado compromete al Ayuntamiento en su ejecución a los criterios, quizá divergentes, de la Comunidad Autónoma.

Lo que diferencia el planeamiento objeto de este capítulo es la necesidad de una ordenación compleja de lo existente. En esta circunstancia se dan tres casos.

— La ciudad histórica y con funciones actuales aunque degradadas y con un patrimonio deteriorado. La actuación más aconsejable es la rehabilitación. Es decir la reutilización de dicho patrimonio físico, mejorando su habitabilidad y recuperando o potenciando usos existentes.

—— La ciudad consolidada con actividades obsoletas cuyo tejido no se puede adaptar a las necesidades actuales. En estos casos se suele plantear una renovación cuidadosa teniendo en cuenta lo que es recuperable. Es decir nueva edificación con nuevos usos conservando la estructura del tejido y los edificios singulares.

— La ciudad consolidada con bolsas vacías por variadas circunstancias en las que se interviene prácticamente como en una zona de extensión de la ciudad aunque con especial cuidado del tejido que la rodea en general y de los bordes en particular. Este es el caso más parecido al PP objeto del capítulo 4º (Esteban i Noguera, 1981).

5.2.2. Entre la Renovación y la Conservación

El descubrimiento de los edificios y cascos antiguos y su incorporación como objeto de práctica profesional se produce en el movimiento romántico del siglo XIX, pero todavía no tiene apenas efectos en la organización real de la ciudad. Con el Movimiento Moderno de los años 20 de este siglo se segrega claramente la apreciación y reconocimiento que se hace de los edificios monumentales y singulares, y la infravaloración del viejo caserío por no disponer de suficientes condiciones de higiene y funcionalidad. Esta última actitud provoca un planeamiento renovador que en general arrasa el tejido antiguo con el afán de sustituirlo por bloques abiertos y grandes avenidas para la circulación del automóvil.

No es hasta mitad de los años 70, y coincidiendo con la gran crisis económica consecuencia de la del petróleo, cuando surge una conciencia general, que ya venían propagando ciertas élites intelectuales, sobre la necesidad de considerar el patrimonio construído como algo digno de ser conservado, pues en él se plasma la esencia de las ciudades y por tanto de la cultura y memoria colectiva, siendo una referencia imprescindible para el equilibrio tanto colectivo como individual.

Inevitablemente en este campo como en tantos otros, el progreso nunca es paulatino si no que los avances se producen por la diferencia resultante entre los avances y los retrocesos. Si la Renovación Urbana de los años que anteceden a 1975 contribuyó a la destrucción del tejido antiguo, la conservación posterior, cuando ha sido llevada a cabo hasta sus últimas consecuencias, ha conducido a la congelación y por tanto a la degradación de la ciudad consolidada en sus actividades y al deterioro físico de lo construido. Parece que en este momento hemos llegado a un cierto equilibrio, aunque sus efectos probablemente no se verán hasta dentro de unos años.

Para llevar a cabo un planeamiento equilibrado entre la renovación arrasadora y la conservación congeladora es necesario un análisis concienzudo del patrimonio construído en cuya catalogación se valore, además de la composición y la calidad de materiales, la habitabilidad y el estado físico de conservación, y exista una disposición a reducir drásticamente el tráfico del centro de las ciudades para recuperar espacio libre público.

5.2.3. Objetivos generales

Los PERIs a los que nos estamos refiriendo fundamentalmente y más usuales, son un desarrollo de los PG o Normas Complementarias y Subsidiarias de Planeamiento, por tanto los criterios y por supuesto la clasificación del suelo y los aprovechamientos urbanísticos vienen dados.

En cuanto a los criterios es fundamental partir de los mismos para desarrollar los objetivos sectoriales del PERI. Entre los objetivos más frecuentes podemos mencionar: hacer habitable y residencial el Centro Histórico, contener la terciarización, mantener las actividades artesanales y las industrias compatibles, proteger y dar uso público al patrimonio monumental, evitar el tráfico de paso, procurar aparcamiento a los residentes, reservar espacio para el transporte público, etc., (Moya, 1993).

Todos estos objetivos pueden agruparse en tres criterios básicos que podrían venir dados por el Planeamiento de ordenación superior y que son recomendables.

• *Hacer habitable la ciudad consolidada*

Este criterio supone varios objetivos sectoriales que iremos describiendo en el enunciado ordenado de los temas principales.

Es necesario adaptar las condiciones de habitabilidad de la edificación antigua ya que se supone que la de sustitución cumple unas ordenanzas que las exige. La habitabilidad se refiere tanto al uso residencial como a otros usos, y tiene que ver con la dimensión de las piezas habitables y con su ventilación y vistas, así como con los accesos y núcleos de comunicación y sobre todo con los servicios higiénicos que posee.

La habitabilidad de los espacios públicos abiertos estará en función de la sección apropiada del viario, de la existencia y tratamiento de las plazas y zonas ajardinadas, en todo lo cual tiene mucha influencia la cantidad de vehículos que estén ocupando dicho espacio libre.

• *Equilibrar los usos*

Se considera que en cada parte de la ciudad, en cada barrio se pueden desarrollar las actividades de la vida diaria, como es el trabajo, la residencia y el esparcimiento, sin necesidad de desplazarse a otras zonas de la ciudad más que para actividades no cotidianas. Sin embargo cada barrio debe tender a especializarse en alguna actividad que sea complementaria del resto de la ciudad y así que funcione como una totalidad (por ejemplo, comercio especializado en el centro que es el lugar más accesible, o extensas zonas deportivas hacia la periferia).

Este criterio llevado a una escala más de detalle supone el solape de actividades compatibles en calles y edificios.

Frente a la ciudad zonificada y usos exclusivos en los elementos urbanos, la ciudad mixta de usos mezclados ahorra circulación y dá carácter a cualquier parte de tejido urbano.

• *Hacer coherente el sistema de transporte a la morfología existente*

Evidentemente una gran parte de la ciudad consolidada, hasta el siglo XX, no fue pensada para el vehículo privado de motor, ni el resto para la densidad motorizada existente. La adaptación que ha experimentado al vehículo, ha destruído sus condiciones ambientales. Para recuperarlas es necesario optar definitivamente por la supresión del vehículo privado de los no residentes e intentar hacer compatible el tejido existente con el transporte público y el de residentes, aunque éste experimente un cierto incremento como consecuencia de la recuperación física y económica de los actuales centros. Esta transformación supondrá el cambio de las secciones de las vías y el mobiliario urbano al servicio del peatón, aumentando aceras y disminuyendo calzadas y aparcamientos en superficie, aumentando bancos y kioscos, y disminuyendo señales de tráfico.

Este criterio es más fácil de esgrimir si se conoce que la proporción más importante de traslados en los centros históricos españoles se hacen a pie, después en transporte público, y sólo una cuarta parte aproximadamente se hacen en vehículo privado. Sin embargo este 25% rompe totalmente el equilibrio ambiental de los cascos consolidados.

Para desarrollar este criterio en el suelo urbano es imprescindible tomar medidas de estructura en el Planeamiento de nivel superior, jerarquizando el viario, construyendo intercambiadores a varias escalas, habilitando aparcamientos públicos, etc., y todo ello en función de la localización de los usos dominantes.

5.2.4. Objetivos sectoriales

A partir de los criterios generales podemos establecer los objetivos sectoriales según sectores que pueden segregarse y matizarse todo lo que sea necesario. A continuación señalaremos algunos objetivos frecuentes, ordenados por sectores.

• *Demografía y vivienda*

a) Aumentar, mantener o disminuir la densidad media en habitantes o viviendas por Ha. La traducción de habitantes a viviendas debe hacerse teniendo en cuenta el lugar del que se trata, (p. ej., en el Centro Histórico de grandes ciudades puede suponerse 2 hab/viv., sin embargo en bolsas vacías de suelo urbano puede suponerse hasta 4 hab/viv).

b) Atraer a la población joven que equilibre la población excesivamente envejecida en el suelo urbano. Para ello se necesitarán sobre todo viviendas económicas y espacio libre para juego de niños.

c) Conseguir una oferta variada de tamaños de viviendas que oscile entre 45 m^2 y 150 m^2 útiles, aunque la media pueda tender hacia cifras más bien bajas, (por ejemplo 60 m^2). Supresión de viviendas mínimas como las llamadas estudios, y en general aquellas que no alcanzan 35 m^2 útiles. La acumulación de edificios de apartamentos contribuye a la terciarización del suelo urbano.

d) Suprimir viviendas interiores considerando como tales aquellas que den a patios de parcela o de manzana inferiores a unas dimensiones establecidas.

• *Equipamientos, Dotaciones y Actividades económicas*

a) Mantener los equipamientos, dotaciones y actividades económicas, fomentando las que sirven a la vida local y las que especializan al barrio con respecto a la ciudad, y suprimiendo aquellas con un número elevado de empleados. Impedir el cambio de uso de determinados equipamientos que están contribuyendo al mantenimiento de la población (p. ej., Colegios).

b) Favorecer el pequeño comercio y el trabajo artesanal con medidas fiscales, comerciales, y propiamente urbanísticas como organizar la carga y descarga, permitir la adaptación de locales para su mejora, y reservar nuevos locales en lugares apropiados.

c) Permitir la incorporación de nuevos usos a los antiguos polígonos industriales, como oficinas, dotaciones y residencia, pidiendo sin embargo la mejora y tecnificación de las industrias existentes.

d) Controlar la acumulación y ubicación de nuevas oficinas.

e) Fomentar las actividades deportivas en pequeños recintos abiertos o cerrados para la población local. Apoyar el desarrollo de actividades culturales, públicas y privadas, al servicio de toda la ciudad.

f) Mantener cualquier actividad que tenga carácter representativo o emblemá-
tico (p. ej., sedes de instituciones públicas y privadas).

g) Construir Residencias de Ancianos entendidas como apartamentos con la opción de compartir servicios comunes como comedor, lavandería, sala y servicios sanitarios. El suelo urbano es el lugar adecuado pues evita el desarraigo,
favorece las visitas y las relaciones en general ya que es el lugar más accesible.
Construir también Guarderías que son imprescindibles en la incorporación de
familias jóvenes al centro.

• *Tráfico, transporte y aparcamiento*

a) Suprimir o disminuir mediante medidas disuasorias el tráfico privado no residente y por tanto el aparcamiento público en las Areas residenciales.
Entre estas medidas estarían proyectar secciones de calles con calzadas muy
estrechas y sin aparcamientos, sentidos de circulación laberínticos que impi-
dan atajos o rutas alternativas, y en la periferia del suelo urbano, aparcamientos disuasorios conectados con intercambiadores de transporte público,
anillos periféricos, etc.

b) Hacer coherente el diseño de la sección de las calles con la jerarquía viaria,
y los usos característicos y compatibles.

c) Peatonalizar sólo las calles o tramos de las mismas que tengan un significado
muy especial o que sean muy comerciales con gran afluencia de gente. En general funcionan mejor las calles de coexistencia con preponderancia peatonal.

5.3. Procedimientos para la redacción de un PERI

5.3.1. Tipo de encargo

El encargo para la redacción de un PERI suele ser municipal, pero a veces es
privado cuando se trata de los dos últimos tipos de planes mencionados, es decir, en
el caso de remodelar una zona obsoleta o cuando existe una bolsa de terreno vacía.
En estos casos el terreno suele ser de un sólo propietario o de muy pocos y el tamaño más reducido.

En el caso más frecuente que sea un encargo municipal este puede ser redactado por un equipo exterior que trabaja fuera o dentro del Ayuntamiento, o puede
ser redactado por los servicios técnicos municipales, o estos junto con equipos exteriores. En todos estos procedimientos hay ventajas e inconvenientes, pero en general puede decirse que cuando los redactores están más próximos a las autoridades
que deciden, el plan es más eficaz y al mismo tiempo menos rico en ideas renovado-
ras. Cuando la redacción corre a cargo de equipos exteriores la oficina municipal
tendrá que hacer un mayor esfuerzo de coordinación. Dependiendo de los objetivos del plan y las posibilidades municipales se optará por un sistema u otro. En
cualquier caso es imprescindible que entre los redactores y los responsables políticos exista un acuerdo previo en las premisas de funcionamiento y en los criterios
generales de ordenación.

Tan importante como redactar bien un PERI es gestionarlo, aspecto éste que no suele recibir tanta publicidad como el primero. De la forma como el Plan será gestionado depende el enfoque de la redacción. El ideal es un Plan que determine con absoluto detalle lo estructurante y sea flexible en el resto. Pero para conseguir que un Plan flexible sea eficaz, es imprescindible que en su gestión exista un buen equipo técnico municipal que sea capaz de tomar decisiones con criterio urbanístico y arquitectónico y no como pura mecánica administrativa. El éxito urbanístico de algunas ciudades europeas sobre todo en el primer cuarto del siglo XX residió, en la gestión del planeamiento por los mismos técnicos que lo redactaron que poseían un gran conocimiento de la ciudad y su arquitectura.

Hoy día lo apuntado en el párrafo anterior, no es posible por el incremento de la complejidad en todos los términos, pero sí es posible que junto con la redacción del PERI se vaya formando un equipo de técnicos que adquieran el compromiso de desarrollarlo en los próximos cuatro años, que es el período habitual de la programación de un plan, y lo mínimo necesario para que se consolide. Si no se asegura una gestión continuista del Plan, este deberá ser más determinante.

Otro aspecto de la gestión de un PERI es la necesidad ineludible de vincular administrativamente la gestión del planeamiento con la ejecución de las infraestructuras urbanas, mobiliario y jardinería. En los últimos años se ha avanzado en este sentido pero en actuaciones extraordinarias. Es necesario conseguir que este sea el procedimiento habitual.

5.3.2. Demandas, primer diagnóstico y estrategias básicas

Un PERI se plantea porque es necesario resolver determinados problemas. Estos problemas han sido detectados a través de un sistema político y por tanto lo formulan los representantes políticos. Lógicamente esos problemas vendrían jerarquizados y para su solución se dispone de una serie de criterios que responden a una determinada filosofía urbanística. Los criterios que nos parecen más convenientes han sido expuestos en el apartado 5.2.3., así como los objetivos sectoriales que los desarrollan en el apartado 5.2.4.

El urbanista encargado de la redacción tiene en cuenta las demandas, analiza la historia del lugar y su planeamiento anterior, y analiza la realidad a través de los estudios sectoriales que existan, la cartografía y la meticulosa visita al lugar, captando todo aquello que no es posible reflejar en textos y gráficos y que podríamos sintetizar en el paisaje urbano, las actividades y las costumbres de las personas que lo habitan. En este sentido es también imprescindible hablar con los habitantes o al menos con sus representantes vecinales, e instituciones públicas y privadas.

Este trabajo previo, que debe ser realizado sin perder la visión global, debe llevar a establecer un diagnóstico de la situación que confirme o rectifique los problemas y su jerarquía, expuestos por los encargantes del plan. En caso de no coincidencia con los mismos deben discutirse hasta llegar a un acuerdo que sea una base firme para la continuación del trabajo. Es incluso conveniente redactar un protocolo de tal forma que se conozca perfectamente cuales son los problemas que se quieren resolver y no otros. El planeamiento no tiene más que una capacidad limitada para resolver unos pocos problemas; por eso es importante establecer una jerarquía cierta. Las limitaciones vienen de la capacidad financiera y de gestión de los Ayuntamientos o de los privados en su caso.

De aquí surgen las estrategias básicas que pueden llamarse también propuestas tentativas, todavía de carácter muy general, pero que son muy prácticas para la comprensión y sintonía entre los redactores y los encargantes, y además son punto de partida de la Información Urbanística.

5.3.3. Contenido del Planeamiento

Se pretende que la Información Urbanística vaya encauzada hacia los temas cuya resolución ya está comprometida. Pero aquí comienza un proceso interactivo ya que la información que se va obteniendo puede ir modificando los objetivos sectoriales y las estrategias básicas, hasta ajustar tanto estas como la Información Urbanística más conveniente. Insistimos en la necesidad de que la Información Urbanística sea estrictamente la imprescindible para resolver los problemas objeto del Plan.

A continuación explicamos algunos de los temas más frecuentes que evidentemente van variando según cada plan y con diferentes intensidades.

• *Relación con el entorno y Estructura urbana*
  (figura 5.1, pág. 215)

Se trata de comprender el Area del Plan en relación con la estructura de la ciudad y prestar especial atención a los bordes.

La estructura viene marcada por la jerarquía viaria, los polos de actividad, que es donde suele concentrarse los equipamientos y dotaciones, y las zonas homogéneas por la morfología y tipo de población. Se señalarán por tanto los ejes principales con los que se conecta el área y las vías colectoras que en general encerrarán zonas homogéneas y confluirán en polos de actividad. También se señalarán los equipamientos y dotaciones que nos parezcan más relevantes, así como las zonas homogéneas aglutinadas alrededor de algún equipamiento o dotación de uso diario en un espacio libre vecinal. Conviene la detección de estas áreas vecinales para su potenciación en el planeamiento mediante la reorganización de la jerarquía viaria y la reubicación de algún equipamiento o dotación.

A veces las zonas problema no se circunscriben al área objeto de planeamiento; así mismo no suele ser nunca conveniente ver los límites del área como una frontera sino más bien como una charnela. Una zona problema puede ser una zona socialmente conflictiva (p. ej., de droga y prostitución), o de infraviviendas que es necesario tratar conjuntamente con su entorno, pues de otro modo sólo se consigue trasladar el problema pero no resolverlo.

• *Desarrollo histórico: crecimiento y transformación*
  (figuras 5.2 y 5.3, págs. 216-217)

Puede ser sugerente estudiar en el plano actual la forma de crecimiento y transformaciones que ha experimentado el tejido con relación a una época significativa

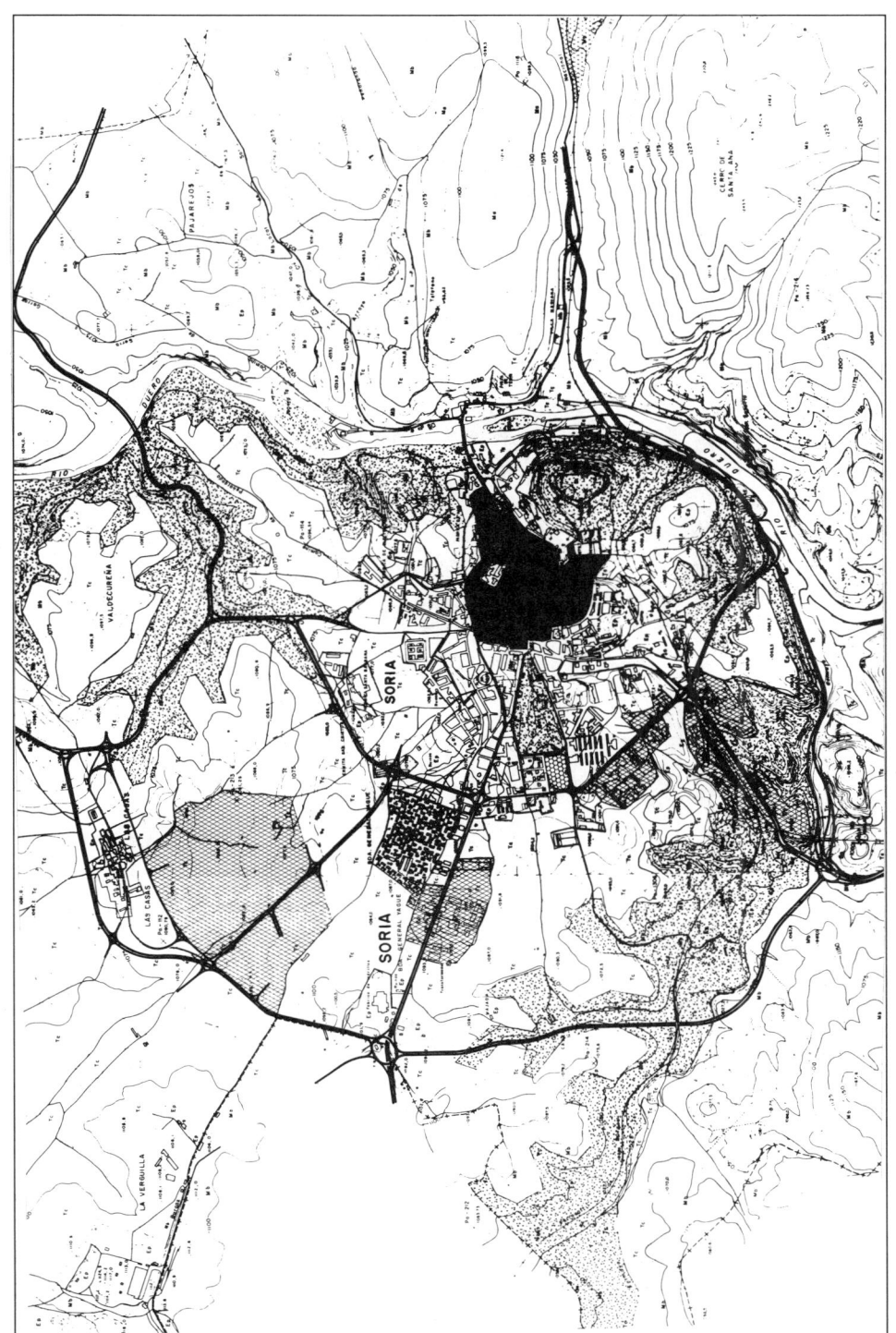

Figura 5.1. Plan Especial del Casco Antiguo de Soria 1985. Se ha sombreado la zona afectada en relación con el plano de estructura del Plan General entonces en redacción. En él se puede apreciar la jerarquía viaria y los usos principales propuestos, superpuestos a las condiciones naturales del terreno.

Figura 5.2. Plano de Texeira 1656. Es el plano más completo de Madrid de la época sobre el que se puede apreciar la morfología y la tipología de parcela estrecha, construcción en el frente de la calle y jardín, huerto o patio posterior. Compárese con el plano Catastral de España de 1870 y la foto aérea actual de la misma zona, que a su vez es prácticamente la morfología del siglo XIX y aprécíese el aumento de la edificación hacia el fondo de la parcela y la transformación de espacios públicos en privados y viceversa.

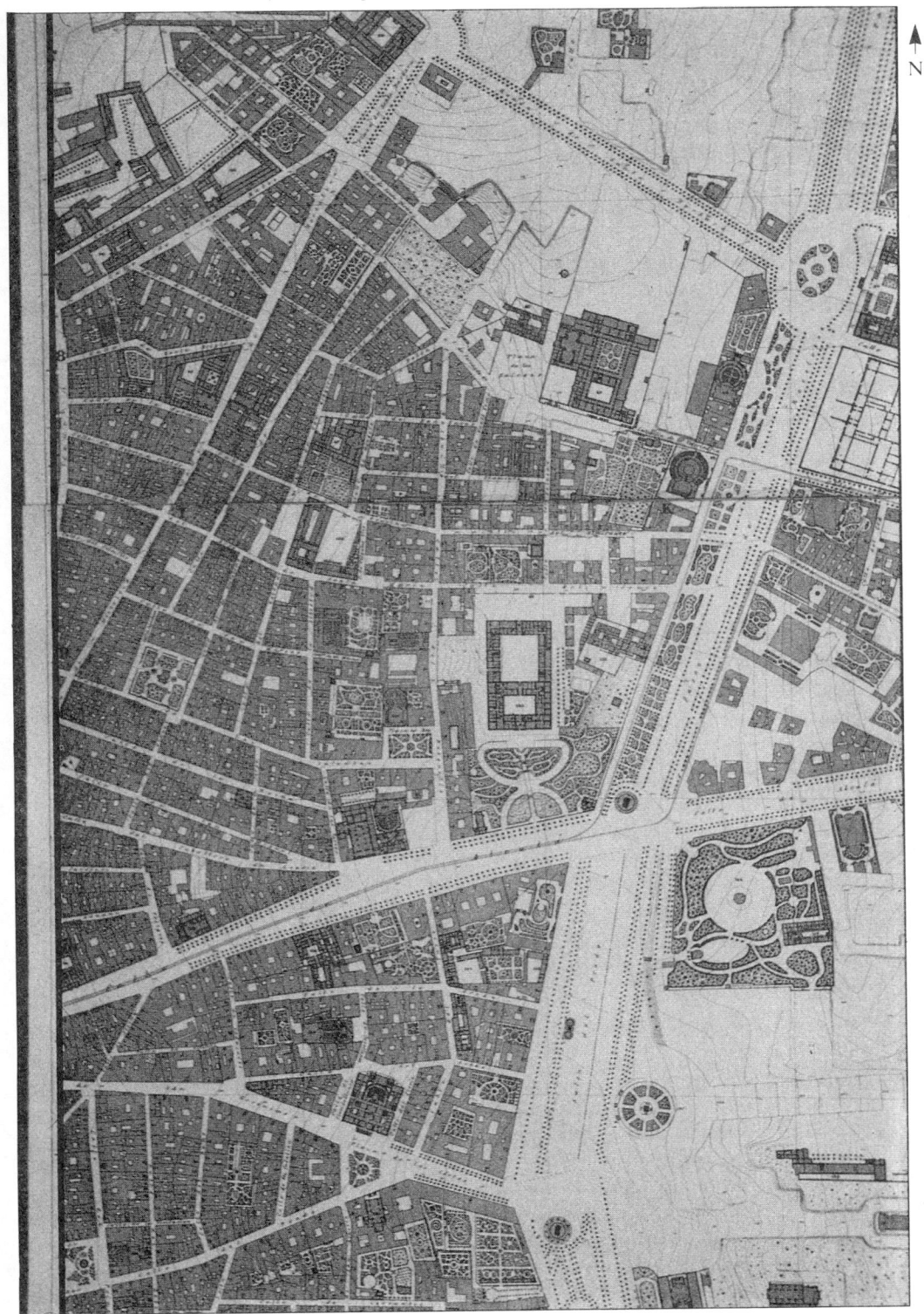

N

Figura 5.3. Plano catastral de 1870.

que suele ser el siglo XIX antes de la industrialización. Es una ayuda para entender la morfología y puede apoyar determinadas soluciones de apertura o cerramiento de espacios libres así como de agregación o segregación de parcelas.

Las transformaciones más frecuentes se pueden concentrar en:

a) Cambio de alineaciones por la tendencia general a aumentar la anchura de las calles. A veces el cambio demasiado rápido de ordenanzas no ha permitido consolidar la anchura de una calle a lo largo de su extensión, quedando los típicos entrantes y salientes que en general es recomendable consolidarlos como lugares estáticos junto a la acera dinámica.

b) Parcelas modificadas por agregación, segregación, o por apropiación o por cesión de espacio público. Aunque esto suele ser frecuente, los cambios en las parcelas no suelen modificar la tipología edificatoria hasta mediados de siglo. A veces desaparecen espacios públicos como calles o plazas, pero otras ocurre lo contrario. Desgraciadamente es más frecuente lo primero, de tal forma que hoy uno de los objetivos de los PERIs sea el esponjamiento de los tejidos.

La segregación de parcelas se da cuando desaparecen lo que fueron las típicas dotaciones de siglos pasados, como conventos del siglo XVIII y cuarteles del s. XIX.

c) Cambios en la ocupación de la parcela. Parcelas que mantienen sus bordes pero han variado los patios. Es menos frecuente que la anterior y no suele suponer cambio de tipología. Dentro de este apartado y remontándonos a un siglo antes, observamos que la edificación ha ido ganando profundidad en la parcela con respecto a la ocupación en el siglo XVIII, pero ya alcanzó el testero en el siglo XIX.

Han desaparecido jardines privados pertenecientes a casonas o palacetes unifamiliares.

d) Aumento de alturas constante, incluso en épocas recientes, en parte porque la presión del valor del terreno ha dado lugar a ordenanzas de más alturas, y en parte al aumento de 1 ó 2 plantas clandestinas en la cubierta.

De todo ello se puede decir que el proceso de densificación ha llegado en general a cotas muy altas, y que cualquier PERI, sobre todo en Centros Históricos suele proponer reducir la densidad para conseguir una mayor habitabilidad.

• *Desarrollo del Planeamiento vigente*

Todo planeamiento parte del anterior que es vigente hasta que se aprueba definitivamente el que se está redactando. Se suspenden licencias del anterior con la Aprobación Inicial del nuevo, según marca la ley del Suelo, aunque a veces se suspenden coincidiendo con el encargo de redacción de la Información Urbanística y otras con la Exposición Pública del Avance en toda la superficie o en las zonas que puedan verse más comprometidas, es decir que pueden alertar a los propietarios sobre las intenciones del nuevo plan de tal forma que ponen en marcha acciones que impiden el desarrollo del Plan.

El Plan vigente suministra buena información y es aconsejable que el nuevo parta de él aunque sus objetivos sean muy distintos. En cuanto a la Normativa, ésta se va produciendo por decantación y adaptación a las nuevas circunstancias y por tanto es aconsejable variar lo mínimo posible su estructura y vocabulario, para que la nueva sea de fácil comprensión y por tanto inmediata aplicación.

El nuevo Plan analizará las acciones propuestas en el plan vigente, estudiando las razones por las que unas han sido desarrolladas y otras no.

• *Estructura de la propiedad del suelo y tenencia de la edificación*

Estos datos son fundamentales para plantear las acciones que lleven a la ejecución de un plan. Cuantos más propietarios o inquilinos haya, la gestión es más difícil, lo cual puede llevar a estrategias diferentes. En los PERIs se definen Unidades de Actuación para el reparto de las cesiones que marca la ley: terreno de escuelas, viario, centros culturales y el 15% del aprovechamiento medio. Una Unidad de Actuación conveniente desde el punto de vista urbanístico debe ser realista desde el punto de vista de la propiedad y la tenencia.

Distinguimos entre la propiedad del suelo que suele incluir la propiedad de lo edificado (a no ser que exista un derecho de superficie de la Administración concedida a un ente por un número de años), y la tenencia por alquiler, cesión, o usufructo.

Dentro de lo que son propiedades y tenencias únicas de una parcela con su inmueble, conviene señalar las que pertenecen a instituciones, tanto oficiales como privadas de carácter público, (p. ej., la Iglesia, Asociaciones Profesionales, etc.), pues con ellas es siempre más fácil la adquisición o permuta.

En los centros históricos se pone de manifiesto la mayor cantidad de suelo de propiedad institucional con respecto a cualquier otra parte de la ciudad, lo que repercute en la densidad de viviendas por Ha., en el sentido que dada globalmente es más baja que en cualquier otro lugar, pero realmente es muy alta al descontar estas superficies.

• *Usos de la edificación*

Habitualmente se distingue entre:

— *Uso característico* es el que predomina en una zona de la ciudad, (p. ej., residencia).
— *Uso compatible* es el que acompaña al característico y enriquece la vida urbana, (p. ej., comercio en los bajos).
— *Uso tolerado* que no enriquece directamente la vida urbana pero contribuye a dar diversidad a la zona siempre que no supere unos umbrales de molestias e incluso peligro. Se pueden medir por potencia en caso de industria, o número de empleados, o mediante otros coeficientes.

Las ciudades españolas suelen mantener sus centros históricos con el uso característico residencial y además conservan otros usos de manera compatible. La zonificación propugnada por el Movimiento Moderno no influye hasta bien entrados los años "50" cuando aparecen polígonos exclusivamente residenciales o industriales.

El concepto de polígono está muy vinculado a este entendimiento de la ciudad por trozos unidos por los sistemas viarios y de espacios libres. La legislación actual todavía contiene en parte esta teoría e incluso ese vocabulario. Los planes de los años "80" han tendido por el contrario a soldar, y vincular los fragmentos de la ciudad de etapas anteriores.

En los PERIs es necesario matizar y localizar los usos compatibles y tolerados, y analizar en qué situación se encuentran. Por ejemplo puede ser un problema la acumulación de bares nocturnos que distorsionan la habitabilidad de una zona, pero por el contrario es muy conveniente la proximidad de un determinado tipo de comercio minorista.

El tejido menudo de los cascos consolidados no soporta actividades que concentren un gran número de empleados o clientes. Sin embargo es contraproducente no mantener otras actividades que no sean residenciales. Las actividades de poca superficie, culturales y emblemáticas son un buen complemento de las zonas residenciales centrales.

Como ya hemos dicho los usos industriales deben tecnificarse y mezclarse con todo tipo de usos en las proporciones y maneras adecuadas.

• *Morfología urbana: condiciones naturales y características del tejido urbano*

a) *Condiciones naturales*

Las condiciones naturales son más importantes de lo que suelen considerarse. Pueden influir de forma sustancial en el confort habitacional y en la economía de las infraestructuras. Dentro de ellas las que más influyen en el planeamiento son:

— *Topografía:* una topografía movida puede mejorar el paisaje urbano si se elige la tipología y parcelación adecuada y el viario y los espacios libres se trazan teniéndola en cuenta. Cada uso característico tiene una inclinación máxima.
— *Vientos dominantes:* influye en la orientación de las calles, según se quiera que enfilen o no las mismas para ventilar o para protegerse del frío respectivamente. Los lugares de estancia deben estar resguardados. También tiene importancia para la localización de los usos contaminantes.
— *Soleamiento:* con respecto a las fachadas y a los lugares de estancia. Este aspecto debe estar relacionado con el arbolado y otros elementos construídos de la ciudad.

b) *Características del tejido urbano*
     (figura 5.4, pág. 221):

— *Forma y tamaño de las manzanas.* Las manzanas de formas trapezoidales o triangulares corresponden a tejidos antiguos en general no proyectados. Las

Figura 5.4. Foto aérea 1990 de la zona de Madrid de las figuras 5.2 y 5.3. Con instrumentos adecuados de visión puede darnos mucha información, incluso parcela a parcela, vegetación en calles, etc.

manzanas de ángulos rectos proceden de una racionalización para el mejor reparto del terreno y para favorecer la construcción. Dentro de estas últimas, las manzanas de proporciones más cuadradas corresponden a áreas de mayor nivel que las más rectangulares, debido a la parcelación y por tanto a la tipología a que dan lugar unas y otras.

Las manzanas excesivamente largas actúan como barrera porque impiden la permeabilidad peatonal (menos de 120 metros); evidentemente en zonas industriales las dimensiones son mayores.

Las manzanas vienen definidas por las alineaciones exteriores que dividen el espacio público del privado.

— *Parcelas.* Las parcelas largas y estrechas suelen ser típicas de los cascos históricos. Cuando estas parcelas se han colmatado (algunas pueden llegar hasta 40 ó 50 metros de profundidad, con un frente estrecho) dan lugar a viviendas inhabitables que sólo abren huecos a patios de parcela muy pequeños.

Se considera que la relación entre el frente y el largo de una parcela debe ser al menos 1:3. También resultan difícilmente habitables las parcelas que al menos no tienen un frente de 4,5m.

Las parcelas industriales más convenientes suelen guardar una proporción de alrededor de 1:3 y sus tamaños en suelo urbano oscilan entre 500 m^2 y 2.000 m^2.

— *Tipos edificatorios.* En el suelo urbano encontramos todos los tipos edificatorios. La variedad es positiva siempre que sea por zonas y estas estén convenientemente vinculadas.

El tipo edificatorio tiene que ser coherente con la parcela, la manzana y el tejido urbano en el que está inmerso.

La tipología edificatoria suele ser una variable fundamental en el señalamiento de las zonas homogéneas de la ciudad, que a su vez darán lugar a las zonas de ordenanzas.

— *Características de calles, plazas y espacios libres.* Dentro de cada uno de estos tres elementos se puede establecer una tipología que ayude a las propuestas (p. ej., paseo arbolado, calle peatonal, de coexistencia, de tráfico de paso, etc.).

• *Características de la edificación*
  (figura 5.5, pág. 223)

La tipología edificatoria, de la que hemos hablado en el apartado anterior es una clasificación de la edificación teniendo en cuenta las características esenciales. El desglose en tipos puede ser tan grande como se quiera y como se necesite en función de las zonas que se distingan en las ordenanzas (p. ej., edificación en manzana cerrada, en bloques abiertos, en viviendas unifamiliares, industria exenta, etc.).

En este apartado sin embargo tratamos de analizar los edificios como piezas con características intrínsecas. Por ello nos parece esencial distinguir entre el edificio singular y el comparsa; el primero lo es por su localización en polos del tejido urbano, volumen mayor y a veces exento, composición y materiales elegidos, y en

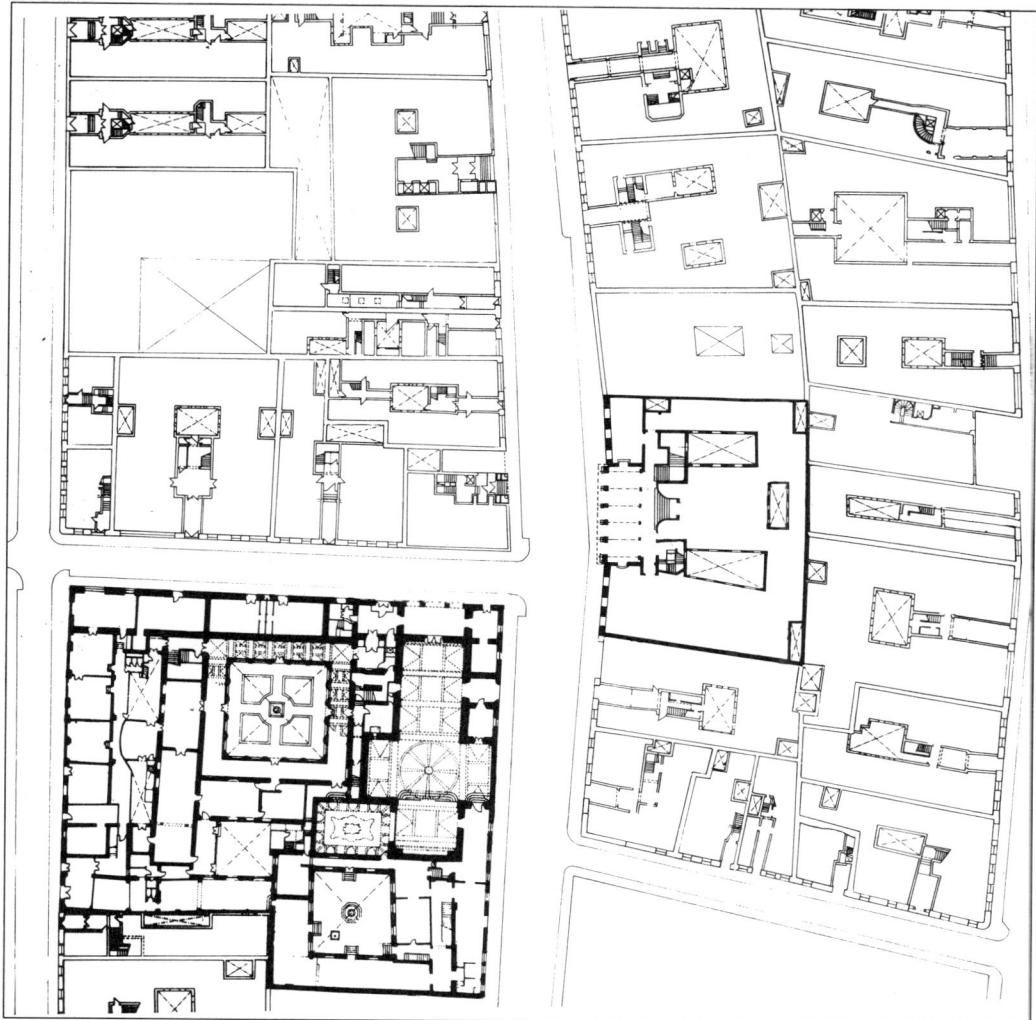

Figura 5.5. Plano de Plantas Bajas 1:500 del Plan Especial del Casco Antiguo de Madrid 1993. Confeccionado con los planos 1:200 de cada edificio, reducidos y compuestos. Así se obtiene la relación de la organización interna del edificio (escaleras, portales, patios, usos) con la calle o espacio público. También es interesante el plano de las plantas tipo para el conocimiento de la tipología de la edificación.

general usos públicos. El resto es el caserío normal, independientemente de su catalogación que puede ser desde el nivel más alto al más bajo.

De los edificios comparsa interesa conocer aspectos volumétricos como alturas, ocupación de la parcela, patios, comunicación vertical, etc. y grado de ocupación de las viviendas, condiciones de habitabilidad, estado de conservación, edad, nivel de calidad compositiva. Estos datos nos servirán para hacer la catalogación de la que hablaremos más adelante.

• *Características del tráfico, el transporte y el aparcamiento*

Es necesario conocer el tipo de tráfico que existe en cada calle. Puede ser de paso, de gestión y de residentes. Cada uno de ellos deberá estar en el lugar apropiado según la estructura urbana más conveniente y tener un diseño de sección acorde a su función.

Ya hemos hablado de la importancia relativa que tienen en la realidad el tráfico peatonal, público y privado y la adecuación que se debe intentar entre secciones de vías y aparcamientos, y los objetivos que se proponga en el PERI.

Dentro del transporte público interesa conocer el itinerario del metro y trenes de cercanías que a veces discurren bajo parcelas privadas, por la repercusión que tiene en infraestructuras y aparcamientos subterráneos. Las estaciones son polos de actividad principales.

En los autobuses se estudiarán sus itinerarios y lugar de las paradas, valorando la adecuación de su ubicación en función del tráfico y la estructura funcional del barrio. También se considerará la posibilidad de hacer un carril-bus y estudiar el tipo más adecuado de separación. Los itinerarios de los autobuses deben coincidir con vías colectoras que bordean áreas residenciales. Su paso es bastante incompatible con usos residenciales, al menos en las plantas más próximas a la calle, y sin embargo es compatible con oficinas y comercios especializados.

Dentro de los aparcamientos podemos distinguir entre los que se encuentran en superficie y los subterráneos. A su vez dentro de los primeros los que están en bordillo y los que están en aparcamientos. En los segundos podemos diferenciar entre los de uso público y los aparcamientos privados que están en garajes de parcela. En España no es frecuente que haya aparcamientos privados en superficie en la parcela a no ser en los polígonos industriales. Esto se debe a la gran densidad del suelo urbano y por tanto a su coste (los garajes subterráneos no suelen computar edificabilidad).

Los garajes en parcelas privadas y los talleres o industrias nos da una circulación obligada en calles que necesitan una sección determinada.

Si partimos del objetivo de dar una o más plazas por vivienda o por cada 100 m^2 construídos de cualquier uso, tenemos que hacer el siguiente cálculo:

— *Aparcamientos en bordillo.* En línea o en batería. Reservando lugares para carga y descarga, paradas de taxis y transporte público, y otras reservas para casos especiales (coches oficiales, minusválidos, etc.). Para calcular la capacidad se tendrá en cuenta que el ambiente y la estética urbana no soportan más de un umbral determinado de coches, contando también con los que están en circulación.

— *Aparcamientos en garajes de parcela.* Para calcular el número y partiendo de una ordenanza que obligue a construir un número de plazas por cada 100 m^2 construídos, sumamos a los que ya existen, y los que se puedan construir nuevos teniendo en cuenta aquellas parcelas que no tengan algún tipo de protección que al menos obligue a conservar la fachada (aunque a veces las fachadas tienen un portón que puede ser aprovechable).

— Para el resto de las plazas necesarias para residentes hay que construir *Aparcamientos para Residentes subterráneos* en espacios públicos. En cascos antiguos resulta difícil, dado el número de infraestructuras que ya existen.

Por ello en casos muy extremos es necesario reducir la ratio plazas/vivienda que en cualquier caso estará compensada por la facilidad de acceso al transporte público, bastante mayor que en cualquier otra parte de la ciudad.

Para dar una orientación sobre porcentajes de distribución de aparcamientos podríamos decir que partiendo de una plaza por cada 100 m² edificados de cualquier uso en el suelo urbano no debería pasarse de un 20% del total de las plazas en superficie (téngase en cuenta que además habrá taxis, carga y descarga y coches en circulación) quedando el resto repartidas entre un 50% en garajes privados y un 30% en aparcamientos subterráneos para residentes en suelo público. En estos porcentajes hay muchas variables que se deben sopesar: a mayor edificabilidad debemos descender el 20% en superficie; si existen muchos edificios protegidos no podemos alcanzar la cifra del 50% en garajes; si existen muchas infraestructuras será difícil alcanzar un 30% de plazas bajo el suelo público.

Teniendo en cuenta que construir aparcamientos públicos en el suelo urbano supone atraer tráfico privado, en caso de que se construyan, es necesario pensar muy cuidadosamente su localización. Será preferible que esta localización esté próxima a centros de transporte público en la periferia del suelo urbano. Cuando ya existen aparcamientos públicos en los centros urbanos es conveniente estudiar las condiciones de la concesión (suelen ser concesiones municipales a empresarios para su explotación de uso público) y su terminación, para considerar la posibilidad de convertirlos en Aparcamientos para Residentes.

No es frecuente en España construir aparcamientos en edificios porque su rentabilidad no es tan elevada como para otros usos. Estos edificios corresponden a una tipología peculiar que debe tenerse en cuenta para su correcta adecuación al paisaje urbano.

• *Paisaje urbano*
(*figura 5.6, pág. 226*)

Consideramos que el Paisaje Urbano está constituido por los elementos inertes y por las actividades y personas que los habitan, que con sus costumbres, cultura y capacidad económica dan un carácter inconfundible a cada parte de la ciudad.

Por tanto en este apartado hay que describir los elementos construídos que son visibles desde muchos lugares y por tanto constituyen referencias en la lectura de la ciudad, llamadas hitos, y las perspectivas o conjuntos visuales, característicos por los elementos construídos o resaltados por la topografía del terreno. Pero también hay que tener en cuenta los lugares de animación urbana, o por el contrario las barreras. En el planeamiento se propondrá que los hitos y las perspectivas sean positivas y transformar las barreras en lugares de confluencia.

Para el análisis del paisaje urbano podemos partir de los elementos que describimos a continuación y darles unos niveles de valoración (como por ejemplo, alto, medio, bajo, sin valor y con valor negativo).

Figura 5.6. Torre de la Iglesia de la Villa de Vallecas en una perspectiva representativa del viejo casco rural. La torre es un hito visible desde cualquier lugar y por tanto referencia orientadora y paisajística. Plan Especial. Villa de Vallecas 1988.

— *Recintos* son aquellos espacios acotados cuyo uso fundamental es de estancia.

— *Frentes de Edificación* en los que influye la calidad intrínseca de cada edificio, pero su mayor valor proviene de la armonía del conjunto, apreciado por tramos de manzana o en la dimensión que sea más apropiada. La armonía viene definida por la forma, tamaño y ritmo de huecos, la homogeneidad de la línea de impostas, cornisas, materiales, texturas, colores, continuidad en la calidad de cerrajerías y motivos ornamentales, etc.

— *Referentes arquitectónicos* que pueden ser esculturas, fuentes, pequeños edificios singulares, detalles de fachada que puedan llamar la atención, y todo aquello que es conocido popularmente y sirve como punto de orientación o referencia.

• *Diseño de detalle*
  (figura 5.7, págs. 228-229)

Podemos estudiar bajo esta denominación los acabados de los espacios públicos, cuya definición acertada es más importante de lo que puede parecer si tenemos en cuenta que es lo que se percibe con más frecuencia y por mayor número de personas. La vista apenas se eleva de la línea horizontal de los ojos, sin embargo barre todo el ángulo inferior. Además son los elementos con los que se entra en contacto físico.

Dentro de este apartado podemos considerar: Pavimentación, Jardinería y Mobiliario Urbano. Sobre ellos mencionaremos los aspectos que nos parecen importantes, advirtiendo que hoy día existen excelentes manuales sobre estos aspectos.

a) La Pavimentación tendrá que estar de acuerdo con la sección de la calle y el uso de la misma. Dentro de una calle además pueden diferenciarse espacios por su utilización (por ejemplo, franjas de aparcamiento, del carril bus, acera de estancia, acera de paso, etc.). Hasta la invasión del coche en las ciudades era frecuente la formación de dibujos geométricos ornamentales en el pavimento, jugando con los diferentes materiales. En este último caso habrá que tener en cuenta el diferente envejecimiento que experimentan con el paso del tiempo.

Es una buena práctica intentar recuperar los pavimentos blandos, (p. ej., tierra, arena, gravilla, etc.), donde sea apropiado y con el drenaje correspondiente. Este tipo de pavimentos cada vez es más infrecuente y sin embargo siguen siendo necesarios para el paseo, el juego de los niños, la vegetación, los animales domésticos, etc.

Las ciudades españolas han estado, con gran frecuencia, pavimentadas con adoquines de piedra, y luego han sido cubiertas con sucesivas capas de asfalto. Recuperar el pavimento de adoquín de piedra es una buena medida; el adoquín, como todo pavimento de piezas, es el mejor para devolverlo a su estado original después de una reparación de infraestructuras, lo que suele ser muy frecuente. En los pavimentos contínuos, como el asfalto, queda el nuevo material de diferente color que el antiguo. Pero además el adoquín decelera automáticamente la velocidad de los automóviles, por la sensación de inestabilidad y el ruido que produce en el conductor por encima de unos 50 Km/h., velocidad que debería ser máxima en el suelo urbano.

Sin embargo en los pavimentos peatonales y de bicicletas es conveniente que no haya rugosidades excesivas para hacerlos más cómodos.

En resumen se recomienda que la pavimentación sea variada, ornamentada y acorde con la función de los espacios libres, sean calles, plazas o zonas verdes.

b) Existe una jardinería apropiada para el interior de las ciudades que debe situarse en todos aquellos lugares que tengan dimensiones suficientes y no estorben sus raíces a las infraestructuras y a la edificación.

Cualquier acera superior a 2,5 m de ancho es buena para plantar árboles a distancias mínimas de 5 metros. Para los lugares de estancia o calles de paseo son mejores los árboles caducifolios, mientras que los árboles de hoja perenne son convenientes para marcar direcciones y para compensar con su color vegetal la masa pétrea que suele ser el suelo urbano. Hoy existen magníficos libros que aconsejan las especies que hay que plantar según el clima y el tipo de suelo, especialmente en las ciudades.

Con los arbustos y plantas bajas ocurre lo mismo que con los árboles, siendo el consejo general que se elijan las autóctonas, normalmente más resistentes y con menos necesidad de agua y mantenimiento. En este sentido la hierba está totalmente desaconsejada a no ser en superficies muy acotadas y con el mantenimiento asegurado.

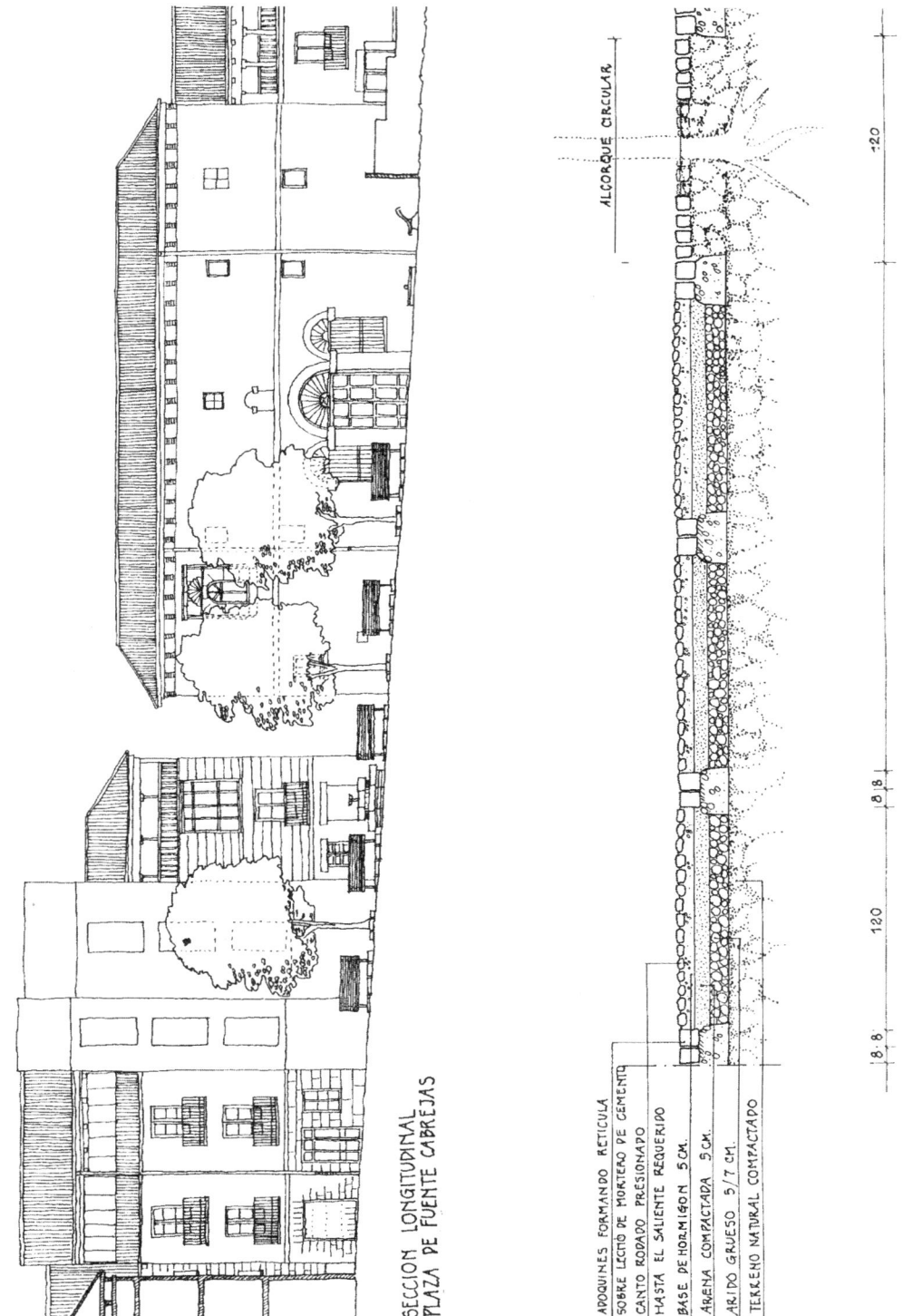

SECCION LONGITUDINAL
PLAZA DE FUENTE CABREJAS

APOQUINES FORMANDO RETICULA
SOBRE LECHO DE MORTERO DE CEMENTO
CANTO RODADO PRESIONADO
HASTA EL SALIENTE REQUERIDO
BASE DE HORMIGON 5 CM.
ARENA COMPACTADA 5 CM.
ARIDO GRUESO 5/7 CM.
TERRENO NATURAL COMPACTADO

ALCORQUE CIRCULAR

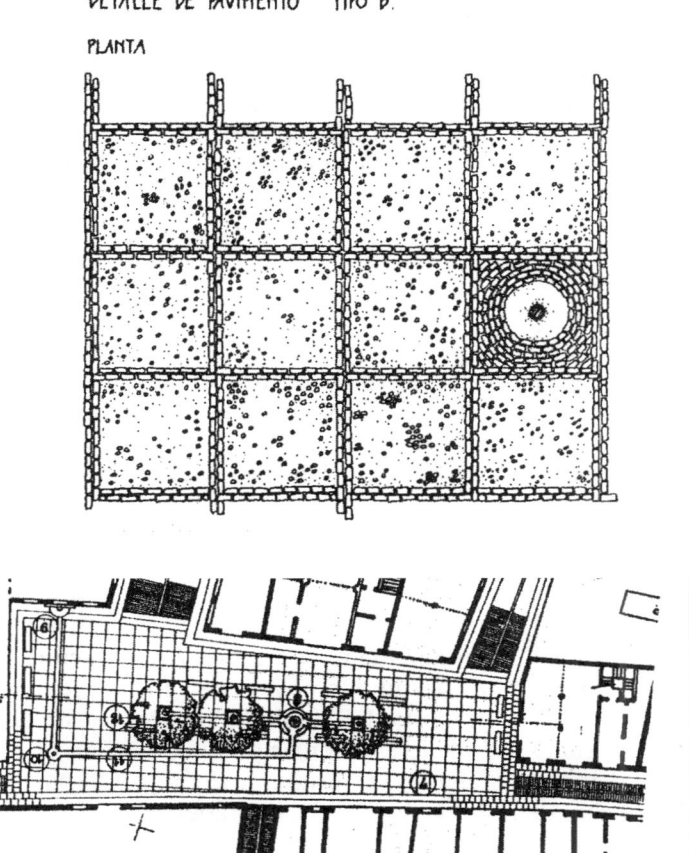

Figura 5.7. Plaza de Fuente Cabrejas (Soria ciudad). (Derecha e izquierda.) Propuesta de tratamiento de acabados, dibujada sobre el plano de plantas bajas para ver la relación del espacio público con el privado. Se definen los pavimentos, la vegetación y el mobiliario. Escalas de los planos originales: planta general 1:400, alzado 1:200, detalles 1:25.

En general se puede decir que la vegetación beneficia la funcionalidad y el paisaje urbano. En los cascos históricos la vegetación ha permanecido en los jardines asomando en las calles por encima de las tapias, en los patios, y en determinadas plazas, formando hitos, enmarcando edificios, etc. Mantener esta tendencia en las calles estrechas e intrincadas es bueno, pero no lo es una cierta tendencia de los últimos años "80" de sustituir radicalmente los elementos vegetales por elementos construidos y mobiliario urbano.

c)   El mobiliario urbano debe situarse estratégicamente en los espacios públicos, carecer de aristas, y ubicarse de tal forma que no interrumpa el paso de coches de niños, minusválidos, paraguas, etc. Las aceras suelen ser una carrera de obstáculos debido a la improvisación en la colocación del mobiliario urbano. Si bien la causa general es la cesión que se ha hecho del espacio libre público al automóvil, también se debe a una dispersión innecesaria. En el diseño se pueden reseñar zonas apropiadas para colocar agrupadamente el mobiliario urbano. Si el tráfico se reduce desaparecerán muchas señales destinadas a este fin.

Hoy existen muy buenos diseños de mobiliario urbano, aunque desgraciadamente no suelen estar en los catálogos municipales. Si el mantenimiento se quiere que sea escaso es imprescindible mejorar la calidad de los materiales.

En el mobiliario urbano es importante cuidar los colores y la textura de los elementos.

- *Catalogación*
  (figura 5.8, pág. 231)

La Ley del Patrimonio Histórico de 1985 obliga a realizar un Catálogo dentro del Planeamiento Especial de Protección de Conjuntos Históricos, pero creemos que debería hacerse extensivo siempre que se haga planeamiento sobre suelo urbano, puesto que en él siempre existe un patrimonio construído que debemos conservar o rehabilitar para que siga siendo una referencia que identifique a la ciudad y a sus ciudadanos.

Es necesario evitar una catalogación en la que el valor de su fachada predetermina el valor del edificio e incluso de la parcela, y también aquella que parte del monumento y desciende en el nivel de protección a medida que nos alejamos de los valores monumentales.

Para ello proponemos en primer lugar hacer una catalogación analizando el edificio en sus tres componentes arquitectónicos o categorías vitrubianas: utilitas, firmitas y venustas, es decir el grado de habitabilidad, conservación física y calidad compositiva y de materiales. Para ello es imprescindible entrar en el edificio, visitar las zonas comunes, y dibujar, al menos, un esquema de la planta baja y la planta tipo, señalando las puertas de entrada a las viviendas, además de fotografiar la fachada (en el apartado de la documentación daremos los datos imprescindibles que debe tener una ficha de catalogación). Todo ello formará el material necesario para el estudio de gabinete.

Por otra parte se debe distinguir el edificio singular del edificio comparsa que forma parte del caserío. El primero tiene un uso especial, en general público, puede estar exento, o al menos situado estratégicamente y con frecuencia es un Monumento o según denominación de la Ley del Patrimonio de 1985 es un Bien de Interés Cultural (BIC).

El resto de los edificios que serán residenciales con usos compatibles, o industriales serán catalogados en los tres niveles que habitualmente se usan: integral, estructural y ambiental, pero donde la variable de la habitabilidad es trascendental para definir su conservación y en general las obras posibles. Por tanto en los edificios integrales comparsa será posible intervenir para hacerlos más habitables, y habrá edificios en los que sólo se pueda conservar su fachada ya que la estructura, el tamaño de los patios, la colocación de las escaleras, hacen imposible las mejoras de las viviendas existentes.

Así muchas veces es preferible conservar las fachadas por varios motivos. En primer lugar es el telón que conforma los espacios públicos, en segundo lugar las fachadas suelen contener lo más valioso de la edificación en cuanto a su composición y ma-

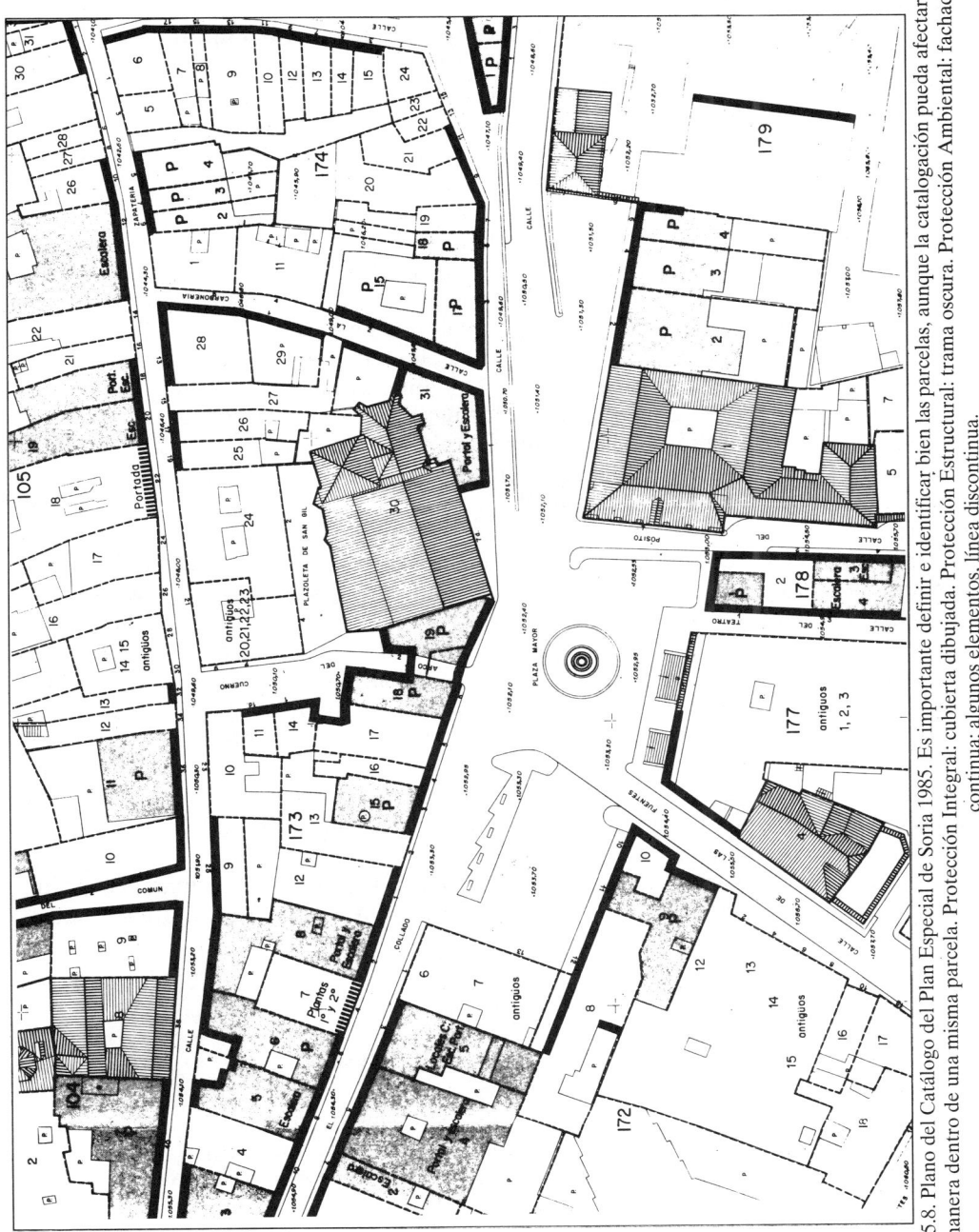

Figura 5.8. Plano del Catálogo del Plan Especial de Soria 1985. Es importante definir e identificar bien las parcelas, aunque la catalogación pueda afectar de diferente manera dentro de una misma parcela. Protección Integral: cubierta dibujada. Protección Estructural: trama oscura. Protección Ambiental: fachada, línea continua; algunos elementos, línea discontinua.

teriales, y en tercer lugar la fachada nos marca las alturas de pisos y de la edificación, y es una referencia en cuanto a ritmos y composición a los edificios colindantes.

En los edificios singulares los tipos de obra son de Restauración y de Acondicionamiento. Incluimos Acondicionamiento pues un edificio, a diferencia de otras obras de arte (como por ejemplo un cuadro), necesita a toda costa tener un uso para su supervivencia y uso colectivo. Y este uso inexorablemente va a ir cambiando o sufriendo modificaciones con el tiempo, haciéndose necesario su adecuada adaptación.

Los edificios integrales tienen todo tipo de valores, pero además su sistema estructural de patios interiores, huecos y distribución interior, permite ser habitados con mejoras en servicios higiénicos, que es de lo que suelen carecer en grado suficiente, o mejoras técnicas como por ejemplo un ascensor.

El segundo nivel sería el estructural que mantiene la estructura y la envolvente pero permite redistribuir las plantas y dotarlas de los servicios imprescindibles.

Por fin los edificios ambientales serían aquellos en los que se han concentrado todos sus valores en la fachada y/o en algunos elementos puntuales sin que el interior pueda hacerse habitable a un precio razonable. Si únicamente tienen valor algunos elementos del interior, serían estos los únicos a conservar. En el caso de conservación de fachadas se tendrá en cuenta el hecho de pertenecer a un conjunto.

El resto de los edificios, aunque se encuentren en el recinto histórico, podrán ser sustituidos, ajustándose estrictamente a unas ordenanzas que tuvieran regulaciones de composición y materiales entre sus principales determinaciones. Hacemos notar que estos edificios serían los que fundamentalmente podrían albergar aparcamientos, lo cual es muy necesario para aumentar la calidad de los espacios públicos y mantener el uso residencial. Con la idea de no renunciar a la incorporación de arquitectura contemporánea a los cascos antiguos siempre que sea armoniosa con el conjunto, se podría proponer en el Plan una Comisión integrada por miembros de las instituciones encargadas de velar por el patrimonio y representantes de la Universidad, que decidan la concesión de licencia a un proyecto que no cumpla parcial o totalmente las ordenanzas.

Convendría en la catalogación incluir una categoría suplementaria a cualquier nivel, llamada preventiva cuando no se tenga la certeza del contenido del edificio al que no se haya podido acceder.

A veces puede ocurrir que en alguna parcela pueden aparecer más de una de las categorías mencionadas (integral, estructural y ambiental) en edificios claramente segregables.

5.3.4. Documentos de la Información Urbanística

• *Texto de síntesis y Estudios sectoriales*

En el que se ponga en relación los temas principales mencionados. Debe ser un texto analítico con conclusiones que impliquen la definición de propuestas. La descripción de la Información estará plasmada en los planos y sólo se incluirá en el texto la información que no sea posible reflejar en los mismos, a poder ser en forma de cuadros o gráficos que no interrumpan el texto analítico.

Los Estudios Sectoriales se refieren a temas que no es posible acotarlos al área de ordenación, (como por ejemplo Demografía y Actividades Económicas, o Tráfico o Equipamiento), y que pueden ser redactados exteriormente y ser un complemento imprescindible. Evidentemente su elección y elaboración tiene que estar vinculada esencialmente con los problemas que prioritariamente trata de resolver el Planeamiento.

• *Planos*
  (figura 5.9, pág. 233)

En principio se trata de reflejar en los planos los temas explicados, desglosando estos en la medida que sea necesario según los objetivos del plan.

Se recomienda que en un sólo plano se describa toda la información posible y que guarde relación entre ella, siempre que sea legible. Las nuevas técnicas gráficas que reproducen colores o mediante la informática, facilitan este principio.

En el mismo sentido, para facilitar la lectura de los planos, se recomienda que se utilice la escala más pequeña posible dentro del detalle que se requiera. Esto permite planos de tamaño más pequeño abarcables con la vista.

Las escalas apropiadas para los PERIs oscilan entre 1:2000 y 1:500 dependiendo de la superficie del mismo, y la calidad de la cartografía. Hoy día la calidad de la misma ha mejorado gracias a la fotogrametría y la informática y por tanto es posible en varias ciudades importantes obtener la escala 1:2000 con una gran precisión.

• *Fichas de Catálogo*
  (figura 5.10, pág. 235)

La cantidad de datos que puede contener una ficha está en función del número de parcelas y del tiempo disponible, porque conviene utilizar la misma ficha para todas las parcelas, rellenándola más o menos según el valor de la edificación.

Como siempre no deben recogerse más datos que los que seamos capaces de asimilar y utilizar. En todo caso se puede prever una ficha con la posibilidad de albergar más datos de los necesarios para el plan, que puedan completarse en la ejecución del mismo por parte de los servicios técnicos municipales.

Damos a continuación el contenido de una ficha ejemplo con los datos fundamentales, maquetada en un DIN A.4, excepto los gráficos. Este aspecto es muy importante en la toma de datos del trabajo de campo. En otro DIN A.4 puede incluirse un pequeño plano de localización, la Planta Baja, la Planta Tipo (ambas a escala 1:2000) y una foto de la fachada.

Como puede verse en la ficha ejemplo se incluye una valoración sobre el grado de integración del edificio, sobre los espacios accesibles del edificio, y se determina ya un nivel de catalogación dentro de las categorías explicadas.

Se utiliza la palabra "degradación" a la pérdida de valores culturales y "deterioro" a los físicos.

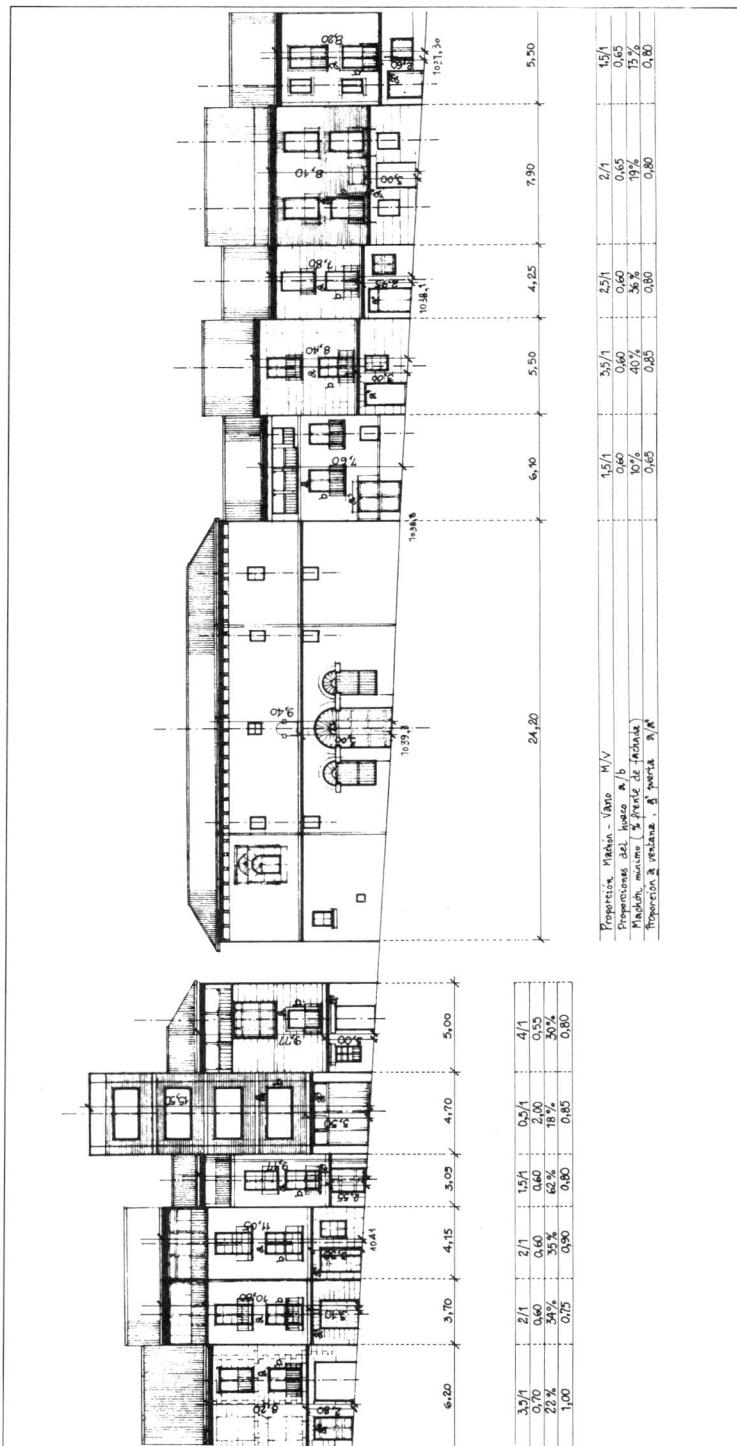

Figura 5.9. Análisis numérico de la composición de la fachada de la calle Zapatería (ciudad de Soria). Se incluye en el plano cuadros con las siguientes variables tipológicas: proporción machón-vano, proporción anchura-altura de huecos, machón mínimo, proporción ancho de ventana-ancho de puerta. Este análisis es la base para los parámetros de la ordenanza de sustitución. Plan Especial de Soria 1985.

FICHA DE CATÁLOGO Nº		DIRECCIÓN POSTAL:		REF. HACIENDA:	

NIVEL DE CATALOGACIÓN

SINGULAR	INTEGRAL	ESTRUCTURAL	AMBIENTAL

GRADO DE INTEGRACIÓN DEL EDIFICIO

ÁMBITO:

DATOS MORFOLÓGICOS	VALORACIÓN
CONTINUIDADES	POSITIVO
	NEGATIVO
DISCONTINUIDADES	NEUTRO

ESPACIOS ACCESIBLES

TIPO	DESCRIPCIÓN	VALORACIÓN
PORTAL		DETERIORO
ESCALERAS		DEGRADACIÓN
PATIO		AJUSTE
OTROS		

SISTEMA ESTRUCTURAL

SISTEMA CONSTRUCTIVO

PUNTUAL					LINEAL			MIXTO
MADERA	HIERRO	HORMIGÓN	LADRILLO	PIEDRA	LADRILLO	PIEDRA	ADOBE	

DESCRIPCIÓN DE FACHADA

HUECOS EN:	PROPORCIÓN APROXIMADA	FORMA	CARPINTERÍA	SISTEMA DE OSCURECIMIENTO	REJERÍA	DINTEL	JAMBAS	ALFÉIZAR
PLANTA BAJA								
PLANTA TIPO								
PLANTA BAJO CUBIERTA								
OTROS								

ZÓCALO	
IMPOSTAS	
CORNISA	
PAÑOS CIEGOS	
ORNAMENTACIÓN	
COMPOSICIÓN	

USOS

PLANTA BAJA	
PLANTA TIPO	
PLANTA BAJO CUBIERTA	
PLANTA BAJO RASANTE	
ESPACIOS LIBRES	

% OCUPACIÓN DE PARCELA	EDIFICACIÓN PRINCIPAL %	Nº DE LOCALES	% OCUPADOS	Nº DE VIVIENDAS	% OCUPADAS

DATOS DE PARCELA

SUPERFICIE DE PARCELA M²	SUPERFICIE OCUPADA M²	SUPERFICIE CONSTRUIDA M²	EDIFICABILIDAD M²/M²

PARCELA TIPO:

DATOS DE EDIFICACIÓN

ALTURA DESDE	ALTURA DE CORNISA	ALTURA DE CUMBRERA	PENDIENTE DE CUBIERTA

Nº DE PLANTAS	FECHA DE CONSTRUCCIÓN	REFORMAS

ESTADO DE LA EDIFICACIÓN

DEGRADACIÓN	DETERIORO

NIVEL DE PLANEAMIENTO	PROPIEDAD	TENENCIA	L. Moya.
			NOV. 1993

Figura 5.10. Ejemplo de la 1.ª hoja de una ficha de catálogo. La 2.ª hoja contendría documentación gráfica: plano de localización, planta baja, planta tipo y fotografía de la fachada.

5.3.5. Propuestas de ordenación

Para explicar este apartado nos ha parecido más claro dividirlo en lo que es la ordenación del tejido urbano, su composición y actividades, y la ordenación de la edificación, aunque evidentemente ambos aspectos estén absolutamente interrelacionados como ya se ha venido explicando.

• *Tejido urbano: composición y actividades*

En este subapartado todavía podría hacerse una distinción entre el tejido residencial que incorpora todos los demás usos mientras sean compatibles, y el tejido industrial que hasta no hace mucho era bastante específico. Pero este último tejido cada vez es más compatible con usos diversos en suelo urbano, debido al proceso de tecnificación o informatización que está experimentando, por tanto nos limitaremos a dar algunas características más específicas del mismo.

El mejor método para ordenar el tejido urbano es su formalización física en un plano incluyendo las actividades. Esta formalización es lo que se suele plasmar en el llamado plano de imagen final. Evidentemente un plan no puede ni debe ser este plano de imagen final, definiendo absolutamente la edificación y los espacios libres. Este trabajo debe quedar para los proyectos edificatorios y de urbanización. La actuación de otros profesionales separados en el tiempo y adaptándose al mismo es lo que dá diversidad dentro de la deseada homogeneidad del tejido. Pero esta homogeneidad que hace que un tejido sea reconocible por los ciudadanos procede de la visión global de lo planificado que infunde al plan una ordenación coherente. Por tanto las propuestas de ordenación serán una abstracción de las determinaciones esenciales del plano de imagen final.

Los elementos esenciales de la propuesta son la estructura urbana física y las actividades urbanas. En la estructura urbana marcaremos la jerarquía viaria, la forma y tamaño de los espacios públicos (plazas, calles, zonas verdes) y de los espacios privados (manzanas y parcelas), la localización de los equipamientos y dotaciones y los tipos edificatorios y la relación de estos con los espacios públicos según estén situados en las parcelas.

Las actividades urbanas se definen por zonas y dan lugar a ordenanzas diferentes en relación con los tipos edificatorios.

Si el PERI desarrolla un Plan General tanto la Estructura Urbana como las Actividades Urbanas tendrán que desarrollar la del Plan de nivel superior.

La Ley del Suelo no obliga a unos estándares determinados aunque dice que se utilizarán los estipulados en el PP a no ser que alguno sea innecesario por no guardar relación con la reforma.

A los Polígonos Industriales, sería más apropiado llamarles áreas productivas. Incluyen el Polígono tradicional, el Parque Empresarial, el Parque Tecnológico, y los Centros de Transporte. Los aspectos específicos a considerar en las Áreas Productivas son los cambios que se han producido en su diseño urbano y la importancia que adquiere la economía en la urbanización.

Con respecto al diseño urbano las áreas productivas deben ser flexibles en la parcelación, la edificación y en la localización de usos, y necesitan potenciar su imagen formal para que los espacios se conviertan en significativos (como por ejemplo el eje central o las entradas). La economía en la urbanización suele consistir en racionalizar su proceso de construcción por fases pero previendo las futuras infraestructuras, y utilizando buenos materiales que ahorren mantenimiento y mejoren la imagen. En este sentido es mejor una red de saneamiento separativa (aguas fluviales y fecales) que unitaria y es mejor un sistema de señalización unitaria. La economía de la urbanización procede en gran parte de una buena ordenación (por ejemplo que tenga el mínimo viario para dar acceso al máximo de parcelas). La elección de una buena jardinería basada fundamentalmente en árboles y plantas autóctonas es imprescindible para obtener un medio ambiente sin mucho gasto de mantenimiento.

• *Parámetros de la Edificación (figura 11, pág. 238)*

Los parámetros de la edificación están contenidos en las ordenanzas y siempre se dan a través de la parcela que es la forma de concesión de una licencia.

Las tres formas típicas de ordenar la edificación en un solar son: por alineaciones a calle, por edificación aislada en parcela, y por edificación de la volumetría.

En el suelo urbano las parcelas se han ido consolidando a través del tiempo, por lo que la referencia a la calle y a los bordes de la parcela es lo más frecuente. Sin embargo en el suelo no consolidado o urbanizable se usa habitualmente la definición volumétrica.

Por tanto comentaremos algunos parámetros que nos parecen más importantes ya que la explicación de las ordenanzas de Edificación se desarrolla en los capítulos 3 y 4.

Para fijar los parámetros de edificación es necesario partir de aquella cuya envolvente se proteja, aunque no necesariamente tiene que ser el modelo a repetir. Por ejemplo en una calle estrecha, el edificio protegido puede tener más alturas de las convenientes para uno nuevo colindante, pero no es aconsejable que el escalonamiento sea mayor de una planta. Igual podríamos decir del fondo edificable, que en los nuevos edificios es conveniente hacerlos menores para liberar un espacio interior de manzana al que probablemente se abrirán los huecos de viviendas interiores. En el patio de manzana con viviendas interiores se debe poder inscribir un círculo de 8 m de diámetro mínimo.

Por tanto en el suelo urbano los parámetros fundamentales son el número de plantas y el fondo edificable. El primero viene matizado por la altura en metros de la cornisa, por encima de la cual se puede dar una inclinación de la cubierta y se indica la altura máxima de la cumbrera, así como los volúmenes que están permitidos por encima y para qué usos. Con respecto al segundo parámetro no sólo está en función de las dimensiones de la manzana y del fondo de los edificios protegidos, sino también de las crujías necesarias para construir viviendas lógicas, (por ejemplo pueden ser escalones 9-12 m, 16-19 m y 21-23 m). Este sistema es más constructivo que la fijación del tanto por ciento de ocupación. A veces se da una alineación interior, procedimiento que puede ser correcto para morfologías de Ensanche decimonónico pero resulta excesivamente rígido en morfologías preindustriales. Puntualmente sin embargo es necesario este último caso, cuando se trata de la protección de un espacio libre privado, o un jardín dentro de la manzana.

En ocasiones se permite la ocupación del patio de manzana con edificación de una planta, que se usa para ampliar los locales comerciales, almacenes o talleres ar-

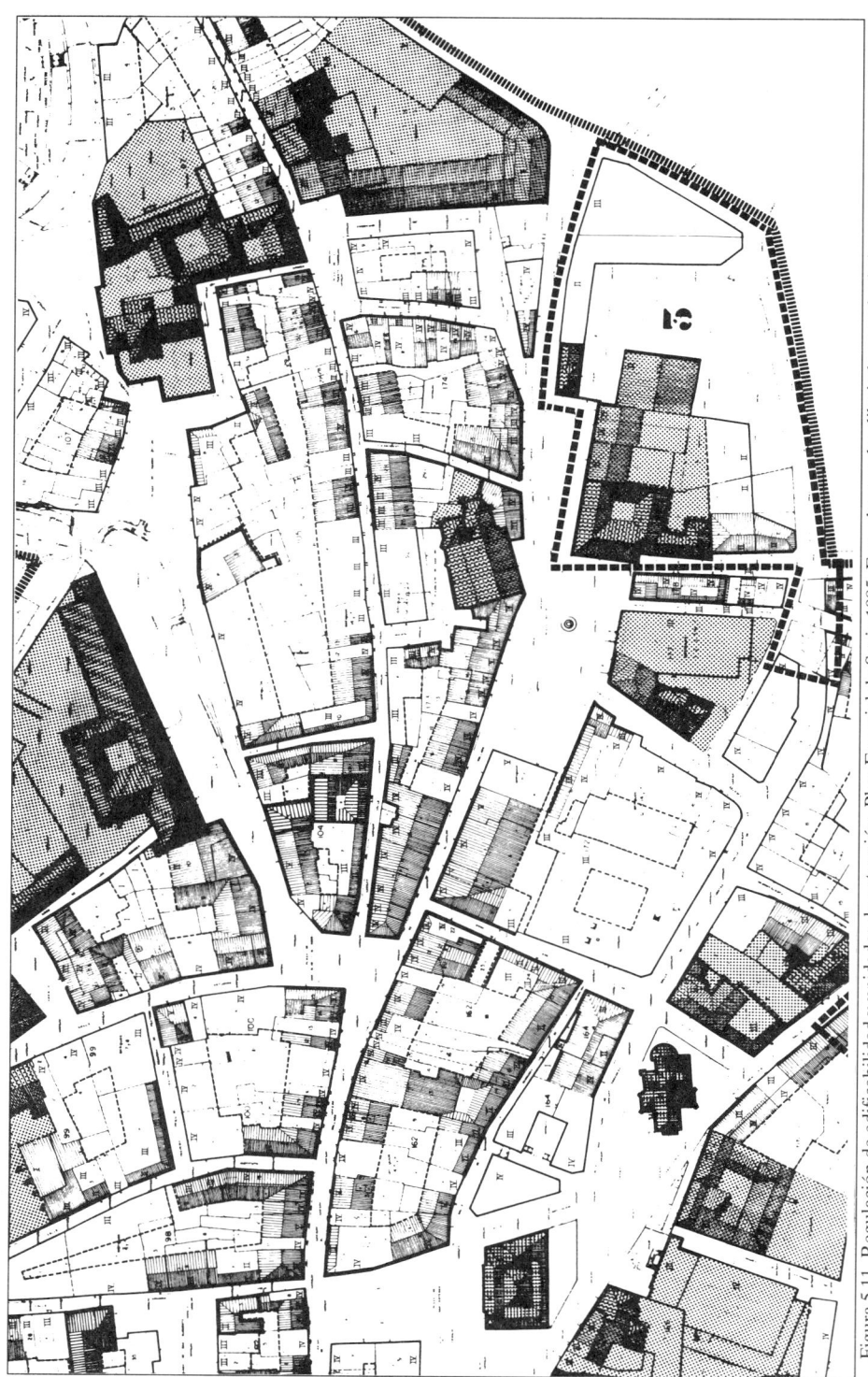

Figura 5.11. Regulación de edificabilidad y unidades de actuación. Plan Especial de Soria 1985. Este plano se ha dibujado usando de base el de Alturas y Alineaciones; así en un sólo plano legible disponemos de los parámetros representables de la edificación. Las ordenanzas definirán determinaciones complementarias como las posibilidades de agregación o segregación de parcelas, los márgenes de movimiento de la alineación interior (en este caso se ha optado por definirla), etc.

tesanales. Evidentemente esta práctica va aumentando la densidad de personas y actividades. Para establecer un control sobre este aspecto es conveniente calcular los metros cuadrados de superficie construída que son servidos por una calle o un tramo de calle. Este cálculo suele dar unas cifras altísimas en los cascos antiguos que ponen de manifiesto la incapacidad real de funcionar adecuadamente el tejido urbano. El cálculo de m² de calle teniendo en cuenta una circulación de vehículos moderada y bastantes aparcamientos subterráneos, resulta aproximadamente de 25 m² por cada 100 m² construídos, sin embargo en los tejidos más habituales del suelo urbano no suele pasar de 15 m².

Un problema clásico es la resolución de las esquinas. En las alturas de la edificación en esquina es necesario definir cuanto se arrastra la altura correspondiente a la calle mayor en la calle menor. En las parcelas pasantes (dando a calles opuestas) se arrastra la misma altura hasta la mitad o bisectriz de la parcela. En cuanto a los fondos edificables cada caso es particular. Un aspecto característico en la composición de las fachadas en cascos antiguos es que la edificación tradicional suele resolver cada fachada independientemente en función de las características de cada calle, no produciéndose apertura de huecos en la arista. Sin embargo sí ocurre, y debería recuperarse, para dar más significado al paisaje urbano, la construcción de torreones o elementos sobre la cubierta, sobre todo si esta se encuentra en puntos singulares.

Sobre la agregación y segregación de parcelas se debe actuar teniendo en cuenta que superando un umbral cambiamos la tipología y por tanto el paisaje urbano. Es necesario agregar aquellas parcelas que sus dimensiones no permiten obtener viviendas habitables. Como referencia se puede decir que son parcelas de este tipo las que no alcanzan unos 4,5 m de frente y que su proporción frente-fondo es menor de 1/3. Para saber el máximo de parcelas agregables puede hacerse por tramos de manzana, estableciendo la media y aumentando la proporción que se considere oportuno. En cuanto a la segregación es un caso menos frecuente a no ser en suelos que transforman sus usos, (p. ej., de industria a oficinas o viviendas). Para ello se establece una parcela mínima que sea capaz de albergar un tipo edificatorio habitable.

Los parámetros de la edificación industrial se están acercando, como consecuencia de la transformación que experimentan los polígonos industriales, hacia la terciarización incorporando dotaciones de servicios.

En este momento ya existen ordenanzas de ciudades que consideran el caso de zonas industriales totalmente incorporadas a la residencia y las oficinas, y otras ordenanzas para zonas industriales más exclusivas. Las primeras se dan por alineación a calles, la ocupación de parcela puede llegar hasta un 90% y su edificabilidad superar los 2 m²/m². En las segundas la ordenación se suele dar por edificación aislada en parcela, con ocupaciones de un 50% y edificabilidad de 1m²/m².

Dentro del objetivo actual de mejorar el medio ambiente de las áreas productivas se procura bajar la edificabilidad, la ocupación de parcela, y aumentar las dotaciones y espacios libres.

Es importante en las Áreas Productivas en Suelo Urbano evitar la heterogeneidad que produce la actuación por parcelas con criterios estrictamente funcionales y economicistas. Ya que a veces es difícil homogeneizar la edificación, es más fácil buscar elementos de composición de los espacios libres, jardinería y mobiliario urbano que tiendan a la deseada homogeneización. También puede ayudar la definición de materiales y acabados. El otro aspecto a tener en cuenta es el tratamiento de los bordes de las Áreas Productivas para que estas se integren en la ciudad y no aparezcan como islas en el tejido. A este fin ayuda la incorporación de usos variados acentuando en los bordes los equipamientos y dotaciones, y la continuidad de espacios libres y zonas verdes.

• *Programa de Actuación y Evaluación Económica*

No existen especificaciones sobre estos aspectos en la LS y su reglamento, remitiéndose a los del PP en la medida que sean necesarios.

Los PERIs son ejecutivos y por tanto debe de pensarse su programa de ejecución en el tiempo. El plan prevé las infraestructuras básicas, (explanación, pavimentación, señalización y jardinería, redes de abastecimiento de agua, riego e hidrantes contra incendios, red de alcantarillado, redes de distribución de energía eléctrica y alumbrado, y otras redes que se prevean), servicios urbanos (transporte y recogidas de basuras) y equipamientos (parques y jardines públicos, zonas deportivas públicas y de recreo y expansión, centros culturales y docentes públicos y privados, templos, centros asistenciales y sanitarios, todo ello en la proporción de los PP a no ser que se justifique su innecesariedad).

Para la ejecución de las infraestructuras se delimitan Unidades de Ejecución para que lo realicen los privados afectados. Los servicios urbanos y los equipamientos los realiza la Administración.

La ley sólo exige que el PERI calcule el coste de las obras de urbanización y de la implantación de los servicios urbanos.

Si se hubiera elegido el sistema de expropiación, la evaluación económica contendría el cálculo estimativo del coste de la expropiación.

En el suelo urbano es frecuente el sistema expropiatorio dada la necesidad de contener urgentemente el deterioro que experimentan las áreas donde precisamente se suele intervenir. Entre estas actuaciones, además de las tradicionales de mejora de las infraestructuras y los equipamientos, se están llevando a cabo promociones públicas de viviendas sociales para evitar la expulsión de la población residente. Por tanto en un cálculo realista también deberían incluirse estas actuaciones.

No es necesario insistir en lo imprescindible que resulta realizar conjuntamente la programación en el tiempo y la evaluación económica. A su vez estudiar la forma de su gestión, para que el planeamiento sea una realidad y no una simple formulación de intenciones.

Ayuda a esta labor confeccionar un cuadro como el que se adjunta a continuación. Este cuadro podría desglosarse por las actuaciones que se llevan a cabo en cada unidad de ejecución (Procedencia Plan Especial Villa de Vallecas) (Figuras 5.12 y 5.13, págs. 241-242).

5.3.6. Documentos de Planeamiento

La Ley del Suelo vuelve a remitirnos a los documentos del PP, por tanto vamos a destacar únicamente los más relevantes, separando los textos de los planos.

RESUMEN DE LA GESTION, EL ESTUDIO ECONOMICO-FINANCIERO Y EL PLAN DE ETAPAS

UNIDADES DE ACTUACION Y UNIDADES DE PROYECTO	INSTRUMENTO DE GESTION	COSTES DE LA ACTUACION						ETAPA I ó II
		OBTENCION DEL SUELO		URBANIZACION		ACCIONES		
		INV.PUBLICA	INV.PRIVADA	INV.PUBLICA	INV.PRIVADA	INV.PUBLICA	INV.PRIVADA	
U.A.1 :Carretera a Villaverde	Compensación				36.846.200	5.500.000		I
U.A.2 : F. García Lorca	Compensación				22.530.000	110.000.000		I
U.A.3 : Borde Ferrocarril	Compensación			8.097.000	49.017.200	13.860.000		II
U.A.4 : Pto. de Somosierra	Compensación		38.961.000 (*)		2.691.840	13.000.000		II
U.P.1 : Peatonalización zona C. y apertura de viario.Act.As.7,10	Proy.urbaniz. Expropiac.	52.008.696		126.300.000				I
U.P.2 : Apertura viario Mercado Act. Aisladas : 6	Proy.urbaniz. Expropiac.	27.801.729		10.308.000				I
U.P.3. : Apertura viario S. Guadalupe. Act. Aisladas : 8	Proy.urbaniz. Expropiac.	37.809.234		104.000.000				I
U.P.4. : Centro Básico Social Act. Aisladas : 9	Proy.urbaniz. Expropiac.	37.068.489				44.000.000		I
U.P.5. : Plz. de San Jaime Act. Aisladas: 5	Proy.urbaniz.	1.440.000 (**)						I
U.P.6 : Centro Comercial C/Real de Arganza	Proy.urbaniz.			40.000.000		7.920.000	110.000.000	II
U.P.7 : Prolongación Bulevar F. G. Lorca	Proy.urbaniz.			9.120.000				I
U.P.8 : Mejora acera (con infrae.) y mejora iluminación y arbolado	Proy.urbaniz.			72.768.146				I
U.P.9 : Mejora de infraestructuras (S. eléctrico, de agua y alcantari.	Proy.urbaniz.			23.116.500				II
T O T A L E S :		156.128.108	38.961.000	393.709.64	111.085.240	194.280.000	110.000.000	

(*) Obtención del suelo con el edificio.   (**) Solo demolición del edificio.

TOTAL INV. PUBLICA I : 638.124.254	TOTAL INV. PUBLICA II: 105.993.500	TOTAL INV. PUBLICA 744.117.754
TOTAL INV. PRIVADA I : 59.376.200	TOTAL INV. PRIVADA II: 200.670.040	TOTAL INV. PRIVADA 260.046.240

Figura 5.12. Cuadro Resumen de la Gestión. Plan Especial Villa de Vallecas, 1988.

• *Textos*

— Memoria descriptiva y justificativa de la conveniencia y oportunidad en la que se pongan en relación las propuestas formuladas y se complemente con aquellos aspectos que no sea posible representar gráficamente. En esta memoria se verá la vinculación con el planeamiento de orden superior, y por tanto su integración en el entorno. Aquí se expondrán, como punto de partida, los objetivos y criterios. La LS pide un anexo con cuadros característicos sobre superficies, módulos, usos cuantificados, edificabilidades y volúmenes, y demás aspectos relevantes. En los PERI es muy ilustrativo poner en estos cuadros la situación actual y la propuesta.

RESUMEN DE LAS ACTUACIONES

DENOMINACION PLANOS Situación	UAC o P.U.	USOS	PROGRAMA	SUPERFICIE M2.		ASIGNACION PRESUPUESTO		ETAPA
				SUELO	INSTALACION	INV.PUBLICA	INV.PRIVADA	I o II
EP_1 Carretera Villaverde	U.A.1	Guardería	P.G.	1.000	100	5.500.000		I
AD_1 Carretera Villaverde	U.A.1	Zona verd. prot.	P.G.	2.518	–		15.108.000	I
AM_1 Carretera Villaverde	U.A.1	Zona ajardinada	P.G.	1.101			6.606.000	I
Calle peatonal	U.A.1	Peatonal	PT.13.3	1.707	–		20.939.000	I
Nuevo viario	U.A.1	Viario	PT.13.3	832,9	–		9.994.800	I
AM_2 C/ F. García Lorca C/ Pto. Somosierra	U.A.2	Zona ajardinada	P.G.	2.340			28.294.500	I
MD. C/ F. García Lorca	U.A.2	Junta Municipal	PT.13.3	1.600	200	110.000.000		I
EP_3 Av. Albufera	U.A.3	Guardería	PT.13.3	375	252	13.860.000		II
AD_2 Borde Ferrocarril	U.A.3	Zona verde prot.	P.G.	4.450	–	8.097.000	18.600.000	II
C/ peatonal Av. Albufera	U.A.3	Peatonal	PT.13.3	1.887	–		22.644.000	II
EP_2 C/ Pto. Somosierra	U.A.4	Eq. Alternativo o Dotacional	PT.13.3	750	975	13.000.000		II
Peatonalización zona ambiental Iglesia y calles adyacentes	U.P.1	Peatonal	PT.13.3	10.525		126.300.000		I
Apertura viario Zona mercado	U.P.2	Viario	P.G.	859	–	10.308.000		I

Figura 5.13. Cuadro Resumen de Actuaciones. Asignación de presupuesto y etapa. Plan Especial Villa de Vallecas, 1988.

— Estudios complementarios (p. ej., sobre la situación económica de la población residente como consecuencia del planeamiento).

— Plan de Etapas correspondiente al Programa de Actuación, precisando el sistema de actuación para cada Unidad de Ejecución.

— Estudio Económico-Financiero correspondiente a la Evaluación Económica.

— Ordenanzas que contengan como mínimo: generalidades y terminología de conceptos, Régimen urbanístico del suelo y Normas de Edificación con las condiciones técnicas de las obras, Condiciones comunes a todas las zonas y Normas particulares de cada zona.

Cada vez es más frecuente hacer ordenanzas dibujadas, reservando una columna de la página a la ilustración que describe el texto del artículo.

• *Planos*

Igual que en la Información Urbanística recomendamos que los planos utilicen las escalas 1:2000 a 1:500 dependiendo de la superficie del Plan y de la calidad de la cartografía básica. Es recomendable utilizar como base cartográfica un plano con las plantas bajas, o con las plantas tipo (depende de los objetivos del PERI). Esta base ayuda enormemente a entender las propuestas del plan y especialmente el plano de catalogación y obras permitidas. Puede hacerse con las plantas de la ficha de catalogación.

En función de los objetivos del PERI se necesitarán unos planos de contenido determinado, ya que la LS tampoco impone ninguno en concreto. Sin embargo comentamos a continuación cuales nos parecen más frecuentes puesto que cubren los mínimos exigidos para los PP de Zonificación, Red Viaria, Redes de Infraestructuras, Delimitación de Unidades de Ejecución y Plan de Etapas.

1) Calificación y Regulación del Suelo que incluye:

   a) La zonificación de usos característicos (o predominantes en un área, por ejemplo residencial) y compatibles (complementarios para que se desarrolle la vida urbana, p. ej., comercio) por áreas y a veces puede ser interesante hacerlo por ejes coincidiendo con calles principales. Se señalarán de forma diferenciada los usos dotacionales existentes y propuestos en edificios exclusivos con una letra que suele indicar: E-docente, A-asistencial, C-cultural, R-religioso, O-ocio, P-polivalente o alternativo, I-institucional, SU-servios urbanos. Además se señalarán los Servicios de la Administración (p. ej., un Ministerio) y los espacios libres de uso público que no sean viario.

   b) Areas remitidas a planeamiento posterior dentro de lo que podemos determinar Areas de Planeamiento Diferenciado (aquellas que ya tenían plan aprobado sin ejecutar) y Estudio de Detalle. Este último se plantea para Areas de características especiales en las que es preferible definirlo más adelante cuando realmente vaya a ejecutarse y por las personas vinculadas con dicha ejecución.

    c) Edificabilidades distinguiendo entre las que se conservan por pertenecer a edificios protegidos (dentro de ellos puede señalarse las que pueden incrementarse para futuras ampliaciones, o reducirse suprimiendo los añadidos inadecuados), y las de nueva planta o sustitución que puede darse por fondos, alturas medias ponderadas y ocupaciones máximas, o por coeficiente de volúmen.

    d) Alturas máximas de la edificación de nueva planta y a veces puede interesar señalar también la que tendría en el caso hipotético de sustitución de la protegida (p. ej., ruina). Hay que prestar atención al hecho que en este último caso se está favoreciendo o amenazando la protección de los edificios, si ese cambio de alturas implica mayor o menor edificabilidad.

En los edificios singulares (p. ej., una Iglesia) la altura debe señalarse de forma diferente.

Este plano de alturas a veces tiene que complementarse con perfiles de tramos de calle para entender claramente la altura ajustada a la norma.

A veces no se representan las alturas porque éstas vienen dadas por fórmulas.

2) Catálogo en el que se indican los diferentes niveles. Como ya se ha dicho, conviene distinguir entre el edificio singular y el resto. También conviene determinar los niveles de cada una de las edificaciones de la parcela, e incluso las partes que quedan protegidas de una edificación, sean elementos (p. ej., escaleras) ó sean crujías.

3) Alineaciones exteriores e interiores. Las primeras conviene que sean conservadas ya que definen sustancialmente la morfología urbana. Los edificios que no se ajustan a las alineaciones quedan fuera de ordenación y por tanto en los edificios afectados no caben más que obras de consolidación, reparación, mejora de sus condiciones estéticas e higiénicas, pero no de aumento de volumen. Igual ocurre si se decide el procedimiento de marcar una alineación interior, para conseguir con el tiempo un espacio libre de manzana, forzosamente irregular si se respetan los edificios protegidos. Pero en este caso se suelen dar más tipos de obras en el fuera de ordenación pues hay que tener en cuenta que habrá un número mucho mayor de edificios afectados.

El cambio de alineaciones ha sido un método habitual en las renovaciones urbanas, entendidas como destrucción del tejido a partir de los años "30". Normalmente afectaba a las alineaciones exteriores para aumentar el ancho de la calle y aumentar alturas de la edificación, lo cual unido a un fuera de ordenación radical (pocas obras permitidas) suponía la expulsión de la población. Desde un punto de vista teórico, este procedimiento es heredero del "atirantamiento de calles" del siglo XIX, que si bien pretendía también mejorar la vialidad urbana, lo hacía sin grandes traumas pues en realidad sólo afectaba a parcelas aisladas.

Por tanto en este plano se deben medir las consecuencias entre el intento de esponjar un tejido en general muy denso y la destrucción de la morfología urbana. Habrá que tener en cuenta las obras permitidas, y esta a su vez estarán en función del catálogo.

4) Inventario de acciones y Áreas de Intervención. El Inventario de Acciones se refiere a aquellas acciones concretas que van a servir de motor para recuperar el tejido urbano. Por tanto pueden ser: la creación de equipamientos y dotaciones; de espacios libres, plazas y jardines; de mejora del viario; de implantación de servicios urbanos como el transporte; de rehabilitación o renovación de una manzana o un conjunto de viviendas, etc., todo ello constituye lo que ha venido en llamarse urbanismo operativo en el que la Administración adquiere un protagonismo, bien porque emprende la acción directamente o porque actúa como impulsora de la iniciativa privada. Cuando actúa sola la Administración pero coordinadamente (organismos diferentes de la Central, Autonómica y Municipal) se suelen llamar acciones integradas.

Este plano puede ir acompañado de una ficha por cada Area de Intervención en la que se define la misma distinguiendo, lo obligatorio de lo indicativo, el sistema de actuación a quien corresponda la acción y la etapa del plan en la que se ejecuta. Si la parte indicativa se refiere a aspectos importantes (p. ej., alineaciones interiores) debe interponerse un Estudio de Detalle que fije estos aspectos en el momento de su ejecución. Precisamente todos estos aspectos definen lo que se llama Régimen y Gestión del Suelo.

Es aconsejable dibujar en tres dimensiones las Áreas de Intervención Propuestas.

5) Unidades de Ejecución. Está muy relacionado con el anterior pues en este plano se trata de delimitar las parcelas afectadas por un Área de Intervención. Se incluyen parcelas enteras cuyos propietarios tienen que afrontar el desarrollo de la actuación por el sistema que se estipule: compensación, cooperación o expropiación. La actuación supone generalmente cargas de cesión de terrenos para dotaciones y espacios libres y urbanización, y beneficios de desarrollo de usos con edificabilidad.

Este plano va acompañado de una ficha donde además de los datos técnicos de la operación aparece una lista de identificación de los propietarios de las parcelas.

Tanto el plano como las fichas pueden fundirse con el plano y fichas del Inventario de Acciones (figura 5.14, págs. 246-249).

6) Tráfico, Aparcamientos y Transporte. Este plano contiene la jerarquía viaria y su vinculación con la del entorno, y la situación de los aparcamientos en bordillo, subterráneos en espacio público y en el espacio privado.

Dentro de la jerarquía viaria se marcarán los sentidos de circulación y en su caso los lugares de filtraje de vehículos (p. ej., calles sólo permitidas a residentes, o a transporte público, o a servicios urbanos). Jugando con los sentidos de circulación podemos crear laberintos disuasorios para el tráfico de paso.

En este plano es importante que figuren los recorridos de autobuses y metro, y sus correspondientes paradas y estaciones.

En cuanto a los aparcamientos también deben figurar los estacionamientos reservados (minusválidos, coches oficiales, taxis, etc.) y la carga y descarga. En los subterráneos se indicará el número de plazas de capacidad.

UNIDAD DE GESTIÓN

UNIDAD DE ACTUACIÓN CONTINUA	2

ESTADO ACTUAL. ÁMBITO. SUPERFICIES EDIFICADAS. Nº DE PARCELA

Nº	Identificación postal	Superficie total m²	Superficie edificada. Estado			B M R		Nº viviend.		Nº Local		Nº Indust.		Sola-res
			Residencia m²	Comercio m²	Ind./ taller m²	E m²/m²	Alq.	Prop.	Alq.	Prop.	Alq.	Prop.		
	C/Sierra Vieja, 82	222,25	Ruinas	–	–	–	–	–	–	–	–	–	–	–
	C/Sierra Vieja, 84	442,5	Ruinas											
	C/F.Gª Lorca, 2 y 4	1.648												1
	C/F.Gª Lorca, 6	404,125	Ruinas											
	C/F.Gª Lorca, 8	238,5	Ruinas											
	C/F.Gª Lorca, 10	493,5												
	C/Pto. Somosierra	2.805												1

Figura 5.14. Ejemplo de Unidad de Ejecución del Plan Especial Villa de Vallecas 1988.
a) Estado actual.

UNIDAD DE GESTIÓN

| UNIDAD DE ACTUACIÓN CONTINUA | 2 |

ORDENACIÓN

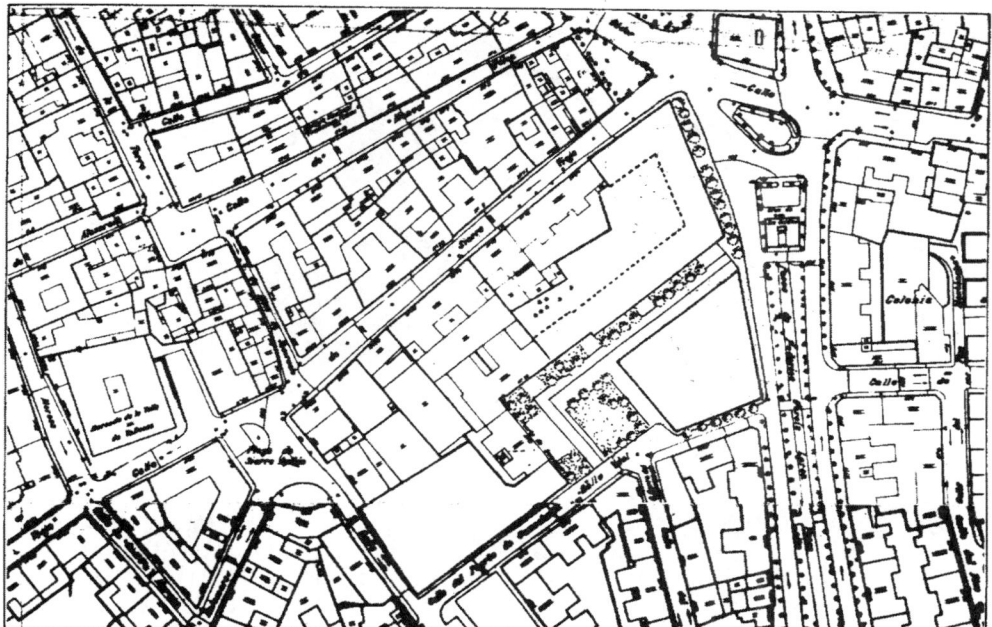

DESCRIPCIÓN

 Se recupera parte de la Unidad de Actuación como espacio público donde se sitúa la Tenencia de Alcaldía nueva y la plaza de estancia y de lugar de posibles actos públicos al aire libre.

 La edificación nueva cierra la manzana dejando un patio interior de considerable tamaño.

 A la mencionada plaza da frente el actual colegio que será un equipamiento alternativo o dotacional, tal y como se propone en este PE.

 La plaza se propone como lugar idóneo para la ubicación de un PAR (aparcamiento subterráneo para residentes).

Figura 5.14.b. Ordenación.

Este plano debe ir acompañado de secciones transversales de calles tipo donde se refleje la ocupación de los diferentes usos que evidentemente estarán en relación con los de la edificación y zona donde se encuentre (acera, calzada, carril-bus, etc.).

Cuando se modifiquen las rasantes también se indicará, y si las calles son muy pronunciadas tendrán que hacerse secciones longitudinales.

UNIDAD DE GESTIÓN

UNIDAD DE ACTUACIÓN CONTINUA	2

CESIONES

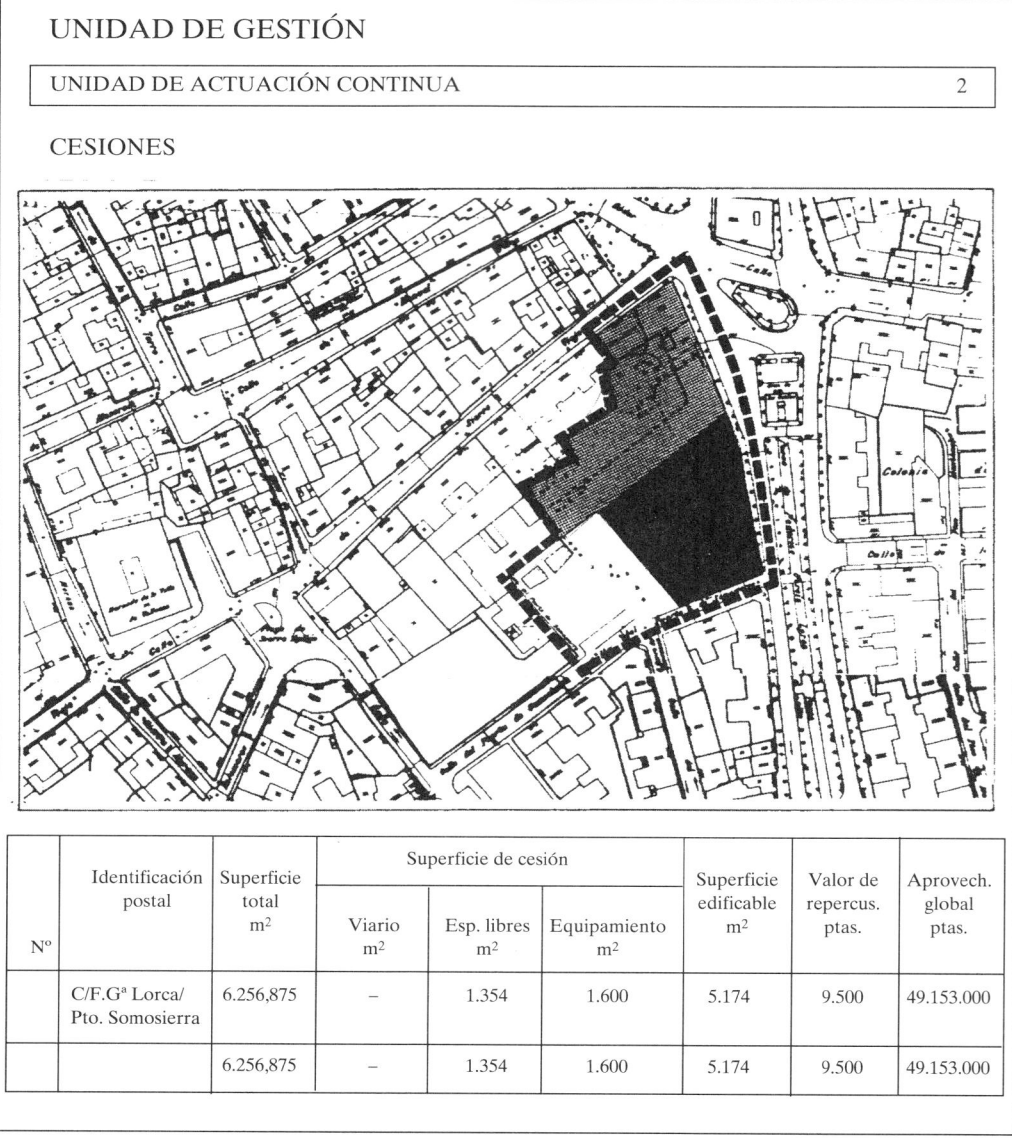

Nº	Identificación postal	Superficie total m²	Superficie de cesión			Superficie edificable m²	Valor de repercus. ptas.	Aprovech. global ptas.
			Viario m²	Esp. libres m²	Equipamiento m²			
	C/F.Gª Lorca/ Pto. Somosierra	6.256,875	–	1.354	1.600	5.174	9.500	49.153.000
		6.256,875	–	1.354	1.600	5.174	9.500	49.153.000

Figura 5.14.c. Cesiones.

Desde otro punto de vista en estas secciones longitudinales, se puede reflejar la composición esquemáticamente de las fachadas, que ayuden a comprender las ordenanzas de edificación.

7) Planos de las Redes de las Infraestructuras Básicas: Es aconsejable que se vaya construyendo una galería única que contenga ordenada y racionalmente a todas las infraestructuras y que esta galería sea lo más accesible posible con dos condiciones: ser conscientes a quien afecta en caso de ser descubier-

---

UNIDAD DE GESTIÓN

UNIDAD DE ACTUACIÓN CONTINUA	2

GESTIÓN

Sistema de actuación   : Compensación.
Promotor   : Iniciativa privada.
Instrumento de Gestión   : Proyecto de Compensación.

— Urbanización:
Superficie peatonal
$2.340 \text{ m}^2 \times 9.600 \text{ ptas./m}^2 = 22.464.000 \text{ ptas.}$

— Arbolado:
$33 \text{ ud.} \times 2.000 \text{ ptas./ud.} = 66.000 \text{ ptas.}$

TOTAL urbanización = 22.530.000 ptas.

Urbanización   22.530.000 ptas.
Prioridad   I primer cuatrienio

Figura 5.14.d. Gestión.

ta (peatones, tráfico, autobús, etc.) y que la reparación del pavimento no deje huellas debido al tipo elegido.

8) Plano de Imagen Final utilizando la técnica que nos permita acercarnos lo más posible a una visión del tejido urbano en tres dimensiones.
Es un plano sin valor normativo, puesto que en él se representarán posibles soluciones a piezas urbanas no obligatorias, pero tiene un valor explicativo fundamental para su comprensión y discusión hasta la aprobación definitiva.

5.4. Estudios de Detalle

5.4.1. Objetivos
(figura 5.15, pág. 250; figura 5.16 y 5.17, págs. 252-255)

A lo largo de las páginas anteriores han ido surgiendo los Estudios de Detalle en los casos que nos parecían necesarios. Por lo demás lo más aconsejable, y ya que legalmente no son necesarios, es no utilizarlos como tal figura, pues con frecuencia y a pesar de que no pueden aumentar el aprovechamiento urbanístico, se utilizan y para este fin o en sustitución de las figuras de planeamiento apropiadas, como son

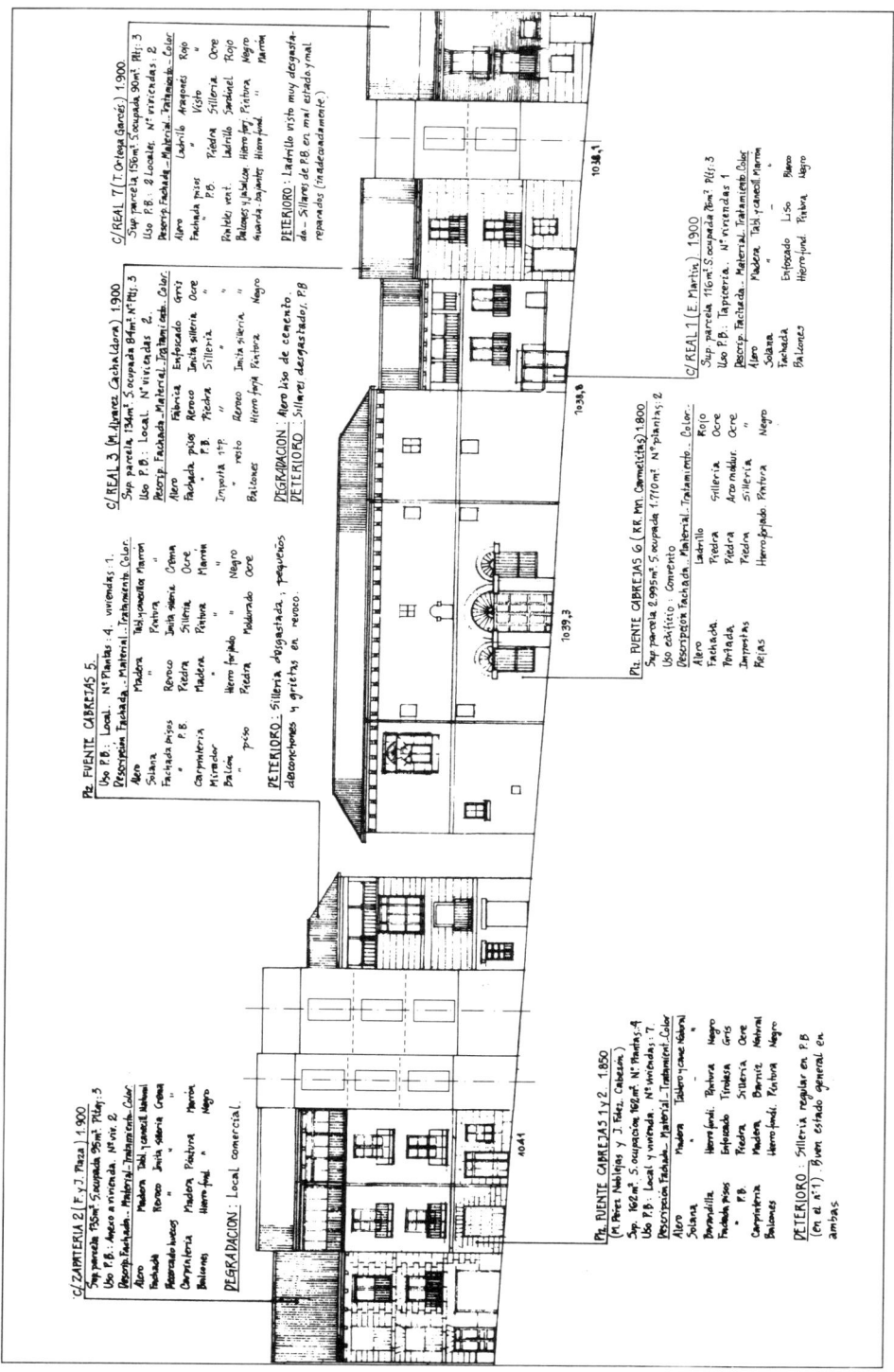

Figura 5.15. Propuesta pormenorizada de actuación sobre edificios a conservar y sustituir y trazados geométricos sobre parcelas a sustituir. "Adecuación ambiental de las calles Real y Zapatería". Soria 1987. Ejemplo de definición en el caso de una calle histórica de características especiales.

Planes Generales, Normas, Planes Parciales y PERI teniendo en cuenta que los ED no tienen aprobación de la Administración Autonómica, ni por supuesto Central. Por otra parte todo lo que no sea planeamiento imprescindible puede resultar un retraso y un coste inútil para la ordenación de la ciudad.

La necesidad del ED surge de la a veces intencionada imprecisión en el planeamiento de orden superior en espera de la ejecución de determinadas piezas o elemento urbanos que reunen unas características especiales. El ED con su tramitación e información pública evita la decisión arbitraria de los poderes públicos sobre aspectos que incluso pueden perjudicar las parcelas colindantes.

Lo que tiene interés del ED, al margen de su connotación legal, es el hecho de ser un magnífico puente entre la escala urbana y la escala edificatoria. En este sentido todo proyecto edificatorio debería incorporar el contenido sin tramitación de un Estudio de Detalle, como manera de incorporar la arquitectura a la ciudad tras la búsqueda de la deseada homogeneidad.

5.4.2. Contenido

Los ED completan o readaptan alineaciones y rasantes, y volúmenes de edificación definidos en Planes Generales, Normas Complementarias y Subsidiarias de Planeamiento y Proyectos de Delimitación de Suelo Urbano. Los PPs y por extensión los PERIs sólo pueden remitir al ED el complemento y adaptación de volúmenes y el reajuste de alineaciones y rasantes. Se completa cuando el planeamiento superior no sea suficientemente concreto y se readapta cuando se quieren modificar las condiciones, sin que suponga cambio de alineaciones exteriores, ni aumento de volumen.

Entre las funciones del E.D. está también la posibilidad de definir el viario interior que da acceso a las edificaciones resultantes de la ordenación o reordenación de volúmenes.

5.4.3. Documentos
(figura 5.18, págs. 256-259)

Memoria justificativa en la que aparezcan cuadros resumen de la solución propuesta en relación con la situación existente, con edificabilidad, densidad, alturas, etc. La LS dice que cuando se cambia la edificabilidad se debe justificar que permanece dentro de los márgenes establecidos.

Planos como mínimo a escala 1:500 dependiendo como siempre de la extensión (que no suele ser superior a 5 Has) y de la calidad de la cartografía. Recomendamos los siguientes planos.

— Plano de Situación actual con el Planeamiento de orden superior y curvas de nivel.

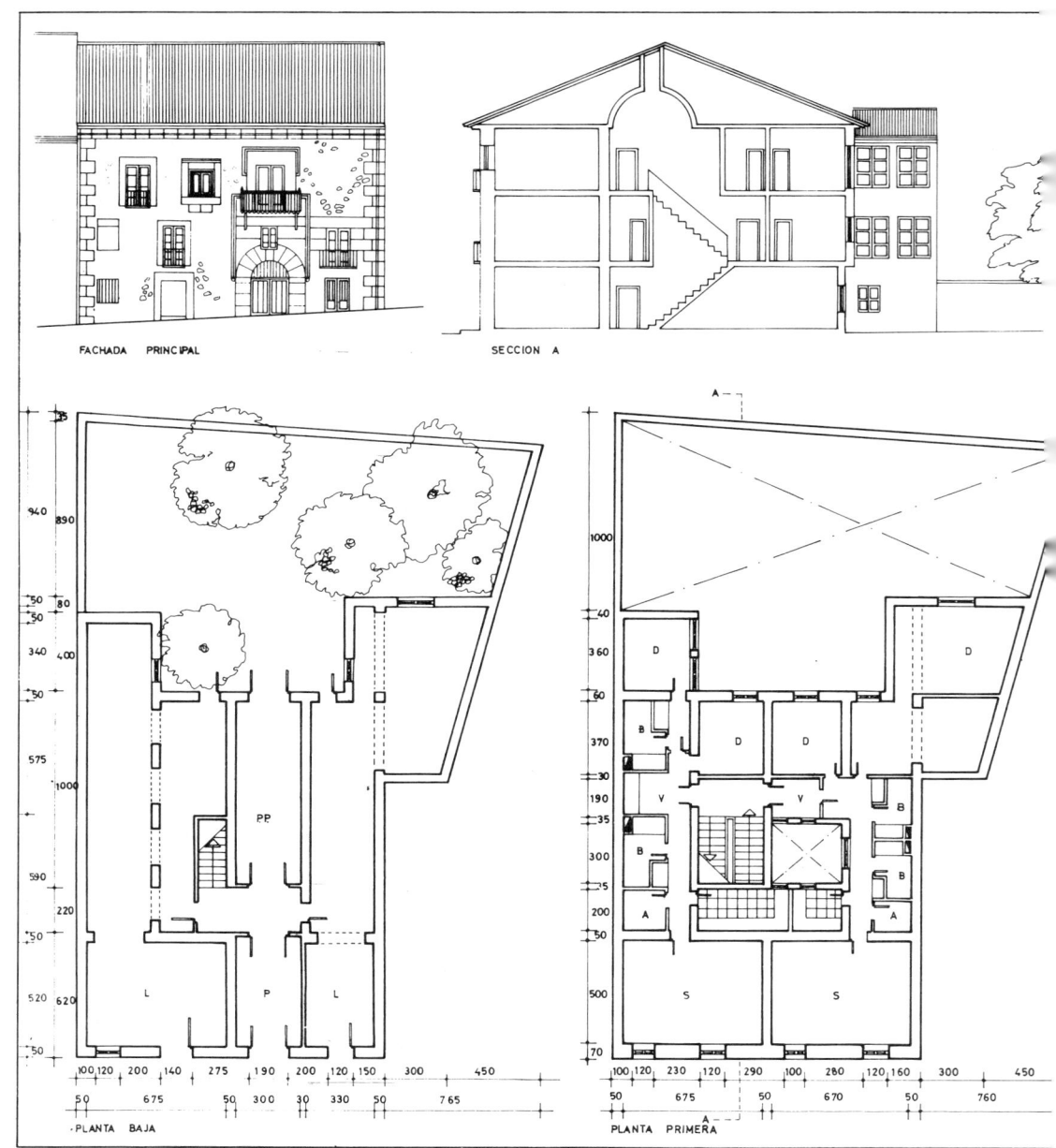

Figuras 5.16 y 5.17. Rehabilitación funcional de un edificio y propuesta tipológica para nue
edificios en la C/Zapatería-Real (ciudad de Soria). Corresponden al trabajo "Adecuac
ambiental de las calles Zapatería-Real". 1987. Suponen una aproximación más

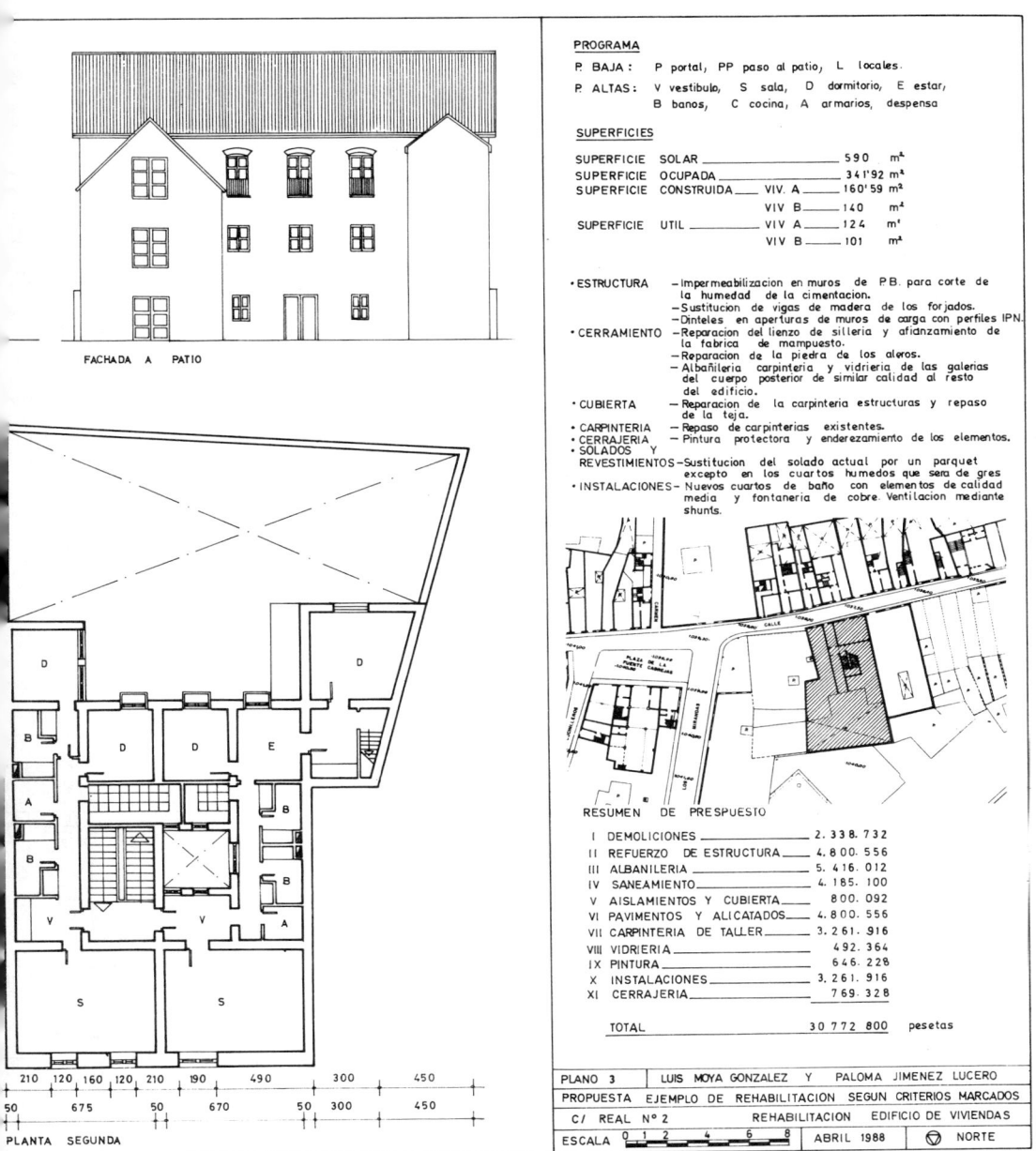

FACHADA A PATIO

PLANTA SEGUNDA

| 210 | 120 | 160 | 120 | 210 | 190 | 490 | 300 | 450 |
| 50 | 675 | 50 | 670 | 50 | 300 | 450 |

PROGRAMA

P. BAJA :   P portal, PP paso al patio, L locales.
P. ALTAS : V vestíbulo, S sala, D dormitorio, E estar,
            B baños, C cocina, A armarios, despensa

SUPERFICIES

SUPERFICIE	SOLAR		590	m²
SUPERFICIE	OCUPADA		341'92	m²
SUPERFICIE	CONSTRUIDA	VIV. A	160'59	m²
		VIV B	140	m²
SUPERFICIE	UTIL	VIV A	124	m²
		VIV B	101	m²

• ESTRUCTURA — Impermeabilización en muros de P.B. para corte de la humedad de la cimentación.
— Sustitución de vigas de madera de los forjados.
— Dinteles en aperturas de muros de carga con perfiles IPN.

• CERRAMIENTO — Reparación del lienzo de sillería y afianzamiento de la fábrica de mampuesto.
— Reparación de la piedra de los aleros.
— Albañilería carpintería y vidriería de las galerías del cuerpo posterior de similar calidad al resto del edificio.

• CUBIERTA — Reparación de la carpintería estructuras y repaso de la teja.

• CARPINTERIA — Repaso de carpinterías existentes.
• CERRAJERIA — Pintura protectora y enderezamiento de los elementos.
• SOLADOS Y
  REVESTIMIENTOS — Sustitución del solado actual por un parquet excepto en los cuartos húmedos que será de gres

• INSTALACIONES — Nuevos cuartos de baño con elementos de calidad media y fontanería de cobre. Ventilación mediante shunts.

RESUMEN DE PRESUPUESTO

I	DEMOLICIONES	2.338.732
II	REFUERZO DE ESTRUCTURA	4.800.556
III	ALBANILERIA	5.416.012
IV	SANEAMIENTO	4.185.100
V	AISLAMIENTOS Y CUBIERTA	800.092
VI	PAVIMENTOS Y ALICATADOS	4.800.556
VII	CARPINTERIA DE TALLER	3.261.916
VIII	VIDRIERIA	492.364
IX	PINTURA	646.228
X	INSTALACIONES	3.261.916
XI	CERRAJERIA	769.328
	TOTAL	30.772.800 pesetas

| PLANO 3 | LUIS MOYA GONZALEZ Y PALOMA JIMENEZ LUCERO |
| PROPUESTA EJEMPLO DE REHABILITACION SEGUN CRITERIOS MARCADOS |
| C/ REAL Nº 2 | REHABILITACION EDIFICIO DE VIVIENDAS |
| ESCALA 0 1 2 4 6 8 | ABRIL 1988 | NORTE |

ala arquitectónica en la que se da un ejemplo indicativo de cómo realizarun proyecto de
abilitación y obra nueva con definición de materiales y presupuesto, ajustándose
as ordenanzas y parámetros geométricos establecidos.

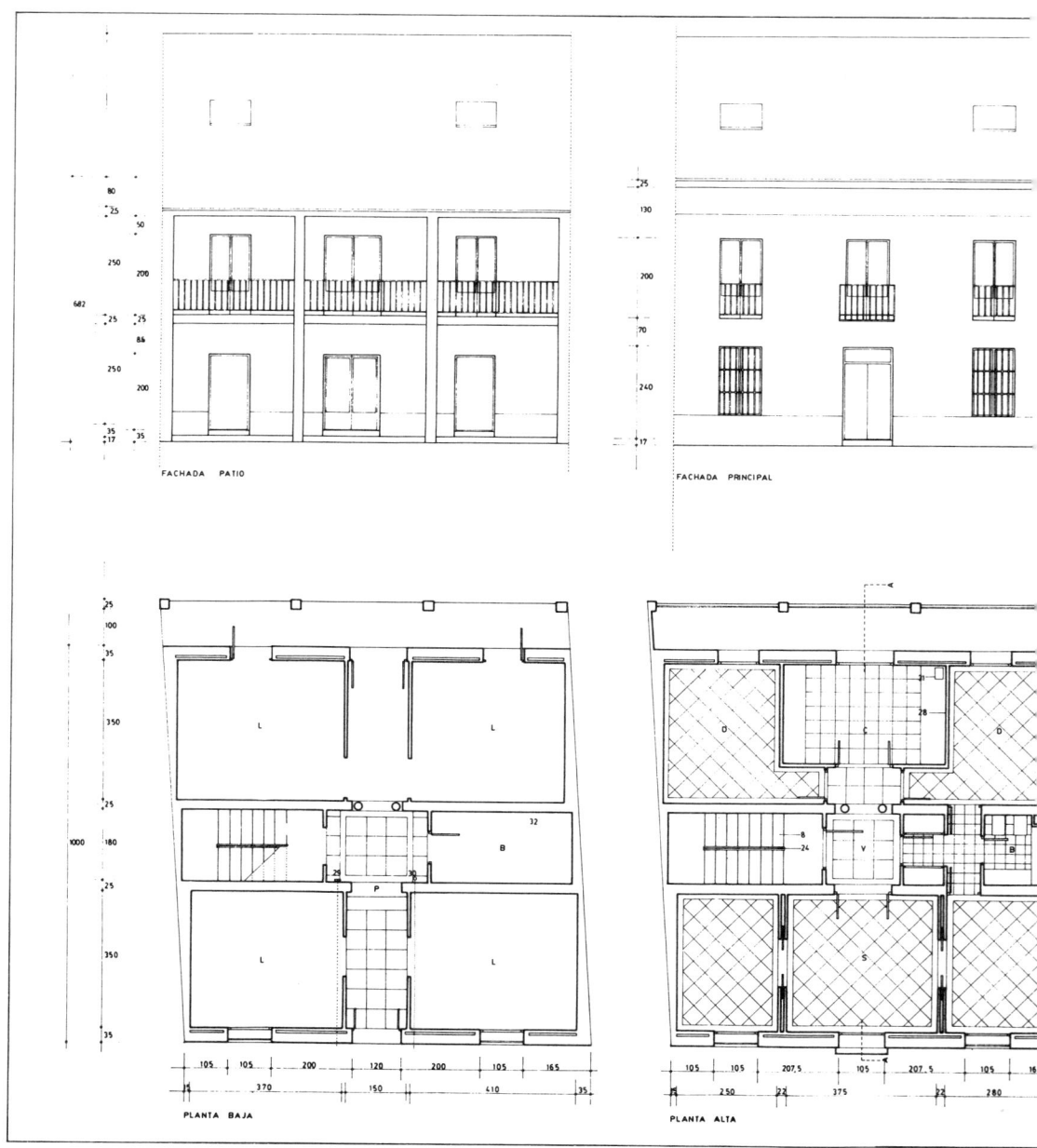

Figura 5.17.

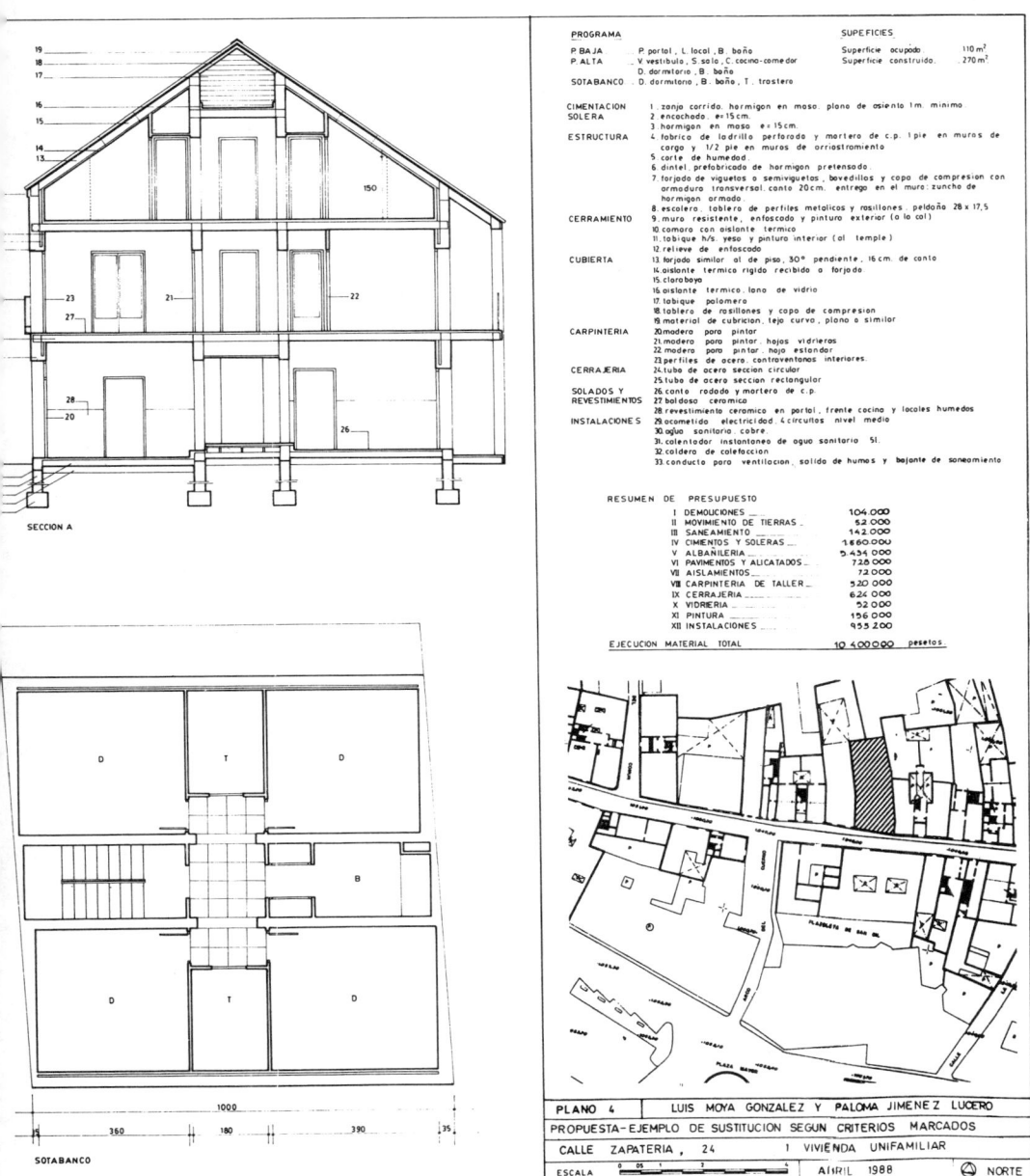

SECCION A

SOTABANCO

PROGRAMA

P.BAJA   P. portal , L. local , B. baño
P.ALTA   , V. vestibulo , S. sala , C. cocino-comedor
     D. dormitorio , B. baño
SOTABANCO   . D. dormitorio , B. baño , T. trastero

SUPERFICIES

Superficie ocupada   110 m²
Superficie construido.   270 m²

CIMENTACION   1. zanja corrido. hormigon en maso. plano de asiento 1m. minimo.
SOLERA   2. encachado. e=15 cm.
     3. hormigon en maso e=15 cm.
ESTRUCTURA   4. fabrica de ladrillo perforado y mortero de c.p. 1 pie en muros de carga y 1/2 pie en muros de arriostramiento
     5. corte de humedad.
     6. dintel. prefabricado de hormigon pretensado.
     7. forjado de viguetas o semiviguetas , bovedillas y capa de compresion con armadura transversal. canto 20 cm. entrego en el muro: zuncho de hormigon armado.
     8. escalera. tablero de perfiles metalicos y rasillones. peldaño 28 x 17,5
CERRAMIENTO   9. muro resistente, enfoscado y pintura exterior (a la cal)
     10. camara con aislante termico
     11. tabique h/s. yeso y pintura interior (al temple)
     12. relieve de enfoscado
CUBIERTA   13. forjado similar al de piso, 30° pendiente, 16 cm. de canto
     14. aislante termico rigido recibido o forjado
     15. claraboya
     16. aislante termico. lana de vidrio
     17. tabique palomero
     18. tablero de rasillones y capa de compresion
     19. material de cubricion, teja curvo , plano o similar
CARPINTERIA   20. madera para pintar
     21. madera para pintar. hojas vidrieras
     22. madera para pintar. hoja estandar
     23. perfiles de acero. contraventanos interiores.
CERRAJERIA   24. tubo de acero seccion circular
     25. tubo de acero seccion rectangular
SOLADOS Y   26. canto rodado y mortero de c.p.
REVESTIMIENTOS   27. baldosa ceramica
     28. revestimiento ceramico en portal, frente cocina y locales humedos
INSTALACIONES   29. acometido electricidad. 4 circuitos nivel medio
     30. agua sanitaria. cobre.
     31. calentador instantaneo de agua sanitaria 51.
     32. caldera de calefaccion
     33. conducto para ventilacion, salida de humos y bajante de saneamiento

RESUMEN DE PRESUPUESTO

I DEMOLICIONES	104.000
II MOVIMIENTO DE TIERRAS	52.000
III SANEAMIENTO	142.000
IV CIMIENTOS Y SOLERAS	1.660.000
V ALBAÑILERIA	5.434.000
VI PAVIMENTOS Y ALICATADOS	728.000
VII AISLAMIENTOS	72.000
VIII CARPINTERIA DE TALLER	520.000
IX CERRAJERIA	624.000
X VIDRIERIA	52.000
XI PINTURA	156.000
XII INSTALACIONES	955.200

EJECUCION MATERIAL TOTAL   10.400.000   pesetas

PLANO 4	LUIS MOYA GONZALEZ Y PALOMA JIMENEZ LUCERO
PROPUESTA-EJEMPLO DE SUSTITUCION SEGUN CRITERIOS MARCADOS	
CALLE ZAPATERIA , 24 1 VIVIENDA UNIFAMILIAR	
ESCALA	ABRIL 1988 NORTE

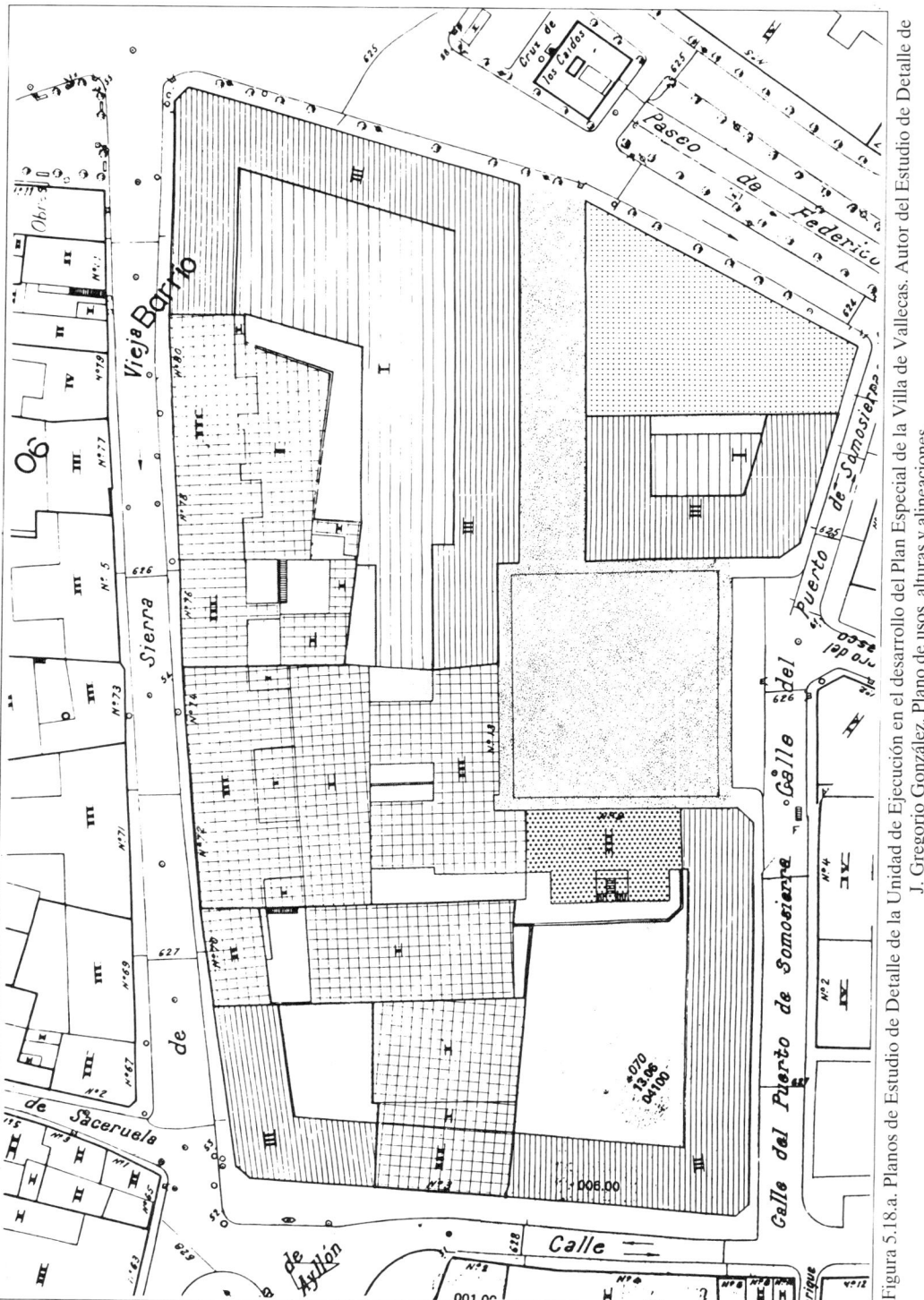

Figura 5.18.a. Planos de Estudio de Detalle de la Unidad de Ejecución en el desarrollo del Plan Especial de la Villa de Vallecas. Autor del Estudio de Detalle de J. Gregorio González. Plano de usos, alturas y alineaciones.

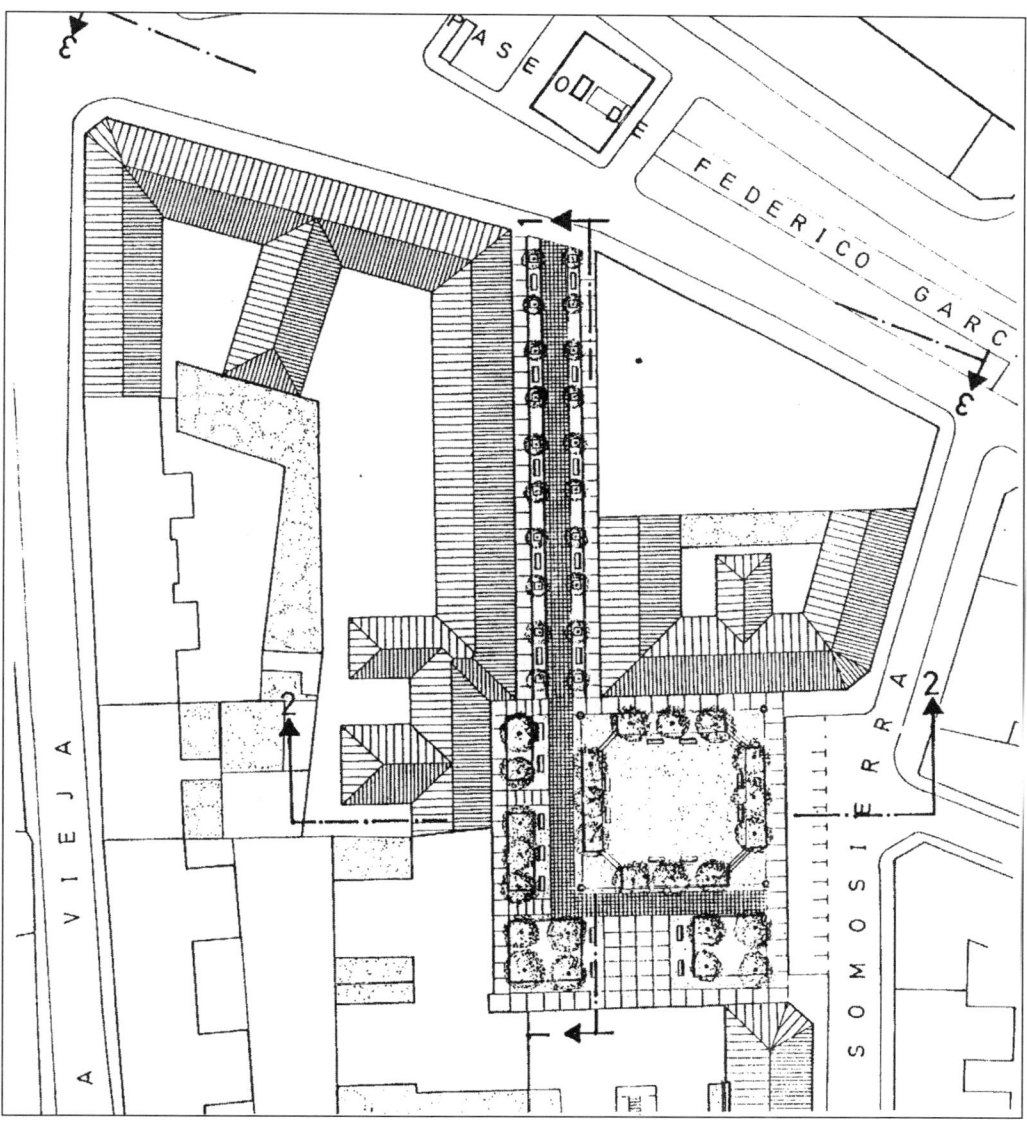

Figura 5.18.b. Plano de imagen fija.

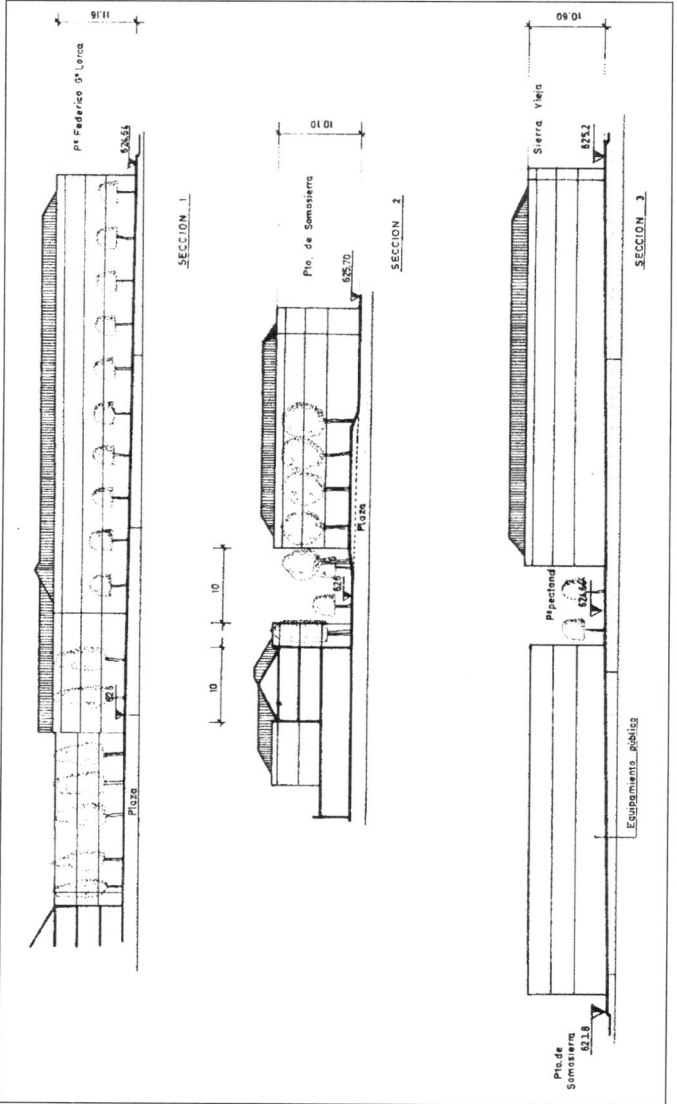

Figura 5.18.c. Secciones esquemáticas.

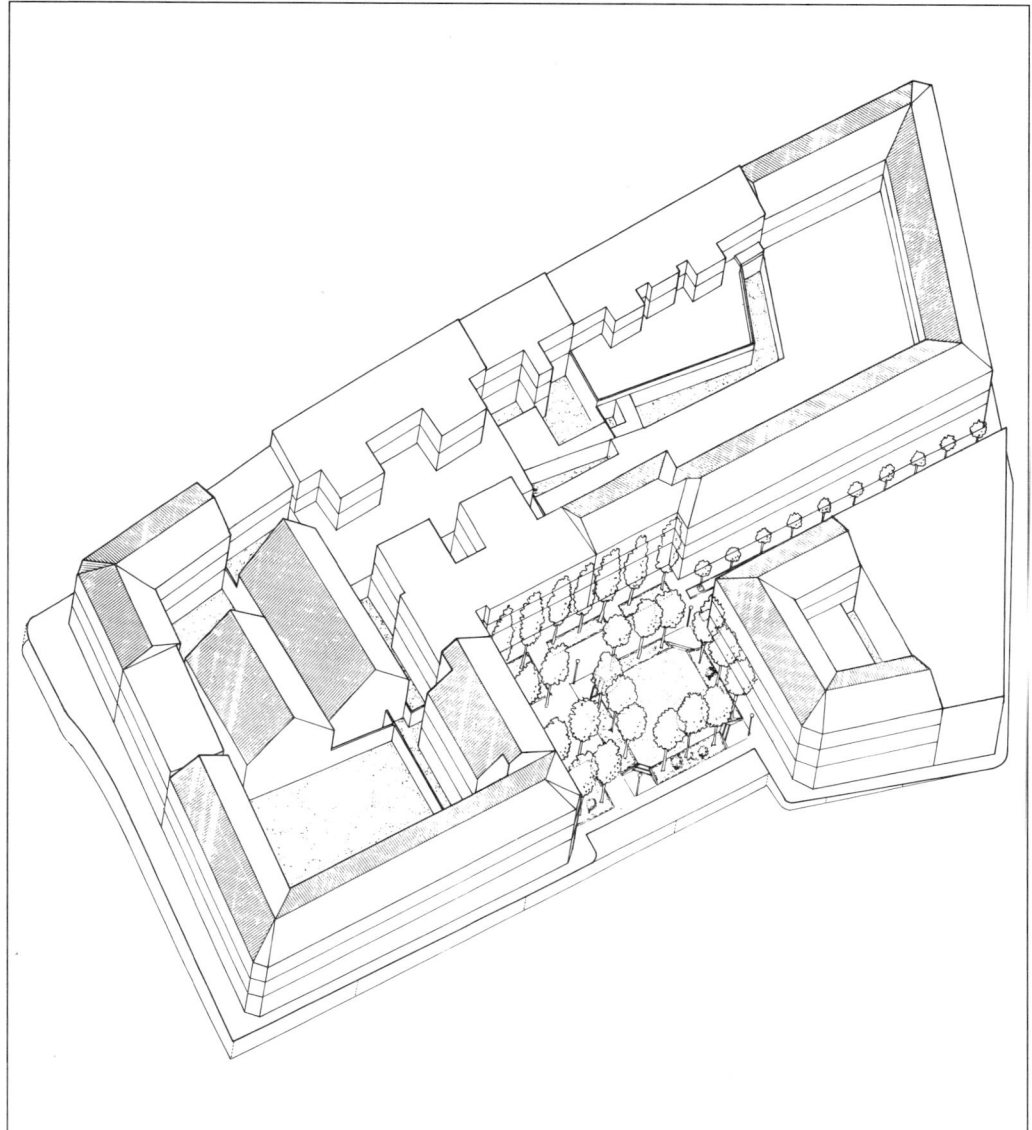

Figura 5.18.d.

— Plano de Propuesta en un corte por la Planta Baja que se aprecie el tratamiento de los espacios libres públicos y privados (pavimentación, jardinería,
mobiliario urbano o áreas con mobiliario), usos del suelo pormenorizados
en Planta Baja y Plantas superiores, núcleos verticales de comunicación y
alturas de la edificación, con curvas de nivel rectificados en su caso.
— Secciones transversales de las calles y secciones longitudinales donde se
pueda apreciar la composición esquemática de las edificaciones.
— Perspectiva axonométrica con volúmenes envolventes.

CAPÍTULO 6

HERRAMIENTAS INFORMÁTICAS PARA EL PLANEAMIENTO URBANÍSTICO

Luis Suárez Carreño

El impulso que está adquiriendo actualmente la utilización del ordenador en la práctica del urbanismo se nutre fundamentalmente de tres fuentes: *a)* En primer lugar, por la disponibilidad cada vez mayor de información urbanística y cartográfica en soporte digital, que hasta hace poco solo existía para las principales ciudades, y en formatos o sistemas de muy difícil utilización fuera de las propias entidades propietarias. *b)* Por otra parte, el lento pero progresivo descubrimiento, por los equipos profesionales encargados de la redacción de los Planes, de la existencia de sofisticadas herramientas tecnológicas, útiles en su búsqueda de una mayor eficiencia en el proceso de elaboración de los mismos. *c)* Y, por último, la voluntad creciente de las Administraciones locales de informatizar paulatinamente su gestión urbanística, que tiene que ver no sólo con la tendencia general a la introducción del ordenador en las diferentes áreas de gestión administrativa, sino, también en este caso particular, con un incremento de la dificultad de la propia gestión derivado del nuevo marco legal (Ley del Suelo aprobada por el Real Decreto 1/92 de 26 de Junio).

Estos tres fenómenos, que, lógicamente, están interrelacionados, nos sitúan ante lo que inevitablemente será un período de transformación profunda de los métodos de trabajo y análisis en el planeamiento. Y, a diferencia del pasado, se trata de un proceso de innovación generado desde la óptica territorial y urbanística, y no desde otras ópticas como informática, sociológica, o arquitectónica. A partir de ahora se va a poder contar con herramientas tecnológicas propias, concebidas para la práctica urbanística y que hablan en el lenguaje propio de esta: el análisis espacial.

6.1. Antecedentes y contexto

Si se considera la evolución de las formas de trabajo en el planeamiento, en relación a la utilización de las herramientas informáticas, se puede hablar de una primera fase, a lo largo de los años 80, y fundamentalmente en la segunda mitad de estos, caracterizada por la incorporación de instrumentos del tipo de las hojas de cálculo, imprescindibles para hacer cuadrar el Aprovechamiento Medio en el Urbanizable Programado, o de paquetes de análisis estadístico y demográfico, cuyo uso se había ya generalizado en el resto de las llamadas ciencias sociales, para realizar las proyecciones de población y los estudios demográficos de rigor.

Simultáneamente se producía, en campos emparentados con el planeamiento, la entrada masiva de las herramientas de diseño gráfico por ordenador, los paquetes de *software* tipo CAD, en especial en la arquitectura y las ingenierías. Estos sistemas, aún siendo un antecedente próximo de las actuales tecnologías, sin embargo han tenido poco o nulo impacto directo en la práctica del planeamiento territorial y urbano, en la medida en que los problemas a que podían responder eran casi exclusivamente de productividad: delineación, almacenaje de planos, etc. Y, el esfuerzo requerido para convertir la cartografía a esos formatos no se compensaba con las posibles ganancias en ese sentido.

En general, los cambios en los procedimientos de trabajo (que frecuentemente generan a su vez cambios más profundos en el propio contenido de los trabajos, al abrir perspectivas nuevas en el análisis), en el ámbito del planeamiento en España, han sido hasta ahora francamente escasos, en comparación con otros campos profesionales y científicos, y en particular mucho más escasos dentro del planeamiento urbanístico que en la ordenación territorial y medio-ambiental. Situación que ahora tiende a cambiar bruscamente, apoyada en los tres fenómenos citados al principio, fenómenos que, por otra parte, se dan en nuestro país con considerable retraso respecto a los países normalmente considerados de nuestro entorno.

Este cambio también se apoya en un contexto mundial de rápido desarrollo, tanto a nivel científico-técnico como comercial, de las diversas tecnologías destinadas a la captura y manipulación de información geográfico-cartográfica: desde la mejora de los sistemas de teledetección y de explotación de la información obtenida por ellos (interpretación de imagen de satélite mediante manipulación de bandas electromagnéticas, ortofotografía aérea digital, etc) a los de referenciación topográfica mediante receptores GPS (*Global Positioning Systems*, o captura de coordenadas por señales de satélites), hasta la acelerada difusión actual de los SIG (Sistemas de Información Geográfica) y sus campos de aplicación.

6.2. Los Sistemas de Información Geográfica

De entre ese conjunto de avances tecnológicos resulta especialmente relevante, de cara al planeamiento urbanístico, el de los SIG, por lo que vale la pena mencionar sus características fundamentales y las posibilidades que ofrecen:

6.2.1. Definiciones generales

En rigor el concepto de *SIG* se referiría al conjunto formado por los medios humanos y tecnológicos implicados en la gestión de bases de datos geográficas (BDG), si bien se viene también denominando comúnmente SIG a los paquetes informáticos comerciales que son el soporte *software* (o de programas), del sistema.

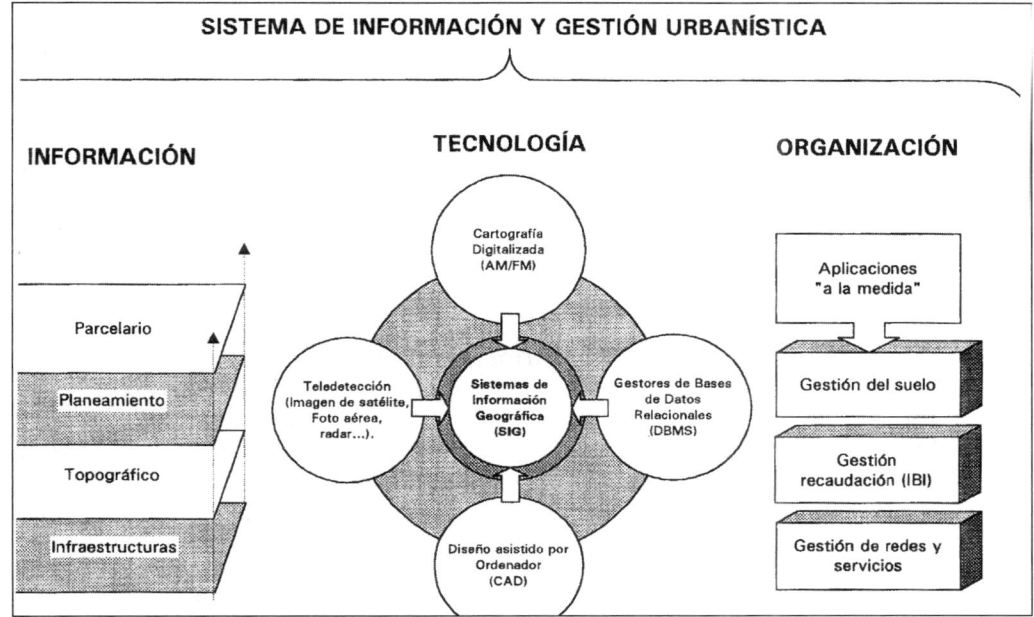

Figura 6.1. Sistema de Información y Gestión Urbanística.

En cuanto a dichos paquetes informáticos de tipo SIG, definibles como *programas de gestión de la información geográfica*, y que constituyen el alma tecnológica del sistema en su conjunto, se caracterizan por la forma de estructurar las BDG, lo que les hace fácilmente distinguible de los sistemas de diseño gráfico (del tipo de los CAD), o de cartografía informática. Esta forma consiste, en esencia, en:

— Por una parte, la *base de datos incorpora simultáneamente la información espacial* (localización, dimensiones, ...), y la *no espacial* (datos alfanuméricos o información de cualquier tipo que hayamos introducido, o que el propio sistema haya calculado), asociada a cada entidad geográfica.
— Por otra, los elementos geográficos no se almacenan en la base de datos de forma autónoma unos de otros, sino que se conserva la *descripción de las relaciones topológicas entre ellos*, lo que permite realizar funciones de análisis espacial del tipo de proximidad, contigüidad, inclusión, etc.

6.2.2. Ventajas de los SIG

Una base de datos así configurada ofrece numerosas ventajas de explotación. Por citar solamente algunas de ellas:

— *Acceso inmediato a todos los elementos de la base de datos*, indistintamente, vía sus atributos alfanuméricos, su posición espacial absoluta (coordenadas), o su situación con respecto a determinado referente geográfico. O bien por criterios de selección o clasificación que combinen tanto unos como otros atributos de las entidades geográficas. Por ejemplo: *Todas las parcelas mayores de tantos m², situadas dentro de tal Término Municipal, calificadas con la Ordenanza que sea, y que estén vacantes*. Un SIG permite localizarlas y visualizarlas, obtener un listado y estadísticas agregadas de las mismas, etc., de forma automática e inmediata.

— *Automatización de procesos* como: Análisis territorial multivariable, por *superposición automática de capas de información* diversa: geomorfología, vegetación, infraestructuras, propiedad, pendientes, planeamiento, etc, clasificando el territorio por la combinación ponderada y simultánea del conjunto de variables.

— *Gestión de redes*, para la obtención de caminos críticos y óptimos, asignación de demanda a puntos de distribución de servicios, etc.

— *Facilidad y eficiencia de la gestión cartográfica*, organizando las BDG vertical (por capas) y horizontalmente (por mosaicos), lo que permite la manejabilidad de la misma, por muy compleja que pueda llegar a ser, a la vez que garantiza el correcto ajuste, o *geocontinuidad* de todas las piezas. Los paquetes SIG disponen hoy de procedimientos de almacenaje y acceso a las BDG, aprovechando la funcionalidad de la programación *orientada a objetos*, que les permiten manejar desde ordenadores de potencia limitada (PCs y Estaciones de Trabajo), enormes cantidades de información gráfica y alfanumérica.

Desde un punto de vista más informático, los SIG permiten otras ventajas como la posibilidad de gestionar la base de datos alfanumérica con ayuda de *sistemas de gestión estándar* (como dBase, Oracle, etc.), y la utilización de *sistemas operativos abiertos* (UNIX, Windows, DOS, etc.) y *formatos de intercambio estándares* (DXF, de AutoCAD, Catastro y otros).

Hay que advertir, sin embargo, que, a pesar de tales ventajas teóricas, la utilidad práctica de los SIG está condicionada tanto por la selección de la solución más adecuada en cada situación, de entre el amplio abanico existente en el mercado, como por el correcto diseño del resto de elementos imprescindibles para el sistema:

— La base de datos que lo nutrirá.
— Las aplicaciones a desarrollar en función de las necesidades específicas del usuario.
— Y el entorno organizativo que lo explotará.

6.2.3. *Aplicaciones características de los SIG*

Los campos en que hasta el momento se han implantado con mayor fuerza estas tecnologías son:

— *Gestión medio-ambiental*, particularmente a través de las Agencias públicas.
— *Gestión de redes e infraestructuras*, por medio de las grandes compañías de suministro de servicios, transportes, etc.
— *Gestión catastral y cartográfica*, esto es, Hacienda, grandes Ayuntamientos, Comunidades Autónomas, etc.

— *Análisis socio-económicos y de mercado:* De forma mucho más embrionaria, por el momento, que en los sectores anteriores, se está introduciendo también el uso de los SIG para estudios basados en la distribución de la población en el espacio, ya sea con fines administrativos, científicos o comerciales.

En suma, la transformación del marco tecnológico afecta específicamente al núcleo de los instrumentos de trabajo utilizados en la planificación física, ya sea esta de tipo regional, de transportes, de infraestructuras, socioeconómica, medioambiental, etc. E incluye tanto la *materia prima* utilizada (la calidad y la cantidad de información geográfica manipulada), como los procedimientos para su manipulación. Inevitable, aunque tardíamente respecto a la mayoría de los campos relacionados con la gestión de recursos en el territorio, dicha transformación está llegando al urbanismo.

6.3. La informática y el urbanismo

En cuanto a la incorporación de estas tecnologías, de una forma generalizada, a la práctica concreta del planeamiento, ello depende de varios elementos:

— La disponibilidad de información en los soportes y formatos adecuados, dado que la información, que ha de alimentar al sistema, constituye una parte muy elevada del coste total del mismo (de hecho, normalmente es la parte más alta, por encima de los equipos, el software, etc.).
— La constatación de los beneficios directos, en términos de economías en el proceso de trabajo, derivados de la utilización de dichas tecnologías.
— Una actitud político-institucional favorable a la implantación de estas tecnologías, que, a la vez que permita absorber, vía contratos, el coste inicial de la asimilación de las mismas por los equipos consultores, suponga además para estos un estimulo de cara a dicha asimilación.

En los siguientes apartados se comentan cada uno de estos extremos.

6.3.1. La cartografía urbanística digital

La digitalización de la cartografía se considera hoy ya de forma unánime una exigencia para la racionalización y eficacia en la captura y mantenimiento de la información geográfica. El proceso que se ha recorrido en este campo se puede resumir en:

— *Las primeras fases:* sistemas de información cerrados, endógenos, caros y poco funcionales, propios de las grandes entidades de gestión de recursos en el territorio, condicionados tanto por una concepción esotérica de la informatización (algo mágico, en manos de *gurus* o iniciados), y secretista respecto al manejo de la documentación cartográfica, como por las limitaciones de la tecnología, que imprimía grandes costes a los sistemas.
— *La superación de esa situación:* el establecimiento de estándares de formato e intercambio de información cartográfica; el proceso paralelo de estableci-

miento de mecanismos de colaboración interinstitucional para la generalización de las BD geográficas digitalizadas (ejemplo, el programa del Centro
de Gestión Catastral a nivel municipal); la *democratización* tecnológica,
provocada por el crecimiento exponencial de la capacidad de procesamien-
to obtenible a costes decrecientes.
— *La tendencia actual en la digitalización de la cartografía municipal:* generalización y descentralización acompañadas de estandarización, sobre plata-
formas informáticas de bajo coste y sencillez de manejo. Creación de BDG
integrales y topológicamente coherentes frente a la simple cartografía auto-
matizada del pasado.

En suma, los gobiernos locales (desde Ayuntamientos medios a Comunidades
Autónomas), ya no aspiran únicamente a poseer una *cartografía digitalizada*, sino
una información geográfica que, por ejemplo en el caso municipal se compone como mínimo de los datos gráficos y alfanuméricos de:

— El parcelario catastral.
— Las redes de infraestructuras.
— El planeamiento urbanístico.

A partir de esta base, los Ayuntamientos se plantean la automatización de algunos de los procesos de gestión que les son propios: El control del planeamiento y la
actividad inmobiliaria; la recaudación fiscal; los servicios y las redes de distribución.

6.3.2. *La informatización del proceso de elaboración del plan*

La utilización del ordenador en el proceso de elaboración de los Planes, en
cuanto al análisis espacial que este conlleva, y no solamente, como es ya más habitual, a nivel de procesadores de texto, hojas de cálculo, y paquetes estadísticos, puede contemplarse en base a dos tipos de consideraciones:

a) Por razones de *mercado*, es decir, no tanto derivadas de la convicción de los
    propios profesionales redactores sobre su conveniencia, sino de la demanda,
    o exigencia, que en tal sentido establezca el cliente (en general, los Ayunta-
    mientos). Esta eventualidad, que se da cada vez con mayor frecuencia, pue-
    de presentarse bajo la forma de una requisito más del Pliego de Condicio-
    nes para la contratación del trabajo (se exige la entrega de la ordenación del
    Plan en formato digital), o bien, más sutilmente, como una opción a incluir
    en las ofertas de los concursantes, como *mejora* que, aún no habiendo sido
    incluida en el Pliego, incrementa la valoración de la misma a los ojos del ad-
    judicante.
b) O bien por el propio interés de los redactores del Plan, que encuentran ven-
    tajas en la utilización de cartografía digital y herramientas informáticas de
    análisis espacial para la elaboración del Plan, en alguna de sus fases y as-
    pectos. Con independencia de que posteriormente el Ayuntamiento vaya o
    no a explotar informaticamente el mismo, o que incluso se le vaya a entre-

Figura 6.2. Vista parcial del parcelario de la ciudad de Huelva clasificado temáticamente por cruce de variables contenidas en la BD alfanumérica catastral asociada al mismo, en este caso la superficie construida de uso residencial, y la superficie total de la parcela.

Sup. Residencial/Sup. parcela
(Huelva)

- De 1,77 a 3.739
- De 0,80 a 1,77
- De 0,68 a 0,90
- De 0,002 a 0,68
- Restp

gar la documentación gráfica final sólo en soporte convencional, por no disponer el Ayuntamiento de interés y/o medios para utilizarla informáticamente.

En cualquiera de los casos, y centrándonos en los Planes Generales, las posibles ventajas de la utilización de herramientas informáticas como apoyo a los trabajos de redacción depende, en primer lugar, de ciertas condiciones previas del Plan, y en particular de:

a) El *tamaño del municipio*, y, directamente derivado de este, el *contenido del Plan* a desarrollar, pues sólo a partir de un cierto tamaño el manejo de los datos se hace más eficiente de forma informática. Ya que, si bien la explotación de los mismos es teóricamente más ágil con el ordenador, la digitalización, conversión entre formatos de la información cartográfica, y, en muchos casos la introducción de métodos nuevos de trabajo, supone un coste adicional respecto al trabajo en soporte convencional de papel, que, para una cantidad de datos pequeña, puede no justificarse.

Y, por otra parte, a causa de la elevada carga de trabajo numérico a realizar en caso de tratarse de un municipio en el que sea de aplicación el Art. 27-1 y 2 de la Ley, esto es, en el que *es obligada la delimitación de áreas de reparto* (AR) *y el cálculo de aprovechamientos tipo* (AT) *en el suelo urbano*. Dicho trabajo se facilita significativamente con apoyo informático, y no sólo del tipo *hoja de cálculo*, sino de un *software* capaz de manejar entidades espaciales y datos alfanuméricos simultáneamente, es decir de tipo SIG. Puesto que, en definitiva se trata de clasificar gran cantidad de polígonos en base a información numérica asociada a los mismos.

b) *La disponibilidad de cartografía digitalizada del municipio*, y en caso de haberla, su grado de actualización, formato, escala original y capas de información que incluye. En caso de no estar disponible de entrada dicha cartografía, difícilmente se justificará económicamente la digitalización de la misma, en lo que se refiere al suelo urbano y a cierto nivel de detalle (es decir, a una escala entre 1:2.000 y 1:500, e incluyendo al menos parcelario y edificación), sólo desde los objetivos de la elaboración del Plan, si no se ha incluido en el presupuesto del trabajo. Pues los beneficios derivados de su utilización probablemente no llegarían a compensar el alto coste de su realización. Cabría hacer la salvedad de que el progreso de las técnicas de escaneado y vectorización pueden abaratar sustancialmente, a corto plazo, los costes de la obtención de cartografía parcelaria digitalizada, de calidad aceptable, a partir de la cartografía *en papel* existente. Por el contrario, en ese caso sí será, con toda probabilidad, *rentable* el elaborar una base cartográfica digital simplificada, por ejemplo a nivel de manzana (o submanzana cuando esta no sea homogénea), sin necesidad de alta precisión de coordenadas, con la que podemos elaborar esquemas gráficos útiles desde el doble objetivo de la visualización de la ordenación, y de definir la distribución de las AR y calcular los AT.

En el escenario más frecuente para municipios de un cierto tamaño, se tratará de la realización de un Plan General Municipal de Ordenación (PG) con plena aplicación del Art. 27-1 y 2, donde además existirá cartografía informatizada, aceptablemente actualizada, del *tipo catastral* (es decir, conteniendo similar información y detalle en suelo urbano a la catastral tradicional, e incluyendo tanto la información gráfica como la alfanumérica, todo ello en un formato de BDG del tipo SIG). Como consecuencia de ello, el Ayuntamiento habrá optado por iniciar la informatización de su gestión cartográfica y urbanística.

En el caso descrito, algunas de las formas de utilización ventajosa de las herramientas informáticas para el proceso de elaboración del Plan serían las siguientes:

1) Información urbanística: la explotación de las variables contenidas en los ficheros alfanuméricos del Catastro asociados al plano parcelario, en los que se incluye, por ejemplo, alturas de la edificación o superficies construidas por usos a nivel de parcela, permite realizar automáticamente, con un nivel de detalle totalmente imposible de obtener por medios tradicionales, series de cartografía temática clasificando el suelo y/o la edificación de acuerdo a una variable o combinando varias: por ejemplo, algo tan obvio como impensable hasta ahora: edificabilidad unitaria, u ocupación en planta, por parcela. En suma, con la única salvedad de su posible desactualiza-ción, buena parte de la información antes obtenida laboriosamente en campo (alturas, usos, ...), más información cuantitativa adicional nunca antes ofrecida, que en algunos casos va a ser decisiva más tarde para la ordenación, puede obtenerse *desde el despacho*, y sin medir en plano.

2) Análisis urbanístico: En lo que se refiere a los aspectos socio-económicos, de las superficies residenciales construidas desagregadas, se obtiene una estimación de población que, utilizando las funciones de análisis espacial de los SIG, permiten por ejemplo hacer con sencillez estimaciones de cobertura de los diferentes equipamientos y servicios, así como ver desequilibrios en la distribución de empleos, etc. Para llegar a este tipo de análisis por vías convencionales se requeriría, en primer lugar, una costosa explotación del censo, y la información llegaría al nivel de desagregación de la parcela. Y los procedimientos manuales de análisis de cobertura espacial son tan sumamente tediosos que en la práctica no se suelen hacer, aún cuando, para poblaciones de un cierto tamaño, o con un patrón de asentamiento diseminado pueden ser fundamentales.

3) Por otra parte, en todo el proceso de elaboración del Plan y particularmente en el Avance, la cartografía digitalizada en formato SIG puede ser simplificada (es decir, seleccionado parte de su contenido), con flexibilidad de escalas y capas de información, de cara a la realización de esquemas gráficos, ya sea generales o locales, útiles para captar la estructura territorial, visualizar diferentes escenarios de ordenación, etc, ahorrando, lógicamente la mayor parte del trabajo manual requerido normalmente para ello.

4) En cuanto a la delimitación de las AR y cálculo de los AT correspondientes, la información catastral, a la que se ha de superponer la resultante de la ordenación establecida a nivel de parcela, lo que es relativamente sencillo con estas herramientas SIG, hay beneficios incuestionables en los típicos procesos iterativos de delimitación y cálculo, que se traducen tanto en economía de tiempos como en evitación de errores numéricos y/o de referenciación

espacial *(georeferenciación)* de las propuestas. En este último sentido es en el que destacan las ventajas de utilizar sistemas de gestión de bases de datos geográficas sobre los que sólo manejan BD alfanuméricas (hojas de cálculo, dBase, etc.). Lo cual es independiente del criterio de delimitación por el que se opte, ya que en cualquiera de los casos el proceso es laborioso por manejarse grandes cantidades de *registros* o unidades de información, y además tiene importantes consecuencias posteriores, en la aplicación del Plan, en cuanto define el contenido materializable del derecho de la propiedad. Todo lo cual no hace sino reafirmar la necesidad de realizarla con los medios más adecuados. En el Anexo que acompaña al presente capítulo se describe brevemente un ejemplo de lo aquí señalado.

5) Digitalización de la ordenación: una vez *trabajado informáticamente* el Plan, las determinaciones de éste pueden entregarse en formato digital al Ayuntamiento, garantizándose la coherencia geográfica e informática con el sistema de consulta y explotación municipal, evitándose así los esfuerzos y errores aparejados al *volcado* posterior de una ordenación hecha sólo en soporte convencional. Y esto nos lleva directamente al siguiente aspecto a considerar: la gestión posterior del Plan.

Además de estos ejemplos de apoyo a las tareas básicas del Plan existen formas de utilización más sofisticadas, que se están ya incorporando a la práctica urbanística, como son las que tienen que ver con la modelización espacial y el análisis de escenarios que esta permite. Un caso típico en este sentido son los modelos del sistema de transportes, utilizando modelos digitalizados de la red viaria con el conjunto de atributos de capacidad, fluidez, etc, que se quiera, y a la que se asigna automáticamente tanto la carga de demanda que originan los diferentes propuestas de crecimiento urbano, como las alternativas de distribución modal del transporte. Este tipo de análisis se realiza ya en planes sectoriales, pero, lógicamente, tenderá a incluirse también en los Planes Generales.

6.3.3. La gestión del Plan

Como se ha señalado, uno de los aspectos cruciales a plantearse con respecto a la informatización del proceso de planeamiento urbanístico es la contribución que esta pueda hacer a la optimización de la gestión posterior del Plan, la cual, a su vez requiere de un apoyo informático creciente debido, en primer lugar, a la necesidad del cumplimiento de los mecanismos a que obliga la Ley del Suelo, en particular en cuanto a:

— Gestión de las *Transferencias de Aprovechamientos* en suelo urbano.
— Control del cumplimiento de los *plazos* establecidos para la ejecución del planeamiento.
— *Valoraciones* de inmuebles, requeridas en múltiples procedimientos urbanísticos, y que se basan en el grado de adquisición de los derechos urbanísticos.
— *Registro de Solares* y Terrenos sin Urbanizar.

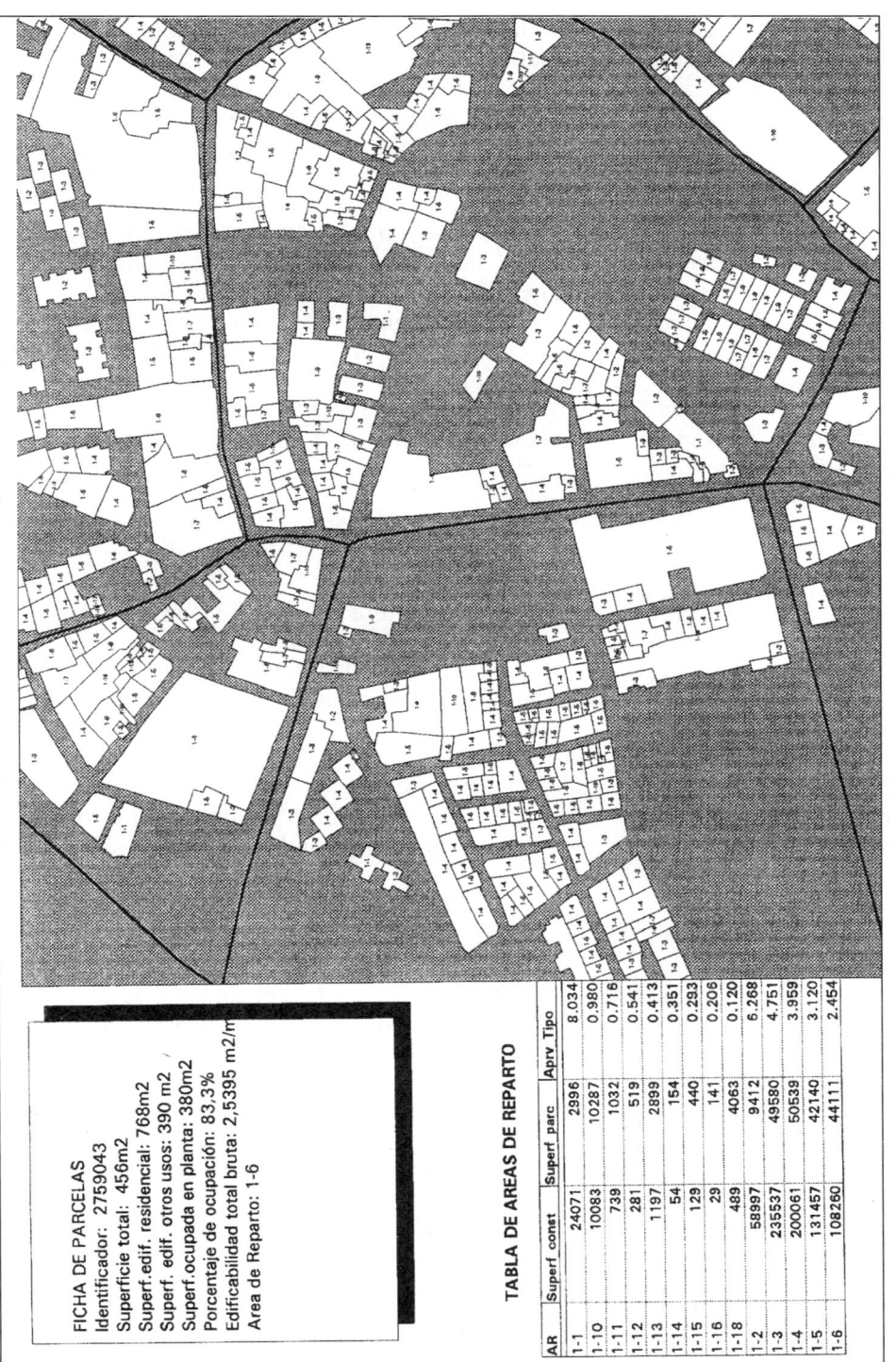

FICHA DE PARCELAS
Identificador: 2759043
Superficie total: 456m2
Superf.edif. residencial: 768m2
Superf. edif. otros usos: 390 m2
Superf.ocupada en planta: 380m2
Porcentaje de ocupación: 83,3%
Edificabilidad total bruta: 2,5395 m2/m
Area de Reparto: 1-6

TABLA DE AREAS DE REPARTO

AR	Superf const	Superf parc	Aprv Tipo
1-1	24071	2996	8.034
1-10	10083	10287	0.980
1-11	739	1032	0.716
1-12	281	519	0.541
1-13	1197	2899	0.413
1-14	54	154	0.351
1-15	129	440	0.293
1-16	29	141	0.206
1-18	489	4063	0.120
1-2	58997	9412	6.268
1-3	235537	49580	4.751
1-4	200061	50539	3.959
1-5	131457	42140	3.120
1-6	108260	44111	2.454

Figura 6.3. Vista parcial de los polígonos básicos de ordenación de la ciudad de Móstoles, con la numeración de AR correspondiente, junto con la ficha tipo por polígono y la tabla resumen de las AR y los AT.

Procesos todos ellos en gran medida mecanizables, y cuyo manejo, por medios tradicionales, es extremadamente ineficiente.

Pero, además, para la realización de los propios objetivos urbanísticos de la Corporación, que demandan a su vez eficiencia en la gestión, ya no por simple imperativo legal, sino por voluntad política. Sin embargo, en dicho contexto legal puede presentar dificultades indudables, en cuanto a la mejora de los procedimientos de respuesta a las demandas de información y tramitación de los ciudadanos en todos los temas urbanísticos, por una parte, y por otra a la optimización de la gestión del *Impuesto de Bienes Inmuebles*, asociado al planeamiento y a su ejecución.

Si bien la informatización de la gestión urbanística no tiene necesariamente que ir unida al proceso de elaboración del planeamiento, y de hecho no ha ido unida en la mayoría de los casos en que se ha emprendido, ambos procesos deben emparentarse estrechamente de cara a ahorrar duplicidades, ineficiencias y, en general a evitar experiencias frustadas de informatización, como las que se han dado con lamentable frecuencia en el pasado. Con la *coordinación de los procesos de planeamiento y de mecanización de la gestión* se persigue, pues, un doble objetivo:

— Adecuar la formalización de las determinaciones del Plan a su posterior gestión informatizada, obligando, entre otras cosas, a un esfuerzo de sistematización y simplificación.
— Diseñar el sistema de gestión de forma ajustada a las necesidades que va realmente a generar el Plan, y no a esquemas abstractos que aspiran a resolver una cantidad excesiva de cuestiones, sin llegar nunca a entrar en funcionamiento al nivel de las demandas más inmediatas que se requieren.

Se podría decir así que los procesos actuales de *adaptación* del planeamiento municipal a la nueva Ley, coinciden con la necesidad de su adaptación también a un nuevo entorno de gestión y explotación del mismo como resultado no solo de los cambios legales, sino también de profundos cambios tecnológicos.

6.4. Algunas conclusiones

De cara al futuro de la práctica del urbanismo, y, dado el carácter de este libro, pensando en la capacitación de los profesionales para el nuevo entorno tecnológico en que esta se va a desarrollar, se pueden mencionar algunos puntos para debate:

a) Dificultades actuales de asimilación de la tecnología para los jóvenes profesionales por las limitaciones de los programas de formación universitaria. Conveniencia de su introducción a través de programas de especialización, postgrado, etc.
b) Especial desajuste de la formación académica de algunas profesiones que hasta la fecha han jugado un papel protagonista en el urbanismo (por ejemplo: arquitectos), abriendo la posibilidad de que ello provoque un desplazamiento de ese protagonismo hacia otras profesiones (por ejemplo: geógrafos).
c) Conveniencia de que los equipos redactores de planeamiento urbanístico, en particular los que se dedican a PGs de ciudades medias y grandes, incorporen

herramientas de gestión y análisis de BDG, como apuesta de competitividad, asi como que se impliquen en la organización de la gestión posterior de los Planes, en particular en el diseño de los sistemas de gestión informatizada.

d) Necesidad de una reflexión colectiva desde el campo urbanístico en torno a:

— Implicaciones de la nueva Ley en los procesos de elaboración de los Planes: Criterios de aplicación, posibilidades de optimización y homogeneización de procedimientos de cálculo y otros.

— Posibilidad de definir estándares de cara a una cierta normalización de la cartografía digitalizada para el planeamiento urbanístico, en relación con el *formato Catastro*, formatos fijados por la Comunidad Europea, u otros.

— Necesidad de coordinar los criterios de diseño y captura de la información alfanumérica asociada a la cartografía catastral, pensando no únicamente en su explotación fiscal, sino también en objetivos urbanísticos. En este sentido es claro que con un esfuerzo adicional mínimo el beneficio obtenible de esa información, para la gestión urbanística local, podría multiplicarse.

En un terreno más amplio, y para acabar, hay que señalar que los temas aquí sugeridos remiten en alguna medida a cuestiones generales que suscitan los profundos cambios que se están produciendo en los últimos años en el contexto cultural, social, legal y técnico en que se da la práctica del urbanismo en nuestro país. En este sentido los retos y oportunidades planteados por las nuevas tecnologías deben estar también presentes a la hora de diseñar el nuevo modo de hacer el planeamiento urbanístico. Pues los nuevos recursos tecnológicos tenderán a producir, inevitablemente, cambios también en algunas de las concepciones en que se asienta nuestra práctica hasta la fecha.

6.5. Descripción de un ejemplo sencillo de utilización de instrumentos SIG en un Plan General

En este caso se trataba de un PG redactado y realizado por métodos *tradicionales,* pues no se planteaba demanda de informatización por parte del Ayuntamiento, ni se pensó utilizar cartografía parcelaria digitalizada. Sin embargo se introdujeron en algunos momentos del proceso ayudas informáticas, por el propio interés del equipo redactor, buscando facilitar algunas tareas. De esta forma se puede hablar de un procedimiento mixto de trabajo, en el que se mantienen buena parte de los métodos tradicionales.

Una de las tareas que se hizo con apoyo informático fué la delimitación de AR y cálculo de los AT, partiendo del criterio de intentar que las AR fueran significativamente homogéneas en aprovechamientos, tanto por los usos como por las intensidades, con vistas a minimizar las necesidades de compensación entre propietarios en su interior. Es esta una opción que no facilita precisamente el trabajo al equipo redactor, pero que puede, sin embargo, facilitar mucho la gestión municipal del Plan. Concretamente, se procedió, con ayuda de un paquete SIG sencillo (de los llamados *de sobremesa),* de la siguiente forma:

— En primer lugar se realizó una digitalización simple, a partir de la cartografía a escala 1:2.000, de la ciudad, incluyendo edificación (por manzanas en el casco y ensanches en manzana cerrada, y por bloque en los ensanches en edificación abierta), ejes de calle, equipamientos y zonas verdes, y ámbitos de planeamiento de desarrollo. Con ello se obtuvo una base que en primer lugar sirvió para realizar esquemas de apoyo a la Memoria de ordenación. En caso de haber contado con la cartografía catastral se hubiera evitado el esfuerzo de digitalización, además de haber partido de un superior detalle (a nivel de parcela).

— A continuación se obtuvieron las superficies netas de parcela edificable para lo que podrian denominarse *unidades básicas de análisis*, esto es, cada manzana, submanzana (cuando se da más de un uso dentro de la manzana) y bloque abierto, y ámbito de Unidades de Ejecución, para el suelo urbano. La medición en este sentido debe incluir todo el suelo que será luego considerado divisor para el cálculo del AT de acuerdo al art. 96 de la Ley, esto es todo lo que no sean equipamientos o espacios libres (se supone que excluyendo también el viario) ya existentes. Este trabajo mecánico de superficiar se optimiza con la cartografía digitalizada evitando la medición manual, tan laboriosa como inexacta. El SIG realiza las mediciones automáticamente de todas las entidades poligonales, con un nivel de exactitud que sólo dependerá de la escala y calidad original del plano digitalizado.

— Posteriormente, una vez definida la ordenación, se asignó a cada polígono citado la *edificabilidad real* (en la terminología de la Ley, la asignada por el planeamiento), y se introdujo asimismo la *calificación del suelo*, en términos de Ordenanza particular, todo ello igual que se haría en un programa de base de datos tradicional, sólo que en este caso los registros son en realidad entidades gráficas, cada una con su *ficha* correspondiente. La edificabilidad puede ser compleja de definir, a nivel de básica de análisis, cuando la ordenación no establece un coeficiente fijo, sino alturas, fondos y ocupación en planta de la edificación, puesto que obliga prácticamente a *dibujar* y medir el aprovechamiento en cada caso. En un proceso plenamente informatizado esto se podría realizar por superposición automática del parcelario con el plano de ordenación, y una vez interseccionado aquel con este, obtendríamos los nuevos recintos (planta entre alineaciones) o, en el caso de limitación de la ocupación de parcela, el programa calcularía automáticamente la superficie edificable en planta para cada parcela. Para zonas de manzana cerrada, con parcelario irregular, donde la ordenación difícilmente se reduce a un coeficiente de edificabilidad, realizar este proceso manualmente es realmente complejo. Por ello, probablemente veremos más de un Plan General que ignorará el tema definiendo las AR por criterios de proximidad o morfologías, sin tener en cuenta las desigualdades de aprovechamiento existentes en su interior.

— Después, y de acuerdo al criterio señalado al principio, el problema se reduce a un ejercicio de clasificación de los recintos, atendiendo en primer lugar al uso (lo que realmente se traduce en la Ordenanza particular), y después por rangos de aprovechamiento. Esto, mediante las utilidades de clasificación temática del SIG puede adaptarse y modificarse con facilidad en fun-

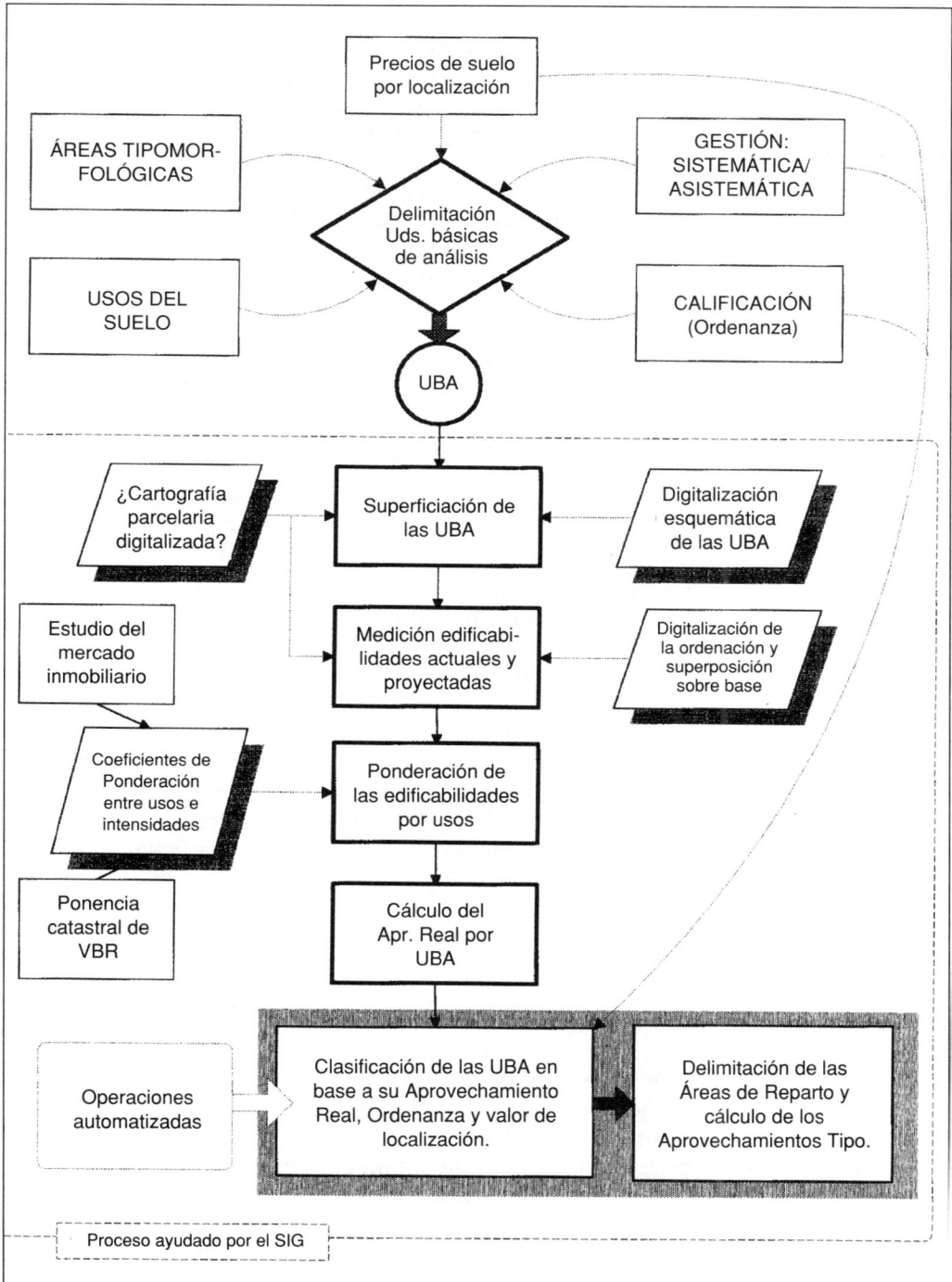

Figura 6.4. Esquema descriptivo del ejemplo de utilización de instrumentos SIG en el proceso de delimitación de Áreas de Reparto y cálculo de Aprovechamientos Tipo.

ción de cuanto queramos abrir el abanico de los aprovechamientos dentro de cada AR. Por ejemplo, para las AR en las que se incluyan Unidades de Ejecución, por el art. 145 de la Ley, estaremos en general obligados a comprobar que estas se encuentran dentro del margen de un 15% respecto al AT, lo que con el SIG podemos forzar fácilmente.

Además, y dependiendo del criterio del equipo redactor, se podrán tener en cuenta también aspectos como: precios de localización del suelo, según las zonas del municipio, en cuanto que las diferencias relativas de estos condicionarán también posteriormente las transferencias o compensaciones de aprovechamientos entre diferentes propiedades; o importancia de los costes de urbanización pendientes, lo que puede ser siginificativo en las Unidades de Ejecución. Todos estos y otros aspectos se pueden incluir como variables más asociadas a los recintos o unidades básicas de análisis que el programa tendrá en cuenta al hacer la clasificación de las mismas.

En resumen, lo que hace el programa es lo siguiente:

— Analiza el aprovechamiento de cada polígono, dentro del grupo o selección predefinido por los anteriores criterios (calificación, precio relativo del suelo, costes de urbanización, etc.).

— Distribuye los polígonos en tantos subgrupos como queramos, ya sea porque limitemos la *apertura* del abanico de valores en cada AR, o porque de antemano fijemos el número máximo de AR que queremos obtener, incluyendo cada polígono, según su aprovechamiento, en el AR que le corresponde.

— Introduce en la ficha de cada polígono el dato del AR en que ha sido incluido.

— Suma el total de aprovechamiento de cada AR, es decir el de todos los polígonos que caen en ella, y lo divide por el total de superficie de parcela neta (el divisor que habíamos introducido en primer lugar en la ficha del polígono) tambien para la totalidad del AR. Calcula así el AT de cada AR.

— Finalmente nos detecta, en su caso, si existen Unidades de Ejecución con un desvío superior al 15% del AT del AR en que están incluidas.

No hace falta aclarar que la reiteración de la operación, modificando algún supuesto (número de umbrales de aprovechamiento, porcentaje de incremento en cada uno de estos, inclusión o no de determinados polígonos singulares como Unidades de Ejecución o edificios catalogados, etc.), es inmediata, tantas veces como sea necesario hasta encontrar una distribución que se considere equilibrada. Teniendo en cuenta que los criterios del Ayuntamiento pueden diferir de los del equipo redactor, y que siempre va a ser necesario responder a *¿Y qué pasa si cambiamos...?*, esa modificación de la distribución será necesaria más de una vez antes de la finalización definitiva del Plan, en el caso de realizarse manualmente, o incluso con ayuda únicamente de una hoja de cálculo, el proceso es tedioso y propicio a errores.

BIBLIOGRAFÍA

Bassols Coma, Martín. (1973): *Génesis y evolución del derecho urbanístico español (1812-1956)*. Ed. Montecorvo. Madrid.

Benévolo, L. (1979): *Historia de la Arquitectura Moderna*. 3ª ed. Editorial Gustavo Gili. Barcelona.

Blasco, C. *et al* (1991): *Glosario de Urbanística*, Univ. Politécnica de Valencia, Servicio de Publicaciones, 70 págs.

B.O.E.: "Régimen del Suelo y Ordenación Urbana (Texto Refundido)", Madrid 1992, 131 págs.

Brau, LL.,Herce, M. Y Casals, P.(1980): Manual Municipal de Urbanismo. Vol. I y II. CEUMT. Barcelona.

Busquets, Joan (1985): *"La Escala Intermedia Nueve planes catalanes" UR* Nº 2, pp 24 T-48.

Coll, J. I.; Guarner, V.; Hosta, Ll.: (1993): *"La práctica de la gestión urbanística"*, SCUVIC, Barcelona.

Esteban i Nogueira, J. (1984): *"Elementos de ordenación urbana"*, Publicaciones del Colegio Oficial de Arquitectos de Cataluña, 2ª ed., Barcelona.

Ezquiaga, José Mª (1991): "El planeamiento municipal" en Varios autores: *"Curso de especialización para arquitectos municipales"*. Madrid, COAM, pp 49-92.

Fernández, Tomás Ramón (1993): *"Manual de Derecho Urbanístico"*, Abella, Madrid.

Gargía de Enterría, E. (1977): *"El urbanismo como hecho y la formación de las técnicas urbanísticas"*, Universidad Internacional Menéndez Pelayo, Santander, 77 págs.

García de Enterría, Eduardo; Parejo, Luciano (1981): *"Lecciones de Derecho Urbanísticos"*, Civitas, Madrid.

Gutiérrez Puebla, J. (1994): SIG: *Sistemas de Información Geográfica*. Ed. Síntesis. Madrid.

Hernanz Sanz, I. (1993): Recopilación de la Legislación Substantiva en materia de Ordenación del Territorio y Urbanismo de las CCAA. *Ciudad y Territorio-Est. Territoriales nº 95-96/.* MOPT. Madrid.

López Jaén, J. (1980): "Planeamiento y gestión en la ciudad consolidada: El Plan Especial de Madrid" capítulo del libro *Defensa, protección y mejora del patrimonio histórico-artístico y arquitectónico,* COAM, Madrid.

Martínez Caro, C. *et al* (1985): *"La ordenación urbana. Aspectos legales y práctica profesional",* Ediciones Universidad de Navarra, Pamplona, 234.

MOPT. (1993): *Normativa urbanística estatal sobre régimen del suelo.* MOPT.

Moya, L. (1993): "El Avance del Casto Antiguo de Madrid", *Urbanismo* n.º 20, COAM. Madrid.

Parejo, L. (1979): *"La ordenación urbanística. El período 1956-1975"*, Montecorvo, Madrid.

Ramón Fernández, T. (1981): *Manual de Derecho Urbanístico.* Publicaciones Abella. 2ª edición, Madrid.

Ramón Fernández, T. (1990): *Comentarios y texto de la Ley 8/1.990.* Publicaciones Abella, Madrid.

Solá-Morales, Manuel (1987): *"El urbanismo urbano. Forma urbana y planeamiento urbanístico en siete capitales españolas"* Estudios Territoriales nº 224, pp 37-51.

Terán Troyano, F. de (1978): *Planeamiento urbano en la España contemporánea.* Ed. Gustavo Gili. Barcelona.

Trapero Ballestero, J. J. (1985): *Características del nuevo planeamiento municipal.* en "Estudios Territoriales nº 17" pp. 58-70.

Varios autores (1987): *"Curso Básico de Planeamiento y Gestión",* COAM, Madrid.

Varios autores (1981): *"Diez años de planeamiento urbanístico en España. 1979-1989"* Madrid, MOPU-IUAV-Regione Veneto.

VV.AA. (1993): "Curso sobre el texto refundido de la Ley del Suelo de junio de 1992". GMU/Ayuntamiento de Madrid. 166 págs.